欲望の主体——ヘーゲルと二〇世紀フランスにおけるポスト・ヘーゲル主義

欲望の主体

——ヘーゲルと二〇世紀フランスにおけるポスト・ヘーゲル主義

ジュディス・バトラー
［翻訳］大河内泰樹／岡崎佑香
岡崎龍／野尻英一

堀之内出版

日本語版への序文 7
ペーパーバック版への序文 21
序文 39
序章 43
第一章 ヘーゲル『精神現象学』における欲望、修辞《レトリック》、承認 71
欲望の存在論 84
身体をめぐる逆説《パラドックス》——主人と奴隷 116
第二章 歴史的欲望——フランスにおけるヘーゲル受容 147
コジェーヴ——欲望と歴史的行為体 150
イポリット——欲望、消失、絶対者 178
ヘーゲルからサルトルへ 200

第三章　サルトル
——存在の想像的探求　215
像《イメージ》、感情、欲望　215
前反省的選択という戦略——『存在と無』における実存的欲望　247
トラブルと願望——『存在と無』における性的欲望の循環　277
『聖ジュネ』と『家の馬鹿息子』における欲望と承認　309

第四章　欲望の生死を賭けた闘争
——ヘーゲルとフランス現代思想　343
疑わしき父系——デリダとフーコーにおける（ポスト）ヘーゲル的主題　346
ラカン——欲望の不透明さ　361
ドゥルーズ——奴隷道徳から生産的欲望へ　393
フーコー——錨を上げた弁証法　413
ヘーゲルの「克服」についての最後の反省　432

解説　447
あとがき　464
参考文献一覧　481
索引　489

凡例

- 原文にある括弧は（　）で、訳者による補足は〔　〕で示した。
- 大文字で表記されている名詞は〈　〉でくくった。また意味のまとまりを示すために〈　〉を用いた箇所もある。
- 原文中イタリック体による強調箇所には傍点を付した。
- 註は見開き左ページに記す。［1］［2］［3］…は原著者による註、【1】【2】【3】…は訳者による註である。
- 参照指示や引用についてバトラーの誤りであることが明らかであるものについては断りなく修正した箇所がある。
- 引用について日本語訳のあるものについては参照した。ただし、文脈に即して訳文を断りなく変更している場合がある。原著に付されたリストにもともとある文献については、巻末のリストに書誌情報を掲げた。日本語訳のあるものについては、文献表に併記した。文中にて指示する場合は、日本語タイトルの後にアラビア数字で著者が参照した版のページ数を、〔　〕内に漢数字で日本語訳書のページ数を示した。例、『想像力の問題』16〔二七頁〕。
- 各章、各節に掲げられたエピグラフについては原著にならい参照指示を付していない。ただしそれぞれ既存の翻訳がある場合にはそれを参照している。

日本語版への序文【1】

ジュディス・バトラー

私は、『欲望の主体』の日本語訳にこの序文を寄せることができるのをとてもうれしく思っています。現代思想の分野によっては、ヘーゲルは「終わった」と考えている人たちもいますが、しかし実際には、ヘーゲルは〔いまも〕現代の議論《ディスコース》に憑きまとっています。ヘーゲルはどのような種類の憑依的現前を持っているのかと問うならば、その現前はほとんどの哲学者たちが認めるよりも重要なものであることを私たちは見出すでしょう。欲望の主体はラカンとその批判者たちの鍵概念ですが、しかし時間について、歴史について、社会関係について、否定性について、そして未来についての私たちの考え方に明確な影響を与えています。

『知の考古学』への「補論」〔1〕においてフーコーは、彼の知的な恩義（借金）について記しています。ジャン・イポリットが彼自身の思考に与えた影響について謝辞を述べようとするところで、フーコーの

【1】この序文は、訳者の求めに応じて、著者より送付されたものであるが、以前発表された以下の文章と重複した内容を含んでいる。Judith Butler, "Hegel in France", Lawrence D. Kritzman (ed.), *The Columbia History of Twentieth-Century French Thought*, New York: Columbia University Press, 2006, pp. 245–250.

ヘーゲルへの関係が、控えめに言っても込み入ったものであったことが明らかになっていきます。イポリットは、一九三九年から一九四一年にかけて二巻本で刊行されたヘーゲルの『精神現象学』の仏訳者であっただけでなく[2]、一九四七年の『精神現象学の生成と構造』[3]の著者でもあり、また当時開催されていたヘーゲルに関するセミネールの主催者でもありました。フーコーはこのセミネールにときどき参加していたメンバーの一人でした。フーコーはこの恩義(借金)について奇妙な仕方で書き記しています。つまり、イポリットとヘーゲルに負っている恩義(借金)を返すということは、彼を師の影響から解放することになるだろう、そしてフーコー自身の言語論には背信行為、取り返しのつかない離反に等しいものが含まれているというのです。

しかし私は、とりわけ、ジャン・イポリットに多くを負っていると考えています。多くの人々には、彼の仕事がヘーゲルの支配下に置かれているように見えるということ、そしてわれわれの時代全体が、論理学ないし認識論によって、あるいはマルクスないしニーチェによって、ヘーゲルから逃れようとしているということは、私もよくわかっています。そして、私が先ほど言説に関して語ろうとしたことは、ヘーゲル的ロゴスに対して忠実なものでは決してありません。

しかし、本当にヘーゲルから逃れようとするのならば、以下のことが必要となります。ヘーゲルから身を引き離すのに要する代価を正確に見積もること。ヘーゲルが、おそらくはわれわれの知らぬ間に、われわれにどこまで近づいてきているのかを知ること。われわれがヘーゲルに抗して思考することを可能にしてくれているものの中で、依然としてヘーゲル的であるのは何かを知ること。

そして、彼に抗するためのわれわれの手立てが、おそらく依然として、彼が別の場所で身動きもせず待ち構えながらわれわれに差し向ける一つの術策であるのは、いかなる点においてなのかを測ること。(『言説の領界』235〔九三‐九四頁〕)

フーコーはここで、ヘーゲルを否定するのは困難であるということを理解しているようです。それはヘーゲルが私たちに、否定とは関係であること、しかもそれが引き離そうとする項を結び付けるような関係であることを教えてくれる人だからです。では、まさに離反するという行為がその哲学理論を肯定してしまうことになるときに、どのようにして、そのようなことをせずに、その立場から離反することができるというのでしょうか。そもそも支払いを済ませて恩義(借金)と手を切ることが可能なのでしょうか。それとも、「完済した」と考えたその瞬間に、いま踏破した道のりとの関係が続いてしまうということ、正確に言えば、その道のりの余波に拘束される関係が続いてしまうということは、本当にあることなのでしょうか。

〔1〕 Michel Foucault, *The Archaeology of Knowledge, and the Discourse on Language*, tr. Alan Sheridan Smith (New York: Pantheon), 1982, originally published as *L'archéology du savoir* (Paris: Éditions Gallimard), 1969.〔ミシェル・フーコー『知の考古学』慎改康之訳、河出文庫、二〇一二年。ここで言及されている英訳の「補論」は『言説の領界』慎改康之訳、河出文庫、二〇一四年〕

〔2〕 *Phénoménologie de l'esprit*, tr. Jean Hyppolite, 2 volumes, Paris: Aubier-Montaigne, 1939–41.

〔3〕 Jean Hyppolite, *Genèse et structure de la phénoménologie de l'esprit de Hegel*, Paris: Aubier, Éditions Montaigne, 1946.〔ジャン・イポリット『ヘーゲル精神現象学の生成と構造』上・下、市倉宏祐訳、岩波書店、一九七二・一九七三年〕

もちろんこれはヘーゲルを特徴付ける逆説的な仕方です。なぜなら、ヘーゲルの著作のフランスにおける受容においては、ヘーゲルといえばたいていすぐに総体性の概念が連想されてきたからです。ところがフーコーはここで、ヘーゲルがある種の余波を意味していること、つまり生き残った残余、ある種の追伸を意味するものであることを示唆しているわけです。もちろんフーコーこそが、ヘーゲルが「終わった［over］」ことを示すひとつのしるしです。彼は、ヘーゲルが新しいもの、あるいは少なくとも比較的新しいものに乗り越えられてしまったことのしるしです。しかし、私たちはまさしくこの文の意味を、(a)何かを乗り越えるというのはどういうことか、そして(b)乗り越えられたもののうちで何がその余波において生き残っているのか、について知ることなしに、理解することができるでしょうか。奇妙なことにヘーゲルは総体性を超過するものの名となっているのであり、おそらくこれこそが二〇世紀におけるフランス思想へのヘーゲルの際だった貢献のひとつなのです。彼は、手にはいる総体性がもはや説明モデルとしては役立たないような歴史的時間について考える方法を示してくれます。この意味で言えば、マルクス主義が構造主義的な総体性として明確化されたフランスでは、ヘーゲルはマルクスの「あとで」やって来るのだと言っていいのかもしれません。

私たちは、初期のデリダやラカンの手による様々な文章で、ヘーゲルは「総体性」の哲学者であるとか、「閉じた体系」の哲学者であるとか、「概念による支配」の哲学者であるとか言われているのを読むことができます。例えば、デリダは「制限経済学から一般経済学へ――留保なきヘーゲル主義」[4]で、バタイユによるヘーゲルへの入念な取り組みを検討し、バタイユはヘーゲルを限界まで押し進め、その限界を超えさせたという読解を行っています。そこで問題となっているのは、ヘーゲルの体系の内部で

「否定性」が占める位置であり、この場所が理性の仕事を超える否定的なものの場所あるいはその可能性であるのか否かなのです。デリダによれば、

> 資金を手元に残し、賭けの主人であり続け、賭けを制限し、賭けに形式と意味を与えて賭けに対して労働する（*Die Arbeit...bildet*）。これがAufhebung（止揚）である。かかるAufhebungに〔ヘーゲルが〕依拠することによって、生のエコノミーは制限されて、意味と同様に、自己を保存し循環させ、再生するだけのものになってしまう。このときから、主人性という名称を冠されていたすべてのものが崩壊し、喜劇と化す。自己意識が隷属することによって自由になる瞬間、労働の中に、つまり【2】弁証法の中に入っていく瞬間に、自己意識の自立性は笑うべきものに変わる。笑いのみが弁証法と弁証法を操るものを超え出て行く。というのも、意味の絶対的な放棄のあとで、死の絶対的な危険のあとで、ヘーゲルが抽象的否定性と名付けたもののあとで、はじめて笑いは響き渡るのだからである。否定性は決して生じることがなく、決して現前することがない。というのも、もしも生じたり現前したりすれば、否定性はふたたび労働を開始させてしまうことになるからである。（「制限経済学から一般経済学へ」256〔五一六頁〕）

〔4〕初出は以下のとおり。"De l'économie générale: Un hegelianisme sans réserve." *L'arc*, May, 1967.〔ジャック・デリダ『エクリチュールと差異』合田正人・谷口博史訳、法政大学出版局、二〇一三年〕

【2】バトラーの引用する英訳には「自己意識が」から「つまり、」の箇所が欠けているが、補って訳出した。

デリダはこれに続けて「ヘーゲルの体系には笑いが欠けている」〔前掲書五一七頁〕と述べます。私はそれが完全に正しいとは思いませんが、すくなくとも六〇年代後半にはヘーゲルは、救いがたいまでに、賭け〔遊び〕よりも仕事〔労働〕、笑いよりも深刻さを中心におく思考へのアプローチを代表していたということを記しておくことは重要なことであるように思われます。「留保なき」もの、保存の論理そのものを超えているものは、デリダにとっては〔5〕、ヘーゲルを超えているのであり、ヘーゲルの体系がその限界において指し示してはいるが、それへと乗り出すことのできない超越的ななにかなのです。

ここでのデリダの理解が、「限界のないものや理性の限定された仕事〔労働〕を超えたものをヘーゲルが排除している」というものだとするならば、ラカンは次のような考えをヘーゲルのものだとしていることになります。つまり欲望はつねに自分にとって透明である、欲望は自分自身を知っているだけでなく、常に必然的に知というプロジェクトに結びついているという考えです。『エクリ』でラカンは次のように書いています。

ヘーゲルにとって欲望（Begierde）は、真理が知（savoir）の実現に対して内在的であるとしたら、主体が維持しなくてはならない、古い認識（connaissance）との最小限の結びつきに対する責任を委ねられるものである。ヘーゲルの「理性の狡知」が意味するのは、最初から最後まで主体が自分の欲しているものを知っているということである。（『エクリ』301〔Ⅲ三一〇頁〕）

実際、「『精神現象学』におけるヘーゲルの誤り」は、まさに「シニフィアンの不透明性」、個人の内にある主体が表現する裂開あるいは分割をとらえ損ねたことだとラカンは書いています。ヘーゲルは、無意識におけるシニフィアン、無意識としてのシニフィアンを滞留させている裂開を土台として、初めて主体が現れることを理解しなかったために、この構成的な分裂をとらえ損ねたのです〔『エクリ』307〔Ⅲ三一八─三二九頁〕〕。この構成的分裂の「克服」など存在しないのであり、この意味において、主体を創始するこの裂開は、デリダとは違った仕方で、止揚 Aufhebung の仕事〔労働〕のもう一つの限界を示しているのです。

もちろんこれらの論点をひとつひとつ論駁するために、ヘーゲルのテキストに立ち帰ることも可能でしょう。たとえば、止揚 Aufhebung の仕事〔労働〕を超えるような限定されない否定性を要請するのは止揚そのものの根本的な誤解にもとづいているのだということを示したり、ヘーゲルの『精神現象学』における欲望の主体は、自分の欲望に対する構成的な不透明性に苦しんで──そしてそれに動員されて──いるのだということを示したりすることもできるでしょう。しかし、おそらくここでもっと興味をそそるのは、ヘーゲルに対するこれらの批判が二〇世紀フランスにおけるそれ以前のヘーゲル論の拒否にもとづいているということです。ヘーゲルは、永眠するために呼び出されているのであり、彼の埋葬は、新たなものに機会を提供するために行われているのです。このことが意味しているのは、ヘーゲルの著作のかつての受容の仕方はいまや終わったものとして扱われているということ、いまあるものへの移行は、理性の「仕事〔労働〕」やそれが含意している進歩主義に依拠しているのではなく、ヘーゲルという

〔5〕デリダは時期によってヘーゲル観を変化させている。フィリップ・ラクー＝ラバルトの『タイポロジー』への序文、および『グラ』におけるヘーゲルについての拡張的議論を参照のこと。

とりわけ難解な比喩《トロープ》、つまり行為し歴史を進歩として産出する合理的主体の比喩《トロープ》としてのヘーゲルに依拠しているということなのです。

イポリットとコジェーヴによるヘーゲル受容を、総体性を超過し、歴史の閉幕に抵抗しそれを超え、概念による支配と透明な自己知という主張を無効にするような形態のヘーゲル主義を記しづけるものとして読解することは、実りの多いものとなるでしょう。イポリットとコジェーヴいずれもが、さまざまなかたちで、宗教哲学者としてのヘーゲルについての考察を展開しました。コジェーヴは最初、一九三〇年代に高等研究院の宗教学部門にアレクサンドル・コイレの助手として雇われました[6]。同様に重要なのは、当初一九四六年に刊行されたイポリット自身の『ヘーゲル精神現象学の生成と構造』(モンテーニュ出版)が、宗教的受肉についてのノートで終わっていたことです。ヴァールもまた、ヘーゲルを論じるにあたって『精神現象学』の「不幸な意識」章を中心とすることを選択し、純粋な理念化と純粋な有限性の両方として自分を知るという意識の逆説的な性格を強調しました。これは、決して自分を一挙に知ることのない意識、自己知の瞬間においてさえ自分自身から離れていると定義されるような意識であり、主体の形象なのです。実際、この主体の本質は、その存在の一方の極から他方の極へ恒常的に「移行」していくということ、そのことによってこの主体こそが移行の契機として定義されるということなのです。これは、自分の自分に対する差異であれ、自分の外の何か、あるいは誰かとの差異であれ、差異に直面し、その差異が「同一性」として作り直されるまでに取り込んで消化してしまうような主体ではありません。逆にこれは、自分自身を超えてその認識対象へと移行する主体、知るという行為によってばらばらに引き裂かれる主体、自分自身を知るときには自分自身であることができず、自分自身であるときには自分を知ることができない主体なのです。『精神現象学』が「進行する」とき、この裂け目は「癒やされ」るのでしょうか。あるいは、この裂け目はまさに「進行」そのものの条件であり、それゆえその限界でもあるのでしょうか。『精神現象学』の中で主体が「理性」として現れるときにこの裂け目が前提されているということは、それがどうにかして解消され、裂け目がもはや存在しなくなるということを意味するわけではありません。それが意味するのは、裂け目が「動的」になるということでしかありません。まさに時間性の意味は、この裂け目なしには不可能なのです。もし、この裂け目が包含されるあるいは否定されるという意味で解消されうるのだとするならば、テクストの時間的運動、およびテクスト内にくり返し現れる主体の時間の運動は、停止しなければならないことになってしまうでしょう。

一九三七年にコジェーヴに宛てて書いた手紙の中で、ジョルジュ・バタイユは反合理主義的感情を表

［6］二人は一九二〇年代にハイデルベルクで出会ったと思われる。コイレ自身は、哲学的に構成された歴史哲学に関心を持っており、部分的には、歴史における理性の顕現、あるいはそれどころか啓示に対する関心に影響されている。そして『精神現象学』こそがヘーゲルの全著作のなかで中心的なテクストだと彼には思われたのである。ヴァール以降、コイレはフランスにおけるヘーゲル研究への道が開かれるにあたって、もっとも影響力のあったフランス知識人であった。しかし、フランスのヘーゲル研究はその後コジェーヴとイポリットのセミネールに支配されることになる。この思想史についての好意的な説明としては以下を参照。Jean Wahl, “Le rôle de A. Koyré dans le développement des études hégéliennes en France,” *Hegel-Studien* (Beiheft 3, 1964)　コイレのヘーゲルへの関心は、様々な刊行物で明確にされているが、特に以下を参照。『哲学的思想史研究』（一九六一年）(*Études d'histoire de la pensée philosophique*, (Paris: Armand Colin, 1961))。また重要なのは、一九三〇年の論文「フランスにおけるヘーゲル研究についての状況報告“Rapport sur l'état des études hégéliennes en France”」〔小原拓磨・宮﨑裕助訳、『知のトポス』第一三号、二〇一八年〕である。その中で彼は、歴史思想にとってのヘーゲルの重要性を明らかにし始めている。これに続く彼の著作は、歴史と時間を主題としており、これがアレクサンドル・コジェーヴの著作のうちに私たちが見出す人間学的で歴史的なヘーゲルに基礎をあたえたのである。

明しながら、大文字で書かれた歴史はいまや終わったというテーゼが文化生活にどのような帰結をもたらすのかを理解しようとしていました〔7〕。バタイユは次のように書いています。「今日ただいまから歴史が完了するということを……、（もっともな仮説として）私は認めても構いません。しかし私は物事を違ったふうに見ているのです」【3】。バタイユは人間の欲望に特徴的な否定性、その内的な「欠如」あるいは「不足」がなんらかの種類の行為において客観化されうるのであり、それゆえ克服されうるのだという考えに異を唱えています。彼が記しているところによれば、「通常、無力な否定性は芸術作品になります」（90）【4】。「もはや何もすることがなくなった者の否定性」【5】〔という言い回し〕について述べながら彼は、芸術はこの否定的な実存に理由や方向性を与えはせず、ただ「承認された「否定性」〔として〕の人間」を反映するのみであると結論づけています（91）【6】。彼は、これに代わって、「仕事なき〔雇われざる〕否定性 négativité sans emploi」という否定性の概念を持ちだし、彼の理解するところでは、それが止揚 Aufhebung による制約から解き放たれた否定性であると主張しています。このようにバタイユは、ヘーゲルの否定性を、彼がヘーゲルの概念として理解するものを超えたところにあるものとして想像していました。これはつまり、ヘーゲルの否定性を「否定し」ながら、それによってヘーゲルを復活させはしないような否定性です。結果として、コジェーヴのヘーゲル観が人間という行為者を中心的なものとしていたのに対し、コジェーヴに対するバタイユの返答は、「人間」をほとんど完全になくてもよいものにしてしまったのです。このようにして人間中心主義者ヘーゲルが、人間を脱中心化する「蕩尽」をまさしく欲望の意味から解き放とうとする否定性を生みだすことになった、と言うことができます。

多くの学者たちは、二〇世紀半ば頃のヘーゲルの受容は、必然的に実存的ヘーゲルであったにちがいないと想定しています。しかし、ヘーゲルが、あらゆる主体の理論のために共同体の理論、相互主体性の文脈も提示していたことを記しておくことは重要です。だから主体が、他者を犠牲とすることに苦しみ、その関係が不可避的に疎外されていることを見出すとしても、疎外は動的関係として生じ、この関係は自己の究極の隔離を打ち立てる命題に行き着くことはないのです。この意味において、フランスにおけるヘーゲルは実存的孤独に対する重要な解毒剤を提供しました。実際、一九四三年にサルトルが『存在と無』〔8〕を書く頃には、ヘーゲルは完全に反個人主義者であると考えられるようになっていました。それは、（バタイユが逆らった）コジェーヴの著作における個人主義的な要素が拒否されて初めて引き出されうる見方です。ヘーゲル主義には、個人性を危険にさらす精神あるいはガイストを推進する役どころが、くり返し与えられてきました。サルトルにとっては、主人と奴隷章の開幕シーンであるひとつの自己意識が他の自己意識と向き合う場面は、一人の還元不可能な個人がもう一人の還元不可能な個人と向き合う場面です。ヘーゲルの説明では、双方の自己意識がひとつの包括的な構造において自分たちの統

〔7〕 Georges Bataille, "Letter to X, Lecturer on Hegel...," *The College of Sociology (1937–39)*, ed. Denis Hollier, tr. Betsy Wing, Minneapolis: University of Minnesota Press, 1988, pp. 89–93.〔ジョルジュ・バタイユ「ヘーゲルに関する講義担当者X君への手紙」ドゥニ・オリエ編『聖社会学──パリ「社会学研究会」の行動／言語のドキュマン』兼子正勝・中沢信一・西谷修訳、工作舎、一九八七年〕

〔8〕 Jean-Paul Sartre, *Being and Nothingness*, tr. Hazel E. Barnes, (New York: Philosophical Library), 1956, p. 239, originally published as *L'Être et le néant* (Paris: Gallimard), 1943.〔ジャン＝ポール・サルトル『存在と無』Ⅰ・Ⅱ・Ⅲ、松浪信三郎訳、ちくま学芸文庫、二〇〇七・二〇〇八年〕

【3】 バタイユ、前掲書、一六一頁。
【4】 一六二頁。
【5】 一六二〜三頁。
【6】 一六三頁。

一を認識することになるわけですが、この説明は「最後に到達される目標が、普遍的な自己意識、すなわち『存在する自己の自己による直観』であるなどと言うのだから、そもそもこの闘争そのものの内に何かしらごまかし」を導入している［とサルトルは言う］わけです。「他の場合と同様この場合にも、ヘーゲルに対して、個別者そのものとしての個別者の復権要求を代弁するキルケゴールを対置させなければならない」（『存在と無』239〔II 六〇頁〕）。のちの箇所でサルトルは、まさしくヘーゲルの個別性こそが、サルトル自身の実存的な観点のある種の証明となって最終的に彼のもとに戻ってきたことを書いています。「しかし、ヘーゲルが自分を忘れてしまったにしても、われわれはヘーゲルを忘れることができない。いいかえれば、われわれはコギトに差し向けられる。……私は、一つの普遍的相互的な関係へ向かって私の存在を超越することもできないし、またそこから、私の存在ともろもろの他人の存在とを、等価なものとして眺めるわけにも行かない」（『存在と無』243-244〔II 六九-七〇頁〕）というわけです。

ラカンはヘーゲルの欲望の概念を拡張して用いましたが、同時に、欲望は不透明で、裂開によって条件付けられており、自己知の可能性から引き離されていると主張することで、ヘーゲルを批判しました。もちろんヘーゲルの主体が、その旅路を通して不透明性に悩まされることがないのかどうか、それもひとつの問題です。ヘーゲルの主体は承認を得ますが、必ずまた誤承認に陥ります。この振幅こそが重要で、私はこのそれぞれの側に立場を取る主張が、二〇世紀フランスにおいてヘーゲルについての逆説が繰り返されているという感覚を私たちに与えているのだと考えています。

セミネールVIIでラカンは次のように書いています。

つい最近、この問題に何の責任もないある人が、ラカンはヘーゲルの弁証法に何の抵抗もなく誘惑されていると書いています。この非難が述べられたのは、私がこのセミネールで欲望の弁証法について私なりの用語でお話ししはじめた頃のことです。当時、この非難が適当であったか否か私には分かりませんが、この人物が特別勘の鋭い人であったとは言えないようです。いずれにせよ、この非難は、詩の領域、とりわけ『アンティゴネー』について述べた部分よりももっとヘーゲルの無力さが目立つと私には思われる領域についてのことではありません。【7】

ヘーゲルによるアンティゴネー読解〔9〕でラカンが気に入らないのは、ヘーゲルがアンティゴネーとクレオンに、対立する原理や諸力、親族対国家、個人対普遍を代表させようとしている点です。ラカンは、ソフォクレスの戯曲の「悲劇的」要素は、欲望そのものに内的である困難にあると主張しています。私たちはよいことを行うことを欲望しますが、何かが私たちの欲望に回り道を促すのです。そして私たちは自分が別の方向に向かうよう強いられていることに気づくのです。回り道を促すのは、欲望における「謎めいた」何かです。それは残余であり、知られざる何かですが、それにもかかわらず「それça〔エス〕」であり、私たちの「知」に対抗することを強いる、不気味で非人間的な何かです。たしかに詩学

〔9〕アンティゴネーについてのヘーゲルの議論は、三つの別々のテキストで展開されており、『精神現象学』においては、「人倫」の、『美学』においては「詩」の、『法哲学』においては「家族」の表題の下で扱われている。

【7】ジャック・ラカン『精神分析の倫理』(下)、ジャック＝アラン・ミレール編、小出浩之他訳、岩波書店、二〇〇二年一二四～五頁。

は、このような象徴界の表象不可能性、限界あるいは「閾値」に取り組まねばならないでしょう。

近年では、ジャン＝リュック・ナンシー【8】とカトリーヌ・マラブー〔10〕が、「思弁的なもの」というヘーゲルの概念をふたたび取り上げています。代わりとなる主体、しかし実は、主体の代わりとなるものを、ヘーゲルの著作の中に見出す方法として「思弁的なもの」に注目するのです。思弁的命題においては、文法上の主語がその位置を維持することはありません。そこにおいては、主語〔主体〕は客体であると同時に主体でもあるものとして見出すことができ、この同時性と反転可能性が永久運動としての読解の経験を生み出します。主体は、そこにいると主張しているところにはおらず、主体＝主語を分節化する文法の期待を超えるのです。ファノンの言葉によれば、「私はどこか他のところ、なにか他のもののためにいる」【9】のです。実のところ、この他なる場所なしには、「私」は存在しないのです。この他なる場所が人間であろうと、非人間であろうと、あるいは神的なものであろうと、いずれにせよこの他なる場所は、主体が、回帰を期待することなく奇妙なものをくぐり抜けることによる滑落であり、他性に屈することであり、変容を被ることであるということ、そういうたぐいのひとつの経験であることを示すのです。

〔10〕 Catherine Malabou, *L'avenir de Hegel*, (Paris: J. Vrin), 1996.〔カトリーヌ・マラブー『ヘーゲルの未来――可塑性・時間性・弁証法』西山雄二訳、未來社、二〇〇五年〕またこれより古いものであるが以下の著作も念頭にあると思われる。Jean-Luc Nancy, *La remarque spéculative (un bon mot de Hegel)*, Édition Galilée, 1973.

【8】 Jean-Luc Nancy, *Hegel. L'inquiétude du négatif*, Hachette, 1997.（ジャン＝リュック・ナンシー『ヘーゲル・否定的なものの不安』大河内泰樹・西山雄二・村田憲郎訳、現代企画室、二〇〇三年）

【9】 フランツ・ファノン『黒い皮膚・白い仮面』海老坂武・加藤晴久訳、みすず書房、一九九八年、二三七頁。

ペーパーバック版への序文

『欲望の主体』は、一九八四年に提出された私の博士論文であり、私は一九八五から八六年にかけてこれに書き直しを施した。この論文で私は、ヘーゲルの『精神現象学』と、このテーマを独特の仕方で取り込んだ〔我有化した〕二〇世紀フランス哲学の中心的なものとを集中的に取り上げるかたちで、欲望の概念について論じた。大学院での研究に進む以前に、私はフルブライト奨学生としてハイデルベルク大学に留学し、ディーター・ヘンリッヒやハンス゠ゲオルグ・ガダマーのゼミや講義に出席して、ヘーゲルとドイツ観念論を学んだ。一九八〇年代前半頃に、私はイェール大学の哲学部で大学院生として大陸哲学の伝統の中で訓練を受け、マルクス、ヘーゲル、現象学、ハイデガー、キルケゴール、メルロ゠ポンティ、フランクフルト学派などを学んだ。博士論文は現象学者であるモーリス・ネイタンソンのもとで執筆した。彼は私の研究を寛大に支援してくれ、フランスの哲学がサルトルやメルロ゠ポンティの著作においてしかるべき限界に直面していることを教えてくれたのも彼だった。イェール大学で七〇年代後期から八〇年代前期にかけて学んでいた頃、私は確かにポスト構造主義の思想について知ってはいたが、そのときは自分が本当に勉強したいと思っている大陸哲学とは関係ないものと考えていた。私はたまにデリダのゼミに参加したり、それよりはもう少し頻繁にポール・ド・マンの講義を聴講したりしていたが、研究時間の大半は現象学、解釈学、フランクフルト学派といった伝統に費やし、同時にドイツ観念論の基礎知識を習得することにつとめた。私がミシェル・フーコーの研究に出会ったのは、女性学研究のセミナーにおいてだった。イェール大学を離れ、客員研究員となり、その後ウェズリアン大学のポスドク研究員となった一九八三年から八六年の頃に、イェールにいた頃にはもっぱら反発していたフランス思想をようやく受け入れるようになった。人文科学研究センターで、私はフランス哲学において批判理論が新しい血脈を得ていることを知るのだが、私が『欲望の主体——ヘーゲルと二〇世紀フランスにおけるポスト・ヘーゲル主義』【1】と題して一九八七年にコロンビア大学出版局から出版される博士論文の書き直しを行なったのは、まさにその接触の最初の時期にあたる。ドゥルーズ、ラカン、そしてフーコーについて書かれた本書の最終章は、正式には博士論文に含まれていたものではなかった。この部分は、それ以後より手間ひまをかけた検討に値すると考えるようになった素材へと最初の一歩を踏みだしたときの私の足跡を示している。

私は、かつてはこの本を就職への焦りから早く出版しすぎたとも言えるし、改訂を加えて再出版するには今となっては遅きに失したとも言えるだろう。改訂を施し始めたらそれこそまったく新しい著作とならざるをえないだろうし、現時点でそうした仕事に手を付けるだけの準備はできていない。一九八五年から八六年にかけての時期、私はまだ、この本の最終章で始めたような、そして後に一九八九年後半に出版された『ジェンダー・トラブル』を執筆しているときになしたような、理論面での変化を起こすだけの準備はまったくできていなかった。この序文を書いている今でも、私はまだ老成しているというわけではないが、それにしてもこの本は今読み返すと——読むに堪えるとしての話だが——若書きという印象を与える。つまり読者には多大なる寛容をもってこの本に接することをお願いするしかない。

このテクストは、フランスのヘーゲル主義についての網羅的な説明でも、思想史的研究でもない〔1〕。

これは欲望と承認とのあいだに繰り返しかたち作られてきた関係について、批判的に探求する試みである。もし包括的な取り組みがなされていたならば、まちがいなくジョルジュ・バタイユの著作についての一章を含んでいなければならなかっただろう〔2〕。また〔包括的な取り組みであったとするならば〕、『欲望の主体』は、ヘーゲルの『大論理学』が与えた影響、特にジャン・イポリットの著作に与えた影響をより詳細に考察することになっていたはずだ。イポリットの著作では、『精神現象学』において主体の経験のかたちで明らかにされる本質的な諸真理についての正当化を『大論理学』が与えるとされている〔3〕。また『欲望の主体』が『精神現象学』に焦点を当てている書物だとするならば、ヘーゲルのあの「自己意識の自由――ストア主義、懐疑主義、不幸な意識」の章についての考察も含むべきだったと言えるかも知れない。この重要な章についてのジャン・ヴァールによる独自の読み替え〔我有化〕は、二〇世紀の

〔1〕網羅的な参考文献表を備えた非常にすぐれた思想史的なヘーゲル研究としては、以下が参考となる。Michael S. Roth, *Knowing and History: Appropriations of Hegel in Twentieth-Century France* (Ithaca: Cornell University Press, 1988).

〔2〕フランスのヘーゲル主義におけるバタイユの占める地位については、以下の優れた論考の第三部を参照のこと。Allan Stoekl, *Agonies of the Intellectual: Commitment, Subjectivity, and the Performative in the Twentieth-Century French Tradition* (Lincoln: University of Nebraska Press, 1992), part 3. バタイユとコジェーヴについての優れた視点が、*Parallax* 誌の"Kojève's Paris. Now Bataille"という特集記事に見られる（no. 4, Feb. 1997）。また以下も参照のこと。Denis Hollier, ed. *The College of Sociology, 1937–39*, (Minneapolis: University of Minnesota Press, 1988).

〔3〕この関係についてはっきりとした解釈が示されているのは以下。Jean Hyppolite, "On the *Logic* of Hegel," in *Studies on Marx and Hegel*, tr. John O'Neill (New York: Basic Books, 1969).〔ジャン・イポリット「ヘーゲル論理学についての試論」（『マルクスとヘーゲル』宇津木正ほか訳、法政大学出版局、一九七〇年所収）〕

【1】原題は *Subjects of Desire. Hegelian Reflections in Twentieth-Century France*〔『欲望の主体　二〇世紀フランスにおけるヘーゲル的反省』〕

フランスにおいてヘーゲルについてなされた最初の大きな研究業績であると言われてしかるべきであり、二〇世紀フランスにおけるヘーゲル受容の歴史が始まったのはまさにこの章の解釈を通してのことであった。ヴァールの短いテクスト「ヘーゲル哲学における意識の不幸」*Le Malheur de la conscience dans la philosophie de Hegel*（Monfort, 1929）は、独自のヘーゲル読解を成し遂げ、内的に分裂した意識の問題を宗教的主題と実存的主題の双方に関係づけ、のちにコジェーヴとイポリットによるヘーゲル読解においてきわめて重要な役割をはたす、意識の「否定性」を強調したのである。

一九九五年に私は、「ヘーゲルの「不幸な意識」論を読む——執拗な取り憑きと身体の主体化／隷属化（サブジェクション）」という小論を発表した。それはヘーゲル的な主体についての、その後も継続した思索の一つである［4］。この論文で私は、ヘーゲルが〔不幸な意識で〕主人と奴隷の章の続きを展開していることを示そうとした。主人と奴隷の章の一見解放的に見える結論を称える人々は、たいてい不幸な意識の章を顧みようとはしない。不幸な意識でヘーゲルは、ある主体の構造を提示している。それは、主体化／隷属化subjectionが一つの心的な現実《リアリティ》となり、抑圧それ自体が心的な手段によって明確化され固定化されているような主体の構造である。私が示したのは、ヘーゲルがすでに、主体化／隷属化が心的な現実《リアリティ》としての地位を獲得するときに起こる権力の転倒について説明を始めていたというものであり、こうした説明こそが、通常はニーチェとフロイトに帰される類いの洞察とヘーゲルとを結びつけるものだということだった。

本書は、イポリット、コジェーヴ、サルトルの入手可能な英訳、およびいくつかのフランス語の論文に依拠しており、それゆえ、コジェーヴの大量の未訳の著述（『ヘーゲル読解入門』*Introduction à la lecture de Hegel*

の完全版を含む【2】の大部分は検討されないままとなっている。コジェーヴの講義は、一九三三年から三九年にかけてパリ高等研究院で行われ、ヘーゲルのカントとの関係、『精神現象学』における詩的言語、悲劇、宗教の位置付けについての広範な議論、さらにイエスの人物像とキリスト教の意味についての集中的な議論を含んでいるが、これらは簡約化された英訳版では省かれてしまっている〔5〕。コジェーヴは依然として理解するのが難しい著述家だが、一方ではアラン・ブルームやスタンレー・ローゼン、フランシス・フクヤマといったシュトラウス派の伝統に属する人々に持ち上げられ、他方ではピエール・マシュレその他の人々によってマルクス主義者として喧伝されている〔6〕。コジェーヴは、

〔4〕以下を参照。Judith Butler, "Stubborn Attachment, Bodily Subjection: Rereading Hegel on the Unhappy Consciousness", in David Clarke and Tilottama Rajan, eds., *Intersections: Nineteenth-Century Philosophy and Contemporary Theory* (Albany: SUNY Press, 1995), reprinted in *Hegel passé, Hegel à Venir* (Paris: L'Harmattan, 1995).〔ジュディス・バトラー「ヘーゲルの「不幸な意識」論を読む——執拗な取り憑きと身体の主体化／隷属化（サブジェクション）」大池真知子訳、『現代思想』二〇〇〇年十二月号、青土社。また以下の私の書物も参照のこと。*The Psychic Life of Power: Essays in Subjection* (Stanford: Stanford University Press, 1997).〔ジュディス・バトラー『権力の心的な生——主体化＝服従化に関する諸理論』佐藤嘉幸ほか訳、月曜社、二〇一二年〕

〔5〕もともと一九四七年にガリマール社から出版された仏語版〔*Introduction à la lecture de Hegel*〕には、英語版には訳出されていない以下の重要な付論も含まれている。"L'idée de la mort dans la philosophie de Hegel." 英語版は以下。*Introduction to the Reading of Hegel: Lectures on the Phenomenology of Spirit*, assembled by Raymond Queneau, ed. Allan Bloom, tr. James H. Nichols, Jr. (1969; reprint, Ithaca: Cornell University Press, 1980).〔アレクサンドル・コジェーヴ『ヘーゲル読解入門——『精神現象学』を読む』上妻精ほか訳、国文社、一九八七年。「第九章　ヘーゲル哲学における死の観念」(三六〇-四二六頁)〕

【2】『ヘーゲル読解入門』の英訳版は抄訳となっており、多くの章が訳されていない。日本語訳もいくつかの章を省いている。とくに英訳版においては、コジェーヴが第二版の中でつけ加えた日本と歴史の終わりについての言及が収録されていない。

ヘーゲルのテクストはヘーゲルの時代には予期されていなかった歴史的な解釈〔我有化〕に開かれているものであると述べていたが、それとまったく同じようにコジェーヴ自身のヘーゲル読解が、ぶつかり合う読解に対して広く開かれたものとなっている。こうした状況は、コジェーヴ自身が導入した「読解」の方法がもたらす帰結であると言っていいだろう。それは、ヘーゲルのテクストの字面に忠実であるよりも、読解がなされる変動する時代状況そのものを反映した新しい解釈を生み出そうとするものであった。このようにヘーゲルのテクストは、時代を経るなかで、常にそれ自身の読解可能性の問題を再提起してきた。明らかに、彼が予言する歴史の終わりは、時間の終わりではなく、また読解の時間性の終わりでもないためである〔7〕。したがってヘーゲルのテクストは、おそらくそれ自身の意図ではなかったはずだが、時間と読解可能性との関係についての問いを生じさせる。コジェーヴにおいては未来はもはや目的論によって拘束されてはいないが、ヘーゲルの予見していた未来は、ある意味ではコジェーヴが失われた観念論として葬り去っているものとまさに同じものである。コジェーヴの「読解」は、ヘーゲルのテクストが時間性の中にあることを浮き彫りにし、ヘーゲルのテクストが生き延びればそれだけその時間性は別の種類の読解を要求すること、そしてその読解はいつも同じ確かさをもって進歩を重ねていくようなものではないことを示す。ポスト・ヘーゲルの時代が遭遇するこの時間性という難問を見てシュトラウス派の人々は、歴史そのものが「絶えざる」主題に変わるのだと結論づけ、またアルチュセール派の人々は、通時性に欺かれることのない構造主義社会分析がより望ましい結論であると主張することになった。しかしもう一つ別の展望をコジェーヴから導くことができる。それは、時間性は歴史性には還元できず、そしてまた目的論にも還元できないことを主張する観点である。概念の時間性は静的でもなく、目的論的でもなく、閉じることを知らない二重に転倒した読解を要求する。たしかにそれは常識に囚われた人々の感情を害することになるが、しかし、それなしには、ヘーゲルへのアプローチは不可能なのだ。

ヘーゲルが『大論理学』であらましを述べているところの思弁的命題では、読解を困難にするこの時間性の問題が強調されている。私たちは、言語がそれの言っていることの真理を透明に示すことを期待することはできないのだが、しかしこの真理が言語の外部で見つかるだろうと期待するわけにもいかない。真理は『精神現象学』が提供する物語と同じものではないが、それでもその物語の開示を通してのみ露わとなる。この命題は、なじみのあるものがなじみのないものに書き換えられていくかたちで展開する。こうしたことが、この命題のなじみある文法そのものにつきまとっている。このことが特に真実となってくるのは、私たちが「否定」の文法的な地位を考えてみるときである。「否定」は、意味論的に重要な意味の転換を被るに留まらず、本質的な真理の開示がなされる際に、本質的な仕方で「作用する」語でもあるということである。

こうした「否定」の機能は、現代の解釈者たちによるヘーゲルについてのよくあるジョークを誘発す

［6］ コジェーヴについての新しい思想史的な伝記は以下を参照。Dominique Auffret, *Alexandre Kojève: La philosophie, l'État, la fin de l'Histoire* (Paris: Grasset, 1990).〔ドミニック・オフレ『評伝アレクサンドル・コジェーヴ――哲学、国家、歴史の終焉』今野雅方訳、パピルス、二〇〇一年〕

［7］ 歴史の終焉の偶然性は、『精神現象学』の末尾の「無限性」が歴史の領域を超越するところでヘーゲル自身によって示唆されている。しかし『精神現象学』を『大論理学』とそこで展開されている概念の特殊な時間性の文脈で読んだ場合にも同様の示唆を見て取ることができる。

る。彼らによれば、ヘーゲルというのは単純化されるか、あるいはきっぱりと却下されるかのいずれかであるというのである。ヘーゲルがたとえば『精神現象学』で、思弁的命題は命題の一般的性質を破壊するものであると主張したとき（『精神現象学』38〔六〇頁〕）、彼の念頭には他の計画もあった。しかし問題は、ヘーゲルの否定のなす論理的な含意が何であるかということではなく、まさにヘーゲルにおける否定の用法が、論理的な関係についての私たちの理解にどのように異議を唱えているのかということなのである。

『精神現象学』において否定は、多様な仕方で登場するのであり、ただ単にその否定自身が直面する他性を服従させ、同化したり飼いならしたりする概念的操作のためだけに登場するのではない。「自己確信の真理」の〔導入の〕節では、意識は対象を消費することで否定する。「主人と奴隷」の節では、否定ははじめ主人と奴隷双方の形象が互いを無化しようとする努力として現われ、それから支配と奉仕の関係へと変化する。否定がこうしたさまざまな形象をとって「現れる」ということは何を意味しているのだろうか。そして、私たちは否定の現れが被るこうした変化をどのように理解するべきなのだろうか。

私の考えは、『精神現象学』において登場するさまざまな形象は、ある安定した論理的な状態にまだ到達していない状況を描写するために登場するのだ、というものである。実際、これらの形象は、論理的な関係の不安定性を印づけている。逆に言えば、どんな論理的関係も具体的な登場人物としての形態や見かけをとるのである。私たちがヘーゲルを読みこなしたとき、論理的な関係を表現するものと思われている文法（それはフッサールの『論理学研究』と初期ヴィトゲンシュタインに共通する考えなのだが）にいったい何がもたらされるのだろうか。ある人は『精神現象学』を、一つの安定した現実が記述されつつも、しかし結局は記述的言語自体の頑固さに突き当たるものと想定して読み進める。私たちは、テクストのどの時点においても、否定とは何で「ある」か、そしてそれが何を行うのかをわかっていると思っているが、その振る舞いのなりゆきを追いかけていくうちに、つまり読み進めていくうちに、私たちの先ほどの確信は根拠のないものであったことに気づく結果となる。言い換えれば、この用語〔否定〕は、つねに私たち自身の知を掘り崩していく。否定の現実について報告していると私たちが思っていた言語が、否定の作用そのものに参与していること、それ自身が否定の機能を持っていること、そしてじつは否定そのものに従属していることが明らかとなる。こうしてテクストの言語は言語そのもののレトリック性を開示し、そして私たちは論理の問題と修辞の問題が互いに分離できないものであることを見いだすのである。同様に、認識についてのいかなる主張も、読解の実践から離れては為され得ない。概念の時間性は、最終的には、読解の時間性と不可分のものである。

より近年のフランスにおけるヘーゲル読解者の一人であるジェラール・ルブランは、彼の『概念の労苦——ヘーゲルの言説についての考察』*La patience du Concept: Essai sur discours hégélien* の中で、右に述べたのと同様の点を指摘している。彼はヘーゲル的独断主義の可能性に異論を唱え、ヘーゲルの言説が読者を新しい哲学的思考の形態へと積極的に導くことを示している[8]。コジェーヴにとってそうであったように、〔ルブランにとっても〕ヘーゲルを読解することは、過ぎ去った時間性（過ぎ去ったものとしての未

[8] ルブランの行なっていることは、アレクサンドル・コイレによる挑発的な洞察を拡張しようとするものだとも言える。コイレの論考は以下。“La terminologie hégélienne.” 以下も参照のこと。Lebrun, *La patience du concept* (Paris: Gallimard, 1972), p. 18.

来の観念）を横断することでなければならず、したがって思弁的命題の要求に従ってヘーゲルの文法を読解することが「前方へ向かって」なされうるのは、結局のところ読解を活性化していた前提それ自体が、今度は〔後ろ向きに〕読まれなければならないことを見出すためにほかならない。こうした読解は一つの反転、為されたことを完全に取り消しなどしない反転（そして、まさに文法の水準において、読む行為に特有な否定の概念を実演する反転）を強いるのである。

ジャン＝リュック・ナンシーは、最近出版された『ヘーゲル――否定的なものの不安』*L'inquiétude du négatif* の中で、この点をまた別の異なったかたちで主張している〔9〕。彼の理解では、主体は自己自身のうちへと跳ね返されるものではない。根本的に主体は、世界に向かい世界の中へと入っていく道のりにおいて、自己が自己自身を克服していく一つの行為として定義される。主体は自己をその世界の中へと分散させるが、この自己‐超克はまさに主体のもつ否定性の作用である。自己の「不安」こそまさしく自己の生成の様態であること、自己が時間のうちにあることによって最終的には非実体的なものであること、そしてそこにこそ自己の自由に特有な表現があることを主張することで、ナンシーの著作は、ヘーゲルを全体性という比喩から解き放つ。ナンシーの著作はまた、修辞的《レトリカル》にも重要である。というのは彼の著作は、ヘーゲルの著作の体系的な解釈の代わりに、自由の問題にアプローチするキーワードを用いることによって、『精神現象学』についての不連続な熟考を提供するからだ。ヘーゲルの『精神現象学』がはっきりとした目的論を描いていることを期待するような人は、そうしたテクストによって生産的な意味で混乱させられるだろう〔10〕。

実際、目的論の地位は、二〇世紀フランスにおけるヘーゲルの読み替え＝我有化を見直すうえで、大いに議論となる点であるように思われる。結局のところ、ヘーゲルが全体性や目的論や概念による支配や帝国主義的主体の同義語となったのはフランス思想の文脈においてではあったのだが、同時にまたフランスにおける独自の読み替えこそが、ヘーゲル哲学は全体化するものであり、目的論的であるという前提に疑問を突きつけたのだとも言える。実際、「ポスト・ヘーゲル主義」に特有と言える思想的立場も、ヘーゲルそのものの独自の〔我有的〕読み替えの一種と見分けることができないこともしばしばある。コジェーヴの著作群は特にそれがあてはまる例である。というのは、それらは歴史の終りのあとに発生する時間について問うており、そうすることで、厳密には目的論的な終結ではなく、目的論の終結を示しているからだ。つまり途切れ、中断、喪失により近い意味での終止を示しているのである。アルチュセールはかつてコジェーヴの仕事を「ばかげている」と言ったが、彼はヘーゲルの目的論を人間中心主義として練り直そうとするコジェーヴの努力をまじめに受け取っている〔11〕。アルチュセールのヘー

〔9〕 Jean-Luc Nancy, *Hegel: L'inquiétude du négatif* (Paris: Hachette Littératures, 1997).〔ジャン＝リュック・ナンシー『ヘーゲル――否定的なものの不安』大河内泰樹ほか訳、現代企画室、二〇〇三年〕思弁的命題についての以下のナンシーの初期の仕事も参照のこと。*La Remarque spéculative (un bon mot de Hegel)* (Paris: Éditions Galilée, 1973).

〔10〕 Jean-Marie Lardic による「常識は哲学をどのように理解しているのか」というヘーゲルの論文〔訳註：日本語訳は以下に所収。『懐疑主義と哲学との関係』加藤尚武ほか訳、未來社、一九九一年〕の翻訳と、彼女による注釈も参照のこと。この注釈においてラルディックは、常識の不確実性と根本的な迷妄性は、弁証法の意味の核心であると論じている。Jean-Marie Lardic, *Hegel: Comment le sens commun comprend la philosophie suivi de la contingence chez Hegel* (Paris: Actes Sud, 1989).

〔11〕 アルチュセールは次のように書いている。「ヘーゲルのいう歴史は生命とも、摂理とも、力学とも関係がない。実際、これら三つの図式は外在性を前提にする。歴史は自己によって、かつ自己に対して〔……〕自己を構成していくのであり、その際に通過する否定的な次元は、歴史の外にあるのではなく、自己の内

ゲルについての初期の考察は、コジェーヴの解釈に対して内在的な批判を展開したものであり、コジェーヴは否定性の主観的次元を発展させることでその客観的次元を排除していると主張するものである〔12〕。否定性の働きを主体的なものに還元しようとする試みは、ブルジョワ的修正主義であり、個人の客観的な状況を無視して個人を肯定することであるとされる。そして、客観性がヘーゲルを経由して戻ってくるとき、それはいつも特殊経済的な内容を欠いており、そのことによって哲学的に抽象化された平等と民主主義の概念に価値を置き、階級闘争から形成された概念の方は犠牲にするのだと言われる。コジェーヴのヘーゲルは、若きマルクスのレンズを通して読まれており、ヘーゲルもマルクスも否定の主観的な次元を肯定していると理解されている。その限りで〔アルチュセールによれば〕「アレクサンドル・コジェーヴのいう実存主義者マルクスは、変装したマルクスであり、マルクス主義者はそこに自分にとって貴重なものを認めることができない」(172〔二二二頁〕)ということになる。

アルチュセールは、彼の『哲学・政治著作集』*Écrits philosophiques et politiques* の中でいくつかの小論をヘーゲルの再検討に捧げており、そこで彼はヘーゲル主義者の行なう抽象化についての批判を提示し、内在的な批判の実践を通して主体なき全体性について明確にする試みを始めるのだが、そこでただちにヘーゲル、そしてとりわけフランスのヘーゲル主義者に対する攻撃を行う。彼はコジェーヴの著作を賞賛してはいるが、その賞賛は両義的である。「彼の本は『ヘーゲル読解入門』というだけに尽きない。それは死者を蘇らせるもの、あるいはむしろ、ヘーゲルという腐乱した思想家、細切れにされ、蹂躙され、裏切られた思想家が、変節した世紀の奥深くに住み着き、この世紀を支配していることの開示である」(171〔二二〇頁〕)。その後に彼は、同じ調子で、ヘーゲル哲学への懐疑を示しつつも、こう述べる。「幾度となく罵詈雑言と土にまみれたあの死せる神が、いまや墓から這いだそうとしている」（174〔二二四頁〕）。最終的にはアルチュセールは、ブルジョワの現状を哲学的に賛美したことでヘーゲル哲学を糾弾するだけではなく、「ファシズム的性格を帯びた」修正主義をもたらしたことについても糾弾する（183〔二三五頁〕）。

ピエール・マシュレの最近の書物『ヘーゲルかスピノザか』*Hegel ou Spinoza*〔13〕は、明らかにアルチュセールの影響を受けてはいるが、ヘーゲル哲学の批判的潜在力をより正面からとらえている〔14〕。スピノザをヘーゲルに対置してとらえ、そして、それぞれの哲学的な立場がどのようにもう一方の立場の必然的な限界を定めているかを追求したうえで、マシュレは目的論的な前提から解放された、歴史の弁証法的な考え方には賛同する。〔歴史においては諸傾向の闘争があるが〕「この闘争は、その解消の見込みをそれ

部にある。歴史を生み、生んでいく過程で歴史に自己を摑み直させる虚無、それは歴史のなかにある。いうところの虚無が、つまり、人間である」。Louis Althusser, *The Spectre of Hegel: Early Writings*, ed. François Matheron, tr. G. M. Goshgarian (London: Verso, 1997), first published in *Écrits philosophiques et politiques. Tome I* (Paris: Stock/IMEC, 1994).〔ルイ・アルチュセール『アルチュセール 哲学・政治著作集〈1〉』市田良彦ほか訳、藤原書店、一九九九年、一二八－一二九頁〕

〔12〕Ibid., 171.〔二二〇－二二一頁〕〔以下本文中に本書のページが示されている場合には〔　〕内に上記訳書のページを並記する。〕

〔13〕Pierre Macheray, *Hegel ou Spinoza* (Paris: Éditions la Découverte, 1990).〔ピエール・マシュレ『ヘーゲルかスピノザか』鈴木一策ほか訳、新評論、一九八六年（初版）〕〔以下本文中に本訳書のページを並記する。〕

〔14〕以下の論考も参照。Jean-Pierre Lefebvre and Pierre Macheray, *Hegel et la société* (Paris: Presses Universitaires de France, 1984). この書物におけるヘーゲル『法哲学』についての議論は、好都合なことに、テクストにおける「始原」と「終局」との転倒を主題としている。これは目的論的な展開についての通常の理解を揺るがすものである。

自身のうちにたずさえていない……否定の否定がない反対物の統一である」[15]。さらにマシュレは、アルチュセールとは反対に、述定判断の担い手としての通常の主体＝主語の用法に還元できない、ヘーゲル的な主体＝主語の意味を考察している。ヘーゲル的な主体＝主語は、通常の文法における主語と術語との安定した関係が無効になるような主体＝主語である（248〔二九一－二九二頁〕）。こうしてアルチュセール派の伝統に属する読み手であるにもかかわらず、マシュレは、ルブランやナンシーと同傾向の解釈を生み出していく。主体とは、ただ主体が成就するプロセスを表現する項であるにすぎず、非実体的なものであり、その非限定性が通常の文法的な機能を破壊するような項であることを認めるのである。

『欲望の主体』の改訂がなされたとしたなら、デリダが論文「ピラミッドと竪坑」において示したヘーゲル的概念への独自の批判と、その後ラクー・ラバルトの『タイポグラフィ』*Typographies* への序文、およびデリダ自身の『弔鐘』*Glas* においてさらに改訂されて再演されたヘーゲル解釈への論及を含んだものとなったはずだ[16]。〔この本が〕より完成された考察となるならばまたまちがいなく、リュス・イリガライのさまざまなヘーゲルへの取り組み、特に『他なる女性の検鏡』*Speculum of the Other Woman* に収録されている「共同体の永遠のアイロニー」や『性と親族』*Sexes et parentés* におけるヘーゲルと血縁性および普遍性の考察について検討した新しい章を含んでいたはずだ[17]。私の未来の計画の一つは、フランツ・ファノンの『黒い皮膚・白い仮面』におけるヘーゲルへの取り組みを取り上げ、人種間交流のヒエラルキー構造の力学における承認の問題について論じることである。ファノンのヘーゲルへの取り組みは、承認をめぐる闘争および主体の構成における欲望の中心性（そして承認を構成する条件としての労働の最小化の問題）というコジェーヴのテーゼについての重要な独自の読み替え＝我有化として読むことができる［18］。

ヘーゲルの遺産に対しての私の興味は、初期にこの本を出版したことによってすっかり克服されてしまったわけではない。私はずっとヘーゲルと現代思想の講座を教えていて、構造主義の出現、確立、普及〔散種 dissemination〕に際してヘーゲルが読まれ、誤読されるそのあり方に興味を持ち続けている。ある意味では私の研究のすべては、特定のいくつかのヘーゲル的問いが作りだす圏域に留まりつづけている

［15］ Ibid., p. 259.〔『ヘーゲルかスピノザか』三〇四頁〕

［16］ 私は以下に初期デリダのヘーゲル解釈についての短い考察を書いている。Judith Butler, "Response to Joseph Flay's 'Hegel, Derrida, and Bataille's Laughter'" in *Hegel and His Critics: Philosophy in the Aftermath of Hegel*, ed. William Desmond (Albany: SUNY Press, 1989). またヘーゲルとデリダの類縁性について考察するために、ティム・ウォルターのヘーゲルにおける「批評〔Critique〕」の概念について論じた書物も非常にお薦めである（スタンフォード大学出版より近日刊行予定）。〔訳註：おそらく次の書物ではないかと思われる。Tim Walters, *Hegel's Last Words* (Stanford University Press, 2003)〕。同様に以下も参照のこと。Werner Hamacher, *Premises* (Cambridge: Harvard University Press, 1997). Rodolphe Gasché, *The Tain of the Mirror: Derrida and the Philosophy of Reflection* (Cambridge: Harvard University Press, 1986).

［17］ イリガライの研究についての私の論考は、アンティゴネーと現代の親族関係についての本に掲載される予定である。*Antigone's Claim: Kinship Between Life & Death (Wellek Library Lectures)*, (Columbia University Press, 2000).〔ジュディス・バトラー『アンティゴネーの主張——問い直される親族関係』竹村和子訳、青土社、二〇〇二年〕

［18］ ヘーゲルと人種、承認の問題については、以下も参照のこと。Franz Fanon, *Black Skin, White Masks* (New York: Grove Press, 1967).〔フランツ・ファノン『黒い皮膚・白い仮面』海老坂武ほか訳、みすず書房、一九九八年〕 Valentin Mudimbe, *The Surreptitious Speech: Présence Africaine and the Politics of Otherness*, 1947–1992 (Chicago: University of Chicago Press, 1992). Shamoon Zamir, *Dark Voices* (Chicago: University of Chicago Press, 1994). Paul Gilroy, *The Black Atlantic: Modernity and Double-Consciousness* (Cambridge: Harvard University Press, 1993).〔ポール・ギルロイ『黒い大西洋と知識人の現在』市田良彦ほか訳、松籟社、二〇〇九年〕

とも言える。つまりそれは、欲望と承認の関係はどうなっているのか、そして、主体の構成が他者性に対する根源的・構成的関係を伴うのはどのようにしてなのか、といった問題である。

　私は現在、ウェレク文庫講義シリーズの一冊として出版される予定の本に取り組んでいるが、そこでは主に『精神現象学』、『法哲学』、『美学』におけるアンティゴネーについてのヘーゲルの叙述を論じている【3】。そこで私は、アンティゴネーの犯罪行為を公法の圏内における別の種類の合法性の勃発として理解するという彼の挑発的なやり方にも興味を引かれているが、それと同じくらい、ヘーゲルがアンティゴネーを一貫して誤読し続けるその仕方にも関心をもっている。ヘーゲルにおいてアンティゴネーが主体として機能しているのかいないのかという問題は、私にとって引きつけられてやまない問題であり、同時に主体の政治的限界の問題を提起する。つまり主体の上に押しつけられたもろもろの制限の問題（誰が主体としての資格を得るのか）と、政治へと向かう出発点としての主体の限界の問題である。ヘーゲルはここでも依然として重要である。なぜならば、彼の主体は主体の場所に留まらず、批判的な機動性を示しているからである。この機動性は、来たるべきさらなるヘーゲルの読み替え＝我有化のために役立つであろう。ヘーゲルの『精神現象学』における生成する主体は、脱-自的 ek-static な主体であり、つねに自分自身の外に自分自身を見いだす主体であり、その周期的な〔自己の〕剝奪〔脱我有化 expropriation〕が以前の自己への還帰となることはない。実際、自己の外に出る自己にとっては脱-自的であることが存在の条件であり、こうした自己にとって自己への還帰は不可能である。この自己が自己喪失を回復することはついにないのだ。私が指摘したいのは、それと同様に「差異」という概念は、それが主体の中に、あるいは主体によって含まれているものとして理解されているうちは誤解されているということである。ヘーゲル的主体の差異との出会いは自己同一性へは解消されない。むしろその「解消」の契機は、最終的には分散の契機と区別することができない。この相反する二つのベクトルをもつ時間性についての思考は、私たちを無限性についてのヘーゲル的な理解へと導いてくれるものであり、世界の表層につながれたままに留まることのできない主体の概念を提供してくれる。誤認は、特にラカンの言うような、ヘーゲル的主体の矯正手段としてやってくるのではない。というのは、ヘーゲル的な主体が繰り返し自己喪失にみまわれるのはまさしく誤認のためだからだ。実際これは、構成的に自己喪失の危険に曝されている自己なのだ。このような主体は、欲望を持っているのでもないし、欲望に襲われるのでもない。主体とは、絶え間なく主体に取って代わる欲望の作用そのもののことなのである。こうしてヘーゲルが私たちに提供するのは、主体についての新しい理論ではないし、主体を決定的に置き換える何かでもない。むしろそれは、決して回復されることのない置き換えにおいて主体を定義することなのだ。

ジュディス・バトラー
バークレー、カルフォルニア
一九九八年八月

【3】原註［17］参照。

序文

テネシー・ウィリアムズの戯曲『欲望という名の電車』の中で、ブランチ・デュボワは、自分の旅を次のように描写する。「『欲望』という名の電車に乗って、『墓場』という電車に乗り換えて、六つ目の角で降りるように言われたんだけど——そこが、『天国』だよって」〔1〕。自分のいま立っている陰気な場所が「天国」である、と言われたとき、彼女は教えてもらった道がまちがっていたのだと思う。彼女の陥った苦境は、暗に哲学的である。欲望とは、かくも人をあざむく道案内をする欲望とは、いったいどのような旅路の謂なのであろうか。

欲望とはどのような乗り物なのか。また、欲望は死という最終目的地に到着する前に、他の停車駅にも停まるものなのだろうか。本書における探究は一つの旅をたどる。それは、名前もなくジェンダーもないまま抽象的な普遍性に留まる欲望する主体の旅である。私たちは、このような主体を鉄道の駅で見かけることはないだろう。それは、一人の個人として存在するとは言えない。この主体は、いわば人間の願望がもつ抽象的な構造である。この主体は、人間的な行為体や人間的な目的の構造を概念的に表したものである。この主体が切望する存在論的な統合は、その旅のあいだ中ずっと危機に瀕している。実際ブランチの旅に見られるように、欲望する主体は、偶然に生じる一時的な慰めをもたらすだけの承認

〔1〕 Tennessee Williams, *A Streetcar Named Desire* (New York: Signet 1947), p. 15.〔テネシー・ウィリアムズ『欲望という名の電車』小田島恒志訳、慧文社、二〇〇五年、九頁〕

の瞬間をあてにして、欲望や思いこみや挫折の物語をたどるのである。

こうした主体の欲望がヘーゲルの『精神現象学』に導入されたとき、それは哲学的な目的に沿って構造化されていた。この主体は自己自身を知ろうとしているのだが、それと同時に、外界の全体を自己の境界の内部に見出したいのである。そうして主体の欲望は、他在の領域全体を自己の反省 *reflection* として発見することとなり、ただ単に世界を内包するだけではなく、まさしくその自己を外化しもすることによって、その境界を強化するのである。キルケゴールはそのような主体が本当に実存するのかと声を大にして疑問を唱えたし、マルクスはヘーゲルの尊大さを迷妄な観念論の産物として批判した。しかしフランスにおけるヘーゲル受容においては、欲望という主題が、ヘーゲルを批判的に発展させる出発点、批判的再構築の要点として取り上げられることになった。

アレクサンドル・コジェーヴやジャン・イポリットの著作は、より制限されたそれぞれの哲学的野心のもとで、ヘーゲルの欲望の主体を描きなおした。コジェーヴにとっての主体は、必然的にポスト歴史の時代に限られたものとなる。この時代においてヘーゲルの形而上学は（少なくともその一部は）、過去に属するものだとされる。イポリットにおいて、欲望の主体は逆説的な行為体である。その満足は、人間存在のもつ時間性という条件によって必ず阻止される。ジャン＝ポール・サルトルの二元論的な存在論は、ヘーゲルにおいて要求されていた、欲望する主体と世界との統一からの断絶の印である。むしろ欲望が必然的に不満足に終わることは、ヘーゲル的理念の想像的追求のための条件である。実際サルトルにおいても、またジャック・ラカンにおいても、欲望の目的は、想像的な対象と〈他者〉を生み出し、追い求めることとなのである。そしてラカン、ジル・ドゥルーズ、ミシェル・フーコーの仕事においては、ヘーゲルの主体はそれ自体、完全に想像的な構築物であるとして批判される。ラカンにとって、欲望とはもはや〔主体の〕自律性を名指すものではなく、主体が抑圧的な法に従属したときにはじめて生じる快楽の特徴として理解される。ドゥルーズにおいて欲望とは、ニーチェの力への意志によって示された情動の不統一性を、誤って描写したものである。フーコーにおいて欲望は、それ自体が歴史的に生産され統制されており、主体はいつも隷属＝主体化させられて subjected いるものである。実際「主体」はそこでは、本質的に不連続的な経験に規律正しく自律的な自己を誤って押しつけることとして描かれている。

フランスにおけるヘーゲル受容は、欲望の主体、すなわち全体化する衝動というヘーゲル的尊大さに対する批判の連続であったと読むことができる。こうした尊大さはさまざまな理由によりその妥当性を失ったというのである。しかしながら『精神現象学』の関連する諸章を詳細に読むことで明らかになるのは、ヘーゲル自身が実はこうした尊大さの組み立てを皮肉をこめて行なう名人であったこと、そして、彼のビジョンは思われているほど「全体化するもの」ではない、ということである。重ねて皮肉なことにフランスにおけるヘーゲルの批判者たちは、ヘーゲルのもともとの立場を強化するような仕方でヘーゲルへの反論を根拠付けているように見える。欲望の主体は、ヘーゲルの見え透いたごまかしを決定的に暴いたと主張するような人々にとってもなお、ひきつけられてやまない虚構なのである。

この研究は、フランスにおけるヘーゲル受容の思想史を提供するものではなく、二〇世紀フランスの知的動向に関する知識社会学として役立つようなものでもない。そしてまた、ここで考察されている思想家たちのあいだの影響関係の歴史を追うようなものでもない。コジェーヴやイポリットの著作について包括的な理解を求める読者は、来たるべき別の研究を待つことを勧めたい。この本は巨大な影響力を持つ一つの比喩についての哲学的な物語であるにすぎない。それは、その比喩の発生をヘーゲルの『精神現象学』の中に、そのさまざまな再定式化をコジェーヴやイポリットの中に、それがひとつの懐古的な理想として粘り強く残っているさまをサルトルやラカンの中に、そしてそれがまったく虚構にすぎないことを暴こうとする現代的な努力をドゥルーズやフーコーの中に、追跡していこうとするものである。この比喩は、しばしばヘーゲルのテクストそのものへの明確な参照のないところでも機能しているし、実は欲望の主体は死んだと主張するそうした現代の諸理論の中でこそ、もっとも挑発的なかたちで繰りかえし再出現しているのである。

序章

われわれにとってもっとも大きな貧困とは
物質界に生きることではなく
欲望と絶望とを区別することが困難である
と気づくことである

ウォレス・スティーヴンス『悪の美学』

哲学者たちが、哲学的たろうと努力するなかで、人間の欲望の問題を退けたり押さえ込んだりしてこなかったのだとするなら、それはまさしく欲望の本質に哲学的真理を発見する傾向が彼らにあったからである。そこでとる戦略が否定であろうと我有化であろうと、いずれにしても哲学が欲望に対してとる態度は、傲慢でそっけないものであり続けてきた。まちがいなく西洋の伝統の大半において、欲望のもつ哲学的な可能性については懐疑的な態度が維持されてきたし、欲望は何度となく哲学の〈他者〉であると考えられてきた。直接的、恣意的、無目的で、動物的なものとして、欲望は乗り越えられねばならないものだった。さまざまな様式を取りつつも、常に哲学的思考を制約してきた無関心や平静の姿勢を、欲望が脅かすおそれがあったからである。世界を欲望することと世界の意味や構造を知ることとは、相互に相容れない企てであると思われてきた。というのも欲望は、狭い視野に没入することや利便のために世界を我有化することを意味し、それに対して哲学は、純粋に理論的な態度をとろうとし、みずからが知りたいと望む世界をみずからは必要とはしていないという態度を示してきたからである。かりに哲学者がみずからの探求する世界を欲望したとすると、世界のパターンや首尾一貫性、一般不変の真理を見失う恐れがある。その代わりに哲学者は、急進的な個別主義や恣意的な目標を特徴とする世界、非常に魅力的だが、無防備にずらされた世界を見出すことになる。こうして欲望は、しばしば哲学の絶望、秩序の不可能性、欲求〔食欲〕に必然的に伴う吐き気を告げるものであった。

哲学者たちは欲望を消し去ることができないので、欲望を沈黙させ、制御する戦略を練らなければならなかった。つまりいずれにせよ彼らは意に反して、欲望について何かすることを欲望せざるをえない。こうして欲望の否定でさえ、常に欲望のひとつの別様態であるにすぎないのである。だからこそ、もし欲望の哲学的な裏づけを発見することができれば、それは魅力的な選択肢となる。それは理性の名において欲望を飼いならすことであり、哲学的な人格のうちに心の調和を約束するものである。もし哲学者が欲望を超越するのではなしに、理性的な欲望をもつ存在となることができれば、みずからの望むものを知り、またみずからの知るところを望む者となり、哲学者は心的な統合の模範となることができる。そのような存在は、心的な不均衡や長年にわたり続く理性と欲望の分裂、さらには情動、欲求、願望の他者性に、終わりを約束するものとなる。

もし欲望が潜在的に知の哲学的な探求に役立つものなら、もし欲望が暗黙知の一種なら、あるいはもし欲望を陶冶して堅実に知へと向かう原動力とすることが出来るなら、原理的には、欲望がすなわち非理性的だとは限らないことになるはずだし、本質的な恣意性のために断念されなければならないような情動的契機は存在しないことになる。この欲望のモデルは、心という存在を粗野で乱雑な事実として理解する自然主義［1］を超え、かつこれに抗して、哲学的な意義を豊富に含む真理の潜在的な担い手として、もろもろの個別的な情動を正当化する。欲望は無作為で恣意的なかたちで現われるので、解読され判読されることが必要となる。つまりもし欲望と意味とが同一の外延をもつとみなされるなら、そのとき課題となってくるのは、自己反省の適切な〔我有的 appropiate〕解釈学を発展させ、欲望の暗黙の意味を明らかにすることである。

理性と欲望との内的統合という理念には、自然主義的または実証主義的な欲望の理解に対して代替案を提示するだけでなく、伝統的な枠組みを超えて合理性の概念そのものを拡張することを期待させるものがある。もし欲望が本質的に哲学的であるなら、私たちが理性的に思考するとき、私たちは最も自発的な切望にしたがっていることになる。理性はもはや内省的な合理性に限定されず、私たちの直接的で衝動的な自己の特性であることになる。言い換えれば、そこでは欲望の直接性は常にすでに媒介されていることが証明され、私たちは欲望のさなかにおいても、自分たちがすぐさまそうであると思っていたよりずっと知性的であったということになる。世界の特定の性質を欲望するという一見前理性的な経験のさなかにおいて、私たちは常にすでにその世界を解釈しており、哲学的に行為し、私たち自身を哲学的な存在者として表現していることになる。

形而上学的な衝動をもった哲学者、つまり右記のような知的欲望をもった存在者というアイデアは、

［1］欲望を恣意的なものとする立場への継続的な批判としては、以下を参照のこと。Unger, *Knowledge and Politics.*

情動の欠如した疎外された哲学者に代わる、魅力あるモデルである。しかしこの統合モデルは、内面的に分裂してしまっている哲学的な魂にとって実行可能な選択肢なのか、あるいはより洗練されたレベルで疎外を再構成してしまうことにならないのかを問う必要があるように思われる。欲望を理性的にすることはできるのだろうか。それとも欲望は常に哲学のプロジェクトに混乱と破綻をもたらすだけなのであろうか。哲学は、哲学の特性を失うことなしに欲望を取り込むことができるのであろうか。哲学による欲望の我有化はいつも、哲学のイメージの中で欲望を捏造することになるのだろうか。

しかしこうした問いはあまりにも茫漠とした問いであり、そうした問いが期待する結論はあまりにも性急である。「哲学」や「欲望」という語が一義的な意味を持つことを示すこともせずに不用意に使えば、不確実な土台の上に歩みを進めることになる。もちろん私たちは、これらの語は歴史化されており、それが属する哲学的、歴史的な文脈を抜きにして用いようとすれば、語の持つ多様な意味を単純化し、改ざんする結果にならざるをえないことを知っている。そこで問題となってくるのは、欲望の問題が生じてくるような哲学的状況とは何かということである。いったい私たちはどのような条件の下で、人間的欲望の意味や構造を問い、そのことによって哲学の本質、およびその限界と可能性とを理解しようとするのだろうか。人間の欲望という主題は、どのようなときに哲学的思考に問題を突きつけるのだろうか。

欲望は、哲学にとって危険なものだと考えられてきた。欲望が、明確なビジョンをぼんやりとさせ、哲学の視野狭窄を助長し、対象が現にそうであるところのものではなく、人が望むものだけを見るように仕向ける傾向があるとみなされているからである。欲望はとても狭く、焦点が固定されたものであり、関心にとらわれており、何ごとかに巻き込まれてしまっているものである。その一方で、哲学が〔現実に〕関与する知もしくは実践知としてのみずからの可能性を探ろうというときには、欲望のもつ哲学的な潜在性を問おうとする傾向がある。ゆえにスピノザの『エチカ』では欲望は人間の本質として定式化され〔2〕、カントの『実践理性批判』では道徳的理性使用のために必要な欲望の高次能力が際だたせられている〔3〕。哲学的真理についての知識が、道徳哲学において伝統的にそうであるとされてきたように、人生を哲学的に生きることの一部であるならば、必然的に次のような問いが提起される。当為《べき》は可能《しうる》を含意するのか。道徳的行為は人間心理学の支持しうるものなのか。哲学的真理は、心理学的に実行可能な哲学的な生の中で、具体的に実現されうるものなのか。もし欲望が不合理を原理とするものならば、〔欲望と〕統合された哲学的な生はキマイラ的なものになるだろう。というのは、そのとき欲望は常にこの哲学的生に対立するものとなり、この生の統一を壊し、この生の秩序を混乱させるものとなるからである。たとえばプラトンの哲学的「エロス」〔4〕や、アリストテレスの統一された欲望の概念〔5〕、カントの純粋意志〔6〕、スピノザの「欲望 *cupiditas*」においてそうであるように、欲望もしくは欲望のある種の形態が道徳的な志向性を示すことが発見されれば、統合の追求として考え出された哲学的な生はそのとき初めて実現可能となるわけである。

〔2〕スピノザ『エチカ』第三部定理三。〔訳註：該当箇所には対応する文は見当たらず、『エチカ』第三部定理九備考に「欲望とは、人間の本質そのものである」(上二一六頁)とある。〕
〔3〕カント『実践理性批判』第七節以下、定理二、註一(第二四節)。
〔4〕プラトン『饗宴』におけるディオティマの教説を参照のこと。
〔5〕理性的原理のもとでの欲望の統一についての説明は、以下を参照のこと。アリストテレス『ニコマコス倫理学』第一巻、第一三章、一一〇二b二九-三〇。〔六〇頁〕
〔6〕上記註3を参照。

プラトンとアリストテレス以来、統合された哲学的生を生きる統合された主体は、道徳哲学において必要とされる心理学的前提条件であり、規範的な理想であり続けてきた。内的に一貫した欲望を備える個々の主体を欠けば、道徳的生は不確定なものにとどまる。もし主体があいまいで所在を確かめることができず、適切な名前を付けるのも困難なものであるとしたら、この生を誰に帰することができようか。欲望が不規則であったり、あるいはよくても自己矛盾的であったりすると、道徳的に生きることは不可能となるか、あるいは可能であっても真の自律ではなくむしろ抑圧〔7〕に基づくものになるだろう。道徳的行為が道徳的に生きることとの結果であるとされるならば、〔既存の〕道徳規則を守るだけでは不十分である。道徳規則は、カント的な意味で「〔自分で〕自分に与えられた」ものでなくてはならない。それは道徳感情の産物でなければならず、善への欲望でなくてはならない。さもなければ道徳性は、抵抗する人格に対する押しつけとなり、道徳的主体の自律の表現ではなく、外的権威の必然性を再確証するだけのことになってしまう。哲学者はくりかえし善との情事を求め、真の哲学者とは自発的かつ容易に善を望む者であり、つまりみずからの欲望をそのまま善なる行いと化すような者であると主張してきた。アリストテレスの『倫理学』のように欲望は善を追求するよう習慣化されているにせよ、あるいはプラトンの『パイドロス』の〔魂の馬車の〕馭者のように〔二頭のうち〕精神性の高い方の馬の手綱を緩めるにせよ、完全な道徳的存在者のイメージは、正しいことを情熱的に望む者として考えられてきた。理性的に行為することが常に首尾一貫したかたちで行為することであり、常に道徳的に善であると考えられることにしたがって行為することであるならば、理性的行為は統合された自己、統合された生を意味していると言える。道徳的行為者が欲望に逆らって行為するのだとすると、その者は矛盾から行為したことになり、欲望を理性と対立させ、全面的に統合された道徳的主体のはたらきとしての道徳的自律の可能性を脅かすことになってしまう。その場合、道徳的に行為するということは、常に内的分裂あるいは内的矛盾から行為することとなる［8］。

私たちは、人間の欲望の問題を提起する哲学の事情とは何かと問うたわけだが、こうして、統一された道徳的主体と統合された道徳的生の可能性を確証するために、欲望が道徳的志向性を持つかどうか、欲望が理性の初期段階としての性質を持つかどうかを知る必要があったのはとりわけ道徳哲学であったということを理解できるのである。ところが一方では、道徳哲学が道徳的存在者について提起する同一性《アイデンティティー》や統一性や統合性の問題は、しばしばまず存在一般について提起される問題である。それゆえ道徳的心理学は、道徳的存在論を前提してきた。つまり道徳的な熟考と行為が可能である存在、道徳的な生を送り、道徳的な人格であることが可能である存在とは、どのような存在であるのかということについての理論である。それはまた、道徳的主体の「統一性」や「内的統合性」だけでなく、あらゆる存在の統一性と統合性とを条件づける、より一般的な存在論的枠組みをも想定してきた。たいていの思弁的形而上学者たちの道徳哲学においては、道徳哲学は形而上学的真理の一次元を例示するものだったのであり、道徳的行為者の領域は、存在論的に区別されたものではなく、より包括的な理性的体系に内在的なものとし

［7］「抑圧 repression」という用語をこの文脈では緩やかな意味で用いているが、本書第四章のはじめの部分でより詳細なかたちで考察するつもりである。

［8］実際にはニーチェとフロイトは、自己同一性の原理には依存しない、心的機制について別々の理論を提示している。ポスト・ヘーゲル的フランス思想がいかにこの二人の理論に依拠しているのかについては、第四章で検討する。

て表現されてきたのである。それゆえ内的もしくは心理学的な調和状態にあり、同時に、少なくとも潜在的には、対象や他者の世界と調和している主体が、思弁的形而上学の歴史においてはさまざまなかたちをとって繰り返し現れる。実際アリストテレス、スピノザ、ライプニッツ、ヘーゲルにおいて発達させられた内的関係論は、他なる存在から独立していると同時にその他なる存在と本質的に関係し合ってもいるような個別的人間主体を必要とし、そしてこの他なる存在の方も同様に両義的な存在論を有しているように思われる。そのような場合、統合された主体は、倫理的生活のためだけでなく、人間主体のために予定調和的な形而上学的場所を確保するという壮大な仕事のために必要な、理論的前提条件となる。スピノザとヘーゲルにおいて、人間主体の形而上学的場所は、欲望が内在的にもつ理性性によってこそ明確にされる。スピノザとヘーゲルにおいて欲望とは、人間主体の根本的な努力であり、同時に、人間主体がみずからに必要な形而上学的場所を再発見もしくは構成する様態だからである。もし欲望がこの壮大な形而上学的プロジェクトから逃げ出し、自分の法にしか従わなかったり、あるいはそもそもいかなる法にも従わなかったりするとなると、欲望する存在としての人間主体は、形而上学的な故郷喪失または内部的な断片化に陥る危険を、たえず冒すことになるだろう。

もう一度言えば、こういうことである。もし欲望がそういうものでなかったとすれば、つまり欲望が道徳的志向性や形而上学的場所を示してくれるものでないとするならば、哲学はニヒリズムや形而上学的転位〔脱臼dislocation〕の攻撃に対して無防備にさらされることになる。実際二〇世紀フランスにおいて哲学が欲望〔というテーマ〕に没頭することとなったのは、アレクサンドル・コジェーヴによる一九三〇年代のヘーゲル講義がきっかけであったが、人間主体の形而上学的場所や道徳的有効性の問題は、いまやいたるところに現れているといえる。フランスでのヘーゲル受容や再解釈についての哲学的物語は、自己充足的だが形而上学的に安定したヘーゲル的主体〔という前提〕から出発する。この主体は、あらゆるものに貪欲な興味を示す〈精神〉という探求者であるが、いくつもの驚きを経験したあと最後に、みずからの弁証法的な道のりにおいて出会ったすべてのものがこの主体自身であることが判明するのである。コジェーヴやジャン・イポリット、またある点においてはジャン＝ポール・サルトルもそうだが、彼らの仕事はこのような哲学的な理想の生存可能性について費やされた大量の思考として理解することができる。彼らのヘーゲル読解、および過剰とも言える読み込みにおいて問われているのは、人間主体の転位、人間主体の形而上学的断絶、人間主体の存在論的な孤立をいたるところで特徴としている現代の歴史的経験をふまえたうえで、形而上学的に温存されたヘーゲル的主体をなお支持することができるのかどうかということである。欲望についての考察は、ヘーゲル形而上学の歴史的な生存可能性を評価する上で必要不可欠なものとなる。というのはヘーゲルによれば欲望は、外的差異を乗り越えようとする人間の絶え間ない努力であり、自己充足的主体になろうとする企てであるからだ。この自己充足的な主体にとっては、一見すると異質なすべてのものが最終的に自己自身の内的な諸特性として現れるのである。コジェーヴとイポリットは、フランスにおけるヘーゲルの読み替え＝我有化の二つの契機を代表している。その契機とは、今から見れば、ヘーゲルの内的関係論が崩壊する初期段階であったことは明らかである。この二人の注釈者は双方ともに、何が欲望の満足を構成するのかを問うている。この問いはまた暗黙のうちに他のいくつもの問いを誘発する。たとえば理性と欲望の間の心的不調和を心的調和によって乗り越えることができるのかどうか、また主体間の外的差異あるいは主体と世界との外的差異はいつでも、内的に統合された世界の内的な諸特徴に作り替えることができるのかどうか、といった問いである。欲望は満足させられうるのかどうか、何がこの充足を構成するのかを問うことで、コジェーヴとイポリットは、ヘーゲル的調和の概念を信じることがまだ可能かどうか、あるいは主体は常に円環的に自己に戻ってくるのかどうか、さらに人間の努力は常に形而上学が熱望する世界へと人間主体を連れて行くのかどうか、を問うているのである。ヘーゲルの内的関係論が、その哲学的な生存可能性に関して継続的に疑問に付されてきたことで、欲望はますます人間主体の存在論的転位の原理となり、最近の局面においては、ラカンやドゥルーズ、フーコーの仕事によって、首尾一貫した自己の不可能性を意味することとなった。

　こうして二〇世紀フランスにおけるヘーゲルについての反省は、一貫して欲望という概念に目を向けてきた。それはヘーゲル版の自律的人間主体と、その主体の条件である形而上学的な内的関係についての理論とを改訂する可能性を見出すためであった。ヘーゲルの『精神現象学』では、自律的主体がたびかさなる止揚*Aufhebungen*によって、外的差異を自己自身の内的原動力として再構成する。『精神現象学』は、形而上学的一元論、つまりあらゆる存在の暗黙的で最終的な統一体を前提するとともに明示してもいる。こうした形而上学的主体には多くの哲学史上の先例があるが、この主体についての系譜学を本書の制約の中で十分に再構成するのは不可能である。それゆえ私のここでの仕事は、その系譜学の最新の段階、その系譜学の現代における最終局面を、遡及的に把握することに絞られる。つまりヘーゲルの『精神現象学』における欲望と満足の定式化、さらにそれを二〇世紀フランスの哲学者たちがどのように賞賛し再構築したか、また形而上学に支えられたヘーゲルの主体に反論するために欲望の問題を展開することで始まったフランスにおけるヘーゲル解体の初期段階を把握することである。

しかし私たちはどのようにして、哲学的に満足する欲望から、哲学そのものの慣習的な前提を脅かす欲望へと歩みを進めればよいのだろうか。どんな物語によってヘーゲルの内的関係論の崩壊、存在論的断絶の出現、否定的なものの乗り越え不可能性を説明できるのだろうか。欲望は、かつては弁証法的理性の人間的審級として理解されていたが、いまやそれが弁証法を危険に曝し、形而上学的に統合された自己を解体し、そして主体の内的な調和と世界との存在論的な親密さを分裂させるようなものになってしまうのは、どのようにしてなのか。こうした問いが、これから私が語ろうとする哲学的物語を導くものである。しかしはじめに、私たちはなぜこの物語が、それが今始まろうとしているところから始まるのかを知る必要がある。ヘーゲルの欲望についての簡潔な言及を際だたせているのは何なのか。なぜそれが、これほどの哲学的または反哲学的な騒ぎを引き起こすきっかけとなるのだろうか。

『精神現象学』では、欲望*Begierde*についてはたまにしか言及されていないのだが、この書物の早い段階において、欲望は自己意識の永続的原理として確立されている。ヘーゲルは、「自己意識一般は欲望である」(¶167〔二一九頁〕)【1】と主張している。これによってヘーゲルが言わんとしているのは、欲望は、意識の反省性reflexivityを意味するということ、つまり意識が自分自身を知るためには自分とは別なものになる必要があるということである。欲望であることによって、意識は自己自身の外にいる。そして自己

【1】バトラーは、ヘーゲル『精神現象学』の参照指示にあたっては、ミラーによる英訳に付されている段落の通し番号を用いている。以下、『精神現象学』の参照指示に当たっては、この段落番号と邦訳のページを示す。

自身の外にいることによって、意識は自己意識である。この「外」の意味がここでまだ明確にされていないのは明らかだが、「主人と奴隷」の節では、これが決定的に両義的なものとなる。しかしここはまだ導入なので、欲望が本質的に自己知と結び付けられているということに注意しておくだけで十分である。欲望は常に〈反省への欲望〉であり、異質と見えるものの中に同一性を追求することである。ヘーゲル的主体は、自分自身を即座に、あるいは直接的に知ることはできず、自身の構造を理解するために媒介を必要とする。ヘーゲル的主体には常に次のような皮肉が付きまとう。つまり、この主体は自己自身を知るために媒介を必要とするが、しかしそれが自己を知ることができるのはただ媒介の構造としてだけだというものである。実際主体が自分自身の「外側に」そこに映し出された〔反省された〕ものとして自分自身を見出すときに、主体とは一つの反省的な構造であること、そして自己の外側に出る運動はそもそも主体が自己を知るためには必須のものであるというまさにこの事実が、反省を通じてつかみ取られるのである。

この欲望の基本的な運動、つまりこの意識の反省性という一般的構造は、主体の自分自身を知ろうとする探究の条件であるだけでなく、その形而上学的場所の条件でもある。実際ヘーゲル的主体は、自己の形而上学的場所を（再）発見するかぎりにおいてのみ自分自身を理解する。つまり同一性《アイデンティティー》と場所とは、同一の外延を持つ。というのもヘーゲル的自律性は、内的関係論に依存しているからである。このことは、世界が主体を「反映」しているということの意味を考えれば、明確に理解できるだろう。ある物体が他の物体の発する光を反射する場合のように、世界は受動的に主体を反映しているわけではないからである。反省〔＝反映〕は常に、存在論的関係性を前提し、かつそれを明示している。主体は、世界のその部分において、世界のその部分によって反映されることによって、自分が世界のその部分と共通の構造を共有していること、反省に先立ち、また現在も反省を構成している関係性が反省を可能とする条件であること、そして反省の対象はまさしくその反省そのものであることを学んでいく。したがって、外的で存在論的に異質なものとしての対象や〈他者〉や世界の有する何らかの特徴といったものに出会う主体は、一見外的であるように見える現象のなかで、この現象によって自分が反映されているのを見出す主体とは、同一のものではない。逆に言えば、媒介された自己反省が達成される前に、主体は自分自身が潜在的にそうであるよりも限定され自律性を欠いた存在であることを、知っているのである。反省が可能であること、そしてどのような反省も主体を構成する一つの関係性を明らかにし、主体が以前には理解していなかった自己と世界とが統合されているあり方を明らかにするのだということを発見することで、主体は自分の場所についてより広汎な概念を練り上げることができるようになる。重要なのは、ヘーゲル的主体は、存在論的場所を次から次へと得意げに渡っていくような自己同一的な主体ではないということだ。ヘーゲル的主体とは、主体の旅路のことであり、主体が自分を見出すあらゆる場所が主体であるということだ。

欲望がこのような意識の反省性の原理であるということはつまり、意識にとって外にあるものとの関係が主体自身の本質的な構成要素となっていることが見出されたときに、欲望は満足させられるものであるということだ。他方、欲望の不満足とは常に、存在論的裂け目、外的差異の乗り越え不可能性を表わしている。しかし『精神現象学』の「存在論的なオプティミズム」〔9〕に従えば、ヘーゲル的主体は、その冒険の道のりにおいて他者性を通じて拡がっていく。主体は、自分の欲望する世界を内面化し、当初は自分に対する他者として向きあっていたものを包含し、みずからそうしたものとなってしまうまで拡大する。最終的に欲望を満たすのは、主体としての実体の発見である。それは、どこにあっても主体の内的な形而上学的場所の感覚を確証してくれるものとして、世界を経験することである。

現象学的見地から言えば、私たちはこの欲望の旅路を、経験の中に見出されるものとして理解しなければならない。欲望につきまとう哲学的問いとは、欲望の経験そのものが暗黙のうちに提起する何かでなくてはならず、単に経験そのものから抽象された哲学的な立場から欲望に押しつけられる問いであってはならない。こうした考え方は、まちがいなく問題含みに響くだろう。欲望がみずから問いを提起するとは一体どういうことなのだろうか。ましてや、暗黙のうちに提起してくるとはどういうことなのだろうか。欲望が話しかけてくるということ、しかもこっそりと耳打ちしてくるということを私たちはどのような意味で理解したらよいのか。ヘーゲルは欲望を現象学的に提示しなければならないのであるから、欲望する主体はそれが知りたいと望むものを経験しなければならず、その経験は知の探究というかたちを取らなければならず、さらにその哲学的探究の諸様態は生のいろいろなかたちを取って顕わになるのでなければならない。もし欲望が暗黙のうちに同一性《アイデンティティー》を追求することであるならば、欲望の経験は、同一性《アイデンティティー》についての問いを提起するひとつの方法であることになる。私たちが欲望するとき、私たちは人間のアイデンティティーの形而上学的場所について――前言語的な形式で――問いを提起しているのだ。そして私たちにとってこの問題は、欲望が満たされるとき回答されているのである。実際のところ欲望は疑問という様態をとった存在であり、同一性《アイデンティティー》と場所に対する身体的な問題提起なのである。ところで、何がこうした衝動的で身体的な様態における形而上学的な問い質しとしての欲望を特権的なものとしているのだろうか。

イポリットはこう言っている。「欲望とは人間の生における否定的なものの力である」(「ヘーゲルの『現象学』における実存」27)【2】。欲望が欠如、あるいは何かがない存在としてとらえられる場合には、欲望は第一に否定性を意味する。実体の追求としての欲望は、人間の否定性、つまり人間の存在論的な差異を構成するものが、存在の包括的なネットワークに組み込まれうるかどうかという疑問を暗に提起する。人間の欲望は、主体がそれ自身ではないもの、異なっていて奇妙で新奇で切望されていて、そこにはない失われたものと、主体との関係を明らかにする。また欲望の満足は、差異が同一性へと変容することである。それは奇妙なものや新奇なものがよく知られたものとして見出されること、待たれていたものが到着すること、そこにはなかったものあるいは失われたものが、再び現れることである。こうして人間の欲望は、否定性の問題を主題とするひとつの方法である。欲望は人間の生の否定的な原理であり、存在を追求することにおいて人間はひとつの欠如態であるという人間の存在論的な地位を示すものである。つまりそれが、『饗宴』でのプラトンの見解であった。と同時に欲望とは、意識が自己自身の否定性を、反省の明示的な対象へと、つまり取り組まれ乗り越えられるべきものへと作り替える際のひとつの様式でもある。実際私たちは、私たちの欲望する対象や他者の中に、自分たちの否定性を読み取る。欲望されるもの、憎悪すべきもの、私たちに懇願してくるもの、あるいは私たちを拒否してくるもの、世界についてのこうした感情的事実は、ヘーゲルに言わせれば、私たちの存在論的な不十分さを反映して

〔9〕サルトルはヘーゲルの「存在論的なオプティミズム」に言及している(『存在と無』243〔II 六八頁〕)。
【2】指示箇所に該当する内容が見当たらないため、日本語訳の対応箇所も不明。

いる。それらは私たち自身がそうであるところの否定性を私たちに示し、充溢への約束、あるいは私たちが無であることを再確証する脅威に、私たちを引き込む〔10〕。欲望の感情的な現れ方はさまざまであるが、いずれにせよ私たちは、欲望のために、最終目的地についての問いを提起する。そしてヘーゲルによれば、問いを発した時点で私たちは、解答、充足の可能性、最終目的地へ到着する可能性をすでに見込んでいるのだ。

私はまた、先を急ぎすぎたかもしれない。そもそもヘーゲルにとって到来とは何を意味しているのだろうか。主体は、自分の同一性を構成している諸関係の全体性を再生産する行為に従事することで「否定的なものの労働」に巻き込まれるのであるが、同時にこの主体はその否定性ゆえに、包括的な充溢に完全に同一化することはできないのである。存在の境界を拡げても、否定的なものをそのなかに抑え込むことができない限りは、主体が欲望の最終的な満足を得ることはできない。ヘーゲルが「真理は全体である」と主張したことについてイポリットは、この全体、もしくは全体性が、実存する主体の限りある具体的な行為の積み重ねによって再生産されうるものであるのかどうかは明らかではないと主張した。『精神現象学』の場合、〈絶対的なもの〉に到達するのは、遍歴する主体の歴史が主体自身にとって内的なものとして再構成されたときである。しかしこの再構成の瞬間も歴史そのものから逃れることはできないし、またこの歴史もただひとつの瞬間だけで再生産可能なものではないだろう〔11〕。したがって主体による絶対的なものの構成は、原理的には無限な一連の行為によって実現される。こうした歴史を再生産するという現象学の任務は、主体が時間のうちに存在する限り、言い換えると、新しい経験の契機が主体の同一性に統合されることを要求してくる限り、不可避の任務である。それどころか新しい経験は、実存する主体を補強するのではなく、まったく新しい主体自身についての語りを引き起こし、語りが語りなおされるべき新しい視点をもたらすのである。

『精神現象学』の語りが開かれたものであるということが示唆するのは、経験のうちで形而上学的な結末〔閉鎖〕を実現することは不可能であるということである。ヘーゲルはこの主張を、さまざまな言い方で『大論理学』[12]や『歴史哲学講義』[13]そして『哲学史講義』のいくつかの箇所で繰り返している。このうちの『哲学史講義』においてヘーゲルはスピノザを批判するのだが、このスピノザ批判は、ヘーゲル自身が形而上学的完結性に対して懐疑的であったことを浮き彫りにしている。スピノザは、自己意識の否定性を除外した形而上学の体系を組み立てたことによって非難される。〔スピノザにおいては〕人間的生のもつこの側面は、〈存在〉への最終的な同化を不可能にするものなのである。

〔10〕存在欲望は、サルトルの感情理論の第一原理であると見ることができる。すべての感情はこの存在しようとする投企の問題を浮かび上がらせるからである。恐怖、不信、哀しみ、さらには嫉妬のような負の感情は、存在しないことへの恐怖から生じうる。喜び、楽しみ、熱狂などは、同様に、存在しようとする企図の成功が一時的な現象となって現れたものと理解することができる。

〔11〕『精神現象学』の最後のパラグラフ（第八〇八段落〔一一六六頁〕）は、非完結性の重要性についての記述となっており、最後の語は「無限性」である。

〔12〕ヘーゲルの『大論理学』における生成の優位性については、ガダマー「ヘーゲル論理学の理念」（『ヘーゲルの弁証法』所収）を参照のこと。〔ハンス＝ゲオルグ・ガダマー『ヘーゲルの弁証法』高山守ほか訳、未來社、一九九〇年〕

〔13〕Hegel, *Philosophy of History*, p. 102.〔ヘーゲル『歴史哲学講義（上）』長谷川宏訳、岩波文庫、一九九四年。訳註：指示箇所に該当内容が見当たらないため、邦訳の対応箇所も不明〕また以下も参照。Shlomo Avineri, *Hegel's Theory of the Modern State*, Cambridge: Cambridge University Press, 1972, pp. 234–238.〔シュロモ・アヴィネリ『ヘーゲルの近代国家論』高柳良治訳、未來社、一九七八年、三五九–三六三頁〕

この自己意識の否定的な契機、知の運動が、……スピノザの哲学には欠けている。……否定は無としてのみある。……私たちはその運動、その「生成」と「存在」とを〔スピノザにおいては〕見出すことはできない。……自己意識はこの大洋の水中深くから生まれながら、自己を絶対的なものとして確立することがない〔14〕。

スピノザの形而上学体系が人間の否定性を包含していないことは、一見したところ不具合に見えるが、実はそれが本書における私の目的にとって重要であることが明らかとなる。それはスピノザの欲望 *cupiditas* の概念、すなわち人間の努力 *conatus* と合理的自己実現の原理が、ヘーゲル自身の欲望概念の原型であると思えるからだ。しかしながらヘーゲルにおいては、理性は反省的〔自己言及的〕なものとして理解されており、自己実現のためには、自己構成という否定的な活動が必要である。スピノザにおいてもヘーゲルにおいても、欲望は形而上学的一元論を明確にし、再確証するのに役だっているのだが、意識自身の否定性を排除するスピノザの手法に対するヘーゲルの批判は、欲望の哲学的定式化のためにヘーゲルが新たに成し遂げた貢献を理解する一つの道筋を示唆している。

スピノザにおいて欲望は、実体の様相であり、かつ人間存在の基本的な様相として認識されている。「欲望とは、人間の本質そのものである」あるいは「自己の存在に固執しようとする努力」である〔15〕。また欲望は、単に身体的な衝動ではない。というのは、「欲望とはみずからの衝動を意識している衝動である」からである。スピノザは、アリストテレスが『デ・アニマ』で展開した取り組みを再生したと理解することができる。アリストテレスにおいては、衝動と精神とは、同じものの二つの側面にすぎない。

アリストテレスは「動かすものは……或る一つのもの、すなわち欲求能力だということになる」と述べ、「現に理性が欲求なしには動かさないということは明らかである」[16]とし、一方スピノザは、「精神の諸決定とは衝動以外の何ものでもない」[17]とする。人間個体を身体的な生の観点から見るときには「衝動」について、同じものを理性の観点から見るときには「意志」について語られるが、いずれの観点も人間存在の全体性を把握しきれていない。それゆえスピノザにおいて、欲望は衝動と意志の同時性に対して与えられる言葉であり、身体的側面と精神的側面が一つの統合された存在の二つの次元として理解されるときに与えられる名称である[18]。

スピノザの理論はある種の心的有機体論に合致するけれども、スピノザがデカルトの心身二元論を一元論によって論駁したことを、ヘーゲルははっきりと称賛している。ヘーゲルは、スピノザのデカルト

[14] *Hegel's Lectures on the History of Philosophy*, E. S. Haldane and Frances H. Simson, trans. (New York: Humanities Press, 1974), 3: 289.〔ヘーゲル『哲学史講義（下）』長谷川宏訳、河出書房新社、一九九三年、二七二頁〕

[15] Spinoza, *Ethics*, part 3, prop. 1.〔「欲望とは、人間の本質そのものである」という表現は、『エチカ』第三部の「感情の規定」に見られる〔(上) 二二六頁〕。「自己の有に固執しようとする努力」は第三部・定理八に〔(上) 二一五頁〕、「欲望とはみずからの衝動を意識している衝動である」は、第三部・定理九・備考に見られる〔(上) 二一七頁〕。

[16] Aristotle, *De Anima*, book 3, ch. 10, pp. 20–25.〔アリストテレス「魂について」中畑正志訳『アリストテレス全集・第7巻』岩波書店、二〇一四年、一六八頁〕

[17] Spinoza, *Ethics*, part 3, prop. 2, note.〔スピノザ『エチカ——倫理学（上）』畠中尚志訳、岩波書店、一九五一年、二〇六頁〕

[18] 心身問題に対するスピノザの解決についてのより包括的な議論は以下を参照。Marx Wartofsky, "Action and Passion: Spinoza's Construction of a Scientific Psychology," in Marjorie Grene, ed., *Spinoza: A Collection of Critical Essays*, (Notre Dame: University of Notre Dame Press, 1973) pp. 329–355.

批判に、弁証法的な同一性理論の萌芽を見ている。「〔デカルトにおいては、身体も〕そして、もう一方の思考する自我も、おなじくそれだけで独立に存在するものとされている。このように両極をなす自立した存在が、スピノザにあっては破棄され、一なる絶対存在の要素となります。――ここで注意してほしいのは、存在を対立物の統一としてとらえねばならないことです」〔19〕。

しかしながらスピノザにおいて思考と衝動とは、人間のコナトゥス *conatus* の異なった様相である。コナトゥスとはつまり、自己の存在に固執しようとする努力であり、それ自体〈実体〉の有する多くの属性の一つとして理解されなければならない。〈実体〉の自己実現の過程は、あらゆる存在のあいだでみずからを多数化、差異化し、内的に差異化された一元論的な原理となっていく過程である。この唯一の〈実体〉、このあらゆるものに広がっていく自己実現作用、あるいは自己現実化する行為者は、人間個体において欲望として具体化され、事例化される。ヘーゲルにとってスピノザは、内的差異化が可能な形而上学的一元論を発展させた重要な哲学的先例としての意味をもつ。差異化を行なう行為体でありながらあまねく浸透する実体という構想は、ヘーゲル自身の〈絶対者〉の構想に近い。それゆえにヘーゲルは、「哲学をはじめようとする人は、まずスピノザ主義者にならねばならない」〔20〕と言っている。と同時に、ヘーゲルの考えでは、スピノザの〈実体〉は、人間主体との動的な相互作用関係に入ってこないために、過剰に決定されているoverdetermined。実際〈実体〉が過剰な働きをしてしまうために、人間の自己意識は、哀れにも役割を奪われる。ヘーゲルが説明するように、「スピノザにおいては、神が多すぎる」〔21〕のである。

ヘーゲルの『精神現象学』は、〈絶対者〉を人間意識に由来する原理として位置付け直し、そうして

〈絶対者〉を、相補的ではあるが等しく必然的な二つの源を持つものとして鋳直す努力としても読むことができる。スピノザの形而上学は、完成された体系という観点を出発点としているが、ヘーゲルの『精神現象学』は、この体系がどのように知られるようになるのか、またそれを知る者はどのように自己がこの体系の一部だと知るようになるのかという問いを提起する。言い換えればヘーゲルは、どのようすれば人間の知の運動、つまり自己意識の否定性が体系そのものの形成に必要なものであると理解されるようになるのか、さらにどのようにその人間の否定性の必然性が体系の完成と終結の不可能性を確証するのかを知ろうとする。ヴェルナー・マルクスは次のように説明する。「スピノザにとっては、実体は絶対者として、自己原因 *causa sui* として考えられた。これに対して、カント以来の観念論の哲学運動がヘーゲルに向かって明らかにした『新しい精神』の始まりでは、哲学はもはや実体の中にではなく、自己意識の威力の中に、主体の中に、絶対者を見出し始めたのである」〔22〕。思考のもつ否定性の力を理解せず、自己の思考をより強力な行為体の表出のひとつにすぎないと見做したスピノザをヘーゲルは非難した。ヘーゲルは行為者性を自己に取り戻し、実体そのものが思考によって定立され、動かされていると考えた〔23〕。奇妙にもキルケゴールがのちにヘーゲルに突きつけた非難を予期したかのような言い方で、ヘー

〔19〕 Hegel, *History of Philosophy*, 3: 256–257.〔ヘーゲル『哲学史講義（下）』長谷川宏訳、河出書房新社、一九九三年、二四三頁〕
〔20〕 *Ibid.*, p. 257.〔前掲書、二四六頁〕
〔21〕 *Ibid.*, p. 282.〔訳註：ヘーゲル『哲学史講義』の翻訳の底本にはこの箇所は存在しない。〕
〔22〕 Marx, *Hegel's Phenomenology of Spirit*, p. 44.〔ヴェルナー・マルクス『ヘーゲルの『精神現象学』――「序文」および「緒論」における『精神現象学』の理念の規定』上妻精訳、理想社、一九八一年、九〇頁〕
〔23〕 *Ibid.*, p. 48–49.〔前掲書、九六頁〕

ゲルはスピノザを非難する。スピノザは「個に対するしっかりとした把握を欠いており」、形而上学的な知の体系における、知る主体の果たす役割を理解できなかった。スピノザにおいては「思考は、普遍者としての意義を持つのみであり、自己意識としての意義を持たない」〔24〕。

ヘーゲルは、スピノザの一元論を人間中心主義へと転回させたが、その結果はスピノザの自己実現の概念を再定式化することとなった。『精神現象学』の遍歴する主体も自己実現を追求しているのだが、否定性の逆説的な助力なしには自己実現は起こらないと知ることになる。人間主体は、妨げられることなくただ自己を表現しても、それほどの潜在力を発揮することはない。言ってみれば、置かれた環境における自分自身を反省するために、また〈他者〉による自分の承認を獲得するために、人間主体は障碍を必要とするのである。それゆえ〔自己の〕実現は、主体が自分自身とは異なるものに直面し、そのなかに強化された新しいバージョンの自分を見出すことによってなされる。否定的なものは、このように自己実現にとって不可欠なものとなり、人間主体は完全な意味での自己を実現するために、自己の同一性を喪失する経験をくりかえさなくてはならない。だがあらためて問うが、こうした完全なる自己は、見いだされうるものなのだろうか。またヘーゲルがこの本質的な否定性を導入したことによって、完全な形而上学的知と一致した完全な自己を達成する可能性は、本当になくなってしまったのだろうか。実際に生きている人間主体が、あらゆる外的関係を内的なものとして再構成しながら、同時に自分自身および自分の世界にうまく適応することはできるのだろうか。主体として鋳直された実体の理念とは、ただ人が思いこがれ、その下でもがき、しかし決して実存的には我有化することができない統制的理念ではないのか。もしそれが本当ならヘーゲルは、永続的努力としての主体の概念を生み出してしまったのだろうか。それならばヘーゲルは、憧憬 *Sehnsucht*〔25〕が人間存在の不可避な存在条件であるとするフィヒテの思想に私たちを連れ戻すのだろうか。私たちにとって満足は、それでも意味を持つものだろうか。

しばしばヘーゲルは、全体性の哲学者、体系的な完全性と自己充足的な自律性の哲学者にカテゴライズされるが、彼が擁護する形而上学的な全体性がひとつの限られた体系であるのかどうかは、はっきりとしない。実際ヘーゲル形而上学の変わらぬ逆説《パラドックス》とは、このように全てを包括するとされる体系が開かれているということであるように思われる。ある形而上学が完全かつ無限な体系であるならば、その体系そのものには無限性も含まれていなければならないはずだが、この場合に「含む」ということで空間的関係を考えるのは、体系そのものと無限との関係を表現するにはお粗末なやり方である。ヘーゲルの絶対者、つまり無限でありかつ体系的であるものを思考することができるためには、空間的カテゴリーにとらわれずに考えること、「生成」としての時間の本質を考えることが必要である〔26〕。もしこの〈絶対者〉が、空間的静止状態の原理ではなく、時間的様相であり、内的な複雑性を有する時間性そのものであるならば、そのとき満足は、もはや終局、静止、完結としての意味を持たなくなる。ヘーゲル以後の哲学者には、ヘーゲルを全体性の哲学者、形而上学的完結性の哲学者であると非難する者もいるが、

〔24〕Hegel, *History of Philosophy*, 3: 287.〔訳註：ヘーゲル『哲学史講義』の翻訳の底本にはこの箇所は存在しない。〕

〔25〕フィヒテにおいて、永遠の切望〔憧憬〕は、綜合の存在論的な可能性を欠いた弁証法がもたらす人間的帰結である。

〔26〕「絶対者」が時間であることについてのより詳細な議論としては、私の以下の論文を参照のこと。"*Geist ist Zeit*: French Interpretations of Hegel's Absolute", *Berkshire Review* (September 1985).

コジェーヴやイポリットはヘーゲルをそれとは大きく異なったかたちで解釈し、ヘーゲルは時間、歴史の無限定な運動、〈生成〉における多様な入れ替わりのなす無限定な運動の中で〈絶対的なもの〉を追求していると考えた。そこでは否定性は、解消されることも否定されることもなく、〈精神〉の前進していく開かれた冒険の中で維持されるのである。

コジェーヴとイポリットはヘーゲルを再発明しており、彼ら自身の哲学の目的にかなう場所だけを選んでヘーゲルを読んでいると思われるかもしれないが、それはテクストに沿って明らかにされるべき問題であろう。ここで解答されるべき問題は、次のようなものである。つまり、欲望の満足とは人生における或る種の死を意味するのかどうか[27]、満足は生命の完結なのか開放なのか、そして満足が、道徳的かつ形而上学的な自律性と内在的な「場所」の感覚の達成として理解されるならば、満足はそもそも欲望しうるものなのかどうか、といった問いである。ヘーゲルは、自身の哲学体系において、みずからのなしたスピノザ批判に応えているのだろうか。あるいは彼もまた、否定的なものの力を黙らせることに加担してしまっているのだろうか。

実体と主体の静的な同一化という理念が、ヘーゲル自身のものであるにせよ、あるいはまちがって彼に帰せられているのであるにせよ、二〇世紀フランスのヘーゲル解釈者たちにとって、両者の終局的な統合は幻影にすぎないことが明らかとなる。ヘーゲルにおける絶対者を、イポリットは時間性の構造そのものとして、コジェーヴは歴史における行為者性とその有効性の意味として解釈する。サルトルは、しばしば「ヘーゲル主義者というよりは」むしろフッサールの現象学プログラムの継承者と見做されるが、それにもかかわらず彼の存在論は統合なきヘーゲル主義と見ることができる。サルトルにおいては、意識は否定の永続的源泉であり、人間の欲望は、志向的意識の全体を導く「酬いなき情念（受苦）」として理解される。『存在と無』における対自と即自の絶対的な不一致は、この理想化されたヘーゲル的統合をすっかり解体する効果があるのである。

デリダや他の「現前の形而上学」の批判者たちは、ヘーゲルの修正主義的継承者たち（コジェーヴとイポリット）も、ヘーゲル形而上学の批判者たち（サルトル、ハイデガー）も、実は最終的で静的な形而上学的同一性を目指す哲学的な自殺願望の圏内にいると主張してきたが、より詳細に分析するならば、フランスにおけるヘーゲル受容と再構築の歴史の中身はずっと複雑であることがわかる。この分析こそが、本書の目的の大半を成している。とはいえ、デリダの主張にもうなずけるところはある。というのは、欲望の形而上学の約束を受け入れる哲学者たち、およびその約束の失敗について終わりなき思索にふける哲学者たちは、それ自体が一種の死であるような終局と自己同一性のイメージに依然として酔いしれていると言えるからだ。ラカンによってなされたヘーゲル批判は、欲望の不満足が精神分析的に不可避であることを主張しており、他方、ドゥルーズとフーコーは、ニーチェに依拠しながら、否定性を強調するヘーゲルを総じて否定し、欠如よりむしろ過剰と充溢に基づく欲望を提示する。ラカンはヘーゲルを

［27］ ジャック・デリダの以下の論文を参照のこと。Jacque Derrida, "The Pit and the Pyramid: Introduction to Hegel's Semiology". この論文は一九六八年にコレージュ・ド・フランスにおけるジャン・イポリットのゼミネールで初めて発表され、のちにイポリットを記念して出版された以下の論集に収録された。*Hegel et la pensée moderne; séminaire sur Hegel dirigé par Jean Hyppolite au Collège de France (1967–68)* (Paris: Presses Universitaires de France, 1970). 英訳は以下に収録。Derrida, *Margins of Philosophy*.〔ジャック・デリダ「竪坑とピラミッド――ヘーゲル記号学への序論」、『哲学の余白〈上〉』高橋允昭ほか訳、法政大学出版局、二〇〇七年所収〕

デカルト的純朴さに侵されていると見做し、ドゥルーズとフーコーはヘーゲルを奴隷道徳と同一性原理への生命なき依存を体現するものと見做す。ここで問われるべきは次のようなことであるように思われる。つまり、ヘーゲル主義的形而上学は、死を志向する企てと言えるのだろうかという問いである。しかしそこまで言うと言い過ぎかもしれない。なぜならば欲望と形而上学の関係に複雑な歴史のあることは明らかであり、ここではその一部が語られるにすぎないからである。私たちは〔本書で〕、フランスにおけるヘーゲル受容の文脈において、欲望の形而上学、欲望に対する形而上学的防御、最後に欲望についてのポスト形而上学的言説を探求していくつもりである。

したがって私の叙述は四つの章に分かれる。（一）ヘーゲルの『精神現象学』における欲望についての形而上学的擁護、もしくは欲望に対抗する形而上学の擁護について。（二）人間主体を〈生成〉の様態として、内的に非同一的なものとして例示するためになされた、コジェーヴとイポリットによるヘーゲル的欲望の修正について。（三）サルトルにおける自己同一的主体に対するポスト・ヘーゲル的ノスタルジー、そして酬いなき形而上学的努力としての彼独自の欲望概念について。（四）欲望の形而上学的言説に対するラカン、ドゥルーズ、フーコーの主な著書におけるポスト・ヘーゲル的批判について。私の課題は、衝動の持つ生命に対する哲学の戦いの最新局面、形而上学的場所の一つの審級として欲望を飼いならそうとする哲学の努力、形而上学的転位と心的不調和の原理としての欲望と折り合いをつけようとする格闘、同一性の形而上学を転位させ打ち負かすために欲望を用いようとする努力を辿ることである。私は、私の探求を通じて一貫して、ヘーゲル主義の解体だけでなく、ヘーゲル主義が執拗に再発したり定式化され直したりする、またはげしく敵視されながらもふいに再出現する、その独特のあり方にまで論を及ぼしたいと思っている。実際私たちは、敵視することこそが欲望に生命を与えてしまうさまを見ることになるだろう。

第一章　ヘーゲル『精神現象学』における欲望、修辞《レトリック》、承認

人間は幸福と白日になじみ　啓示された神の顔を見ることになじむ。
「一にして全なるもの」と古くから呼ばれ
包み隠したむねの底ひをのびやかな充足で満たし
最初の一者として　全ての欲望をかなえるものの顔を。

ヘルダーリン「パンと葡萄酒」

『精神現象学』における欲望について考察するまえに、より大きな問いに目を向けておく必要がある。それは、ときに入り組んでいることもあるこのテクストのなかで、哲学的な主題がどのように導入され、どのように「論じ」られているのかという問いである。私が「論じる」という動詞をわざわざ引用符で囲むのは、ヘーゲルの目指すところの論証を退けるためではなく、その論証の形式の特異性に注意を促すためである。そもそも『精神現象学』は教養小説《ビルドゥングスロマーン》［1］であり、冒険や陶冶についての楽観的な物語であり、精神の巡礼である。したがってちょっと吟味しただけでは、ヘーゲルが正しさを論証しようとしている形而上学的な主張が、彼の物語構造によってどのように論じられているのかは明らかにならな

い。さらに言えばヘーゲルの構文は、文法に抗い、その構文の制約を超えた存在論的想像力を試すようなものであるように思われる。ヘーゲルの文章が、主語で始まっているとしても、その主語は目的語と相互に交換可能であり、動詞を軸に旋回することが明らかになる。そしてその動詞もすぐさま従属節で否定されたり、反転させられたりしてしまう。「であるis」がなんらかの主張の核となる動詞であるときでも、それが述語付けというおなじみの役目を担うのは稀である。むしろそのとき「である」は、「存在being」に運動が本来備わっていることを断言することで、日常的な言語使用が私たちに強いる存在論的な前提を壊し、未知の、予告的な意味をもつ他動詞になるのである。

　概してヘーゲルの文章の修辞的《レトリカル》反転やそのテクストの物語構造は、文法的な主語と人間的な主体両方の捉えどころのない本性を示唆している。文法的な主語を一義的で安定したシニフィアンに変換しようとする「悟性」の強制に逆らって、ヘーゲルの文章は、主語の意味はその運動においてはじめて理解されうるのだということを示している。ヘーゲルが「〈実体〉は〈主体〉である」と述べるとき、この「であるis」は「になるbecome」の役目を担っており、その際生成becomingとは単線的な過程ではなく、円環的な過程である。したがって単線的読解という存在論的前提に依拠すると、私たちはヘーゲルの文章を誤読してしまうことになる。というのも「である」は、「〈実体〉」と「〈主体〉」の相互浸透の結節点なのだからである。「〈実体〉」と「〈主体〉」はいずれも、他方のものである限りにおいてそれ自身である。というのもヘーゲルにおいて自己同一性は、自分とは異なったものに媒介されることにおいて初めて現実となるのだからである。文を正確に読解するとは、それを円環的に読解することである。あるいは、その文が許容する多様な部分的意味をあらゆる既存の読解に注ぎ込むことである。したがって『精神現象学』の文章においては」、単に実体が明らかにされているとか、主体が規定されているとかいうことに留まらず、運動や多義性の中枢としての繋辞《コプラ》【1】の意味そのものが表現されているのである。

それゆえ文法的主語は決して自己同一的ではなく、常に反省的運動のなかでのみ自己であることになる。文は文法的諸要素から成り立っているわけではない。そうした文法的諸要素は、それに対応する存在論的実在を反映しているか、もしくは指し示しているとされる。文は一つの全体として受け取られることを求めるとともに、その文が受け取られるべき、より広い文脈を指し示してもいる。しかしこの文脈が「指し示」される仕方は、指示的なものではなく、修辞的《レトリカル》なものである。ヘーゲルの文はその文が伝える意味を実演する。実のところヘーゲルの文が示しているのは、「であるis」は、実演されるかぎりにおいてのみ、それがそうであるところのものだということなのである。ヘーゲルの文を読むのが難しいのは、意味が直接的には与えられることも知られることもないからである。ヘーゲルの文は、イントネーションや文法的な強調点を変えて再読することを求めている。ちょうど詩行が私たちを立ち止まらせ、どのようにそれを言うのかが、何を言わんとするのかにとって本質的であることを考えさせるのと同じように、ヘーゲルの文章は、文章それ自体に対する注意を修辞的《レトリカル》に喚起するのである。ページ上のそれぞれ孤立した静的な語が私たちを欺き、私たちの読解が孤立した静的な意味を解放するかのように思われても、それはほんの一瞬のことである。直線的に配置された一義的意味が手元の語から出てく

［1］「心理学的小説」のこと。M. H. Abrams, *Natural Supernaturalism*, "Hegel's 'Phenomenology of Spirit': Metaphysical Structure and Narrative Plot", pp. 225–237. を見よ。

【1】文「SはPである［S is P］」において主語Sと述語Pをつなぐ「である［is］」のこと。

るはずだという期待を私たちが手放すまいとするなら、ヘーゲルの文章は混乱し、不格好で、無駄に難解であるとみなされることになる。しかし散文が私たちを誘う〈悟性〉の確信に疑義を呈すれば、私たちは、文が絶えず自分の意味を構成し続ける運動を経験することになる。

ヘーゲルの文章が決して完成しないのは、多少なりとも最終的なわかりやすいかたちで、「何がいわんと〔意味〕されているのか」を提示することがないからである。「〈実体〉は〈主体〉である」という文は、実体が何であり、主体が何であり、繋辞《コプラ》の意味が何であるかを示しているだけではなく、どれだけその可能的意味について推論をめぐらせても、この「〈実体〉は〈主体〉である」という文が示唆する意味の全てを把握することはできないということも示している。三つの語〔〈実体〉・〈主体〉・〈である〉〕のどれもが不断の具体化や刷新を要求するため、これらは無際限に意味作用を続ける。この文の意味を知ることは、ヘーゲルの体系の意味を知ることであるが、いかなる生身の主体もその意味を一挙に知ることはできない。彼の文章は、このようにして、私たちをいわば知の遍歴に連れ出してくれる。ヘーゲルの文章が示しているのは、〔そこで〕表現されていないものであり、どんな既存の表現であれ意味を獲得するためには探索されなければならないものである。ヘーゲルの文章は、文の形をとった語り〔物語〕であり、循環的であると同時に前進的でもあり、意識の運動を反映しもすれば、実演してもいる。〔逆に〕まさにこの意識の運動によってヘーゲルの文章は把握される〔含み込まれる〕であろう。ヘーゲルの修辞《レトリック》は、哲学が直線的かつ明確に提示されるという期待を裏切るものであり、それゆえはじめはむしろ障碍となって私たちの前に立ちはだかる（ヘーゲルを速読できる人はいない）。とはいえ、ヘーゲルが私たちをそこから解放しようとしている前提についてよく考えるならば、その時その修辞《レトリック》は、相互に規定し続ける還元不可能な多数の意味を意識することへと私たちを導くことになるのである。ヘーゲルによれば、このような意味の多数性は静的なものではなく、生成そのもの、まさしく運動そのものである〔2〕。多数の意味を求めて、多義性、両義性、あるいは一般的な意味での比喩を求めて読むことによって、私たちは、弁証法的思考に固有な運動、現実の本質的な変質を具体的に経験することになる。また、テクストの意味が実演されるためにはテクストは読まれねばならないのだから、その意味で、私たちの意識がこの現実を構成するのに役割を果たしていることを理解することにもなる。

『精神現象学』においてこの最後の点はとりわけ明確になる。それはこの書物が特に人間主体の視点をとっているからである。ヘーゲルにおいては、形而上学的記述の文法的な主語も、人間主体も、決してただ直接的にそこにあるわけではない。私たちが人間主体の位置についての文法的指示を得るやいなや、彼はもう先に行ってしまい、私たちが彼の気配を最初に感じ取ったときに彼がそうであったのとは異なったものになってしまう。※文の形をとった語りというヘーゲルの修辞的《レトリカル》戦略以上に、哲学における形式と内容との距離を狭めているのは、『精神現象学』が組み立てる物語の構造である。ヘーゲルの語りは、読者をそそのかし、読んでいるテクストの中に自己自身を見出したいという読者の欲求を利用するように

〔2〕デリダは「竪坑とピラミッド――ヘーゲルの記号論入門」のなかで、弁証法的運動は、それが円環であるゆえに、運動の可能性を排除する静止した場を画定している、と論じている。これによってデリダは、ヘーゲルにとって意義作用の過程は、ある種の〈生における死〉である、つまりある種の運動であるというそれ自身の要求を暗黙裡に退ける静止状態である、と論じるようになる。ところが、デリダは、デリダの記号論の観点から理解されたヘーゲルの体系が完全で自己充足的であると想定しているが、この想定こそそこで第一に説明されねばならないものである。

作られている。『精神現象学』は、遍歴する主体と読者との想像上の同一化を要求し、また実際にそれを引き起こす。その結果、読むことがそのまま哲学的な教訓としての遍歴となる。

※ヘーゲルの主体は虚構的《フィクショナル》な人物であり、そのジェンダーをはっきり知ることはできないが、私はこの虚構の存在を「彼」と呼びたい。こうした手続きをとっているからといって、普遍的なものを男性的なものと同一視していると受け取られるべきではない。それは文法上面倒な事態が生じることを避けるためのものである。

ヘーゲルの登場人物に同一化するのは容易ではない。主人公がまだ登場していないことを感じながら、私たちは『精神現象学』を読み始めることになる。行為や熟慮はあるのだが、そこに行為者を見てとることはできない。すぐに私たちは、もっと近づいてみることで、わきに控えているはずのこの不在の主体を見極めたいという衝動を抱くのだが、私たちはのぞき込んだままこの不在の主体が到来するのを待ち続けていることになる。物語が「このもの」や「あのもの」を超え、さまざまな見せかけで欺く直接的な真理を超えて進むにつれて、私たちは徐々に、この主体は一度に現れるのではなく、この主体が「私たちに」選び取らせようとしているのは彼の片鱗、つまり至る所にばらまかれた振る舞い、影、外見といったものであることに気づいてゆく。そして、『ゴドーを待ちながら』さながらに、この「主体を待ち望むこと」こそ、『精神現象学』の喜劇的で風刺劇的でさえある側面であることに私たちは気づいていくのである。さらに私たちは、ただ待つことだけが私たちに期待されているのではないということを発見する。というのも、私たちが「この物語における」どの移行についてもその論理的必然性を考え抜くことにみずから参加しなければ、物語は理性的には進展しないからである。物語は否応なく展開するとされている。だからこそ、私たちは移行のたびにその必然性を吟味しなければならないのである。

ディドロの『運命論者ジャックとその主人』〔3〕とは違って、ヘーゲルの「教養小説《ビルドゥングスロマーン》」は読者に直接話しかけはしない。しかしながらこの『精神現象学』という物語の戦略は、読者を間接的かつ体系的に巻き込んでいくというものである。私たちは、〔私たちとは〕別の哲学的行為者の遍歴を目撃するだけでない。私たち自身が決定的な場面転換を演じるために舞台上に招かれているのである。『精神現象学』の結末において、この哲学者はもはや私たち自身にとって「〈他者〉」ではなくなっている。というのも哲学者と私たちとを区別すれば、かの全てを包括していると称する統一の「外部」があることを告げてしまうことになるからである。というより私たちは、私たちの歴史、私たちの生成の様式を認識する視点を、まさに『精神現象学』を通じて徐々に構成する。その意味で、私たちが自己の待ち望んできた主体として見出すのは、私たち自身なのである。

それゆえ『精神現象学』は、遍歴する意識の物語であるだけでなく、遍歴そのものである。その語りが、哲学的真理を我有化するための戦略を開示し、実演する。つまりこの物語は、さまざまな仕方で存在論的舞台をセットし、そこで舞台として設定された場面の実在性を私たちに信じ込ませ、この場面に

〔3〕ディドロの『運命論者ジャックとその主人』は、〔主人と奴隷の〕ダイナミズムについてのヘーゲル自身の議論に明らかに影響を与えた、主人と奴隷の弁証法を表現している。ディドロは、テクストの論争的な目的を誇張し、またテクストと読者の間の関係をテクストの力の弁証法として間接的に立ち上げることで、読者を直接〔テクストに〕巻き込む。代名詞〔が指すもの〕を直接に断定することを避けているため、ヘーゲルの物語の戦略は、ディドロのそれほど自覚的に論争的なものではない。こうした物語の戦略は、一部では、主体の劇的な出現を示そうという目論見、つまり「私」や「あなた」を単純に参照する目論見の不可能性に沿ったものであるように見える。というのは、まさにまだこの段階では、こうした目論見の意味しているものをはっきりさせることができないからである。

登場する主体と私たちが同一化するように仕向ける。そうしてこの主体が、その当の場面という限界内で同一性を捜し求めながら不可避的に経験する失敗に、自分を重ねるよう私たちに求めてくるのである。その主体が――そして私たちも想像上で一緒に――失敗するのは、その場面が要求した存在論的コミットメントをその主体が真面目に受け取ったからにほかならない。したがってヘーゲルにおいて、もろもろの悲劇的な出来事は決して決定的なものではないけれども、悲劇的な盲目さの結果として、主体は繰り返し没落を余儀なくされる。『精神現象学』では、悲嘆にくれる時間はほとんどない。常に刷新がすぐそばまで迫っているからである。悲劇的盲目さのように見えるものは、ミスターマグー【2】――彼の乗る車は隣人の鶏舎を突き破っても、いつも無事窮地を脱しているように思われる――の喜劇的な近眼によく似ていることがわかる。土曜朝のアニメに出てくる、驚くほど立ち直りの早いこのキャラクターのように、ヘーゲルの登場人物は、常に自分を立て直して新たな場面に備え、新たな存在論的洞察を携えて次の舞台に上がり――そしてまた失敗するのである。読者たる私たちは、このようなジェットコースターに乗り込む以外に物語上の選択肢をもたない。というのも私たちは、自らこの遍歴に乗り出してみることをせずには、この遍歴を先取りすることができないからである。『精神現象学』は一つの存在論的場面を、つまり世界がどのようなものであり、〈絶対者〉がどこに見出されうるのかについての展望《ビジョン》を、幾度となく私たちに信じ込ませるが、この視覚《ビジョン》は、結局は、体系のなかで引き起こされた錯覚であることが明るみに出る。

読者が『精神現象学』の提示するその都度の世界構成を拒絶することは、小説を真理と受け止めるのを拒むのと同じくらい無意味である。ヘーゲルの描く一時的な場面構成、〔例えば〕自己確信の段階、承認をめぐる闘争、主人と奴隷の弁証法といったものは、それぞれが教訓をあたえるための虚構であり、世界を組織化する方法となっているが、これらはいずれも極めて制限されたものであり、自己自身を実体として発見するという主体の欲望を満たすものではないことが明らかになる。したがってこれらの場面は、それらが知らず知らずのうちに排除したものによって執拗に掘り崩され、より複雑な配置で再び組み立てられることを余儀なくされるが、今度は先行する場面を解体させたものを含んでいる。私たちは読者として想像上の同一化を行なうことで各々の場面を真なるものとして受けとめるが、同一化の努力はいずれも最終的には転覆される。最初に私たちが信じ込まされていたものは、結局、偽りの前提であったことがわかるが、これが偽りであることがそのまま、その偽りに取って代わりうるような、より真なる、より包括的な〔次の〕前提を示している。ヘーゲルの主体は、実体世界との自分の関係についてのいかなる部分的な概念にも容易に安んじることはない。そしてその都度の排他的な存在論的コミットメントが「抑圧されたものの回帰」を生じさせてしまう。ヘーゲルの主体は、繰り返される欺瞞【3】に傷つくこともなければ、実在的《リアル》なもの〔現実界〕の抑圧【4】によって弱体化させられることもない。どの錯覚も、その錯覚を超越しうる、より広範な真理の概念をたちどころにあらわにする。この主体は、強迫的な形而上学的誠実さでもって、最終的に世界と弁証法的に調和することを目指して遍歴してゆくのである。何度この主体の世界が崩壊してしまおうとも、この主体はまた別の世界を無限に組み立てなお

【2】「ミスターマグー」は一九四九年に制作されたアメリカのアニメーション番組。主人公のミスターマグーが極端な近視のせいで騒動を引き起こす。

【3】ここでは「欺瞞bad faith」ということばで、サルトルが念頭に置かれている。第三章参照。

【4】ラカンを念頭に置いている。第四章参照。

することができる。この主体は否定的なものに苦しめられるが、しかしそれに飲み込まれてしまうことは決してない。むしろこうして苦しむことこそが、この主体がもつ綜合する力を高めることになる。否定的なものは常に役に立つものであり、役に立つものでしかありえない——主体は最終的にはそれによって弱体化させられなどしない。それゆえヘーゲルの主体は、無限な能力を持つ主体という一つの虚構であり、自分が経験するものからただひたすら学ぶロマン主義的な遍歴者である。この遍歴者は、自己自身に対して無限に力を与え続けるものであるがゆえに、回復できないほど打ちひしがれてしまうことなど決してないのである。

ヘーゲルの主体が示す劇的で形而上学的な希望のあり方を見て、キルケゴールは、そのような人間が存在すると本当に言えるのかと問うた。苦痛、病、喪失を生き延びようとするだけでなく、そこから利益を得ようとする飽くなき欲望があるということを、そもそもどうやって説明することができるのだろうか。ヘーゲルにおいて、この欲望は前提されたものである。そこでは形而上学的策略が、現にあるはずの実存的、心理学的困難を隠蔽している。しかし苦しみが、以前よりもさらに堅固な基盤の上に世界を再構築するきっかけとなったことなどそもそもどれだけあったというのだろう。むしろ苦しみは一貫した世界の可能性についての不安を生み出し、現にある基盤を浸食することが多かったのではないだろうか。確かにヘーゲルの主体は、自分のために働いてくれるとても優れた舞台監督を伴っている。それらの舞台転換を注意深く監視し、あらゆる移行の場面を切り抜けられるよう保証してくれる監督である。とはいえ、キルケゴールがかつて実存について尋ねたように、次のように問うてみたい人もいるだろう。「この監督はどこにいるのですか、話をしてみたいのですが」[4]と。

私たちが、ヘーゲルの主体に対するキルケゴールの実存主義的批判を受け入れるとするなら、『精神現象学』は経験的真理であるという主張はどう考えればよいのだろうか。ヘーゲルの主体が虚構であるとしたら、この主体は私たちにとってなおも意味を持ちうるのだろうか。考慮すべきは、『精神現象学』という物語は、いくつもの錯覚の連続で構成されているが、これは哲学的真理のための否定の道であることが判明するということ、またこれらの継起的な虚構が意識の歴史を形成し、そしてこの意識の歴史が今度は意識にとっての実体を構成してゆくということである。要するに、意識の存在は円環として考えられている。錯覚を通して〈絶対者〉を追求することは、無駄な「堂々巡り」などではない。それはむしろ、一つ一つの錯覚こそが一層包括的な綜合行為を可能にしているのだということを明らかにしていく前進的循環であり、相関した実在性がより多くの領野を持つということについての洞察である。それゆえ、知られるべき実体、つまり主体である実体は、すべてを包括する相関関係のネットワークであり、生のダイナミズムそのものであり、実体とは、〈あらゆる特殊な規定は、それがそうであるかのように見えているところのものではない〉という原則のことである。それにもかかわらず、絶対的な見地まで陶冶されるべき存在たる私たちは、規定されたもの、個別的なもの、直接的なものから出発する。それらがあたかも絶対者であるかのように扱ったのちに、〈絶対者〉は、私たちがもともと考えていたよりも広く内的に複雑なものだということを、その確信の誤りを通じて学ぶのである。こうしたもろもろの錯覚の歴史が前進的な歴史であるのは、私たちが次のことを理解するからである。つまり、そうした錯覚が

〔4〕 Kierkegaard, *Repetition*, p. 200.（自由な解釈による）〔キルケゴール「反復」、前田敬作訳、『キルケゴール著作集第五巻』白水社、一九六二年、三〇九頁〕

どのように互いを必然的な結果として含みあうのかということ、またそうした錯覚こそが一緒になって、〈絶対者〉に対する既存のどんな関係も不十分なのだということが、その関係の他の関係に対する相互依存の基礎となっていることを明るみに出すのだということである。したがって最終的には、錯覚の歴史が内的諸関係の統一であり、この統一こそが〈絶対者〉であるということを私たちが理解するからである。このように『精神現象学』における絶対的真理とは、誤謬から構成された喜劇の示す、戯曲としての完全性のようなものである。ニーチェが似たような見解を提示している。つまり、「「真理」とは、私の思考法のうちでは必ずしも誤謬の反対を示すのではなく、最も根本的な場合には、様々な誤謬相互の位置関係を示すにすぎない」[5]のである。

この意味で『精神現象学』は、虚構創作《フィクションメイキング》の形をとった研究であり、哲学的真理の探究において虚構や欺瞞が本質的な役割を持つことを示すものである。こうした読解をすれば、ヘーゲルの主体の虚構的地位は、新しい一連の可能な意味を帯びることになる。私たちはこの主体を、誇張法的な衝動そのものの比喩として読むことができるかもしれない。つまり〈絶対者〉の熱狂的で重層決定的な追求の比喩としてであるが、——この追求は、もしその場所が見つからなければそれを創造し、これをとめどなく投影し続け、そしていつも自己自身の投影によって「挫かれる」ようなものである。形而上学的欲望を持つ存在である人間主体は、虚構を創作する傾向がある。生きていくために必要な嘘を自分に対してつくのである[6]。ヘーゲルをこのようにニーチェ風に読むことで、『精神現象学』を欲望と錯覚の研究として、〈絶対者〉の体系的な追求かつ誤認として、あるいは最終的な結末には決して到達できない恒常的な転倒の過程として、理解することができる。主体はますます洗練された形式をもった錯覚の座となり、したがって〈絶対者〉がますます狡猾なものとして現象するようになることについて学んでいくのである。これらの絶対者の諸現象は、いずれも部分的で虚構的で虚偽であることが示されていく。それゆえヘーゲルの主体を実存のなかに位置づけることができないとしても、おそらく私たちはこの主体の虚構的実在性に驚きはしないだろう。ヘーゲルの主体は、ドン・キホーテのように、体系的に誤った方法で実在性を追求する、いわば不可能な同一性である。ヘーゲルのテクストの読者たる私たちは、繰り返し彼の遍歴の条件を受け入れる中で、この主体と同じ途方もない欲望に耽るようになる。『精神現象学』を読むうちに私たちは、自分が創造したものを信じることができず、目覚めてはそれらが非実在であることに気づきながら、それでもその次にはもっと器用に夢を見るような、そういう虚構創作者になっていくのである。

〔5〕 Nietzsche, *The Will to Power*, ¶535〔ニーチェ『ニーチェ全集一三　権力への意志』下、原佑訳、ちくま学芸文庫、一九九三年、七三頁〕

〔6〕 道徳や哲学的抽象化に対するニーチェの批判は、一般的に、「奴隷的実存」を生きるのに役立つある種の虚言を明るみに出そうとしているが、「道徳外の意味における真理と嘘について」においてニーチェは、虚言に対置された「真理」がそれ自身ある種の必然的嘘であると論じている。『善悪の彼岸』において明らかになるのは、概念は必然的な嘘であるため、概念はそれから生じるところの多様な意味を常に単純化してしまうのだということ、すなわち概念は生きた、隠喩的で、流動的なものというよりも、むしろ「死んだ」ものだということである。『精神現象学』の諸段階は必然的に流動的な運動における凍結された諸契機として解釈され得る。したがって『精神現象学』の諸段階は、必然的に誤りであるが、もともと抑圧されていた多様性へと脱構築されれば、その誤りにもかかわらず有益なものになる。

欲望の存在論

ヘーゲルが欲望について明示的に議論し始めるのは、「自己確信の真理」という章においてである。この箇所では、意識から自己意識への移行が始まる。この転換点に欲望が現れるのは、奇妙なことである。『精神現象学』の進展が欲望によって推進されているとすれば、なぜ欲望はこのテクストの第四章になってはじめて明示的な主題として現れるのだろうか。実際、欲望が『精神現象学』の特定の段階で「現れる」ということは、いったい何を意味しているのだろうか。

欲望は現象する。しかし、この現れの時点〔契機〕は、必ずしも欲望が効力を発揮する最初の時点〔契機〕ではない。ある意味では、ヘーゲルにとって、無から《エクス・ニヒロ》は何も生じない。あらゆるものは、潜在的あるいは陰伏的な状態から、顕在的な形式を獲得することになるのである。いやむしろ、あらゆるものは、ある意味では最初からずっとそこにあり続けてきた。「現れ」は或る現象の展開における一つの顕在的あるいは現勢的な契機にすぎない。『精神現象学』では、或る一定の現象は、或る一定の世界構成の文脈において現れる。欲望の場合についていえば、どのような世界が欲望を可能にするのかが問われなければならない。欲望が存在するためには、世界はどのようなものであるべきなのだろうか。

欲望を可能にする世界の条件や特質について問うとき、私たちは、一度その答えが得られれば以後容易に精査を続けられるようになるような予備的な質問をしているのではない。それはまた、欲望の現れ〔現象〕の超越論的条件を求めるカント的な探求でもない。ヘーゲルにとっては、欲望の前提条件が探求の対象そのものなのである。というのも、欲望はその分節化のなかで、常に自己自身が存在するための条件を主題化しているのだからである。欲望は何「を」求めているのか、と問うても、私たちは部分的な答えしか出せない。いわく、それは欲望そのものの不透明性の解明である、あるいはそもそも欲望を存在へと至らしめた世界の様相を表現することである。これは、欲望が具体化＝身体化embodyし実演しているものとされている反省性という語が使われるときに、含意されていることの一つである。欲望によって実演される反省性は、いつかは絶対知そのものと同一になるはずである。スタンレー・ローゼンによれば、「分析を通じて、自己の一部に出会われるのは自己自身の外部においてである。したがって〈他者〉の欲望を同化しようとする欲望は、絶対的反省の前分析的あるいは未規定的構造を分析的に把握しようとする努力である」[7]。欲望とは、それが常に特定の対象あるいは〈他者〉についての*of*欲望、つまり特定の対象や〈他者〉に対する*for*欲望である点で志向的であるが、主体がそこで発見され高められる様式であるという意味では反省的でもある。欲望が引き起こされる諸条件、つまりそれが内的関係性の形而上学なのだが、それは同時に欲望が分節化し明示化しようとするものでもある。したがって欲望とは、形而上学的な知を暗黙的に追求することであり、〔逆に〕そのような知〔の側〕が「語る」人間的なあり方なのである。

　欲望が中心的な主題として現れる『精神現象学』の〔意識から自己意識への〕転換点にあって、私たちは困惑のただ中におかれる。主体はまだ現れておらず、その場面にいるのは、主体の先行者、つまり意識

[7] Rosen, *Hegel: An Introduction to the Science of the Wisdom*, p. 159.

である。意識の特徴は、自分が出会う感覚的、知覚的世界が自己自身とは根本的に異なっていると前提している点にある。意識の出会う「世界」は、時間空間的に組織化され、経験的諸対象がばらばらに提示される自然的世界である。この世界が〈絶対者〉であり、かつそれは意識自身にとって外的なもの、ないし存在論的に自分とは異なったものであると確信して、意識はこの世界を観想している。感覚的、知覚的世界は、自己生成的かつ自己存立的である。この世界は、意識を全く必要としていないのである。世界を把捉する自己の能力はこの世界とは無関係だと信じている意識は、いつのまにか〈絶対者〉から追放されてしまっている。ここで意識は、世界への純粋で志向的な没入であるが、世界と同一化されているわけではなく、この世界の真理あるいはその客観的存在を規定する立場にはない。この段階の経験の内部では、一つの逆説《パラドックス》が出来する。なぜなら、感覚的、知覚的世界が意識のなかで描写されていることは事実であるけれども、他方で、このように意識によって描写されているということは、この世界の真理の規定に意識自身が加わっていることを意味するからである。はじめはこのことは明らかではないかもしれないが、〈感覚的、知覚的世界は他在に媒介されることを通じてのみ現実的なものになる、ないしは規定されたものになる〉という考えに至るならば、意識こそがこの世界の真理を反映し、したがってそれを現実化する〈他者〉であると認めることができるわけである。こうした観点から見るとき、意識は突如として〈絶対者〉からの追放状態から還帰し、今度は〈絶対者〉の実在性を規定するうえで主要な存在論的役割を担うことになる。こうして世界を突如として再組織化するにあたり、基礎的な諸概念が修正を迫られる——意識が世界を「媒介する」というのならば、そのとき意識はどのようなものであるべきなのだろうか。また私たちはそのとき、「他性」や「現実化」をどのような意味で理解すればよいのだろうか。一つの〔自然的〕世界のこうした解体は、どのようにして教訓に富んだ哲学的洞察を生み出すというのだろうか。

〈力〉概念の導入によって、或るものが真理として規定される際に外化や他性の果たす役割が、部分的に明らかになる。第一章「意識」【5】の最終節に現れる〈力〉は、〈概念Begriff〉、つまりヘーゲルによれば「定立それ自身における反立を思考する」（『精神現象学』¶160〔一六〇頁〕）ことが可能となる意識の様態を予示しているとされる。〈力〉は、意識から自己意識への移行において本質的な役割を果たす。というのも〈力〉は、感覚的、知覚的実在性からなる世界の外在性を、本質的に意識それ自身に関係づけられたものとして定立するからである。このとき事実上〈力〉は、外化を思考の必然的契機として定立している。意識が「或るもの」を思考するという自分の志向的要求を完遂するためには、意識は規定された思考にならねばならない。意識は、自分自身にとって外的な或るもの「についてのof」思考でなければならず、そこから翻って、その外的な或るものによって規定されることにならなければならない。したがって、個別的な物を思考することで、思考することそのものが個別化され、思考の所与の様態になる。純粋に内的な現象に留まっている思考は、真の思考では全くない。意識として、現実化されかつ規定された実在性を獲得するためには、思考は自分の外部にある或るものと関係づけられていなくてはならない。このように〈力〉概念は、思考の内的な「契機」と外的な「契機」とを区別しているが、それは〈力〉が〈内的世界〉と〈規定された顕現〉との間の不断の運動であるからである。〈力〉とは実際、ま

【5】原文では、「第一部「自己確信の真理」」となっているが間違いであるため修正した。

だ発生初期にある実在性が、自己のはっきりと規定された発現を得るために、外に提示しようとする衝迫なのである——ヘーゲルはこのようにしてスピノザのコナトゥス概念を再定式化した。〈力〉は意識自身の内部の諸関係を特徴づけるだけでなく、物理的世界における諸関係をも特徴づけている。それゆえ〈力〉は、さしあたり自分とは存在論的に分離されたものとして意識が出会った感覚的・知覚的世界と意識自身とが結びついていることの存在論的な基盤となる。こうした外化の衝迫は、〈概念〉そのものの働きを予示するものであり、チャールズ・テイラーの言葉に倣えば「自己自身の外在的な顕現を必然的に定立する必然性という〈理念〉である」[8]。

〈力〉は、内的実在性が規定された形式を得るよう駆り立てるものであるが、同時に内的実在性が規定された形式へと吸収されてしまうのを妨げるものでもある。換言すれば〈力〉は、現れているものと現れていないものとの間の緊張を維持するものであり、この意味で目的論的発展に属する他の諸原理とは異なる。ヘーゲル的な弁証法的思考の在り方にとって極めて重要な「内的差異」の観念、あるいは対立項の統一は、〈力〉概念によって強化されている。全ての発生途上の実在性を明示的な潜勢力へと変えるのは、規定された形態へ向かう衝動ではなく、むしろ規定された形式を与えては廃棄するという途切れることのない過程である。ヘーゲルが重力についての簡潔な解説で論じているのは、〈力〉概念あるいは内的区別の概念なくしては、私たちは空間と時間を単に偶発的に関連づけられたものだと考えざるを得ないだろう、ということである。「ところが内的差異という〈概念〉によって、この不同で相互に没交渉であるところの空間や時間などの契機は差異ではない差異であり、言いかえると、ただ同名のものの差異にすぎないのであって、統一をもって本質としている。こうしてこれらの部分は肯定的なものと否定的なものとして相互に活を入れられることになり、それらの存在とはむしろ各自が自分を非存在として定立し、統一のうちに自分を止揚することである。区別された両契機が共に存立し、それぞれ自体的に存在し、しかも自己自身において対立したものとして、つまり自己自身と対立したものとして存在する。両者は各自に他者を自分で具え、そうしてただ一つの統一をなすにすぎない」(『精神現象学』¶161〔一六一－一六二頁〕)。

〈力〉によって駆り立てられる現象の「統一」は、静的な統一ではなく、運動であり、絶え間無い、弁証法的な統一である。〈絶対者〉は、時間空間を持った世界に属する規定された諸対象や、感覚的・知覚的実在性という延長をもつもの《レス・エクステンサ》とは、同一化されえない。規定されたものの彼方にある或るもの、すなわち或る効力を持った否定性が常に存在しており、これが、規定された形式の発生の原因であるだけでなく、この形式の最終的な消滅の原因にもなっているのである。〈力〉概念が確証しているのは、現れないにもかかわらず、あらゆる所与の現れにとって決定的であるような、或るものが存在するということである。さらに〈力〉概念は、実在性と現れがぴったり一致するというわけではなく、実在性は常に隠れた次元を下支えしつつ、隠れた次元によって下支えされてもいる、ということを示している。感覚的・知覚的世界が意識にもたらす経験の対象を思考するためには、規定された存在だけを意識の対象と見なすような思考法への信頼を捨てねばならない。概念的思考が〈悟性〉に取って代わらなければならないのである。というのも、概念的思考のみが、対立した二項間の運動を思考できるからである。〈悟性〉

〔8〕 Taylor, *Hegel*, p. 146.

は、一貫して静止を真理と取り違え、運動をばらばらの諸契機の連なりとしてしか理解できない。運動が、無限に互いを含意しつつも同時には現れない諸契機の生きいきとした統一であるということを、〈悟性〉は理解できないのである。〈悟性〉は、運動そのものを把握することができない。常に〈悟性〉は現在時制のなかに対象を固定させてしまう傾向があり、そこで手元の対象の完全な実在性を提示し尽くしていると思い込んでいるのである。意識が最も洗練された発展段階に達するのは〈悟性〉においてであるがゆえに、〈力〉の現象が意識に求めるような種類の思考は、意識には不可能であることが明らかになる。〈力〉を解説しようしても、意識はいつまでたっても不十分な説明しか提供できないことが明らかになる。〈力〉は常に、意識自身が把握することのできない否定性を示すからである。こうして、内的差異を、すなわち対立した二項の相互的含意関係を思考しようとする努力として、あるいは対象そのものを構成するものとして、自己意識が生じることになる。自己意識はここで、形態の構築でありかつその消滅でもあるものとして定義される〈力〉や〈生命〉そのものの概念化を予告している。自己意識は、意識に対立し孤立した世界に向き合うひとつの孤立した意識による一時的な行為ではなく、時間が発展していくことを理解したなかで起こる認知的経験である。そこでは自己意識の側もまた、対象の時間的生命そのものを把握することができる。意識は規定された存在を思考することはできるが、〈生命〉そのものである規定化と無規定化の過程を思考することはできないだろう。意識は変化を思考することができないのである。

　こうして自己意識は、同時に生成という様態をも持つ知として現れる。自己意識は、堪え忍ばれ、戯曲化され、実演される。意識は、自分が知っているものを説明しようとする試みが失敗に終わるとき、自己意識を生じさせる。「現れ、言いかえると、両力の戯れも、すでに無限性…純粋な運動の絶対的不安定を表現しているが、『説明』の段階に至ってはじめて無限性は自由に顕現し、そうして最後に無限性が意識に対してそれがまさにそうであるものとして対象であるときには、意識は自己意識である」(『精神現象学』¶163〔一六四頁〕)。意識は〈力〉を孤立した諸現象の連なりとして説明することはできるが、それらの相互関係を満足に説明することは決してできない。もしこの説明を意識の観点から行おうとすれば、〈力〉の諸契機をバラバラにするだけの結果に終わるだろう。分析の上では、重力は陽電気や陰電気とは切り離されうるし、同じように距離と引力はそれぞれ別々に精査されうるが、そうした場合、現象それ自体は失われるか、あるいは内的に無関係な属性の、生命のない連なりとしてしか提示されないことだろう。〈悟性〉は反省性を欠いている。このため意識が精査しているものと意識自身との差異が、それ自体精査されるべき現象の一部であることを、〈悟性〉は理解することができない。〈悟性〉は、現象が時間の広がりにおいて統一されるとき〈両力〉の戯れがどのようにひとまとまりになるのかを理解しようとしても、「構成的な差異」についての経験から精査下の対象に外からアプローチすることはできない。〈悟性〉であるこの意識は、〈両力〉の戯れの契機を何度も列挙しては、その連なりから無理やり綜合を引き出そうと試みるが、適切な認識の道具を持ち合わせていないため、〈力〉を説明し損ねてしまう。ところがこの説明の失敗が、現象の適切な定式化への予期せぬ手がかりを明るみに出す。「〈説明〉」としての〈悟性〉は、物質的形式のうちに、はっきりと現れるようになる。意識そのものがページの上に投げ出され、文字や語となり、自己自身の外部に物質として存在している。この説明が自分の手になるものだと理解したとき、はじめて意識は自己自身に気づくようになる。実在性を独占しているかのようだった世界に志向的に没入することを止め、意識は自己自身の反省性を発見する。意識は自己自身の他者となり、そのようなものとして自己自身を知る。「説明のうちに多大の自己満足があるのは、その際言ってみれば、悟性がまさに自分で自分と直接に対話して、ただ自分自身だけを楽しんでいればこそである。この際悟性は何か別のことを営んでいるように見えはするにしても、である」(『精神現象学』¶163〔一六五頁〕)。

こうして自分が知っていることを説明する過程において、意識は意識としての自己を捨ててしまうことになる。〈説明〉が終わるときには、意識も、意識が説明しようとする対象も、もとのものではなくなっている。〈説明〉の過程は、〈説明〉が媒介するはずであった経験のふたつの極を変容させてしまうのである。〈説明〉はもはや無傷なままの意識の手中にある道具などではなく、その使い手を刺激し、その同一性を揺るがすような奇妙な行為体となる。そして〈説明〉の対象もまた、奇妙にも両義的になる。説明されることによって、対象は意識による説明によってのみ解明されるような一定の特性を持つことが明るみに出される。しかし、何が対象の明らかにするところのものであり、また何が意識の説明によるものなのかは、区別できないままである。というのも、〈説明〉そのものを介してしか対象に至る手段がない以上、〈説明〉が対象そのものをどの程度適切に表現しているかを知ろうとしても、説明の外部に存在する対象に訴えることはできないからである。実際、対象そのものと、説明されたものとしての対象とは、全く異ならない。対象は〈説明〉という形式で存在し、この形式が対象そのものの現実性になっているのである。こうして、意識は予期せぬ両義性に直面することになる。というのも、経験の対象「についての」説明において、意識は自己自身を見出すからである。意識は自己自身であり、かつ探求されている対象でもある。さらに、意識がこのような二重の意味で存在するならば、意識は自分が探求する世界の一部だということになる。意識はこうして、自己自身のうちに存在するものはその他性においてもまた存在するということを学ぶのである。この原則によって、意識は、〈力〉の現象を把握できるようになるだけでなく、想定外の発見として、自分が本質的に反省的なものであることを把握できるようにもなる。さらに、意識は、自分の反省性が、自分が探求する実在性を構成していることを理解するようになる。

私が私を私自身から区別するが、区別しながら、この区別されたものが区別されていないことが無媒介に私に対してある。私という同名のものが私を私自身から拒斥するが、しかし、この区別されたもの、私と不同と定立されたものが区別されているそのときに、私にとって無媒介になんら区別ではないのである。いったい「他者」ないし対象一般の意識というものは、もちろんそれ自身必然的に自己意識であり、自己のうちに反省したものであり、他在のうちで自己自身を意識するものである。（『精神現象学』¶164〔一六六頁〕）

或るものを自分とは異なったものとして区別するとき、意識は或る否定的なものを規定している。「あれは私ではない」と言明するとき、一つの実定的実在性が生まれる。この言明は「他なるもの」である実在性と「私」との間の言語的関係を発生させるため、言明という事実そのものが、言明の内容を根底から覆しているように思われる。確かにこの実在性は明らかに、自分がそこにいることを告げている意識とは一見異なっているが、言語による言及を完全に回避できるほどに意識と異なっているわけではない。〈意識〉はこの現実を、否定しうるほどには知っているのであり、この「私ではない」という部分は意識の世界そのものの内で言語的な場を持っている。こうしてみると、以下の問いが生まれることになる――人は否定しようと努めるものを、言語を通じて肯定してしまう、これはいったいどういうことなのだろうか。言語のなかで肯定として生き続けるこのような否定とは、どのような奇妙な否定なのであろうか。

ヘーゲルの創発的主体が――ここでは意識という様態で理解されているわけだが――、自分と世界との根本的な差異を言明あるいは説明するときには、この説明のなされるところの様態が、説明の明示的意図や内容と矛盾してしまうことになる。意識は、自分が知っていることを言語で表現しなければならず、すなわち自分の知を言語的形式で外化しなければならないのだが、そうした意識は、世界のなかに現れるものであるという意味で、世界「の〔に属する〕」意識である。したがって、意識は世界と自分との存在論的差異を説明しようとしても、説明の過程で自己矛盾に陥らざるを得ない。とはいえ、〈説明〉の修辞法《レトリック》は、自分と世界との存在論的区別を明確化しようとしている意識のことを、ただ揶揄するだけのものではない。意識は自分が出会う感覚的・知覚的世界とは異なっているが、この差異は外的な差異ではない。意識は自分が知ろうとするものと内的に関係している。その意味で意識は、探求者が探求の対象に巻き込まれているという解釈学的循環における必然的な契機なのである。

見かけ上存在論的に一致していないように見えるものとの出会いがあり、しかし結局は、相互の関連性が発見されていくという展開は、『精神現象学』の他の箇所と同様にここでも、文字通りの読解から修辞的《レトリカル》な読解へと移行することによって引き起こされるものである。ヘーゲル的主体が、自分は世界のあれこれの局面とは絶対的に他なるものであるという確信を言明もしくは実演するとき、あるいはその確信を外化するとき、この確信を外化するまさにこの過程そのものがその確信を根底から覆す働きをし、ついには対立物が真であることを証明してしまう。否定は、自分の真理を言明あるいは戯曲化《ドラマタイズ》することによって、世界のなかで住み処を得るのであり、こうして、無規定な〔限定されざる〕否定から規定された〔限定された〕否定へと、つまり相関性の網のなかの一つの契機として存在する否定、居場所を持った否定へと変容させられることになる。

重要なのは、意識から自己意識への移行を成し遂げるにあたって、ヘーゲルが、言語的説明の持つ修辞的《レトリカル》な意味に依拠しているということである。自己意識の特徴とは反省性、すなわち自己自身と関係する能力であるが、この能力を条件付けているのは分節化して明確化する力である。さらに言えば、分節化＝明確化によって「内容」が取り出され、次いでその内容を、存在論的な〈どこか他のところ〉から辛抱強く眺めている意識が熟考〔反省〕するというのではなくて、むしろ自分が一つの分節化＝明確化された現象であること、あるいは分節化＝明確化としてのみ自己自身になるものであることを意識は明らかにするのである。ひとたび分節化＝明確化されれば、もはやこの意識を意識という名前で呼ぶのは適切ではなくなってしまう。なぜなら、意識は、この「意識」という名前が意味していた存在論的不一致という条件を、修辞《レトリック》によって反駁しているからである。意識は、分節化＝明確化されることで、自己自身になる。しかし、ヘーゲルの古典的な言い回しに倣えば、意識が自己自身になるのは、他なるものになることによってのみである。この審級において、意識にとってまさに完全な自己でもあるような〈他者〉とは、自己意識である。

この移行の運動は修辞的な運動である。最終的に明るみに出される洞察はさしあたりのところは無自覚に実演されるが、ひとたびこの実演が遂げられ、その〈説明〉が言明され、完了されると、意識はこの所産を一瞥し、自己自身をこの所産の作り手として認識するようになる。〈説明〉の目的はもはや問題ではない。なぜなら、意識は、予期せざる、より重要な発見をしたからである。意識は、自己自身を認識する能力をもち、一つの反省的構造であり、世界において処を得ているものである。外的なものとしての意識は、意識自身にとって「他者」である。このことが意味しているのは、意識が、一般に意識自身にとって「他者」であると理解されているもの、すなわち世界であるということである。したがって、同一性についてのこのような言明の逆もまた真理であることになる。世界についての意識は、常にすでに、その他在における自分自身についての意識である。こうして、移行の修辞的《レトリカル》運動が、同一性の原理、差異の存在論的場所、内的関係を支える網の目を再確証することになる。

修辞的《レトリカル》行為体としてのヘーゲル的主体は、自分が知っていると考えている以上のことを、常に知っている。この主体は、自己自身を修辞的に読解することで、すなわち自分が明示的に意図する意味に反して自分がうっかり実演してしまっている意味を読解することで、いっそう広い次元における自分の同一性《アイデンティティー》を取り戻す。したがって修辞法《レトリック》は、欺きの条件であり、かつ解明の条件でもあることになる。修辞法《レトリック》とは、それによって主体が自己自身を超え出る方法である。修辞法《レトリック》が意味するのは、必ずしも主体が意図してはいないことであり、それでも主体が外化し、そして外化されたものを読解し、最終的には自己のために取り戻すものなのである。

これまで辿ってきた〈説明〉の修辞的戯曲《ドラマ》は、欲望の戯曲《ドラマ》において、より具体的なレベルで再現されることになる。意識の問題とは、いかにして意識と感覚的・知覚的世界との関係を概念化するのかということであったのを思いだしておこう【6】。〈悟性〉の発展した形態としての意識は、この世界の特徴あるいはその〈契機〉を描写することはできたが、この世界との統一を成し遂げることはできなかった。意識が持ち合わせているのは、実際には、対象についての理論的な経験、つまり対象がいかなるものでなければならないのかということについての概念だけであり、感覚的・知覚的世界は、疎遠なもの、推量されるもの、〔意識の〕経験上未知のものに留まる。自己意識への移行において、私たちは次のことを期待するよう言われる。「対象についての〈概念〉は現実の対象に即して自分を止揚するのであり、言いかえると対象についての最初の直接的な表象は経験の進むにつれて自分を止揚するのであり、かくして確信は真理のうちに消え失せたのである（die Gewißheit ging in der Wahrheit verloren）」（『精神現象学』¶166〔一七一頁〕）。

それでは、感覚的・知覚的世界が自己意識にとっての経験となるのはいかにしてであろうか。あるいはより強い言い方をすれば、いかにしてこの世界は自己意識として経験されるのであろうか。第一六七段落〔一七二―一七三頁〕から始まる箇所において、『精神現象学』は、欲望の経験に訴えることで、この問いの答えを私たちに与えようとする。欲望とは、感覚的・知覚的世界を必要とするというあり方をしている自己意識である。ヘーゲルは、複雑な説明の最後で、あたかもそれがすでに私たちが理解してい

【6】本書、八六頁参照。

るはずのものであるかのように、さりげなく欲望の概念を導入する。ここで検討される問題は、いかにして感覚的・知覚的世界を差異ではない差異とするか、すなわち、いかにしてこの世界を自己意識そのものの性質の一つとしてとらえ直すか、というものである。私たちは、世界を「説明すること」が途中まではうまくいく様を見てきたが、そこでの解決は抽象的すぎるように思われるものであった。

> 第一の契機をもって見れば、自己意識も意識としてあるので、自己意識には感覚的世界の全拡がりが維持されている。もっとも維持されていると言っても、同時に自己意識の自己自身との統一という第二の契機に関係づけられてのことであるにすぎない。したがって感覚的世界は自己意識にとっては、存立しても、しかしこの存立はただ現れであるにすぎず、言いかえると、自体的には何らの差異でもない差異であるにすぎない。そこで自己意識の現れと真理との対立が生じてくるが、この対立はただ真理のみを、すなわち自己意識の自己自身との統一のみを本質として持っている。そこでこの統一が自己意識にとって本質的とならざるをえないが、このことは自己意識が〈欲望〉一般であることを意味している。（『精神現象学』¶167〔一七四－一七五頁〕）

「第一の契機」あるいは最初の命題——概ね『精神現象学』の第一部〔意識章〕に対応——では、知覚的世界は現れ〔現象〕として存立していた。しかし、それはどのような現れなのだろうか。私たちが見たのは、現れとしての知覚的世界は、現実あるいは本質とは異なっているように見えるが、しばらくするとこうした区別は無効になるということである。この区別は「それ自体ではなんらの差異でもない差異」

【7】なのである。意識は、自分に対立する世界の真理を摑んだように思っても、また新たな不一致が生じることを、説明の力によって学んだ。すなわち、外的で到達できないものとしての世界の現れと、意識によってうまくなされた「説明」が明らかにするその真理との間の不一致が生じることを、意識は学んだのである。現れと真理との間のこの特有な区別を克服するために、現れとしての感覚的・知覚的世界は何らかの仕方で意識と「統一され」なければならない。もしこの統一が起こるはずであり、この統一の両項の一方が感覚的世界であるとすれば、自己意識もその感覚的表現を持つはずだと前提するのは理に適っていることになる。そして、自己意識を感覚的に分節化＝明確化したものが、「欲望一般」なのである。

ドイツ語において欲望にあたる語のBegierdeは、フランス語のle désirや英語のdesireが伝える人間中心的な意味よりもむしろ動物的食欲を指している〔9〕。テクストのこの〔意識章から自己意識章への〕つなぎ目で導入された時点では、明らかにこの用語は、動物の空腹という意味を持っている。感覚的・知覚的世界は欲望されているのだが、それは食い尽くすために必要であり、生の再生産のための手段であるという意味で欲望されている。テクスト上の欲望の展開を追ううちに私たちは、人間の欲望は、その反省性、その暗黙的な哲学的企図、その修辞的可能性のために、動物の欲望から区別されることを学ぶ。

〔9〕 Gadamer, *Hegel's Dialectic: Five Hermeneutical Studies*, p. 62ff.〔ハンス＝ゲオルグ・ガダマー『ヘーゲルの弁証法』高山守ほか訳、未來社、一九九〇年、一三九頁〕を見よ。

【7】 バトラーがミラーによる英訳にしたがって「なんらの差異でもない差異〔a difference which, in itself, is no difference〕」として引用している箇所は、ドイツ語原典にもとづく邦訳では「なんら存在をもっていないもの〔差異〕」となっている。

ところがこの段階で私たちが持ち合わせているのは、〈力〉と〈説明〉とが私たちに提供した洞察だけである。この洞察によって、私たちは、〈両力〉の戯れとして運動を理解し、意識そのものの必然的な他性として〈説明〉を理解している。そこからたやすく予想できるように、欲望の経験はさしあたって運動と他性との統合として現れることになる。

世界の有する何らかの特徴を欲望するとき、自己意識は世界との統一を実現することになる。それは、意識においては単に理論的に、ないし想定外にもたらされるにすぎなかったものである。世界の有するなんらかの局面に対する明示的欲望としての自己意識は、意識が修辞《レトリック》によって達成したものを我がものに〔我有化appropriate〕するだけでなく、いわば三段論法も完遂しており、この〔世界との〕統一の感覚的な実演となる。したがって欲望とは、感覚的対象の感覚的分節化であるが、同時に、自己意識そのものの反省的追求でもあるようなものとなっている。「自己意識は欲望一般である」と述べた直後にヘーゲルは、欲望の企図の両義性について説明する。

> 自己意識としては、意識はいまや二つの対象をもつことになる。一方の対象は直接的な対象であり、感覚的確信と知覚との対象であるが、しかし、これは自己意識にとっては否定的なものという性格を刻印されている。自己意識がもつ第二の対象というのはすなわち自己自身のことであり、これが真実の本質であるけれども、この第二の対象もさしあたっては第一の対象との対立においてあるにすぎない。（『精神現象学』¶167〔一七四頁〕）

ここでは欲望は、その両義的な志向的目的に即して叙述されるが、これら二つの目的は意識の二つの発展段階でもある。第一の目的、つまり感覚的確信と知覚の対象は、意識の通常の対象であり、これはすでに私たちの検討してきた関係である。また第二の目的、つまり意識の自己自身への反省的追求も既知のものである。というのもそれこそが、私たちが〈説明〉という戯曲《ドラマ》で見てきたことだからである。したがって欲望は、常に、或る他なるものへの欲望であるが、この他なるものへの欲望は、常に拡張された主体への欲望でもある。「（……）感覚的確信と知覚の無媒介な対象」は、意識ではないため、「否定的なもの」として現れる。しかし自己意識は、自己自身を分節化あるいは主題化しようと努めており、この「第一の審級」あるいは欲望の発展の第一段階においては、他在の追求と自己自身の追求とは、真っ向から対立しているように思われる。実際のところ私たちは、〈力〉と〈説明〉から学んできたのだが、この時点では、そうして学んだ内容を内的な逆説《パラドックス》としてしか具体化＝身体化できない。私たちは、相互に排他的な二つの仕方でしか、欲望することができない。すなわち私たちは、或る他なるものを欲望するときには自己自身を喪失し、また自己自身を欲望するときには世界を喪失するのである。欲望の戯曲化のこの段階における帰結は、受け入れがたく貧相なものであるように思われる。つまり、ナルシシズムとしての欲望であれ、対象への没入としての欲望であれ、欲望は自己自身と齟齬をきたし、矛盾しており、満足させられないものである。

　欲望は「二重の対象」を持っているのだが、それゆえに、単一の一義的な目的が「真なる欲望」の対象であるときには、欲望は欺瞞の源泉ともなる。とはいえ、この逆説的な状況を克服する動機が存在する。それは感覚的確信や知覚の対象と向き合っても、こうした向きあい方は本質的に〔欲望を〕満足させることのないものだからである。感覚的確信や知覚の対象は、他なるものであり、〔意識とは〕絶対的に異なっており、意識にとっては自分自身の存在論的限界を意味するもの以外の何ものでもない。他性は、自己意識を刺激して、自己意識を欲望として分節化させるのだが、この出現〔創発〕しつつある主体にとって他性は、苦しみの源泉でもある。それゆえヘーゲルは、自己意識をさらに「本質的に他性から還帰すること」(『精神現象学』¶167〔一七三頁〕)とも定義する。この場合、自己意識の表現としての欲望は、意識とその世界との間にある存在論的な不一致という現れを克服しようとする不断の努力である。この不一致は、さしあたり克服不可能なものとして現れるが、このいわゆる克服不可能性は、私たちの形而上学的な遍歴者の素朴な経験のいたるところに登場するものである。この不可能性は、第一の現象学的与件であるが、欲望の努力を通じて徐々に解消される。実際のところ欲望は、存在論的差異を変えてしまうのではなく、この不一致を別の仕方で概念化することを可能にする。この概念化によって、存在論的不一致は、適切でより十全に発達したしかたで、存在論的に組織化された形で示されることになる。欲望の世界、つまり意識と拮抗する世界は、無化されるべきではなく、自己意識を構成するものとして再考され、再発見されるべきである。このことは「差異」の理解を強化することによって成し遂げられる。出現〔創発〕する主体とその世界との間につきまとう否定的な関係性は、単に両者を差異化するだけでなく、両者を結び付けもする。〈意識〉は欲望の対象ではないが、この否定は規定された〔限定された〕否定である。というのも、この対象は欲望によってあらかじめ思い浮かべられたものであるが、欲望はこの対象によって本質的に変容させられるものだからである。実際のところ、この否定は欲望を構成している。欲望が他性から自己自身への還帰を求める際に暗に試みているのは、絶対的差異を限定的否定として作り直すことであり、経験の統一性の内で差異を調和させることである。この経験の統一性のなかで否定が〔意識と他在の〕媒介を行なう関係であることが示されていくのである。こうして欲望は、否定が経験そのものを構成するものであることを明るみに出すのである。

したがって否定の存在論的な優位は欲望によって実演され、明るみに出されるのだということ、また否定は自己意識の反省性についての考察によって初めて経験にとって本質的なものとして理解されるのだということがわかる。ヘーゲルの出現〔創発〕しつつある主体が媒介された自己反省を行なうことで、全ての外的な関係は、内的な——あるいは二重の——関係へと変容させられる。これによって、経験の存在論における全ての無規定な否定や裂け目は、規定された〔限定された〕否定として再発見される。それは経験の存在論的な統合性に内包された差異である。まず欲望は存在論的に分離しているように見える差異に向き合うこととして常に現れるものであり、次にこれまで不明瞭なものに留まっていた相互関係の在り方を開示することによって、この不一致を乗り越えようとする努力である。この意味で、欲望は常に自己自身の出現〔創発〕の存在論的な前提条件を主題化する——そしてそれを実現する——ものであると結論付けるのは、理にかなっているように思われる。他在とはじめて向き合うとき、制限の感覚が意識に押し付けられることとなる一方で、欲望の満足は、より能力を持った自己を明るみに出す。すなわち自己の相互依存性を認めることができる自己、それによってより拡大した、あるいは拡大していく同一性を獲得する能力を持った自己を明るみに出すのである。

しかし、満足とは何を意味するのだろうか。私たちがこれまで見てきたのは、ヘーゲルの主体は感覚的確信と知覚の対象とを欲望するということ、そしてこの欲望が〈力〉と〈説明〉の特徴である二つの企てを含んでいるということである。初めは、これら二つの企ては齟齬をきたしているように見え、主体は対象か自己自身かのどちらかしか追求できず、両者をいっぺんに追求することは決してできないように思われる。この逆説《パラドックス》を調停しようとする試みにおいて意識は、逆説《パラドックス》を運動させることになる。欲望の対象は、もはや静的で存在論的に自己充足的なものとしては理解されず、むしろ〈生命〉の多様な「形態」として新たに把握しなおされる。そこで〈生命〉は、形態が絶えず作られては壊されることとして定義される。こうして「〈力〉の戯れ」は、より洗練された水準で存在論的に組織化された対象の領域の上に作り直されるのである。

そこで、〈生命〉概念は、被規定性と否定性の契機を調停しているように見える。これらの契機は、静的な観点から把握された場合には単に逆説的に関係しているだけのように見えていたものである。実にこの統一が〈生命〉を構成している。つまり、「生命の単純な実体とは自己自身を諸形態へと分裂させるものであると同時にこうして存立するようになっている区別項を解消するものでもあるが、(……)生命は(……)形態化の止揚であるのとまったく同時に形態化である」(『精神現象学』¶171〔一七八頁〕)。ここでヘーゲルの主体は、欲望固有の対象は〈生命〉であると結論付け、創造力を対象的世界に帰するような基本的な汎神論の立場にくみしている。主体自身は、この生気論の弁証法から締め出されており、遠くからこの能動的世界を眺める。この遠さから、またしてもこの主体が存在論的な追放状態に落ち込んでいることがわかる。この主体は〈生命〉を欲望する。しかし、主体はそれ自身では生きることのないものとしてそうするのであり、そのため欲望は、ある情動《パトス》と、つまり超えられない隔絶についての知に不可避的に伴うメランコリーと混じり合っている。ここで自己意識の初めの段階として把握されている主体は、〈生命〉「に属するof」ことなしに〈生命〉について知っている主体なのである。

このような離反の形式は、次のように始まるエミリー・ディキンスンの詩を思わせる。「あなたとは生きられない――そうであれば人生〔生命〕だったのに――生命は向こうにある」【8】。自分が生の近くにいることをこんなにも親しみを込めて否認するこの詩の声のもつアイロニーのように、ヘーゲルのメランコリックな自己意識は、どんな〈生命〉への要求も、生きいきと拒否する。この主体は、それ自身の「生命性」つまり自分の形態を作っては解消する能力をまだ知らない。実際のところこの主体は「主人と奴隷」章の終わりではじめてその知を獲得するのである。つまり自分の創造力を反映する対象に対して労働を行うようになるまでは、奴隷は「生命なき物」として存在するのである。しかしこの重要な箇所で、主体は働くことをやめている。それはあたかも、物思いにふけるファウストのようである。彼の悲しみは失望に変わり、そして最終的には破壊的な妬みとなってしまう〔10〕。ここで〈生命〉は、一枚岩的で自己充足的で動じることのない人間的欲望として、無益で屈辱的な企てとして現れる。フィヒテが人間の実在を本質的に満たされることのない憧憬Sehnsuchtであると考えたように、『精神現象学』のこの段階において欲望は、人間の努力の無益さを絶えず思い起こさせるものなのである。欲望とは、空虚、純粋な対自、後にサルトルの『存在と無』において現れることになる「酬いなき情念《パッション》」である。

私たちの遍歴する主体は、自分の得た教訓を忘れてしまったか、もしくは〈生命〉とのこの出会いに

〔10〕 *Goethe's Faust, part 1*, p. 146.〔ゲーテ『ファウスト　第一部』相良守峯訳、岩波文庫、一九五八年、二三一―二三二頁〕

【8】「あなたと一緒には　暮らせない／そうできれば　生命／でも生命とは　そちらに／棚の向こうにあるもの」武田雅子編訳『エミリの窓から』蜂書房、一九八八年、一八二頁。

おいて媒介する行為者という自分の新たに発見された同一性を維持する術をまだ知らないか、そのいずれかである。おそらくはいずれもが正しいのであり、この困難が主体を忘れっぽくしてしまう。この不運な行為体は、自分が欲望する〈生命〉には与らないため、自己自身を生けるものとは考えていないように見える。こうして欲望は、ある種の生における死という経験、ないしは非-存在という隔離された契機の経験になる。これは、エミリー・ディキンスンの語り手が「私が冷たくなる権利——死の特権」と呼んでいるものである。自己が本質的な貧しさであることを経験した自己意識は、つかの間の実在性を自分のために獲得するために〈生命〉を消費しなければならない空虚と化す。この主体は、存在のただ中での静的な無という同一性に留まろうとはしない。むしろこの主体は、自己自身の否定性が停滞してしまっている状態に耐えられないようにみえる。したがってこの行為者は、存在論的な追放状態という想定に、意図的に挑戦しはせずに、自身の否定性を運動させ、無の代理人agentに、すなわち否定することが自分の役目であるような行為者〔演者actor〕になる。この主体は、自己自身の同一性の条件として想定されたものを主題化することで、自分の絶望を戯曲化する。自ら死んだ存在となる代わりに、死の仲介者〔行為体agency〕となるのである。

このようにして自己自身の同一性の諸条件を、反省を通じて我有化することは、否定性を実演することに帰着する。そしてこの実演は、予想通り、逆説的で修辞的な帰結をもたらすことになる。消費する欲望は、否定しようとする努力であり、何らかの生ける対象の自立性を無化しようとする（この欲望は、一般的な意味での〈生命〉を否定することはできないので、この敵のある特定の現れに限定して〈生命〉を否定しようとする）。自己意識は、この生きている対象を否定し、この対象を無にすることで、対象をもはや存在しないものと見なすようになり、対象が存在から消えうせるのが自分の行為によるものであると説明する。
こうして自己意識は、こうしたことを成し遂げた行為体として自己自身を承認することになる。つまりこの対象の空しさ〔無〕を確信する自己意識は、この空しさ〔無〕が自分にとってのこの対象の真理であることをはっきりと確証している。このようにして、存在論的役割が転倒させられるのである。自己意識は、生ける対象を破壊することを通じて、破壊の行為者という肯定的な形式を自分自身に与えることになる。自己意識は、このようにして遂行された行為に自己の行為者性を見出すことで、もう一度、自分自身の実在性を確信するようになる。こうして〈説明〉という戯曲《ドラマ》から拾い集められた教訓が消費する欲望の場面でも反復されるのである。

自立して生きている対象を破壊しおおせた自己意識は、いまや自己が破壊の行為体であることを知る。その自己確信は、もちろん、かつてはあったが今はもはやない対象に依存している。生命を消費あるいは破壊しようとする努力たる欲望は、否定という様態においてにすぎないにせよ、本質的に〈生命〉に結びついていることが明らかになる。消費する欲望の経験は、自己意識とその対象との媒介された関係を再び明らかにする。というのも、欲望の経験は、自立的な対象にまずもって関係することなくしては、自己確信をもたらすことはできないからである。事実、破壊的行為者は、破壊されるべき世界なくしては、いかなる同一性《アイデンティティー》も持ちえない。こうして、自分が〈生命〉からの追放者であることを確信し、あらゆる生けるものを破壊しようとするこの存在は、逆説的なことに、結局は生けるものの世界に自分が本質的に依存していることを〔劇的に〕表現《ドラマタイズ》することになる。

欲望としての自己意識は、破壊する、あるいは消費する行為体であるかぎりで、生命あるものを消費することで実在性を得ようとする。しかし、この自己意識が獲得する実在性は、この自己意識が我有化しようと意図していた実在性とは異なる。対象が〈生命〉を独占していると想定したこの行為体は、対象を消費することで、対象から自己意識に容易に移されうるような属性として〈生命〉を我がものに〔我有化〕しようとしたのである。いまや、この同じ行為体が、自分が対象を否定していながらも、まさにこの対象になおも依存したままであることに気づく。さらには、特定の〔規定された〕生ける対象は〈生命〉そのものとは同じでないため、自分の求める〈生命〉の独占を手にするためには、潜在的に無限な数の生ける対象が否定されなければならないことに気づくことになる。しかしすぐにこの企てには終わりがなく無益なものであることが明らかになる。こうして、自己意識が出す結論は、〈生命〉と生ける対象とは完全には同化させられないということ、欲望はなんらかの新しい形式を見出さねばならないということ、他の生ける物の破壊から、他の生ける物の乗り越え不可能性の承認へと欲望は進まねばならないということになる。「満足において自己意識は自分の対象の自立性を経験する。実際のところ、〈欲望〉の本質であるところのものは自己意識とは別のある他者である。こうした経験によって、この真理が自己意識自身に生じてきたのである」(『精神現象学』¶175〔一八〇頁〕)。

消費する欲望の企ては、実はそれ自体があらかじめの存在論的想定によって条件づけられている。つまりこの想定は、実体的存在に対して外的で無関係な純粋な空虚という役割を自己意識にあてがっているのである。欲望は、自分の特定の行為を通じて自分をもう一度肯定的な実在性として規定する限りで、破壊を〔劇的に〕表すので、この図式は崩壊することになる。こうして欲望は、もはや生命なき孤立した無ではなく、否定する否定性であることが明るみに出されることになる。能動的あるいは産出的否定たる欲望は、もう一度規定された実在性として分節化される。そして、このような一般的な意味での欲望が自己意識である限り、私たちは、自己自身を演じてみせるものとしての自己意識の反省性と、自己意識の志向性――他者性を乗り越えることの不可能性――とを、もう一つ別の水準の経験において、発見することになる。「欲望とその満足において達成される自己確信とは対象によって条件づけられている。なぜなら、確信の得られるのは、この他者を止揚することによっているが、この止揚が行われるためには、この他者が存在していなければならないからである」（『精神現象学』¶175〔一八〇頁〕）。

私たちはかつて意識の特徴である志向的没入を見たが【9】、ここでは、それが自己意識の媒介する構造として再び捉え返されていることがわかる。欲望の経験たる自己意識は、自分自身にとって他なるものとの必然的に両義的な関係を維持している。欲望は常に自己意識ではないもの「へのfor」欲望である（欲望されるものが〈他者を消し去ること〉であるときでさえ、「他者を消し去ること」自体が自己意識の志向的対象として残る）。さらに欲望の志向性は、常に欲望の反省的な試みによって特徴づけられるものでもある。欲望は、欲望する行為者が自己自身にとって本来的に他なるものであることを明るみに出す。自己意識は、自己を回復しようとすることにおいて脱自的ek-staticな存在であり、自己自身の外部にいる。欲望の対象の増殖は、自己意識にとって、他性が切り離しえない領域であることを確証するものである。規定された実在性を獲得するために、欲望は、他在の無限の領域をやむことなく追い求めなければならない。欲望の反省的経験は、欲望されるべき物についての経験の中で、その経験を通してのみ、可能になるか

【9】 本書、八六頁参照。

らである。自己意識は、対象世界を全体として消費することはできないという結論にいたるが、この結論は、期せずして反対の結論をもたらすことになる。その結論とは、欲望は、欲望として生きながらえるために、そして単に生命を欲する欲望ではなく生ける欲望としてあるために、こうした他在の際限ない増殖を必要とするということである。生ける物の領域が消費し尽くされることが可能ならば、欲望は、逆説的なことに、自分の生を喪失することになる。そのときには自己意識は、満ち足りた静止状態となり、自己意識そのものであるところの否定的生産性は終わりを迎えることになる。この行為体はかつて、自分に相対する存在の世界が〈生命〉を独占している――「生命は向こうにある」――と想定したのだが【10】、この行為体は、いまや、自己同一的な存在とは実は死そのものなのではないかと疑い、自己の永続的生命の源たる自身の否定性を護ることになるのである。

　消費する欲望の戯曲《ドラマ》は、〔欲望を〕完全に満足させるものではないことが明らかになる。自己意識は、世界を突っ切って食べ進むのだが、そのうちに、こうしたやり方で差異に取り組むのは極めて難儀であることに気づく。この貪欲な行為者は、しばらくの間こそ外的対象の領域がいずれ全て消費し尽くされるだろうと思い描いているが、〈生命〉は予想以上に豊穣であることが明らかになるのである。自己意識は、他性の領域を少しずつ消し去っていくこともなく、特定の〔規定された〕対象が無限にあること、したがって欲望がどこまでいっても満足させられないということに直面する。否定という不断の活動である欲望は、与えられた対象の中では、あるいは与えられた対象を通じては、決して自己自身をうまく主題化することができない。というのもこの対象は、常にいわば欲望の腹の中へと消えていってしまい、そうして自己意識の自己についての経験も消滅することになってしまうからである。自分が他性を消費するものであることを自己意識が知っているとしても、自己意識はそのことを間接的に、つまり対象の不在から自己の行為体としての力を推論することで、知っているにすぎない。自己意識はいまや自分の地位が生ける存在であることを確信し、〔対象を〕消滅させるという自分の行いに辟易して、より永続的な意味の自己と〈生命〉とを和解させることはできないのだろうかと思い悩みはじめる。純粋につかの間のうち《トランシエント》に消え去る自己という運命から逃れようとする自己意識は、自己自身に似た存在という概念を発展させる。この存在は、自立性を保ちつつも、自然的対象の消費が提供するよりも安定した反省性の経験をもたらしてくれるのである。こうして欲望の志向的対象は、自然的対象の無限性から有限な〈他者〉に変化することになる。

> 実のところ〈欲望〉の本質であるところのものは自己意識とは別のものである。こうした経験によって、この真理が自己意識自身に生じてきたのである。しかしこれと同時に自己意識はまた絶対に対自的に存在するものであり、そうして自己意識がかく対自的に存在するのは、ただ他者を止揚することのみによっているのであるが、とはいえ自己意識が真理である以上、自己意識にはその満足が生ぜざるをえない。そこで対象の自立性を顧慮すると、自己意識が満足に到達しうるのは、対象自身が自分の方で否定を実行してくれる場合にかぎられたことである（強調引用者）。しかも対象というものは、かく自分自身の否定を自分で実行せざるをえないものである。なぜなら、そもそも対象と

【10】本書、一〇五頁参照。

は自体的に否定的なものであるから、他者に対してもまた対象がそれであるところのものたらざるをえないからである。ところで対象が自己自身において否定でありながら、しかも同時に自立的であるときには、そのような対象は意識である。（『精神現象学』¶175〔一八〇-一八一頁〕）

「自己意識とは別のもの」が欲望の本質であるにちがいないと主張するとき、ヘーゲルは先に導かれた結論――欲望にとって他性の領域は乗り越え不可能である――に依拠しているように思われる。ところが、すぐ次の文ではこの第一の主張に疑義が呈される。「同時に自己意識はまた絶対に対自的に存在する」と。そうすると、本質的に他在において実現されるが、絶対的に対自的であるような自己意識を私たちはどのようにして理解すべきなのだろうか、という問いが生じる。この〈他者〉によって媒介された自己実現が、自己回復という結果になるためには、自己意識はいったいどんな種類の「他在」を見つけなければならないのだろうか。欲望が他在において実現され、かつこの他在が欲望そのものを反映しているなら、欲望の求める他在は他の自己意識でなければならない。したがって、欲望にとっての唯一の真の満足は、欲望の反省的構造そのものを映し出す対象においてのみ見つけ出されうるのである。自立的対象の外在性が乗り越えられるのは、自己否定あるいは反省的構造がその外在性にとって本質的である場合のみである。「対象の自立性を顧慮すると、自己意識が満足に到達しうるのは、対象自身が自分の方で否定を実行してくれる場合のみにかぎられたことである」。

では、自己意識だけがこうした要請にかなう現象なのだろうか。ヘーゲルによれば、否定は自己意識にあって「絶対的な否定」（『精神現象学』¶175〔一八一頁〕）として特定されているが、この「絶対的否定」

が、別の方法で否定を体現する他の諸現象から自己意識を区別するものである。「〈欲望〉」あるいは「他の自己意識における否定」として等しく言及される絶対的否定の他には、規定性あるいは見かけの外在性としての否定、そして「生命の非有機的な普遍的自然」(『精神現象学』¶175〔一八一頁〕)、つまり以前考察した【11】、形態を固定しては解消させるダイナミズムとしての否定がある。絶対的否定においては、所与の実在性の本質ならびに最終的な現実化として否定が機能しているのが見出される。スピノザが欲望を「最終目的」〔11〕と定義するように、ヘーゲルはここで、欲望の否定性を、自己意識の完全に実現された最終的形式として特徴づけている。このことを正確に理解するためには、否定は無であるなどと想定してはならない。反対に、はじめ互いに対立し合っている二項を媒介していく、差異化する関係としての否定は、「止揚」の意味で理解される。つまり、この否定は相互に関係づける見かけの差異を取り消し、保存し、超越するのである。否定は自己意識の最終的な実現であり、絶対的媒介の原理であり、つまり無限の能力を持つ一つの主体である。この主体は、見かけ上は異なったあらゆる諸現象とのその相互関係そのものなのである。人間の否定の能力は特権的なものである。というのは、否定というはたらきは、否定を行う行為者そのものによって主題化され、我有化されうるものであるからである。実際のところ、主題化や我有化は「否定的なものの労苦」、つまり何も存在しないように見えていたところに関係を発見する働きの本質的契機となる。それゆえ「そこにおいて否定が絶対的否定として存在する普遍的な自立的自然」を私たちが発見するのは自己意識においてのみである、とヘーゲルは主張する。次の

〔11〕 Spinoza, *Ethics*, part 4, Preface, p. 88〔スピノザ『エチカ』(下)、畠中尚志訳、岩波文庫、一九五一年、九頁〕

【11】 本書、一〇四頁参照。

段落で、ヘーゲルは詳細に述べている。「その無媒介な「自我」」——欲望の対象である他の自己意識——は「それ自身絶対の媒介態であり、それは自立的な対象の止揚としてのみあるものである、言いかえると、この無媒介態は〈欲望〉である」(『精神現象学』¶176〔一八一頁〕)。

欲望は絶対的否定を実演するために、絶対的否定を経験の対象として具体化＝身体化する方法を発見しなければならない。つまりもし欲望が絶対的否定であるなら、欲望は、自己自身を欲望の対象として二重化しなければならない。自分を〈他者〉として二重化することを通じてのみ、欲望は明示的なものにされ、自己自身の最終目的として実現されうるのである。「ひとつの自己意識がひとつの自己意識に対して存在するのであるが、自己意識が実際に存在するのは、こうなって初めてのことである。なぜなら、ここにはじめて自己意識に対して自分の他性における自己自身との統一が自己意識に対して生じるからである」(『精神現象学』¶177〔一八二頁〕)。

『精神現象学』の「自己確信の真理」章において、このもうひとつの自己意識は、論理的に適切な欲望の対象として想像されるが、私たちがそのような〈他者〉とはじめて出会うのは、後続する「主人と奴隷」の節においてであり、この節の行程において私たちは、はじめて〈他者〉の必然性を確信するようになる。私たちは、脱身体化の状態にある意識が、一見したところ全く切り離された実体の世界から実在性を獲得しようとする努力として、欲望を理解してきた【12】。そして私たちは、自己意識の反省的な要求に適合するように、人間という行為体についての考え方を改変したのであった【13】。欲望は意識の感覚的な分節化であったが、この欲望が、〈自己意識とは自分が精査しようとするものに参与加担するものである〉ということを明るみに出す。こうして欲望は、自分の志向的目的を絶えず拡げ、それによって自分が指し示し実演する反省性の領域を拡張していく。実際のところ〈力〉から〈説明〉、そして〈生命〉の消費へと至るなかで、私たちは、反省性の境界は絶えず広がり続けるのだという洞察を得ていたが、この拡大する境界こそが『精神現象学』の創発する主体を生み出すのである。この〔〈生命〉の消費という〕劇的な契機において私たちが学んだのは、主体はただ世界を消費するだけではないということ、差異の媒介とは他在の内化であるのみならず、主体の外化でもあるということである。この同化と投影という二つの契機は同一の運動の別の側面であり、つまり実在性の境界が絶えず拡大する運動のことである。ヘーゲルの言葉で言えば、この運動が主体と実体とを「統一」する。そしてこの主体と実体という二つの、関係づけられてはいるがそれぞれ独立している契機が、この創発する同一性の還元できない両義性をもたらしているのである。欲望とは、世界へ向けられた、この必然的に両義的な主体の運動、消費でありかつ外化であるもの、我有化でありかつ分散でもあるものである。主体の〈生命〉とは、主体そのものの絶えざる固定化であり解消である。欲望が他の欲望への欲望になるにつれて、この主体は、自己を維持する自己像、つまり自分がもつ絶対的否定の力を反映するような否定の自立した身体を得たいと願うようになる。この主体はおそらくそれが遍歴の目的〔終わり〕であることを期待している。つまり「絶対的否定」として自己を知ることが、自己の自己充足性を承認することでもあり、自立性――顕在的な現実性――と自分がそうであるところの否定性との統一を承認することであると考えている。しかしこの時点においては、主体は視野が狭すぎる。というのは、この主体は、自分が依存しているのは

【12】本書、九七頁参照。
【13】本書、一〇六頁参照。

自然的対象の世界だけだと誤って思い込んでおり、のちに出会うことになる自己意識への依存をまだ予期していないからである。この主体は、人間の具体化＝身体化については全く理解を示さない。そしてこの主体は、他の創発的主体において、また他の創発的主体によって反省〔反映〕されるということがもつ意味の複雑性や重要性を、明らかに過小評価してしまっている。虚栄心が強く頑固なこの主体は、次なる敗北へ向けて足早に旅立つことになるのである。

身体をめぐる逆説《パラドックス》――主人と奴隷

地下の愛は…世界から逃げ込むために自由を従属させようとする。

――サルトル『聖ジュネ』

「主人と奴隷」において、欲望は止揚されるaufgehoben、つまり欲望は取り消されつつ、維持される。これが意味するのは、欲望がより内的に複雑なあり方をした人間の努力に変形されるということである。欲望は自己意識の最も洗練されていない企てと見なされ、もはやこの節において果たすべき存在論的役割を持たないものとして退けられてしまうこともある〔12〕。欲望は承認をめぐる闘争や主人と奴隷の弁証法に取って代わられると言えるのかもしれないが、この「取って代わられる」〔という言葉〕の意味に批判的に留意しなくてはならない。私たちがまだ自己意識の経験の内部におり、そして「〈欲望〉一般」が自己意識の本質的特徴である以上、承認と労働の戯曲《ドラマ》は欲望の置き換えられたものとして理解されるべきである。事実、本章において私たちは欲望が徐々に特定されていく様――〔〈欲望一般〉ではなく〕個別的な欲望としての自己意識――を目撃する。欲望の概念は、抽象的な普遍という物象化された性格を失い、具体化〔身体化〕された同一性《アイデンティティー》として位置づけられるようになる。ヘーゲルにとって労働は「妨げられた欲望」（『精神現象学』¶175〔一九五頁〕）であり、承認はより洗練された形式の反省となり、これによって欲望の満足が約束されるのである。

　右のような議論はある意味においては余分なものである。というのも欲望をなんらかの独立した行為体として理解したうえで、それが「主人と奴隷」の箇所で止揚されるか否かを検討するということは、結局のところ適切とは言えないからである。止揚という行為は、〔他の行為者と〕分離したひとりの行為者に外的に課される力のようにして欲望に当てはめられるものではない。実のところ欲望とは、止揚の行為そのものにほかならないのである。さらに、所与の外在性を「止揚」するということが意味すること自体が、『精神現象学』を通じて変化、発展するのであり、そもそも止揚Aufhebungとは、発展していくもろもろの経験を表現するための抽象的で論理的な用語であるにすぎない。この経験の発展によって、差異の否定性が戯曲化され、そうしてより包括的な統一ないし相関関係が定立され／明るみに出されるのである。ここでは止揚がもつ具体的な意味は、一つの発展的な系列――消費する欲望、承認への欲望、他者の欲望への欲望――として理解されている。したがって「主人と奴隷」でもまだ欲望が働いているかと問うならば、私たちは『精神現象学』全般において働いている力、いわばその動力を誤解してしま

〔12〕Findlay, *Hegel: A Reexamination*, p. 96を見よ。

うことになる。そしてこの動力を、人間主体に具体化〔身体化〕したものが、欲望そのものなのである。欲望の志向的目標を洗練させることが同時に、人間の概念的力を高めることになる。つまり、差異のうちに同一性を見て取り、ヘーゲルの遍歴する形而上学者をめぐる解釈学的循環を拡張する能力が拡大し続けるのである。

「自己確信の真理」章において私たちが学ぶのは、自己意識は欲望の経験を通じて自己自身を「本質的に否定的なもの」として発見する、ということである。私たちはさらに、意識とその対象との間の「差異」がいかにして新たな同一性の根拠になるのかがわかるようになる。対象を我有化し、それを通じて自己自身の同一性《アイデンティティー》を確証しようとする欲望の努力によって、自己意識は自己となるために自己を他の存在と関係づけなければならないものであることが明るみに出される。『精神現象学』において、ヘーゲルの遍歴する主体は、漸進的であるとともに執拗でもある努力を続けるのであり、自己自身をより包括的な存在として再発見するべく、自己自身を外在性と関係づけようするこの企てを放棄することは決してない。外在性の乗り越え不可能性は、欲望の永続性を含意している。この意味で言えば、ヘーゲルの主体は、自分自身を完全に理解・包括することを最終目的として掲げているにもかかわらず、外在性との静的統一を決して獲得しないのであるから、この統一は絶望的なまでにこの主体の能力を超えていることになる。このような徹底した自己規定としての完全性という理念をめざして自己意識は努力しているのであり、この努力が欲望の指し示しているものである。

一方で私たちは、欲望はそれだけでは対象を消費することにすぎないから、欲望だけでは決してこの完全な自己理解には到達しないことを認めており、消費がいかに外在性の同化に失敗するかを知ってはいる。他方で私たちは、「欲望だけ」について語ることにヘーゲルから見て意味があるのかを問う必要がある。結局のところ欲望が明るみに出したのは、一つの潜在的な志向的目標、すなわち世界と共通する〔欲望の〕存在論的構造を開示し、それを実演するという目的であった。したがって、欲望の対象は「この一切れの果実」、あるいは欲望のより一般的な目標である、「私にとって他なるものとして現れるこうした手つかずの存在の消費」であるなどと考えられていたわけだが、それにもかかわらず、欲望は基本的には、規定された〔特定の〕対象を必要としながらも、その対象を超越しようともする形而上学的な企てである。つまりそれは、外在性の領域を保存し、かつその領域を自己意識による反省にしてしまうような、外在性の領域との統一を生みだそうとする企てである。欲望の不満足が含意しているのは、或るものが欲望を満たすはずであり、この或るものが欠けており、そしてこうした消費のあり方が不適切であることを考えてみることで〔欲望を〕満足させる対象の尺度が得られるだろうということである。可能的満足の対象を他の自己意識に求めるようになったとしても、私たちは、止揚されるのは欲望それ自体ではなく、欲望の特殊な形式であり、自己確信の章を後にしてもなお、自己意識の目的は依然として欲望の満足であることを見てとることができる。

欲望は、単に「主人と奴隷」章まで生き延びるだけではない。『精神現象学』は絶えず拡張し続ける否定の試みによって構成されているが、この企てにとって欲望は本質的であり続ける。欲望は自己意識の反省性あるいは内的差異の原理であり、また、欲望の最終目的は全ての外的関係を内的差異の関係へと同化させることであるから、欲望は『精神現象学』のプロジェクト全体にとっての経験的な基礎を形作っている。欲望とその満足は、自己知の哲学的追求における最初と最後の契機を構成しているのである（『精神現象学』¶165〔一六六-一六七頁〕)。この点において、精神《ガイスト》のプロジェクト全体を特徴付けている形而上学的な企ては、欲望が自分の満足のために提示する尺度のうちにその根源的かつ最終的な基準を持つのである。したがって、欲望とはヘーゲルの体系における知や存在の洗練されざる形式にすぎないと主張するならば、『精神現象学』を全体として律している真理の標準を誤読してしまうことになる。つまり欲望の段階的な洗練化——欲望の志向的目標がその包括性を拡張していくこと——こそが、『精神現象学』における進行の原理なのである。

コジェーヴの弟子のひとりであるスタンレー・ローゼンは、欲望は歴史的進歩の基盤であるとともに、哲学的自己反省の発展の基盤でもあると論じている。彼は、人間の発達における欲望の優位性を強調する近代の哲学者のなかにヘーゲルを位置づける。

マキャベリやホッブズのような近代哲学者の伝統にならい、ヘーゲルは欲望を世界史の「エンジン」として認識している(こう認識することでヘーゲルは、プラトンの〈エロース〉を歴史的な発展のもつ方向性と統合している)。精神は、初めは自己を主観的な感情として知る。感情が外に置かれるとき、あるいは感情に客観的な地位が与えられるとき、精神は自己自身を内的世界と外的世界とに分割する。われわれは自己自身から疎外されることになるか、あるいは真なる自己を自己の外部にある対象のうちに含まれているものと見なすため、その対象を同化しようと欲望する。欲望はこのようにして根本的に私自身への欲望、あるいは私がそこから引き離されてしまっている私の内的本質への欲望である。私の欲望を満足させようとする闘争によって個人の意識が発展することになる。他者たちが同じことを欲望するので、この闘争はまた家族の起源であり、国家の起源であり、さらに一般的にいえば、世界史の起源でもある。〔13〕

ローゼンが示唆しているように、ヘーゲルの遍歴する主体の戯曲的《ドラマティック》な陶冶の過程は、主体そのものの刷新を促す一連の自己疎外から成る〔14〕。外的実在性と向き合うとき主体はいつも疎外されている。〔疎外がもたらす〕差異は主体を無化すると脅すが、そうしてようやく主体は、その自分を脅かす差異が自分自身の本質的な契機であることを発見する。「主人と奴隷」節におけるヘーゲルの創発的主体は、もうひとつの自己意識に直面すると、すぐに自分は、つまり最初の主体は、自己を喪失したという結論に至る。主体が、このもう一つの主体が自己自身の同一性にとって本質的なものであることを明るみに出す方法を発見できるようになるまで、欲望は打ち負かされたままである。この方法は、承認をめぐる闘争を通じて鍛え上げられることになるのである。

自己確信についての先行する節では、〈他者〉の必然性についての理論的理解が提供されている。自己意識は自分を自己否定として、自己規定する存在として理解する必要があるのだった。〈他者〉が他の諸対象から区別されるのは、〈他者〉が最初の自己意識に似ているから、つまり自己否定の原理を示す、自立して存在する存在であるからである。この節で、こうした〈他者〉たる自己意識の発見は、最初の自

〔13〕Rosen, *Hegel: Introduction to the Science of Wisdom*, p. 41.

〔14〕宗教的脱自概念の観点からこの自己疎外の概念を論ずるものとしては、Rotenstreich, "On the Ecstatic Sources of the Concept of Alienation," *Review of Metaphysics*, 1963を見よ。

己意識にとって、自分の本質的構造が外部に明示化されているのを見ることができる唯一の方法であるかのように思われる。「主人と奴隷」の箇所は、この過程がどのように経験のなかでもたらされるのかを明らかにすることを課題としている。〈他者〉における、また〈他者〉を介した反省は、相互承認の過程を通じて達成される。この承認は——当該箇所においては——欲望の満足であることが明らかになる。したがって私たちの課題は、構造的に同一の目的を持ち合わせている他の自己意識との出会いにおける欲望の企て——つまり、他在を否定、同化し、それに付随してこの主体固有の領域を拡大させる企て——を理解することなのである。

「自己確信の真理」から「主人と奴隷」への移行は、「自己確信の真理」が、〈他者〉の存在を自己意識の欲望にふさわしい対象として、理論的な観点から想定していることからすれば、奇妙な移行であると言える。それでも『精神現象学』は経験から獲得された知識によって必然的に進展しているように見える。「主人と奴隷」の最初の段落は、「自己意識は即且対自的に存在するが、これは、自己意識が或る他者に対して即且対自的に存在するときのことであり、またそうであることによってである。言いかえると、自己意識はただ承認された（anerkannt）ものとしてのみ存在する」（『精神現象学』¶178〔一八三頁〕）と、論証に先立って断言することで、「自己確信の真理」の理論的結論を反復している。自己が自己であるための必要条件が経験を通じて明確になるまえに、それについての確実な知識を自己意識がもつことを期待できないから、私たちは、続く段落において〈他者〉が出現することに困惑せざるをえない。つまり、「自己意識に対して、ひとつの他の自己意識がある」と（『精神現象学』¶179〔一八四頁〕）——しかしなぜなのだろうか。そして、なぜそれはもっと早くに起こらなかったのだろうか。なぜこの『精神現象学』の遍歴する主体は、その遍歴をひとりで始めたのだろうか。そして、感覚的・知覚的世界と向きあうことは、なぜ〈他者〉と向きあうことに先行していたのだろうか。

欲望の「現れ」についての先述の議論で述べたように【14】、『精神現象学』の展開は、所与の実在の現れとその概念的実在性とを読者は厳密に区別しなければならないということを示唆している。〈他者〉の現れは、これまで潜在的な存在あるいは生じたばかりの存在にとどまっていた実在性が、顕在的な実在性へと至る出現〔創発〕として理解されねばならない。現実として現れる以前、〈他者〉は曖昧なものにとどまっていたが、だからといって実在性を欠いていたわけではない。ヘーゲルにとって存在〔外的存立existence〕——あるいは顕在的な現れ——へと歩み出ることは、決して無からの《エクス・ニヒロ》創造ではなく、〈概念〉Begriff の展開における一契機である。〈他者〉は『精神現象学』の道程における経験全体の本質的構造をなしていることが明るみに出される。実際、いかなる経験も、間主体性という文脈の外部では存在しえない。したがって、『精神現象学』が精神《ガイスト》の発生についての経験であると主張するとしても、それはテクストによって、またテクストを介して創造される虚構的経験であり、特有の意味で哲学的な経験——転倒され続ける世界——として理解されるべきである。この哲学的経験は、精神の時間性という観点から、私たちの知るような歴史的経験を条件付け、特徴付けている構造を描写するのである〔15〕。

だとすると、〈他者〉が現れると述べたからといって、最初の自己意識が、以前には存在論的な地位を持たなかった現象をここで発見すると主張しているわけではない。むしろここではじめて、第一の自己

【14】 本書、八四頁。

意識が世界を包括する同一性を追求するに際して〈他者〉の果たす中心的な役割が顕在化するのである。〈他者〉は〔ここで〕欲望の一般的な対象となるのである。

「自己確信の真理」の末尾から「主人と奴隷」の冒頭の段落にかけて顕著な楽観主義は、相互承認が欲望にとって達成可能な満足できる対象であるという結論から、純粋に概念的な性質のものとして出てくる一つの結果だろう。しかしながらこの〔相互承認の〕可能性は、認識されるためには実際に戯曲化されなければならない。自己意識は『精神現象学』の第一七九段落【15】においてこの〔承認をめぐる〕闘争を始める。そこで自己意識は、〈他者〉の自分との構造上の類似性は、すぐさま〈他者〉において自分自身についての適切な反省〔反映〕を得るきっかけとなるわけではないことを発見する。実のところ〈他者〉と自己との類似がもたらす第一の経験は、自己喪失の経験なのである。

> 自己意識に対して、ひとつの他の自己意識があり、自己意識は自分の外に出ているが、このことは両義性をもっている。第一には自己意識は自分自身を喪失している。なぜなら、自己意識は自分を他の実在として見出すからである。第二には自己意識はそうすることによって他者を止揚している。なぜなら、自己意識はまた他者を実在とは見ずに、他者のうちに自分自身を見もするからである。
> （『精神現象学』¶179〔二八九頁〕）〔16〕

第一の自己意識は、自己を他の自己意識のなかに反映させようとするが、反映されるのみならず、他者に完全に吸収されてしまっているのに気づく。もはや第一の自己意識は、対象を消費しようとしたようには〈他者〉を消費しようとはせず、むしろその代わりに〈他者〉によって消費されるのである。〈他者〉に向きあったとき自己意識は自分自身の外に出てしまっている。そこで用いられるドイツ語の「自分の外に außer sich」という表現は、単にそれ自身の外に出ることを示しているだけでなく、恍惚状態〔脱自〕や〔我を失った〕怒りをも示している〔17〕。〈他者〉との志向的で反省的な関係は一時的に失われ、自己意識は〈他者〉が自己の本質を占有し――つまり自己否定――それを盗みさえしたことを確信する

〔15〕『精神現象学』の「経験」は、通常の意味での経験として理解されるべきではなく、むしろ、通常の経験に埋め込まれた哲学的真理が徐々に、執拗に陶冶されていく過程として理解されねばならない。ヴェルナー・マルクスは『ヘーゲルの精神現象学』の十二から十六頁〔ヴェルナー・マルクス『ヘーゲルの『精神現象学』――「序文」および「緒論」における『精神現象学』の理念の規定』上妻精訳、理想社、一九八一年、四六-五〇頁〕において、自然的意識と精神的意識との間にもうけられた区別について説明している。ヘーゲルは、現象学的物語を通常の経験から始めると主張するときもあるが〔「〈ここ〉と〈今〉そのものへの注意、「経験」と呼ばれて来たものへのこの注意が、関心を引くもの、妥当するものとされるには、長い年月が必要とされた」『精神現象学』第八段落〔九-一〇頁〕〕、哲学は今や〈精神〉を純粋な感覚の領域を超えて高めなければならないとも主張している。感覚を、全てを包含する真理へと哲学的に陶冶することは、「通常の経験」つまり日常生活から始まるのではなく、通常の経験という哲学的想定から始まるのである。したがって、『精神現象学』の「経験」は決して哲学的な我有化なしに成立しているわけではない。指示対象は潜在的には人間存在の通常の経験であるとはいえ、この指示対象がそれを解釈する哲学的言語の外部にあるものとして開示されるわけでは決してないのである。

〔16〕ドイツ語原文は次の通りである。Es ist für das Selbstbewußtsein ein anderes Selbstbewußtsein; es ist außer sich gekommen. Dies hat die gedoppelte Bedeutung: erstlich, es hat sich selbst verloren, denn es findet sich als anderes Wesen; zweitens, es hat damit das Andere aufgehoben, denn es sieht auch nicht das Andere als Wesen, sondern sich selbst im Anderen. Hegel, *Phänomenologie des Geistes*, p. 146.

〔17〕自己充足を理想とする主体にとって、自己からの離反は主体の企てや同一性にとっての脅威として理解されよう。そのような主体にとっては、怒りは恍惚の対応物であると理解される。

【15】邦訳、一八四頁。

こととなり、この意味で自己意識は、いつの間にか自分が〈他者〉に包囲されてしまっているのを見出す。或る点では、自己意識は、自己意識の自己否定原理そのものが着脱可能な属性、すなわち第一の自己意識がそうである個別的な具体化＝身体化から解放されうる属性であったことを発見する。そして自己否定が自己の本質であるのだから、自己意識は、本質とその具体化＝身体化は単に偶発的に関係しているにすぎず、同一の本質がそのときそのときで異なる具体化＝身体化に処を得るのだ、という結論に至る。自分自身の本質的原理がどこか別のところで具体化＝身体化されているのを自己意識が見出しうるのだということは、ぞっとさせ、怒りを抱かせる経験であるように思われる。ところが「自分の外に在るaußer sich sein」という表現の持つ両義性が示唆するのは、自己意識がいまそこに処を得ていると見なされている外在性は、実は完全に外的なものではないということである。〈他者〉を欲望することで、自己意識は、脱自的《エクスタティック》存在としての自分を、つまり自己とは〔別の〕他なるものになることを自らの内に備えた存在としての自分を、発見することになる。この存在は、〈他者〉が何らかのかたちで自分を我がものに〔我有化〕していると告発するときでさえ、欲望の自己超出の原理によって、自ら〈他者〉に自己を明け渡している。〈他者〉との最初の出会いは、明け渡しと我有化の両義性を性質として持っている。この両義性が、二つの欲望の出会いを闘争（Kampf）へと変容させるのである〔18〕。

〈他者〉との出会いから最初に学ばれるのは、自己意識の外化が本質的に両義的だということである。自己意識は、〈他者〉を通じて自己の同一性についての反省を得ようとするのだが、しかしその代わりに〔自分を〕奴隷化し、飲み込む力能を〈他者〉が持っているのを見つけることになる。包括的同一性《アイデンティティー》への欲望たる自己意識は、さしあたり〈他者〉が自己自身の行なう反省の受動的媒体であってくれることを期待している。自分に似ているのだから、〈他者〉は自分を映し出してくれるだろう、というわけである。おそらく自己意識は、対象と出会ったこれまでの経験から推定し、〈他者〉は対象のように受動的であるはずで、自己意識の構造を反映するところだけがこれまでの対象と異なるはずだ、と素朴に期待している。この第一の自己意識は明らかに、実際にどれほど〈他者〉が自己自身に似ているか、つまりどれほど〈他者〉が能動的な否定の原理であるのかを、十分真剣には受け取っていない。だからこそこの自己意識は、〈他者〉の自立的自由に憤慨することになる。第一の自己意識を受動的に反映するものだったはずの自立性は、いまや〈他者〉の中の自由を保護する外在性として把握される。これは、自由を自己自身の排他的所有物と見なしていた第一の自己意識にとっては、脅威とみなされる状況である。

[18] ヘーゲルは、初期の著作を通して承認をめぐる闘争に何度も取り組んでいるが、『精神現象学』はその闘争を、他者に対する/による欲望の経験の結果起こるものとして確立した。コジェーヴとレオ・シュトラウスは、承認をめぐる闘争は財をめぐる欲望の衝突から出来するものであり、この財の不足が個人を相互に対立させるのだと解釈したが、L・ジープの研究(「承認をめぐる闘争」「ヘーゲルの承認の弁証法について」「イエナ期におけるヘーゲルの実践哲学の自由の概念」〔二一一―二二八頁〕)によって、この解釈は巧みに反駁された。「承認をめぐる闘争」においてジープは、イエナ期の著作における承認をめぐる闘争という概念の発展をたどり、自己意識相互の闘争というヘーゲルの概念は、社会契約論的な法理論の基礎を形成する利害の衝突というホッブズの概念とは決定的に異なることを明らかにした。ホッブズが、欲望の衝突が自己中心的な諸個人の(自然状態では)無制限な自由を制限しうる人為的な国家装置を生じさせると理解したのに対して、ヘーゲルは、承認をめぐる闘争が、より広い文化的秩序によって本質的に定義される個人の概念を生じさせるのであり、この文化的秩序は、個人の自由を制限するというよりもむしろ、個人の具体的な規定や表現を提供するのだという見解を発展させたのである。『人倫の体系』(一八〇二―三年)では、ヘーゲルは、承認をめぐる闘争を所有や個人的名誉の追求ではなく、家族の統合の追求と考えていた。この闘争は家族の内部で、自分の個人的な意志を集団的な家族生活の要求と調和させなければならない構成員間の闘争として、あるいは別個の家族間の承認をめぐる闘争として行われるとされたのである。承認という行為が確証するのは、個人はすでにばらばらの存在ではなく、「全体の一構成員」(「人倫の体系」

自己意識の怒り――自己意識が「自分の外に außer sich」存在するあり方――は、右で描かれた知覚の経験から直接生じるのではなく、自己意識自身が〈他者〉に脱自的に巻き込まれていることの結果として生じる。第一の自己意識が自らの自由を〈他者〉に取り上げられたために、〈他者〉のほうが自由を具体化＝身体化する。ここで欲望は脱自的な自己犠牲として理解されているが、これは欲望のもつ最も重要な企て、すなわちより強力な同一性《アイデンティティー》に到達しようとする企てと、真っ向から矛盾する。欲望はこのようにして矛盾のために挫折し、自己の分裂に苦しむ熱情となる。自己意識は、世界を覆い尽くそうと努め、世界のいたるところに自己が反映されているのを見出すことのできる、自律的な存在になろうとする。しかし、そうすることでこの自己意識は、欲望する存在としての自己自身の同一性に暗に含まれているのが他の自己意識に求められることの必要性だということを発見するのである。

こうして〈他者〉との最初の出会いは、〈他者〉の自由を承認できないがゆえに失敗するナルシシズム的な企てだったことになる。こうした承認の失敗は、〈他者〉の外在性を、何か殻に閉じこめようとするようなものと捉える見解に原因がある。すなわち初めの自己意識の脱自的関与は、必然的に自己無化を帰結すると前提する見解である。この経験の含む哲学的前提とは、自由は個体だけが有することのできる性質であり、自由はその身体の排他的所有というかたちでのみ、特定の身体に処を得ることができる、ということである。その場合、自由を要求するのは〈他者〉の身体であると見なされることになり、そうである以上、破壊されなければならないのは〈他者〉の身体であることになる。〈他者〉の死によってのみ、第一の自己意識は、自律を要求する権利を取り戻すことができるのである。

生死を賭けた闘争は、脱自的実存か自己規定的実存のどちらかを選択しなければならないという板挟五〇頁〔八九頁〕）だということである。ヘンリー・ハリスは、「ヘーゲルのイエナ期草稿における承認概念」(*Hegel-Studien* Beiheft 20) での『人倫の体系』の分析を通じて、承認が集団的同一性の構築に資するという見解を補強した。

『イェナ実在哲学Ⅱ（一八〇五－六年）』において、ヘーゲルは、承認をめぐる闘争を所有と名誉の追求として捉え直しているが、このテクストにおいても、自己の利害の承認を求めるのは個人ではなく、自分たちの共有する同一性をめぐる承認を見つけようとする諸個人からなる集団である。ここでヘーゲルが発展させるのは、個人的意志の克服を要求する、絶対的自由の概念である。「個々人は、自己否定や、つまり外化や陶冶を通じて、自己を普遍的なものへと形成しなくてはならない」(『イェナ実在哲学Ⅱ』第二四五節〔二〇六頁〕)。『イェナ実在哲学Ⅱ』では、承認をめぐる闘争は、契約上の同意の破綻に続いて起るものとされている。したがってその闘争が示しているのは、ホッブズの場合とは違って、契約の必要性ではなく、むしろ非人為的な、すなわち自然的な紐帯に基づいた人倫的共同体の必要性なのである。

イエナ期の諸論考のいずれの場合においても、ヘーゲルは、闘争そのものが行われている間は隠されたままになっている先行する統一的根拠を発見することによって解決されるものとして、承認をめぐる闘争を把握している。右で引用した両方のテクストにおいて、闘争は、必然的解決策としての愛や家族が提示されることによって解決される。アガペーに基づいた共同体をめぐるこの闘争は、一七九七年から一七九八年に書かれた、愛についての初期ヘーゲルの論考（「愛」）に原型が見られる。『精神現象学』が書かれた時期（一八〇六年）までに、ヘーゲルは、承認をめぐる闘争を相互的欲望の要求に動機づけられたものと考えているが、生死を賭けた闘争は、この展開の中間段階に生じる。ジープの指摘によれば、しばしば解釈されてきたように承認をめぐる闘争は生死を賭けた闘争から始まる闘争だというのは誤解である。彼は、承認をめぐる闘争は、生死を賭けた闘争に先行して欲望のうちに暗黙のうちに含まれており、これによって引き起こされていると主張する。「すなわちヘーゲルによれば承認をめぐる闘争が始まるのは、自己意識が「自己の外に」あることによって、「対自存在するもの」としての自己を廃棄し自分を他者のうちだけで直観することによってである。（…）この構造は闘争ではなく愛と一致する。（……）生死を賭けた闘争において体現されているのは、承認の運動の始まりではなく、ようやく自己の他在を止揚する自己意識の歩みである」(Siep, "Der Kampf um Anerkennung," p. 194〔(下) 三八頁〕)

そうだとすると、承認をめぐる闘争は、他者に対する競争的態度が始まるところからではなく、他者への／による欲望の経験から生じることになる。ヘーゲルの枠組みによれば、所有、財、あるいは社会的に優位な地位に対する特殊な欲望は、愛に基づく共同体への欲望の派生的表現と見なされるべきである。このように欲望は、もともとは〔財や他者の〕獲得あるいは支配を目指す努力ではなく、相互承認の原理に基づく共同体がまだ発達していない場合にのみ、そのような形態をとって生じるのである。

みによって条件づけられている。〈他者〉の身体的外在性だけでなく、自己が自己から離反することが、はじめの自己意識を苛立たせるのである。この離反は、自立的な自由としての〈他者〉という事実からのみ理解されるべきではなく、欲望の経験に潜在する自己離反として理解されるべきである。志向的運動たる欲望は、自分の起源であるところの自己を覆い隠してしまうきらいがある。欲望する自己は、対象に没入する結果、自己を自己から離反したものとしてしか把握できなくなる。自分自身の外への運動たる欲望の最も重要な企てはより包括的な自己の確立であるにもかかわらず、この欲望は意図的な自己離反の行為となってしまう。こうして〈他者〉を乗り越えようとする努力は同時に、自己意識自身の自分に対する他性を克服しようとする努力であることになる。

自己意識が克服しようと努める他性の両義性が「主人と奴隷」の主題を形作っている。そして自己意識が得ようとするどんな反省的関係も、それ自体、〈他者〉との志向的関係を通じてしか可能にならないことが明らかになる。自己意識は、〈他者〉の自己意識の外在性を乗り越えることでのみ、自分自身の自己疎外を克服することができる。

> 自己意識はこのような自分の他在を止揚しなければならないが、この止揚は最初の両義性の止揚であるから、それ自身、両義性をもっている。第一には、自己意識は他の自立的実在を止揚し、そうすることによって自分が実在であるのを確信するようになることに向かわなくてはならない。しかし第二には自己意識はそうすることによって却って自分自身の止揚に向かうことになる。なぜなら、この他者が自分自身だからである。（『精神現象学』¶180〔一八四頁〕）

右で「止揚」あるいは「乗り越え」ということを述べたが、それがこの経験の局面において意味しているのは、承認Anerkennungであることが明らかになる。第一の自己意識が〈他者〉との脱自的な関係から自己自身を取り戻すことができるのは、〈他者〉もまた欲望における自己の離反から自己自身を取り戻す過程にあることを承認する限りにおいてのみである。脱自的実存か自己規定的実存かのどちらかを選択しなければならないという自己意識の困難は、〈他者〉の困難であるとみなされる。こうした二つの自己意識の類似性は、最終的に、両者の調和的な相互依存の基礎であることが判明する。つまりこの類似性は、各々が「意識としては、自己意識は自分の外に出はしても、自分の外にありながら同時に自分のうちに引き戻されて対自的にあり、こうして自分の外というものを対自的に認めている。双方の自己意識は、自分が〔……〕他方の意識であるとともにそうではないことに〔……〕気づいている」(『精神現象学』¶184〔一八六頁〕)ということの発見をもたらすのである。ひとたび承認がなされれば、脱自と自己規定の双方をともに備えるものとしての自己意識の両義性が確証される。承認の過程が明るみに出すのは、自己離反し、自己を承認することのできない自己意識が、それでもなお自己自身の経験の創作者だということである。「自己意識自身によって存在しないものは自己意識の中には一つとしてない」(『精神現象学』¶182〔一八五頁〕)。〈他者〉が最初の主体と同じものと見なされ、この主体が、自分の承認行為が〈他者〉を明示化させたのだということを理解すると、自己は〈他者〉の創作者でもあることが明るみに出される。まさにこれと同じ真理が〈他者〉のほうからのその当の自己との関係にも当てはまることが明らかになるとき、〈他者〉もまた主体の創作者とみなされる。このとき欲望は、純粋に消費的な能動性であるという特徴を失い、二つの自己意識は〔両者の〕交流が持つ両義性によって特徴づけられるようになる。

この交流においてこの二つの自己意識は、各々の自律（自立）と疎外（他在）とを確証するのである。

自己意識は、なによりも〈他者〉の具体化＝身体化のせいで自己の同一性《アイデンティティー》の追求が妨害されていると想定しているので、生死を賭けた闘争は、自己意識にとって必然的な劇中の転換として現れる。ここでは身体性はいたるところで制限を意味するものである。かつては自由の具体的な規定を条件付けるように思われた身体は、いまやその自由を取り戻すために無化されることが求められている。他者に対する各々の身体的外在性は、乗り越え不可能な障壁として現われ、この外在性のために各々の主体は自己の限定された生についてしか確信することができず、〈他者〉の生についての確信を得るために自己自身の生を超えていくことはできないように思われる。規定された生そのものが、この苦境のなかでは嫌疑をかけられることになる。というのも、この規定された生は自己意識の企てを妨げる、つまり、自身の個別性を超出し、自分を世界における対象や〈他者〉の本質として発見しようする企てを妨げるからである。〈他者〉を無化しようとする努力はもともと、自己自身を「純粋な抽象」として提示しようとする第一の自己意識の欲望によって動機づけられたものである。この欲望は〈他者〉への依存を破壊しようとする。そしてそれゆえに「いかなる特定の定在にも繋縛されていないことを、おしなべて定在がもつ個別性に少しも繋縛されていないこと、つまり、生に執着しないこと」（『精神現象学』¶187〔一八八頁〕）を示そうとする。とはいえこの自己意識は、自分を奴隷化しようとしてくる〈他者〉の外在性から脱出する過程で、自己自身の生を危険に晒さねばならない。特定の〔規定された〕定在なくしては自分が求める同一性《アイデンティティー》を見届けることはできないということが第一の自己意識に明らかになると、「純粋な抽象化」という企ては即座に挫折させられてしまうことになる。そればかりか〈他者〉の死は、自己意識が必要とする明示的な承認をこの自己意識から奪ってしまうことになるだろう。

生死を賭けた闘争は、『精神現象学』の自律性概念の展開における決定的に重要な一幕である。実際ヘーゲルは次のように述べている。「生を賭すことのなかった個人も確かに人格として承認されることはできるけれども、しかし自立的な自己意識として承認されているという真理を達成しはしなかったのである」(『精神現象学』¶187〔一八八頁〕)。規定された〔特定の〕生は自己意識の企てにとって欠かせない前提条件であるにもかかわらず、欲望が単に生きようとする欲望であるうちは、満足させられることは決してない。自己自身を否定的あるいは自己超出的存在として発見するためには、自己意識はただ生きているだけではだめなのであり、純粋な生の直接性を超越しなければならない。自己意識は「第一の自然」へと生まれ落ちたが、これにいつまでも甘んじているわけにはいかず、「第二の自然」の創造に着手しなくてはならない。この「第二の自然」によって、単に前提として、あるいは一つの観点としての自己ではなく、自分自身による創作の成果としての自己が確立されるのである。自律が達成されうるのは、生への隷属を放棄することによってのみなのである〔19〕。

生死を賭けた闘争は、〈他者〉との統一を獲得し、自己自身の同一性《アイデンティティー》を〈他者〉を介して見出そうとする自己意識の最初の企てが拡張されたものである。〈他者〉を消し去ろうとする努力は相互的行為あるいは「二重の行為〔行為の二重性〕」(『精神現象学』¶187〔一八八頁〕)であり、各々の自己意識は両者の間に存

〔19〕 Gadamer, "Hegel's Dialectic of Self-Consciousness," p. 66〔一二六頁〕を見よ。「自己意識は、(…)自分が生に拘束されている状態を克服しなければ、つまり単なる生としての自分を無化することなしには真なる自立存在に到達できない。」

する規定された〔特定の〕境界を破壊しようとする。つまり両者は、互いの身体を破壊しようとするのである。〈他者〉に対する暴力は、〈他者〉の身体を無にするための最も有効なやりかたのように思われる。そしてどちらの個人も、規定された〔特定の〕定在への依存を免れようとし、彼らが身体性に閉じ込められたものと見なす純粋な自由を解放しようとする。そうしてそれぞれが自由の抽象的な原理としての〈他者〉、「絶対的抽象化」(『精神現象学』¶186〔一八七頁〕)であり、純粋な対自存在としての〈他者〉と融合しようとすることになる。

このように、生死を賭けた闘争は、ヘーゲルの「自己意識」章の導入にあったエロス的なものの継続である。生死を賭けた闘争は、再び破壊へと変じられた欲望であり、身体を超えたところにのみ真の自由が存在すると想定する企てである。破壊的欲望は、最初に現れたときは、他在を自己充足的な身体に内化しようとしていた【16】。これに対してこの破壊的欲望が二度目に現れるときには、それは身体的な生を一挙に克服しようとしている。すなわち、身体的な欲求のない抽象的な同一性になろうとしているのである。各々の自己意識は、〈他者〉からその規定された〔特定の〕生を取り除こうと努める結果、反身体的エロスに関わることになる。この反身体的エロスは、身体が自由に不可欠な根拠や媒介であるというよりも、むしろ自由に対する究極の限界であることを証明しようと無駄な努力を行なうのである。

主人と奴隷のダイナミクスは、無化しようとする欲望が弱まったものとして生じる。しかし無化は、生を奪うことでこの企てを根底から覆しかねないので、この欲望は阻止されることになるわけである。殺してしまおうという衝動に取って代わる関係である支配は、あくまで生の文脈の内部で無化しようとする努力として理解されなければならない。〈他者〉はいまや自己自身の死を生きねばならない。死によって規定を欠いた無になってしまうのではなく、いまや〈他者〉は生の中で自らが本質的な無であることを証明しなければならない。〈他者〉は、初めは〔自己意識を〕捕らえ、魅惑するものであったが、いまや捕らえられ、抑制され、制限されなければならないものとなる。自分自身の絶対的自由を追求する自己意識は、〈他者〉によって捕らえられたことに憤慨し、この〈他者〉に〈他者〉自身の自由を無化させるよう強いる。そしてそうすることで〈他者〉は不自由な身体であり生なき道具であるという幻想を認めさせるのである。

主人の反省的関係は、生死を賭けた闘争で主人の有していた〈他者〉への志向的関係を内化したものとして理解されるべきである。〈他者〉の身体を無化しようとする自己意識の元来の努力は、自己の身体的生命を賭けることを含意していた。この主体は、無化を戯曲化することで、無化はそうして表現されうるものであること、つまり生きた形式を与えられうるものであることを学ぶ。さらにいえば、自分の生命を危険にさらすことにつきまとう恐れや震えを通して、この主体は、抽象化によるやすらぎを教えられる。恐怖は解離を生じさせるのである。主人は自殺によって自分の身体を否認することはできないので、自分の否認を身体化する方向に進む。このような志向的関係の内化、すなわち志向的関係の反省的関係への変形は、それ自体が、新たな志向的関係を生み出すことになる。脱身体化という反省的企ては、〈他者〉の支配に結び付くようになるのである。主人は身体をきっぱりと取り除くことはできない――これは生死を賭けた闘争の教訓であった。ところが、主人は、純粋な脱身体化された「自我」とな

【16】本書、一〇五頁参照。

り、個別性や規定された定在から解放された自由となり、普遍的で抽象的な同一性になる、という企てを放棄しはしない。主人は依然として、自由と身体的生とは互いにとって本質的ではないという哲学的想定に基づいて行為している——身体的生は自由の前提条件であるように思われるにもかかわらずである。ところが主人が暗黙のうちに考えるところでは、自由はその具体的表現や規定のために身体的生を必要とすることはない。主人にとって、身体的生は保護されなければならないが、主人の身体は同一性《アイデンティティー》をめざす主人自身の企ての一部ではないため、〈他者〉に保護させておけばそれでよい。主人の同一性《アイデンティティー》は、本質的に身体を超えている。主人は〈他者〉に、自分がそれではなくなる努力をしている身体となることを要求することで、〔自分は身体を超えているという〕この見方についての確証を得たと錯覚する。

主人ははじめ〔生存のための〕欲求needsなき欲望として生きているように見える【17】。重要なのは、主人は奴隷による労働の成果を「享受する」(im Genusse sich zu befriedigen)(『精神現象学』¶190〔一九一–一九二頁〕)と言われており、その際、享受は自己意識にとっては他なるものの受動的受容や消費を含意し、否定という能動的原理を要求する欲望とは異なっているということである。主人は、欲望された物を否定する必要などなく、あるとしてもそれはその物を消費するということの非常に弱められた意味においてそうであるにすぎない。奴隷はといえば、物を加工することで否定の原理を能動的、創造的原理として具体化＝身体化し、その結果、自分が単なる身体以上のものであること、また身体こそが自己規定的同一性の企てを身体化するもしくは表現するための媒体であることを、意図せず劇的に表現することになる。労働の経験を通じて、身体が自由の本質的表現であることが明るみに出される。奴隷は、生を維持するための財を作り出す労働をしている限りで、欲望が——諸々の欲求からの自由を表現するよりはむしろ

――欲求の満足によって充足させられることを証明してもいる。実際奴隷は、生産物に対する労働を通じて、自分を反映〔反省〕するものを作り出す。このために、奴隷のほうが自由なものとして勝利する。つまりこの自由〔となった奴隷〕は、自分が規定された定在のうちに表現されているのを見出すことで〔つまり物理的《フィジカル》〔身体的〕なものに対する物理的〔身体的〕な労働を通じて〕、自分を自己規定的行為者として認める承認に似たものを見出したのである。一方、主人は、物理的〔身体的〕生のための必要から自由になろうと努めるが、この企ての錯覚を維持するためには、奴隷に対する必要を増大させざるをえない。奴隷は主人に必要とされることで、自分の行為が効果を持つものであることを発見する。こうして、主人の欲求は、奴隷が身体以上のものであることを確証し、奴隷が労働する自由であることを間接的に肯定してしまう。主人の欲求は、奴隷の自己規定的力の間接的な承認をもたらすのである。

　主人と奴隷の闘争の始まりにおいて私たちが知るのは、自己意識の欲望の最も一般的な意味は、自分が全てを包括する同一性であることを発見しようとする欲望であり、生きようとする欲望だということである。欲望は、生という文脈の内部で、その満足をしつらえねばならない。というのも、死は欲望の終わりであり、アウグスティヌスやダンテの地獄のような想像的な領域以外では、維持されえない否定性だからである。欲望は、生命の領域、他在の領域、〈他者〉を蔽う広さをもつ。この段階で私たちが知っているのは、欲望の究極的満足がどんなものであれ、いくつかの前提条件がまずは満たされねばならないということである。さらに私たちはまた、ヘーゲルについての導入的な論説から【18】、欲望の前

【17】以下、欲求と訳したのはneedであり、欲望desireが狭義には自己意識的なものであり、生命を否定するものにもなりうるのに対し、欲求は生物の自己保存のために必要な単なる身体的な要求を意味する。

提条件として存在するものはなんであれ、欲望の分節化の志向的目標として役立つものであることを知っている。主人は、実のところ自分が生命に結びつけられていることを、留保や自己欺瞞を伴いつつも、認めている。生命は欲望の満足のために不可欠な前提条件として現れる。奴隷は、この前提条件こそが欲望の本来の目的であると断言する。奴隷は、死の恐怖に直面しながら行為することで〔『精神現象学』¶194〔一九四頁〕〕、生きるという欲望を強く主張するからである。

主人の態度と奴隷の態度はいずれも、生のなかに死を配置することとして、あるいは死への一層明示的な欲望の影で生じる、死に向かう欲望であると言える。こうして主人と奴隷とは、生命の文脈の内部における生命に対する防御である。主人と奴隷は、死への努力が失敗したことに対する郷愁《ノスタルジア》から生じるものである。この意味で、主人と奴隷〔支配と隷属〕は絶望の企てであり、キルケゴールのいう死ぬことができない絶望である[20]。生命つまり特定の〔規定された〕定在は、物理的〔身体的〕定在と同一性《アイデンティティー》の陶冶とが持続的に相関し続けることを必要とする。それゆえ自律的自由という企てと結びついて、身体が維持されることを必要とするのである。

主人と奴隷はそれぞれ異なった方法で生命に背いているが、両者に共通しているのは、人間の生を構成する唯一の綜合である、身体性と自由との綜合に抵抗している点である。主人は自分の身体に怯えながら生きているが、他方、奴隷は自由に怯えながら生きている。両者の敵対関係の解消は、自由の身体化された追求への道を、つまり完全な意味で生きることへの欲望の道を拓くことになる。こうした媒介された意味での〈生命〉とは、単に物理的〔身体的〕に存続すること——これは奴隷の場合に、生における死の態度として理解されていたものである——ではない。完全な意味で生きようとする欲望は、相互承認を通じてより可能性を持った同一性《アイデンティティー》を獲得しようとする欲望と同義のものになる。それゆえここで、生きようとする欲望は、単に自己規定的同一性《アイデンティティー》の追求のための前提条件であるだけではなく、その最高の達成でもあることが示される。実体を主体として再発見しようとする欲望は、生の全体になろうとする欲望なのである。こうして欲望とは常に、死という安易なやり方に抵抗する暗黙の闘争である。そして支配と隷属は、生における死の比喩であり、矛盾の現前であり、十分なかたちで生を望むことを阻むものである〔21〕。

主人と奴隷の弁証法は、生一般にまつわる問題との格闘を暗に含んでいる。主人と奴隷の間での分業

〔20〕 Kierkegaard, *Sickness Unto Death*, p. 18.〔キルケゴール『死に至る病』、松浪信三郎訳、『キルケゴール著作集第一一巻』、白水社、一九六二年、三二頁〕

〔21〕 生における死という経験は、ただ欲望の失敗によってのみ、唐突に引き起こされるわけではない。というのも欲望それ自体が、否定的なものの表出だからである。実体的存在に到達し損ねることは、厳密に言えば欲望の失敗ではなく満足の失敗であるのだが、この失敗は、ヘーゲルにとって、哲学的に重要なものと見なされる必要がある。「生に固執しすぎて少し死んでみることすらできない」者たちへの不満を表明するキルケゴールをすでに先取りして、ヘーゲルは、序論において以下のように主張している。「精神の生というものは、死を避け荒廃から己を清く保つ生ではなくして、死を耐え、死のただなかに自己自身を保つ生である」(『精神現象学』¶32〔三二頁〕)。ヴァルター・カウフマンによる、このパラグラフの後半部分の翻訳から明らかになるのは、荒廃、欲望の失敗、生における死という経験が生み出す一つの企てである。「精神がその真理を獲得するのは、自己自身が絶対的にバラバラにされているのに気づくことによってのみである。或るものについてそれが何ものでもないとか誤りであるとか言って、それが終わったら今度はその或るものをあとにしてまた別の或るものに向かうような、否定的なものから目を背ける肯定的なものとして、精神が力であるのではない。精神がこの力であるのは、否定的なものに面と向かいあい、それを見つめ、否定的なもののもとに留まることによってのみである。このように留まることは、否定的なものを存在へと変える魔術的な力である」。Kaufmann, *Hegel, Texts and Commentary*, p. 50.

【18】 本書、八四頁参照。

は、生きようとする欲望と自由であろうとする欲望との不一致を前提としている。生きねばならないという見通しに不満な主人は、この務めを奴隷に任せてしまう。奴隷は物に働きかけ、物を人間の消費に適う生産物に仕立て上げることに専念する。主人にとって生は、物質的必要性であり、抽象化を目指す自分の企てに対する制限だと思われる。生を超えようとする主人の欲望（彼の欲望の志向性）は、欲望を超えようとする欲望（彼の欲望の反省性）を明るみに出す。主人は、欠乏と満足の弁証法には見向きもしない。主人の追求する唯一の企ては、満たされたままであり続けること、つまり欲望とその可能性を追い払うことなのである。

生に対処するという務めを任された奴隷は、もともとは単なる物、「物態を本質的とする意識」（『精神現象学』¶190〔一九〇－一九一頁〕）という役割を与えられていたが、この役割は、生きなければならないということの反復的な側面とは嚙み合わない。奴隷は、単に物として存在しながら、それでも生きようと努めることはできない。事実、物は非有機的性質を持つために、死にも似た側面を持っているのである。生は、主人が想定していたのとは異なり、単に物質的でそれゆえに自己意識を制限するような、自己意識の前提条件に留まるものではない。生とは何度も何度も担われることを要求する務めである。奴隷が加工する物の自然性Naturwüchsigkeitと奴隷自身が同一化されえないのは、労働が自然性の否定であることが判明するからである。「奉仕において、奴隷は、自然的定在への執着を自己自身から取り除き、この定在を、労苦をもって除去する」（『精神現象学』¶194〔一九四頁〕）。奴隷の労働は、切り詰められた形の欲望として生じる。奴隷は能動的否定の原理を示しながらも、自分自身を完全に自分の行為の創作者であると見なすことはない。奴隷は依然として、自分のためではなく主人のために働いているからである。

奴隷の場合、生きようとする欲望は、生きるための財を生み出す欲望という特殊な形をとるのであり、不服従とそれに伴う死の恐怖を通じて奴隷が足かせを放棄するまでは、この欲望が自由になろうとする欲望と統合されることはありえない。

　主人と奴隷とに二つの務めが割り当てられていることは、満足せざる欲望が胚胎する、異なりつつも結びついた二つの企てを明確にしていると見ることができる。主人は欲望を暗に既製品の消費に限定し、そうすることで、過程全体を経ることなしに欲望を満足させる。奴隷はと言えば、主人の暗黙の説明に欠けている欲望の側面をわかりやすく示している。奴隷に属するのは、労働の意味に満ちた、生存と活動の企てである。脱身体化という主人の企ては、皮肉にも、強欲の振る舞いになる。物理的〔身体的〕な世界から距離を取りつつも、生きるためにそれを必要とする主人は、受動的な消費者となり、特権的な立場にいるにもかかわらず、決して満足することができないのである。

　欲求《ニード》を超えようとする主人の企ては、それ自体が、差し迫った、容赦ない要求《ニード》になる。常に満たされていたいと欲求することで、主人は、取り返しのつかないほどに、個別性と自分自身の身体性とに結びつけられてしまう。この結びつきこそ、主人がもともと打破しようとしていたものにほかならない。そして個別性の領域に追いやられた奴隷の方は、自然物に労働を加えることを通じて、手つかずに与えられている世界を、奴隷自身の自己の反省〔自己関係〕へと変容させる能力を発見する。主人が生命の教えを学んでゆく一方で、奴隷は自由を学んでゆく。そして両者のはじめの役割が少しずつ転倒してゆくことで、欲望の一般的な構造や意味についても教えられることになる。

　生きようとする企てあるいは欲望と、自律的な同一性を獲得しようとする企てあるいは欲望との統合は、はっきりと欲求を考慮に入れる欲望において初めて可能となる。欲求の否認は、自己意識を自分自身から疎外し、自己意識が自己の一部を外在性として明け渡すことになる決定的な要因である。欲求が偶発性や感情の事実性のかけらと見なされているうちは、自己意識は自己自身から分離したままであり、統合された自己を獲得する可能性は閉ざされている。欲求の満足が同一性の追求と統合されるようになるとき、私たちは欲求とは欲望の疎外された形式にすぎないと理解する。生きる必要〔欲求〕は、そのように定式化されると、単なる必要性としての生命という見方を肯定するものとなり、生きようとする欲望と自己規定的同一性に到達しようとする欲望との間の誤った区別を追認してしまうことになる。欲求が自分のものと認められるとき、欲求は欲望として経験されることになるのである。

それればかりではなく欲望は、自然的世界（自然的対象だけでなく生きられている身体も）の個別性をも人間の活動という反省〔自己関係性〕へと変容させることを求める。欲望は労働を通じて表現されるようにならなくてはならない。というのも、欲望は自然的世界に形態あるいは形式を与えなければ、自分自身がそこで反映〔反省〕されているのを見出すことができないからである（『精神現象学』¶195〔一九五頁〕）。こうして形式を与えることが、欲望の外的な規定であることになる。満足すなわち自分自身の承認を見出すためには、欲望は創造的な労働に取って代わられなければならない。この種の労働によって、欲望が完全に取り消されてしまうわけではないが、労働は「妨げられた欲望、留保された消失である。言いかえると、労働は形成するのである。ここに対象との否定的関係はその対象の形式、そうして持続的なものへと転ずる。なぜなら、労働するものに対してこそ対象は自立性をもつからである」（『精神現象学』¶195〔一九五頁〕強調引用者）。

欲望のもつ否定したり我有化したりする機能は、もはや消費でも、他なる物への脱自的没入でも、また支配でもなく、自然的対象をその製作者の反省の中に再創造することとして解釈されねばならない。欲望は、外的自然の人間による創造を生み出すことによって満足を見出し、自己規定的でかつ規定された存在としての自分自身の反省〔自己関係〕を見出すことができる。世界の外在性は、人間の意志による創造物へと変形されることで、否定される。自己意識は、神のような世界の創作能力《オーサーシップ》、「普遍的な形成行為」を獲得する。自己意識は「ただ若干のものを支配するにすぎないのではなく、〔……〕普遍的な威力や対象的実在全体を支配する」（『精神現象学』¶196〔一九七頁〕）のである。

私はこれまで、欲望は常に志向的構造だけではなく反省的構造をも維持していると論じてきた。ここで私は、欲望の志向性は二重だということを付け加えねばならない。欲望は常に、他の自己意識を承認することと、また他の自己意識によって承認されることの問題と結びついているし、欲望とは常に、自然的世界を否定する／変容させる努力でもあるのである。感覚的・知覚的実在性の領域は、自己否定する自立性として〈他者〉が発見された時に放擲されてしまったのだが、この領域はここで新たな形式をとって復活する。相互承認は、どちらの主体も同じように物質的世界に向けられているという文脈においてのみ可能である。自己意識は他の自己意識に媒介されているだけでなく、それぞれが世界に対して与える形式に基づいて互いを承認しあっている。それゆえ私たちが承認されるのは、私たちが世界のなかで持たされている形式（私たちの様々な身体化）によってだけではなく、私たちが世界を用いて創造する形式（私たちの労働）によってでもあることになる。私たちの身体は私たちの自由の一過的な表現であるにすぎない。しかし私たちの労働は、まさにその構造によって私たちの自由を保護してくれるものである。

ヘーゲルは「主人と奴隷」の箇所を「自己意識は即且対自的に存在するが、これは、自己意識が或る他者に対して即且対自的に存在するときのことであり、またそうであることによってである。言いかえると、自己意識はただ承認されたものとして（als ein Anerkanntes）のみ存在する」（『精神現象学』¶178〔一八三頁〕）という主張で始めている。しかし、他者は私たちを何として承認するのだろうか。その答えは、欲望する存在として、である。「自己意識は欲望一般である」（『精神現象学』¶167〔一七三―一七四頁〕）。欲望は多価的な構造であり、世界を蔽う同一性を確立する運動であるということを私たちは見てきた。労働についてのヘーゲルの議論は、〔ここへきて〕いかにして実体の世界が主体の世界として作り直されることになるのかを示し始めている。自然的世界の変容としての欲望は、同時に、それ自身の自然的自己を身体化された自由へと変容させることでもある。とはいえこれらの変容は、歴史的に構築された間主体性——この間主体性が自然との関係と自己との関係を媒介している——の外部では起こりえない。真の主体性は、相互承認を提供してくれる共同体においてのみ居場所を得ることになる。というのも私たちが私たち自身に至るのは、単に労働によってだけではなく、私たちを確証してくれる〈他者〉の、承認を与えるまなざしによるのだからである。

「主人と奴隷」の結末が近づくと、自己意識の生はゆっくりと終わりに近づいていることを私たちは感じる。相互承認の可能性が得られたことによって、精神《スピリット》あるいは精神《ガイスト》の始まり、すなわち別の種類の存在論的可能性をもつ集合的同一性《アイデンティティー》の始まりが見出される。ヘーゲルの『精神現象学』の主体は、志向的な没入や同一性の反省的な追求という様態に留まらず、自分自身の満足のため、そして自分を間主体的存在として構成するために〈他者〉を必要とする欲望としても出現する。〈他者〉を承認し、〈他者〉

によって承認されることを通じて自分自身の反省〔自己関係〕を獲得しようと努力する過程において、この主体は、自分の〔他者への〕依存が単に自分の多くの属性のうちの一つであるだけではなく、まさしくこの主体自身の自己そのものであることを発見する。この相互依存性、この新たな主体も依然として欲望であるが、今やそれは所与の共同体において主体が占める歴史的な場を明確化〔分節化〕することで形而上学的な満足を得ようとする欲望なのである。

このように歴史的同一性と歴史的場の明確化として欲望を再定式化することを哲学的出発点として、アレクサンドル・コジェーヴは二〇世紀フランスの知的営みの世界にヘーゲルを導入することになる。事実コジェーヴは、『精神現象学』を「主人と奴隷」が終わるところで中断し、集合的同一性《アイデンティティー》の一歩手前で闘争する個人の観点からヘーゲルの物語を語り直している。コジェーヴの主体は、彼の先駆をなすヘーゲル主義者の形而上学衝動を全て維持しているが、それはヘーゲルの観念論に対するマルクス主義的不信によって和らげられている。こうして自己意識という語は、数十年の後、〈他者〉による承認を求める歴史的演者としてフランス語のなかに出現することになるが、そのとき自己意識のもつ内在的で形而上学的な場という意味が完全にフランス語においても裏付けられることになると思われている。〔しかし〕コジェーヴは、ヘーゲルの遍歴者の形而上学的な計画を歴史化しようとして、歴史的行為と形而上学的満足とが相互に含意しあわない可能性を意図せずして導入する。実際のところ、フランスとの国境、二〇世紀との境界線をヘーゲルの主体が超えるとき、歴史的行為体や歴史的経験をめぐる問いが、ヘーゲルの主体の十分計画的な旅程に問題を突きつけてくることを私たちは目にすることになるだろう。実際、この主体の進歩的遍歴なくしては、そもそも遍歴者が生き延びることができるかどうかすらわからなくなることだろう。

第二章　歴史的欲望

――フランスにおけるヘーゲル受容

欲望は、自己意識の根本、つまり真に人間的な存在の根本に（そしてそれゆえ――最終的には――哲学的な存在の根本に）存在する。

アレクサンドル・コジェーヴ『ヘーゲル読解入門』

一九三一年に、『哲学史雑誌』［1］において、アレクサンドル・コイレは、フランスにヘーゲル研究は事実上存在しないと報告した。一九二九年刊のジャン・ヴァールの『ヘーゲルの哲学における意識の不幸』という例外を除けば、フランスの知識人の間で人気を博するに値するような主要なヘーゲルの注釈書は一つもなかったのである［2］。ところが、一九四六年までにフランスのヘーゲル研究の状況は一変することになる。この年に『知覚の現象学』の序文でメルロ＝ポンティは「ヘーゲルはこの一世紀の間哲学のなかで形成された偉大なものすべて――例えばマルクス主義、ニーチェ、現象学やドイツの実存

［1］ Koylé, "Rapports sur l'état des études hégéliennes en France"［アレクサンドル・コイレ「フランスにおけるヘーゲル研究の状況報告」小原拓磨・宮﨑裕助訳、『知のトポス』、第一三巻、二〇一八年］を見よ。

主義、精神分析学――の源をなしている」〔3〕と述べることになるのである。もちろん、メルロ＝ポンティがヘーゲルの影響を大げさに見積もりすぎているのではないかと疑うこともできるかもしれないが、こうした誇大な表現をもゆるした知的な雰囲気に目を向けるほうが重要である。実際、一九三〇年代から一九四〇年代のフランスにおけるヘーゲルに対する強い関心は、広く共有されながらも長い間抑圧されていた知的、政治的な欲求に訴えかけるものだった。シモーヌ・ド・ボーヴォワールは『女ざかり』において、一九四五年にイポリット【1】の強い勧めで自分がヘーゲルに興味を持つようになったことを回想し、次のように述べている。「われわれは〔それ以前は〕歴史の現実と重みを発見してきたのだったが、そのときはその意味について思い悩んでいた」〔4〕。一九三一年に刊行されたフランスのヘーゲル研究のレビューが一九六一年に再版された際に、そのあとがきでコイレは、学問の営みにおけるヘーゲルの影響力は「見違えるほど変わった」〔5〕と述べている。

もし仮に私の研究が知識社会学の領域に踏み入るのであれば、この時期にヘーゲルへの熱狂的な転回を引き起こした、ヨーロッパにおける世界大戦という歴史的状況を探求することになるかもしれない[6]。しかしながら私の問いは、『精神現象学』からとってこられた欲望という主題の重要性に関するものであり、ヘーゲルの欲望概念によって、この時代の著者たちがどのような主体観や歴史観を持つようになったのかというものである。コジェーヴの場合、ヘーゲルがもたらしたのは、その時代にとって重要な哲学的問い――人間の行為の問題、意味の創造、歴史的に責任ある主体性を構成するために不可欠な社会的条件――を追求するための文脈である。『精神現象学』における能動的かつ創造的な主体性、すなわち否定のはたらきから力を与えられた遍歴する主体という発想は、こうした政治的かつ個人的危機

［2］初期ヘーゲルの神学論文はヘルマン・ノールによって編集され、一九〇七年に『初期神学論集』としてドイツ語で読めるようになった。ヴァールは、ローゼンクランツ（一八四四年）『ヘーゲル伝』、ハイム（一八五七年）『ヘーゲルとその時代』、ディルタイ（一九〇五年）『若きヘーゲル』によるヘーゲルの発展史研究とならんで、このノールのテクストを中心的に用いて『精神現象学』までのヘーゲルの初期宗教論における悲劇的な要素を探究している。この著作においてヴァールは、レオン・ブランシュヴィックの『西洋哲学における意識の進展』（パリ、一九二七年）のほかには、フランス語のテクストをほとんど引用していない。コジェーヴの講義（一九三三―三九年）とイポリットの『ヘーゲル『精神現象学』の生成と構造』とはいずれも一九四七年に出版されたが、それ以前は、アンリ・ニールの『ヘーゲル哲学における媒介について』だけが唯一の重要で網羅的な研究である。一九三九年から一九四一年にかけて、イポリットによる『精神現象学』の仏訳が出版されたことがきっかけとなり、多くの批判的論文がさまざまな哲学的学術誌に掲載されることとなった。

　イポリットは、『哲学的思考の諸形象』の二三〇―二三一頁で、なぜ戦中から戦後にヘーゲルがフランスの知的営みに受け入れられるようになったのかを説明している。彼の考えでは一九二〇年代におけるベルクソンへの関心のおかげで、ある種のテーマ、すなわち生や歴史というテーマがフランスの知的営みに導入されることとなり、これによって最終的にヘーゲルに真剣に取り組まれることになったのである。「ヘーゲルのアクチュアリティ」において、ミケル・デュフレンヌもまた、ヘーゲルの弁証法的生成概念にベルクソンにおける持続概念との類似性を見出している。この時期の主要な思想史家のなかでは唯一マーク・ポスターだけが、ヘーゲルへの回帰はベルクソンに対する反動だと考えている。

［3］Merleau-Ponty, *Sense and Non-Sense*, p. 63〔メルロ＝ポンティ『意味と無意味』滝浦静雄ほか訳、みすず書房、一九八三年、九一頁〕

［4］Simone de Beauvoir, *Force of Circumstance*, p. 43.〔ボーヴォワール『或る戦後〈上〉』朝吹登水子ほか訳、紀伊国屋書店、一九六五年、四一頁〕

［5］Alexandre Koyré, *Études d'histoire de la pensée philosophique*, (Paris Armand Colin, 1961), p. 34.〔コイレ「フランスにおけるヘーゲル研究の状況報告」、二二八頁〕

［6］Descombes, *Modern French Philosophy*, p. 14.〔ヴァンサン・デコンブ『知の最前線——現代フランス哲学』高橋允昭訳、TBSブリタニカ、一九八三年〕を見よ。

【1】バトラーはここで「イポリット」の名前を挙げているが、該当箇所で「《歴史の目的》について議論した」と書かれているのは「コジェーヴをとおしてヘーゲルに親しんでいた〔レイモン・〕クノー」である。

の時代において希望の源として役立ったのである。ヘーゲルは、否定的なもののなかに〈理性〉を見出す方法、すなわちどんな敗北の経験からも変革の潜在力を引き出す方法を提供した。制度や生の様式の破壊、人間的生の大規模な殺戮や犠牲が、容赦なく明白に、実存の偶発性を明るみに出したのである。それゆえ、ヘーゲルへの転回は否定の経験から両義性を取り出そうとする努力と見なすことができる。

この頃、否定の存在論的原理は、歴史的に見れば破壊の原理として知られていたが、ヘーゲルの『精神現象学』は否定を創造的原理として理解する方法を提供した。否定的なものはまた、人間的自由、人間的欲望、新たな創造の可能性でもある。それゆえ、これまで人間の生は無に委ねられてきたが、この無こそ、同時に人間の生を刷新する可能性でもある。非現実なものは同時に可能性の領域の総体でもある。ヘーゲル的な観点から、否定的なものはただ死であるだけでなく、持続的な生成可能性でもあることが示されたのである。人間は否定性をも具体化〔身体化〕する存在であるかぎりで否定的なものに耐えうることが明らかにされるのだが、それはまさに、人間が自由な行為という形式において否定的なものを同化したり再現したりすることができるからである。

コジェーヴ――欲望と歴史的行為体

コジェーヴのヘーゲル講義は注釈書でもあり、独創的な哲学書でもある。したがって、コジェーヴは欲望という主題を自分のものとすることで、ヘーゲルの概念を説明しながら、同時にヘーゲルを参照せずとも成立するような理論を展開してもいる。コジェーヴは、哲学的分析の対象それ自身が分析そのものによって部分的に構築されているというヘーゲルの主張を真面目に受け取り、完全に自立的に存在する歴史的人物としてではなく、むしろ解釈学的な出会いのパートナーとしてヘーゲルを分析している。この出会いにおいては、両者がもともとの立場から変容させられることになる。ヘーゲルのテクストが完全に自立的な意味の体系であり、コジェーヴの注釈書はそれに忠実であろうとしている、というわけではないのである。ヘーゲルのテクストそのものが、このテクストの許す個別的な歴史的解釈によって変容させられる。実際のところ、注釈はテクストの拡張であり、それ自体その現代的生を享けたテクストである。

コジェーヴによってヘーゲルの欲望論が極めて現代的な仕方で取り入れられたことで、ヘーゲルの何が二〇世紀まで生き延び、また何が失われてしまったのかが問われることになった。欲望は主体と世界との、共通の存在論的結合を前提し、またこの結合を明るみに出すというヘーゲルの主張は、先行する一連の存在論的関係を受け入れることを要求するものである。この存在論的関係によって、様々な主体性が構造化され、相互に統一され、またそれらが向きあう世界と統一されるというのである。こうした相互主体的世界のなかに、そして相互主体的世界と自然的世界との間に存立する存在論的調和という前提と、二〇世紀において乗り越え不可能なものとして生じている様々な分裂の経験とを調和させるのは困難である。コジェーヴは、人間の死の不可避性という意識から執筆している。この死の不可避性は、人間的生が特異で独特な存在論的状況に与していることを示唆しており、この状況こそが、人間的生を自然的世界から区別するとともに、諸個人の生相互の差異を、集合的な同一性に完全には止揚されえない否定的な関係として確立している。ヘーゲルは、個人間の差異、あるいは個人と外的世界との間の差異をめぐるあらゆる経験を条件付けるとともに、それを解消するものとして存在論的統一を要請した。このヘーゲルの要請をコジェーヴが拒否したことで、コジェーヴ自身の理論は独創的なものとなったのである。コジェーヴは、存在論的調和という前提を拒むことで、ヘーゲルの否定性論を自由に拡張することができた。コジェーヴのヘーゲル読解にとって欲望の経験が決定的であるのは、欲望が自立的な主体相互の差異や主体とその世界との差異を主題化するからにほかならない。それどころか、欲望はあらゆる人間的生の永続的で普遍的な特徴になるとともに、歴史的行為の条件にもなるのである。コジェーヴにとってヘーゲルの『精神現象学』は、この歴史的経験についての人間学のきっかけとなる。この人間学においては、欲望の行為への変容、ならびに普遍的承認という欲望の目標が、あらゆる歴史的行為体の重要な特徴とみなされるようになる。

コジェーヴのヘーゲル読解は、初期マルクスがまとめたヘーゲルの行為論および労働論から明らかに影響を受けている。コジェーヴは〔当時〕新たに発見された一八四四年の草稿〔マルクスの『経済学・哲学草稿』〕から着想を得てはいるものの、彼がマルクスに見出した行為や労働や歴史的進歩についての理論よりも根本的なそれをヘーゲルに求めていたのである。コジェーヴは、ヘーゲルは頭で立っているとみなすマルクス主義的な傾向をひっくり返し、ヘーゲルは、歴史的生の人間学（『ヘーゲル読解入門』72-73〔一三〇頁――以下『入門』〕）をもたらしたのだと主張する。この歴史的生は、社会的、歴史的世界の絶えざる再創造を必然とする人間的実存の本質的特徴を疎外するというのである。コジェーヴはマルクスの階級闘争理論を辿って、『精神現象学』における主人と奴隷をめぐるヘーゲルの議論に行き着く。そして、マルクスが階級闘争を資本主義社会に固有の力学と見なしたのに対して、コジェーヴはマルクスのこの結論を一般化し、承認をめぐる闘争がすべての歴史的進歩の動的原理を形成していると主張した。コジェーヴはマルクスに影響されているものの、彼の関心は専ら初期マルクス――人間存在の本質的行為としての労働の理論、疎外論、人間の本質的企図を達成するために、自然的・間主体的世界を変容させる必要性――に向けられているように思われる。初期マルクスは、『資本論』や『要綱』のマルクスとは反対に、人間的労働についての人間学的見解を、すなわち、労働は人間の本質的行為として普遍的で、不変的な性質のものであると強調する見解を受け入れていたのである。

『精神現象学』の第四章〔「自己確信の真理」〕に、コジェーヴは、人間的行為や労働に関する人間学的見解の基礎を見出した。確かに、第四章において欲望、行為、承認、相互性といったものの構造が普遍的な歴史的生の条件として明らかにされているため、コジェーヴに賛同して『精神現象学』は第四章で止まってしまっていると主張したくもなるかもしれない。コジェーヴによれば、『精神現象学』によって歴史的生についての人間中心主義的な理解が始められたのであり、そのかぎりで『精神現象学』は西洋文化の目的〔テロス〕を達成している。あらゆるポスト・ヘーゲル的な思想は全体としてポスト歴史的な時間のうちにあるというコジェーヴの主張が、この達成の証左なのである。コジェーヴとその読者は、ポスト歴史的時代に生きている以上、哲学が人間の状況をめぐる新たな真理を明るみに出してくれるだろうという希望をもって生きることはできない。歴史の目的は、歴史を可能にしている構造を剔抉することにあったのである。このようにして、コジェーヴにとって、歴史的な理性の狡知たる目的論的な構想を退けることに現代はもはや興味を持っていない。現代性は、各個人の側の歴史的行為によって、つまり決定された行為ではなくむしろ自由な行為によって性格づけられている。目的論的歴史の終焉は自己規定的目的によって統べられた人間的行為の始まりである。この意味で、歴史の終わりは真に人間中心的な世界《ユニバース》の始まりである。コジェーヴの言葉を借りれば、歴史の終わりとは「人間」の出現であり、よりはっきり言えば、人間の主体性の出現なのである。

コジェーヴは、人間の欲望およびそれよりも大きな形而上学的秩序との間に『精神現象学』が確立した重要性の秩序を転倒させているように思われる。コジェーヴにとって、ヘーゲルの形而上学的なカテゴリーは人間存在論において完全に表現できるのである。〈存在〉、〈生成〉、〈否定〉といったカテゴリーは人間の行為において綜合される。真に人間的な行為が、粗野な仕方で与えられたもの（〈存在〉）を、人間的行為者の反省や洗練（〈生成〉）へと変容させる（否定する）のである。ヘーゲルの現代的意義を論じた一九四一年の研究レビューで、ミケル・デュフレンヌは、コジェーヴにとって「存在論的には否定性とみなされ、形而上学的には時間とみなされるものは、現象学的には人間的行為と見なされる」［7］と論じている。してみると、コジェーヴにとって、人間的行為体という観点は、ヘーゲルの全体系に具体的な表現を与えていることになる。事実、『大論理学』は人間的行為との関連においてのみ具体的な意義を獲得するものとして理解されうる。この意味で、『精神現象学』の第四章はヘーゲルの全体系の中心的契機となる。コジェーヴは、ヘーゲルの神学的思弁の全体が人間的行為の理論として理解されるべきである（『入門』258-259〔三四三頁〕）とまで主張するに至ったのである。

コジェーヴは、ヘーゲルの体系における人間的なパースペクティヴの重要性を主張しようとして、ヘーゲルの自然観の汎論理的解釈を退けた。実際のところコジェーヴは、人間存在の唯一の属性として理性を擁護するためには、ヘーゲルによる自然弁証法論を誤りとして読解するか、あるいは人間的意識がそこに存在して働きかけることなくしては成り立たないものとして解釈しなければならなかったのである〔8〕。『ヘーゲル『精神現象学』入門』においてコジェーヴは、人間存在と純粋な自然存在との存在論的差異を示すものとして、欲望を導入する。コジェーヴは、とくに単純な同一性以上の何ものかとして、すなわち、表現を通じてのみ自己自身になることができるような存在として、人間的意識を際立たせている。コジェーヴは、『精神現象学』に見出される〈説明〉の劇《ドラマ》を再定式化し、人間的意識は、自己表現という形式で自分の反省性を確証することでようやく、動物的意識から区別され得ることになると主張するのである。

コジェーヴの見解では、人間的意識は、自己構成的な表現より前には、動物的意識と変わらないものであり、自分の外にある対象に没頭している。この没頭をコジェーヴは「観想contemplation」と呼ぶ。観想において自己は自己自身について何も学ばない。というのも、「観想する人間は、その人が観想している対象に『没頭して』いるから、したがって『知る主体』は、知られている対象のなかに自己自身を『喪失して』いるからである」。コジェーヴは、自己構成や自己知の経験をなす能力のない観想とは反対のものとして欲望を際立たせる。欲望は、それを通じて人間的主体が自己自身を表現したり、知ったりできる〔人間主体の〕唯一の様態なのである。こうした欲望によって〔はじめて〕、人間的主体は反省的構造として際立たせられる。欲望は自己外化や自己理解の条件である。欲望は「発話によって開示された

〔7〕 Dufrenne, "L'actualité de Hegel," p. 296.

〔8〕 Dufrenne, pp. 301–303 ならびに Henri Niel, "L'interprétation de Hegel," p. 428 をみよ。

「我」の起源」である。言語的主体は欲望によって自己言及へと駆り立てられるのである。「欲望はこの存在を我として構成し、この存在に「我は」と言わせることで、この存在が我であることを明らかにする」(『入門』3〔一二頁〕)。

コジェーヴは欲望における自己表現の役割に目を向けることで、欲望は主体性を形成するものであるとともに、主体性を明るみに出すものでもあるというヘーゲルの考えを踏襲する。コジェーヴにとって欲望は際だった意味の行為体の形成を促すものである。私たちは自分が欲望するもの〔欲望の対象〕を獲得するために、発話のなかで欲望を定式化したり、なにか別の仕方で欲望を表現したりする。というのも、表現とはそれを通じて私たちが〈他者〉に訴えるような、道具的な媒体だからである。また、私たちは表現によって、「具体的な表現を与える」という意味で自分の欲望を規定するだけでなく、「方向性を与える」という意味でも自分の欲望を規定する。欲望は、あたかもその表現に先立って完全に形作られているかのように、その表現と偶発的に関係しているわけではない。本質的に、欲望は規定を求める欲望である。欲望は、満足の一環として具体的表現を得ようと努力しているのである。しかも、欲望を具体的な或るものへの欲望として規定することは、自己を規定することを必要とする。「私はXを欲望する」という定式化において、その「私」はあたかも偶然であるかのように出現する。主体性は、欲望の具体的な表現を通じて意図せず創造され、発見されるのである。

コジェーヴは、動物的欲望は欲望を通じて自己反省を獲得することがないのに対して、人間的欲望にとって満足と自己反省とは不可分に結び付けられていると主張する。たしかに、動物的欲望は人間的欲望の有機体としての可能性を形作っている以上、人間的欲望は動物的欲望を前提している。しかし、動物的欲望は人間的欲望の必要条件ではあっても、十分条件ではない。コジェーヴによれば、人間的欲望は有機体的な所与であるというよりもむしろ、有機体として〔自然的に〕与えられているものの否定あるいはその変容なのであり、生物学的生が人間的欲望の意味を構成することは決してありえない。意識は、人間的欲望という媒体によって、生物学的存在から非生物学的存在へと、つまり、動物的ではない人間的な存在へと構築されるのである。一般的に、欲望はそれ自体生物学的必然性の現れであると信じられているのに対して、コジェーヴは欲望と生物学とのこうした関係を転倒させて、生物学は一連の固定した自然法則として把握される以上、欲望は生物学を超越していると主張する〔9〕。

　コジェーヴの見解では、自然は粗野なものとして与えられた一連の事実であり、単純な同一性の原理に支配され、弁証法的可能性を何も示さず、それゆえ意識の生とは対照的なものである。したがって、自然現象にはないはずの反省性の構造や内的否定を示している以上、欲望は非自然的であることになる。主体は欲望の経験によって作りだされるのであり、この意味で非自然的な自己である。主体がその欲望に先行しており、その欲望から既成の自己反省を確かめる、というわけではない。反対に、主体は本質

〔9〕　自然についてのコジェーヴの見方を検討したものとしては、デュフレンヌの「ヘーゲルのアクチュアリティ」を見よ。ヘーゲルの〔自然についての〕見解は明らかに〔コジェーヴのそれ〕より複雑であるという点で、このコジェーヴの見解には問題があるのだが、それだけではなく、コジェーヴの見解は自然についての現在の科学的説明に照らしても疑わしいものである。明らかにコジェーヴは、自然的存在を静的で非弁証法的なものとみなす見方を支持する哲学的伝統に掉さして執筆している。コジェーヴは自然がそれ自体進化するシステムであるという可能性を考えていないし、自然における進化的図式を説明するような「理性」を考えてもいない。粗野で非知性的なものとしての自然というコジェーヴの一面的な説明のうちでは、自然のダイナミックな把握という可能性が排除されてしまっているように思われる。

的に自分が欲望するもの〔欲望の対象〕によって規定されている。主体はある種の対象を欲望することを通じて、意図せずにある種の存在としてみずからを立ち上げることになる。換言すれば、コジェーヴの主体は本質的に志向的な構造をもっている。つまり、主体とは対象あるいは〈他者〉に対する主体の欲望である。主体の同一性は主体の欲望の志向性のうちに見出されるのである。

コジェーヴにとって、欲望固有の目標は、自然的所与を人間的意識の反省へと変容させることである。というのも、欲望はこの変容過程を対象として受け取ることでしか、自分がそれであるところの変容の力であることを示すことができないからである。コジェーヴの見解では「欲望はその食物の機能である」(『入門』4〔一二三頁〕)。このため、もし主体が自然的対象しか欲望しないことに甘んじたままであるならば、この主体の欲望は純粋に自然的な欲望であるにとどまり、この主体は人間的欲望が胚胎する「超越」を明らかにすることはないだろう。「そのような〈欲望〉の能動的な満足によって創り出される自我は、この〈欲望〉が向けられている物と同じ本性を持つだろう。その自我は、「物としての」自我、ただ生きているだけの自我、動物的自我である」(『入門』5〔一二三頁〕)。

コジェーヴは、「自己確信の真理」から「主人と奴隷」への移行が、欲望の志向する目標が対象から〈他者〉へと展開するものであることを強調している。コジェーヴは、欲望はその対象によって条件づけられているというヘーゲルの主張を解釈し、これら二つの節の間の移行は、欲望が「超越的な」あるいは非自然的な能力へと陶冶されることを意味していると考えている。コジェーヴは、欲望は自分が出会い、追求する対象がどのようなものであるのかに応じて、特殊な形式をとると主張し、欲望が不変の論理によって自己と世界との満足のゆく綜合へ必然的に変容するという主張を退ける。欲望に本来的に備わっているものは何もない。ヘーゲルが欲望の究極的満足と見なす、世界の人間発生論をそれ自体で創造するような、内的目的論など存在しないのである。欲望はそれ自身、変容をもたらす自分の潜在力を表現するのに相応しい歴史的共同体が存在するかどうかに依存している。それゆえ欲望の満足は、存在論的必然性によっては保証されず、むしろ文脈依存的であり、変容をもたらす欲望の潜在力の表出を可能にする歴史的な状況にかかっているのである。

コジェーヴの見解では、欲望が真に人間的になり、完全に変容的になるのは、欲望が非自然的な対象つまり他の人間的意識と対峙するときだけである。他の意識との連関のうちでのみ、つまり反省あるいは内的否定が構成する存在との連関のうちでのみ、第一の意識は自己自身の否定性を、つまり自然的生に対する超越を明らかにすることができる。「欲望として捉えられた他者の欲望に向かうこの欲望は、自己自身を満足させる否定的かつ同化的行為によって動物的「自我」とは本質的に異なった自我を創りだすだろう」(『入門』5〔一三頁〕)。

二つの主体性を超越において構成している相互交換の行為は、承認の行為である。最初の意識が、自分自身が〈他者〉のなかに反映されているのを観想するのではなく、観想の受動性が欲望の能動性に取って代わられるのである。コジェーヴは承認を求める欲望の運動を能動的否定として説明している。「この『自我』は〔…〕『否定する否定性』」であり、「欲望は所与のものを否定する行為として実現される以上、この自我の存在自体が行為であることになるだろう」(『入門』5〔一三頁〕)。他方の意識による一方の意識の承認は、双方の意識が共通して物質的世界へ向けられている限りで行われる。労働(自然的世界の否定)の文脈がきっかけとなって承認(〈他者〉の自然性の否定)の過程が引き起こされるのである。自然的なものを超越するものとしての人間存在を具体的に示し、〈他者〉の承認のきっかけとなるような労働が、歴史的行為と呼ばれる。自然的あるいは生物学的所与を実際に変容させる歴史的行為を通じて、実体の世界が主体の世界として練り直される。歴史的行為者は自然的世界に直面すると、それをとり上げて、意識の署名を刻み、しかるべき社会的世界のなかに提示する。この過程は、物質的制作物の創造においても、現実についての言語表現においても、他の人間存在との対話をはじめる際にも、明白にあらわれる。歴史的行為は、相互行為の領域の内部でも生産の領域の内部でも可能なのである。

コジェーヴが、欲望を全ての歴史的生を基礎づける否定的能動性と見なすのは、彼の人間中心主義のせいである。欲望が克服されえないのは、まさに人間的主体性が歴史的生を永続的に基礎づけるものであるからである。行為は、それに先立つより包括的な実在性を自身の根拠として示すのではない。――むしろ、行為は歴史の根拠である。それは構成的な行為であり、それによって歴史は変容した自然として生じる。したがって、欲望はより包括的な存在概念には決して解消されないような否定である。欲望とは、意識と世界との間の存在論的差異なのであり、コジェーヴにとってこの差異を克服することは不可能である。

コジェーヴが欲望を否定の永続的な能動性〔活動性〕として定式化したことで、現代的な欲望概念は、『精神現象学』におけるヘーゲルの見解が胚胎する暗黙の目的論的な主張から解放される。コジェーヴの見るところでは、欲望は「開示された無」(『入門』5〔一三頁〕)であり、予定された目的論的構造を伴わない、否定的志向性あるいは否定する志向性である。様々な欲望の道筋が欲望に直面している社会的世界によって条件づけられているとはいえ、欲望の追求する特定の道筋は決して予め設えられているわけではない。したがって、人間的欲望は、コジェーヴに一連の選択肢を示すことになる。ヘーゲルの調和的存在論は、否定がより包括的なあり方をする存在によって絶えず止揚されるという図式を伴うものであるが、この調和的存在論を解消することによって、欲望を自由の表現として定式化することが可能になるのである。

否定が歴史的生の永続的特徴であることを示すことが、主体性が欲望を構成するものであり、かつ欲望によって構成されるものであることを明らかにするにあたってきわめて重要であることが判明する。というのも、コジェーヴにとって欲望は――ヘーゲルの場合とは異なり――自己自身を感覚的媒体として肯定することで自己と世界との間の予め与えられた共通性を発見するというわけではないからである。コジェーヴの見解では、人間の同一性《アイデンティティー》の感覚的側面は超越を要求するもの、欲望が否定しようとするものにほかならない。コジェーヴにとって欲望とは理念化の企てであり、自然的生を超越したものとして人間的行為体を規定しようと努めるものであるが、これは抽象化という主人の企てを思い起こさせるものである【2】。このようにして、コジェーヴによる欲望の定式化は、主体性を乗り越えることが不可能であることを認めることになる。つまりコジェーヴにとって欲望の究極の企ては、主体性の世界への弁証法的同化、あるいは世界の主体性への弁証法的同化であるというよりも、むしろ、〔主体性の〕世界に対する一方的な行為である。そしてその行為において意識は歴史的現実《リアリティ》の創成者という地位に就くのである。

【2】本書、一三五頁以下を参照。

ヘーゲルにとって否定する能動性としての欲望が、意識と世界とを区別するとともに結びつけもするものであるのに対して、コジェーヴにとって否定する能動性としての欲望は、それを通じて意識が外的にではあれ実効的に世界と関係づけられるものである。コジェーヴは、主体と実体とが相互に構成しあう次元が、主体と実体とが出会うための存在論的前提条件であることを明るみに出すのではなく、むしろ意識は自分がなす変容の行為を通じて自分の世界との関係を創造するものであることを主張する。

コジェーヴは、人間的主体に「場所」が予め与えられているということに対してはっきりと疑義を呈し、実存主義的な口調で、いかなる場であれ存在する場所は、人間的主体によって創造された場所であると主張する。ところが、コジェーヴが欲望を非自然的なもの、純粋に感覚的なものを超越したものと見なすために、この「場所」は具体的で実存主義的な状況というよりはむしろ形而上学的な抽象であるにとどまることになり、彼は欲望を具体的＝身体的に理解するという立場をとれなくなってしまう。コジェーヴの主体は抽象的な創造者、哲学的に思考する者自身のためのパラダイムと化す。否定は身体化された追求というよりもむしろ、純粋な自由になろうとする努力なのである。そればかりか、自己意識の持つ感覚性と世界の感覚性とのヘーゲルによる肯定的結び付けをコジェーヴが拒否したことによって、人間的意識と自然的世界とが根本的に区別されることになる。この区別が、人間的現実《リアリティ》から自然的あるいは感覚的表現を奪ってしまうのである。コジェーヴは感覚的なものと「真に人間的なもの」とを区別することで観念論の立場に陥ってしまっているが、この観念論の立場こそが、『精神現象学』においてヘーゲルが克服したと思われた、規定〔決定〕されていることと自由の逆説《パラドックス》を再び生み出してしまうのである。私はこの立場の問題含みの特徴に目を向けることで、まず感覚的なものと欲望との関係を解明し、次いで欲望は時間性と自由において人間的実存を顕現させるものであるというコジェーヴの見解を基礎付けたいと思う。

　コジェーヴによる「主人と奴隷」章の読解は、感覚的なものの問題についてのコジェーヴとヘーゲルとの違いを明白にしている。ヘーゲルの「主人と奴隷」章では、奴隷は自分が物のような被造物ではなく、否定の力をもつダイナミックな生ける存在であることを発見する。奴隷は自己自身が身体化された行為者であること、生を渇望しもする者であることを経験する。奴隷は労働という否定を行う能動性を通じて自然的制約から自分が自由であることに直面するものの、自分の存在の「自然的」側面を自己反省の媒体として再発見することになる。かつては奴隷の従属化を意味していた身体が、奴隷の自由の本質的な前提条件や道具として現れるようになる。この点で、奴隷は被規定性と自由との綜合を予示しており、この綜合をのちに精神《ガイスト》が表現することになるのである。『精神現象学』全体の文脈を踏まえるならば、実体は規定された生と絶対的自由との宥和を通じて主体として練り直されるのである。

〔これに対し〕「主人と奴隷」章のコジェーヴによる読解は精神《ガイスト》の概念によって規定された生と自由との宥和が導入される前で終わっており、コジェーヴは奴隷の身体が表現の媒体であることを認めることもない。むしろコジェーヴが主張しているのは、「主人と奴隷」章の教訓は、否定する行為は自然的なものや規定的なものからの超越によって成り立っているということである。意識と身体との逆説《パラドックス》は、ダイナミックで構成的な逆説《パラドックス》のままに留まっている。人間的現実《リアリティ》の運命は、「〔静的かつ所与の存在として、自然的存在として、「生得的性質」として〕それがそうであるところのものではないということであり、それがそうではないところものであるということ（つまり成る〔生成する〕ということ）」（『入門』5〔一三－一四頁〕）である。この定式化において、コジェーヴは即自と対自の逆説的な統一をめぐるサルトル的な見解を予示しつつ、意識を自然と統一するものと見なすのではなく自然を超越するものと見なすという自分の見解を強調している。主体性の企ては、意識自身の「内的自然」あるいは見かけ上は固定された特徴を含むあらゆる実定性を克服しようとするものなのである。「この自我は、その生成そのものにおいて志向的生成、熟慮された発展、意識的かつ意志的な進歩である。したがってこの自我は、自分に与えられている所与、この自我自身であるところの所与を超越するという行為なのである」(『入門』5〔一四頁〕)。

コジェーヴの規範的見解、すなわち欲望は「意識的で意図的な進歩」の徹底的な経験として明確にならなければならないという見解が含意するのは、人間的情動性への生得的衝動や自然的目的論に関する主張はどんなものであれ誤謬として退けられねばならないということである。行為者自身の生物学的生の所与性が意志による創造へと変容されなければならないと主張している以上、コジェーヴは欲望を自由の道具と見なすよう提案していることになる。したがって、自然現象として欲望を物象化してしまうことは、欲望を一定の目的に恣意的に制限することであり、不当にもこの目的を自然的あるいは必然的目的に高めてしまうことなのである。〔それに対し〕自由の表現たる欲望はある種の選択になる。

人間存在の逆説的な存在論的状況をめぐるコジェーヴの見解――それがそうであるところのもの(自然)ではないことと、それがそうではないところのもの(意識あるいは否定)であること――は、人間存在は必然的に時間の中へと投企されるという帰結をもたらす。人間的「自我」とは自己自身を絶えず乗り越えることであり、まだ自分がそれになっていない存在についての先取であり、また何であれ自分がいつか、たまたまそうなるであろうものから生じるかもしれないような無についての先取である。つまり

「この自我の存在自体が生成となり、この存在の普遍的形式は空間ではなく時間となるだろう」(『入門』5〔一三頁〕)。欲望とは、本質的に時間化された無である。つまり、欲望は「開示された無」あるいは「非実在的な空虚」であり、これが自身の充足を志向するとともに、この志向を通じて時間的な未来を創造する。コジェーヴの見解では、時間の経験は人間的行為者によってもたらされる様々な投企によって条件づけられている。時間は、ハイデガー的時間性《テンポラリティー》の概念と同様に、人間の方向付けと関連しており、この方向付けを通じて時間が経験される。コジェーヴの「時間」が意味するのは、生きられた時間、すなわち行為者が自らの希望、恐怖、記憶を通じて未来、現在、過去の特殊な経験を創り出す仕方に条件づけられた時間の経験である。とりわけ、欲望の経験は未来性を生じさせる。「〈未来〉によって生み出される運動、これは欲望から生まれる運動である」(『入門』134〔二〇二頁〕)。

「自然的存在」を人間的意識にとって重要ではないものとして拒否するのに呼応して、コジェーヴは、自然的時間を放棄し、欲望や欲望の志向する充足によって本質的に構造化された人間的時間性を採用する。満たされぬ欲望はある種の現前を取り巻く不在であるが、この現前によって、満たされぬ欲望は自己自身を不在として放棄する。この欲望が自己自身を、規定された空虚として、つまりなんらかの特殊な対象あるいは〈他者〉の空虚として定立する限りで、欲望それ自体が一種の現前である。つまりそれは「実在性の不在の現前」(『入門』134〔二〇二頁〕)である。事実、この不在は自分に何が欠けているのかを「知っている」。それは先取という暗黙の知である。この充足の先取が未来性の具体的な経験を生み出す。こうして欲望は人間存在の本質的な時間性を明るみに出すのである。

生きられた時間の経験に関するコジェーヴの理論は、『精神現象学』の時間性へのアプローチに代わる実存主義的な選択肢を提示する。既に述べたように、現象が全てを包括する〈概念〉へ発展することを立証するため、『精神現象学』は虚構的な時間性を用いている【3】。この発展における或る転換点において意識の特定の形態が「現れる」ということは、意識の形態が生じる〔存在へと至るcome into being〕ということではない。むしろ、意識の形態の不透明性もその存在の必然的な契機と見なされなければならないのである。実際、人間の見地からのみ、現象は存在するようになったり存在を離れたりするのであり、なるほど、否定のあらゆる契機は、隠伏的にはじめからずっとそこにある統一のうちに含まれていることが明るみに出される。『精神現象学』の進展は、遍歴する主体の視点が包括的な絶対者の視点へと徐々に展開していくことによって成り立っているのである。

欲望と歴史的行為についての説明を有限な主体の生きられた経験の領域内部に制限することで、コジェーヴは、絶対的な視点というものの可能性を拒否しているように思われる。実際のところ、コジェーヴが私たちの遍歴する主体に形而上学的実在性の範囲を広げさせることはない。しかしながら、コジェーヴは自分がヘーゲルを拒否しているとは考えていないどころか、ヘーゲルを改訂していると考えてさえいない。コジェーヴは自身の立場の中にヘーゲルの立場が正しく代表〔再現前化〕されていると主張する。とはいえここでは、コジェーヴの解釈が正しいのかどうかについての議論に介入しなくても、次のことを述べれば充分である。つまり、コジェーヴが主張しているのは共同性に対する個人性の存在論的優位であり、それからまた、ヘーゲルの『精神現象学』は、その終幕ではキリストが出現する【4】のだとしても、無神論の書物であるということである〔10〕。コジェーヴがヘーゲルを書き換えているのであれ、ヘーゲルの可能な読解を浮き彫りにしているのであれ、依然として重要なのは、生きられた経験というパースペクティヴが、欲望と時間性を分析するために必要な文脈だと彼が主張しているということである。コジェーヴにとって、人間の行為は〈絶対者〉の最高の受肉であり、したがって生きられた時間の経験は、『精神現象学』の発展における虚構的時間性を超えて、これに反して擁護される。『精神現象学』の虚構的時間性の見解では、生きられた時間性は、ヘーゲルの存在論的統一という支配的な枠組み内部における単なる現象でしかありえない。したがって、自分自身を超えてある対象へと向かって運動する（また、そうすることで自分のために未来を開拓してゆく）欲望の時間性の経験は、本質的に欺瞞的なパースペクティヴであることが明らかになる。欲望の運動は、主体と実体の全てを包括する舞踏に内在する運動、つまり「バッカスの狂乱」（『精神現象学』¶47〔四四頁〕）であることが明るみに出される。ただしこの運動の中では各々の運動は自分のもともとの場へと還帰するのである。

　コジェーヴの見解が含意しているのは、時間性がその意義を獲得するのは、当の時間性を生み出す具体的な行為を通じてのみであるということである。欲望する行為者は未だ存在しない未来を先取しつつ

〔10〕コジェーヴによるヘーゲルの無神論的解釈についての議論ならびにヘーゲルの有神論の擁護については、ニール「ヘーゲルの解釈」を見よ。『ヘーゲル読解入門』において、コジェーヴは、キリスト教社会の乗り越えを訴えるとともに、宗教を神秘化によるごまかしとみなす伝統的マルクス主義の見解に同調しているように思われる。コジェーヴの「ヘーゲル、マルクス、キリスト教（"Hegel, Marx et le christianisme.")」三四〇頁も見よ。イポリットは『哲学的思考の諸形象』第一巻所収の「『精神現象学』の序論と「絶対者は主体である」という主題についてのノート」において、無神論者としてのヘーゲルという解釈を――ニールやヴァールと同様に――退け、代わりにまさに〈神〉の意味がヘーゲルの体系において変容させられたため、伝統的なマルクス主義の立場による批判は有効ではないと主張する。

【3】本書、一二三頁参照。

【4】『精神現象学』(下）一一六五頁。

も、この〈まだない〉が常に存在していたことを見出すまでには至らず、むしろ欲望は、不在である対象へ向けられていることを通じて、〈まだない〉を創造する。コジェーヴにとって、もはや欲望は支配的な統一の内部に予め与えられた時間的進歩の構造を開示するのではなく、時間性を無から《エクス・ニヒロ》創設するのである。したがって、欲望の脱自的性格はより包括的な自己関係という形式に回収されるのではなく、欲望は真に自己自身の外部にとどまっているのである。先取という形式における欲望（現在の否定、〈まだない〉への欲望）は、こちらにあるのでもあちらにあるのでもなく、その両方を橋渡しするものとしての主体性の両義的な「場所」を明るみに出す。先取は主体性を時間のなかへと投企された存在として開示し、また時間を投企する存在として開示するのである。時間性がその意味を獲得するのが主体的経験によってのみだということが、コジェーヴの論文「永遠性、時間、概念」において次のように強調されている。「すでに見てきたように、実在的世界における時間の現前が欲望と呼ばれる」（『入門』137〔二〇五頁〕）。

当該論文でコジェーヴは、イェナ期の講義〔草稿〕での「精神は時間〔時代〕である」[11]というヘーゲルのコメントに言及している。この定式化は『精神現象学』序論の「時間とは定在する概念そのものである」（『精神現象学』¶46〔四三頁〕）という定式化と共鳴するものである。ここでいう「実在的世界における時間」は、欲望のうちに暗黙裏に含まれている投企された可能性の経験であり、これこそ人間的欲望を特徴づけるものである。時間は人間の「投企〔企て〕」を通じて生じ、この「投企〔企て〕」が理念化する欲望の機能を明らかにする。

〈時間〉（つまり、歴史的〈時間〉、それも〈未来〉〈過去〉〈現在〉という律動をもつ〈時間〉）は、経験的――すなわち空間的——全実在性における〈人間〉である。すなわち、〈時間〉は〈世界〉における〈人間〉の〈歴史〉である。実際、〈人間〉が存在しなければ〈世界〉の中に〈時間〉は存在しないだろう。（…）動物もまたたしかに欲望を持っており、自己の欲望に基づき、実在するものを否定することによって行為する。すなわち、動物は飲みかつ食べる。その点では人間もまったく同様である。だが、動物の欲望は自然的である。それは存在するものに向かい、したがって存在するものによって規定されている。したがって、このような欲望に基づいて遂行される否定的行為は本質的な否定を行うことができず、存在するものの本質を変えることができない。（…）存在は自己と同一であるに留まり、そのようなわけで〈空間〉であり、〈時間〉ではない。（…）それに対して〈欲望〉は、自己の闘争と〈労働〉という否定する行為によって、世界を本質的に変容させる。〔つまりそれは〕他者の〈欲望〉に——つまり自然的世界に実在的に存在していない何ものかに——向かう非-自然的な人間的〈欲望〉から生まれる行為である。（『入門』138〔二〇五-二〇六頁〕）

他の個人の欲望は未来性の経験のための条件としてはたらく。したがって、コジェーヴにとって、相互承認と時間性とは本質的に関連しあっている。他者を承認することはその他者の可能性と関わることを意味する。そしてこの可能性のなかに、未来性の感覚、つまり〈他者〉がそれになりうるものについての把握が伏在しているのである。私たちが、他者との純粋に現在的関係を主張するのは、自然的な存

〔11〕 Hegel, *Jenaer Realphilosophie*, p. 4.

在としてのその他者に関わるときだけである。他者を意識として、否定性として、換言すれば未だそれがそうであるところのものになっていない存在として認めることによってのみ、私たちは真に人間的なものとしてこうした他者に関わるのである。「欲望（…）は、実在的な自然的〈世界〉には存在せず、またそこには存在してこなかった実在に向けられている。そういう時にのみ、運動は〈未来〉によって生み出されているということができる。なぜなら、〈未来〉はまさしく（まだ）現実存在せず、（いまのところ）現実存在してこなかったものだからである」（『入門』134〔二〇二頁〕）。

〈他者〉が自然的存在と区別されるのは、それが未来性のための能力を持っており、したがって現在の観点からは非現実的な存在であるからである。ところが〈他者〉が社会的存在として生じるのは、その〈他者〉が承認され、かつこの承認が変容的行為の遂行から生じる限りにおいてのみである。欲望が承認を通じてこの二階の〔メタ的な〕存在を獲得する以上、欲望であったところの純粋な未来性は「〈歴史〉」に、あるいは同じことだが、「社会的〈承認〉を目指して遂行される人間的行為」（『入門』135〔二〇三頁〕）に変えられる。

歴史を自然から生じさせる行為の構造は、欲望が社会的同一性に変わることによって構成される。実存における「穴」、あるいは場合によっては「〈存在〉の不在」（『入門』135〔二〇三頁〕）として定義される欲望は、相互承認を通じて社会的実在性を求める否定的志向性として把握される。欲望は承認されなければ、肯定的存在を欠いており、承認されれば、第二の自然たる存在を、つまり相互に承認し合う欲望の共同体の創造を達成する。〈他者〉の世界がなければ、欲望や欲望のもたらす人格的行為体はなんら実在性を得ることはできない。「『承認された』人間的実在性《リアリティー》について語る場合にだけ、人間という語はその語の厳密で十全な意味において真理を述べるために用いられることが可能となる。なぜならば、ただこの場合においてのみ、ひとは実在性をことばによって開示しうるからである」(『入門』9〔一八―一九頁〕)。

コジェーヴは歴史を規範的に定義する。つまりコジェーヴにとって歴史は単に一連の出来事ではなく、むしろ自然的に与えられた存在を社会的な構築物へと実際に変容させるような一連の投企である。歴史とは一連の行為、つまりそれによってある理念あるいは可能性が実現され、なにかが無から創造され、人間発生論が成功するような行為なのである。コジェーヴは次のように述べているが、その定式化はヘーゲルの〈概念〉の一元論とは齟齬をきたしており、否定を純粋な創造と見なすサルトルの見解を予示するものである。

ヘーゲルの人間学の深淵な基礎は、次のような観念によって形成されている。すなわち、〈人間〉は〈空間〉における自己自身との永遠の同一性の中に存在する〈存在者〉ではなく、〈時間〉として空間的〈存在〉のなかで無化する〈無〉である、という観念である。つまり人間は、いまだ存在せず、いまだ無である観念ないし理想〔「投企」〕から出発し、所与を否定し変容させることによって――すなわち〈闘争〉と〈労働〉(Kampf und Arbeit)の〈行為〉(Tat)と呼ばれる否定によって――無化する〈無〉である。(『入門』48〔六三頁〕)

コジェーヴの『精神現象学』読解において、遍歴する主体は、歴史的行為者として最も洗練された形式を獲得する。さらに言えば、この歴史的行為体にはいくつかの極めて非歴史的な特徴がある。つまり、その容赦のない「無」、その行為の構造、承認という理想がそれである。コジェーヴによるヘーゲルの改訂が人間学と、人間発生論という規範的理念とを結果として可能にしているだけあって、主体の遍歴が事実上終わりに至ったことが示唆されることになる。コジェーヴの主体は、ポスト歴史的な行為者であり、その歴史的形成は終結しているが、この主体はもはや自己自身の歴史性を明るみに出すために弁証法的物語を必要とすることはない。集合的同一性へと出現する奴隷の視点から、つまり第四〔「主人と奴隷」〕章の結末の観点からすれば、物語的歴史はすでに終わっており、この歴史から出現する主体は人間発生論、主体としての実体の再生産を実演している。コジェーヴの歴史的行為者にとっては、進歩的歴史は終わっているのだが、この歴史的行為者が表現されるのは、全知の〔立場からの〕物語を通じてではなく、一人称単数の言葉においてである。主体の言葉が主体の行いに、主体そのものの言語的創造に、無からの《エクス・ニヒロ》創造になるのである。

『精神現象学』の物語戦略は内的関係論のために必要であることがわかる。つまり内的関係とは、常に部分的には隠されたままの、完全な形で把握されるには時間化された提示〔現前化〕を要するような、構成的関係のもつれである。これとは反対に、コジェーヴは形而上学的物語をなんら必要としない。なぜなら、コジェーヴの遍歴者の「生成」は自己産出的であるからである。実際のところ、その遍歴者は旅を切り上げて、存在論的な追放状況のなかで店開きし、『精神現象学』の議論とは反対に、実効的な主体性がいわばそうした土壌から出現しうるのだということをヘーゲルに見せつける。コジェーヴの主体には、ヘーゲルの描く絶えず近視眼的な遍歴者のアイロニーが欠けている。この主体が自分の理解を常に超出するとされる形而上学的領域に欺かれることはもはやないのである。反対に、コジェーヴの主体は喜劇的というよりはむしろ英雄的であり、変容的行為の実効性を実際に示し、自律性をもはや思い上がった自己評価の喜劇的な契機としてではなく、真の到達点として確証する。したがって、コジェーヴの歴史的行為者が語るとき、その行為者の自己の無が明確化され、そうして聞き取られうる発話の存在のうちに安置され、それによってこの行為者の欲望がこの行為者自身を生み出すことになる。発生的沈黙が隠蔽されたままでありながら、継続的に革新され続けられねばならない限りで、主体は「存在するものではない」が、この主体の内的不一致は、実効性をもつほど活動的なのであり、決して喜劇的なものではない。というのも、この主体は自己自身がこうした不一致であると知っており、自己自身の同一性の限定的なあり方によって騙されることはないからである。これは驚くほど完全で、きまじめな主体であり、もはや〈絶対者〉をずらすのではなく、今や〈絶対者〉が自分の自己そのものであると主張する。

コジェーヴは、明らかに自分の描く歴史的行為者に自由を帰属させているが、そのやり方はヘーゲルなら形而上学についての見識が足りないと言って退けたであろうものである。コジェーヴにとって欲望は、より包括的な実在性概念に解消されるような能動的否定ではなく、むしろ承認を追求し、それゆえに歴史的現実〔実在性〕を追求する自由な投企である。一見したところ、欲望する行為者を「自発的な進歩」と理解することは、「あらゆる人間的〈欲望〉は（…）結局承認への欲望の一機能である」（『入門』7〔二六頁〕）というコジェーヴの別の主張に照らせば、逆説的であるように思われるかもしれない。人間的欲望は、自発的であるにもかかわらず、最終的には既存の承認の慣習の領域内部からその意義を獲得する選択を明らかにする。換言すれば、欲望において、選択は私たちの求めるような承認のなかではっきりと顕われているが、承認を全て回避するということは選択の限界の外部にありつづけているのである。

ヘーゲルが『精神現象学』の序論を「学の本性の然らしめるように、個人はこのことに応じて一層己を忘れなくてはならぬ」(『精神現象学』¶72〔七二頁〕)という警句で締めくくっているにもかかわらず、コジェーヴは、社会的承認は常に個人の価値に向けられたものであると主張する。実際のところコジェーヴにとっては、人間的欲望を満たすような行為とは、そこにおいてひとが「そのひとの人間的な価値において、人間個人としての〔そのひとの〕実在性にもとづいて承認される」ものである。コジェーヴにとって、全ての人間的価値は個人の価値であり、「あらゆる欲望は価値への欲望である」(『入門』6〔一五頁〕)。〔コジェーヴにとっては〕承認には、個人をより包括的な共同体に回収する効果はない。コジェーヴは古典的リベラリズムの伝統にならって承認を、個人が共同体を形成する過程と見なしているが、こうした共同体は個人の発展を促進するものであり、個人の超越を促進するものではない。コジェーヴにとって、相互承認という状態に至ることの難しさは歴史的な衝突において具体的に示されている。個人としての行為者はみな、その共同体に属する他の全ての個人から自分の価値を承認されることを欲望する。〈他者〉を承認しない個人が存在する場合、これらの個人はこの〈他者〉を自然的存在あるいは物のような存在と見なして、この〈他者〉を人間的共同体から排除する。支配は、こうした文脈において承認を得ようとするという自己矛盾的な努力として生じる。コジェーヴにとって、支配への欲望は普遍的承認への欲望から派生したものであるが、圧制者――主人――の戦略はこうした企ての失敗を保証している。主人は自分の個人的な意志を自分に依存する奴隷に押し付けようとするかもしれないが、こうした押し付けが主人の必要とする承認を導き出すことは決してない。主人は自分がその人から承認されたいと願っている者〔奴隷〕の価値を認めないので、主人はその奴隷による承認を人間的承認として受け取ることができないのである。

コジェーヴにとって、欲望の満足は同時に個人の進歩でもあり、相互承認の普遍化、つまり、社会的価値の平等主義を普遍的に打ち立てることを要求するものである。歴史の中で一貫して諸々の利害関心の衝突を生み出してきた承認をめぐる闘争は、ひとつの根源的民主主義の登場を俟ってのみ完全に克服されるのである。逆に言えば、この種の平等主義は個人の価値の完全な承認や、欲望の満足とその社会的な統合とを含意することになるだろう。

> 人間が真に「満足」させられ、〈歴史〉が終わることが可能なのは、各人の厳密に個別的で、人格的で、個人的な価値が、そのものとして承認され、すべての個別者により、〈国家〉の普遍的な価値が(…)承認され認められる、そうした社会や〈国家〉が形成されるときだけであり、そうした社会や〈国家〉が形成されることによってのみである。(『入門』58〔七七頁〕)

コジェーヴは、自分が分析を通じて解き明かしているのはヘーゲルの体系の本質にほかならないと述べている。それにもかかわらず、実のところコジェーヴは、『精神現象学』のいくつかの中心的主題に限定して分析を進めており、それらの主題を独特の現代的な仕方で洗練させているのは明らかなように思われる。明らかにコジェーヴは、個人的欲望を社会的、政治的世界の基礎とみなす近代のリベラルな構想を受け入れている。かなり多くのヘーゲル研究者が、精神《ガイスト》概念において、そして精神《ガイスト》概念によって個人的欲望は超越されているにもかかわらず、明らかにコジェーヴは、ヘーゲル的な理想社会を個人性と集団性との弁証法的な媒介を維持するものと理解している。実際のところ、〔コジェーヴにおいて〕集団的な生は、個人の欲望を承認することができることを証明することによって、最終的な基準や正当化を得るように思われる。

しかしながら、コジェーヴ独特の民主主義的マルクス主義は、欲望の衝突というホッブズ的見解を再解釈することなしにこの見解に依拠しているわけではない。ヘーゲルに即して、コジェーヴは個人的欲望の衝突を自然状態と見なすのではなく、相互承認の原理に基づく普遍的に受け入れられた社会秩序を通じた衝突の止揚を含意するものと見なしている。さらに、個人性それ自体は、厳密に個人的な欲望としてのみ理解されるべきではない。なぜなら、欲望は他者の欲望の承認と他者の欲望による承認を通じて、際だって人間的な主体性を創造するのだからである。したがって個人性が、その完全な表現やその満足を得るのは、社会的な領域への参加を認められることによってのみである。ホッブズ的な見方とは違って、自然なものとしては敵対しあう欲望間の衝突を調停するために、社会が人為的な構築物として生じるわけではなく、社会は欲望の明確化やその満足に資するのである。したがって、政治的共同体は、厳密にいって承認という国家装置に先立って存在する個人的意志を承認するのではない。むしろ、承認そのものが真の個人を、真に人間的な主体性を作り上げるのを促進する。こうした真の個人の構成が欲望の最終目標なのである。歴史の終わり、欲望の満足とは、あらゆる個人の、他のあらゆる個人による承認が成功することである。

自然法の伝統に則ったコジェーヴのヘーゲル読解は結果として、もともとのヘーゲルの理論よりも個人に価値を認める理論となる。コジェーヴは、主体的視点を受け入れることで、欲望が前提するとともに実演する自由や時間性の構造の観点から、欲望を分析することができた。とはいえ、コジェーヴは、意識と自然との区別という考えが染みついていたせいで、欲望を脱身体化された追求にしてしまう。つまり〔コジェーヴにとって〕、欲望は否定であるが、この否定は身体的生によって支えられてはいないのである。コジェーヴが欲望する行為者を「否定」や「無」と呼ぶことは、抽象性を免れないが、このことは哲学的な帰結をもたらす。承認の追求は生の内部で出来せねばならないというヘーゲルの主張は、依然として正しい。身体は、単に欲望の前提条件ではなく、その本質的な媒体でもある。自然を超出しようとする限りで、欲望は、生をも超出しようとする。私がイポリットを取り上げるのは、ヘーゲル的な欲望の定式化をなお悩ませている、〈規定されていること〉と自由の逆説《パラドックス》を再考するためである。英雄的主体はなお可能なのだろうか。欲望を脱身体化した産出性と理解することは妥当なのだろうか。あるいは、この逆説《パラドックス》はヘーゲル的な綜合が解消することのできない両項における矛盾なのだろうか。ヘーゲル的主体の価値を実存主義的に転換させることを受け入れながらも、生のただ中にこの主体を位置付け、自然的な世界に本質的に関連付けられた身体化された存在のなかにこの主体を据えることは、何を意味するのだろうか。もし私たちがこの主体の有限性をもっと真剣に受け取るならば、この主体の欲望や行為は次にはどのよう画定されるのだろうか。もしコジェーヴの人間発生論の企てが不可能なのだとすれば、かつては喜劇的であり、次には英雄的であったこの主体は、いまや悲劇的な形象になるのだろうか。

イポリット――欲望、消失、絶対者

現代の人間世界において、悲劇が消滅しているとはとうてい思われない。われわれは、人間の実存が、その脆弱性において、危機にさらされているということをよく知覚することはできるが、ヘーゲルとは違って、このことが理性的なものと一致していると確信してはいない。またしてもこの一致は、我々がもはや要請することのできないような楽観主義である

――ジャン・イポリット、「人間の実存における「普遍的な承認」の現象」

イポリットがヘーゲル研究に着手したのは、ある面では、ポスト歴史的な時代〔時間〕においてヘーゲル主義を根拠づけようとしたコジェーヴの試みを引き継ぎ、それを修正するためであった。しかしながら、イポリットは『精神現象学』に『論理学』や『初期神学論集』を関連付けることで、人間的精神をめぐるコジェーヴの英雄的物語がもつ人間中心主義的なバイアスから逃れようとした。コジェーヴの主体は歴史上の場面における全能な行為者〔役者actor〕として現れ、歴史と時間の両方を創り出す行為体として形而上学的なスタンドプレーを犯している。イポリットの見解では、目的論的な歴史に終わりが告げられたことで、ヘーゲル的な主体をさらに限界づけることが必要となった。つまり、最も偉大な行為者でさえ、あらゆる人間的生に伴う時間的な強制から自由ではなく、英雄主義がその終わりを迎えるのは不可避なのである。かつては内的関係の形而上学に依拠していたヘーゲル的遍歴者は、コジェーヴに

とっては、唯一相互関係の創造に責任を負っている歴史的行為者となり、さらにイポリットにあっては、この主体は自身の場所にますます確信を持てなくなる。事実、この主体の「場所」は、その主体の「時間」、その同一性の時間的基礎、つまりその生の必然的な不安であることが判明する。

一九三九年から一九四二年にかけてイポリットによる『精神現象学』の仏語訳が段階的に刊行されたのに続いて、一九四六年には彼による『精神現象学』の記念碑的な注釈『精神現象学の生成と構造』が刊行された。イポリットの『精神現象学』についての省察の多くは、この『精神現象学の生成と構造』に見られる。このタイトル自体がすでに探究される哲学的問題を示唆している。つまり、その「生成や構造」に関して分析を行なう余地が『精神現象学』にあるということは、ヘーゲルの語りを適切に理解するためにはまたもう一つ別の概念的図式が必要であるということを示しているのである。この注釈書において一貫してイポリットが主張しているのは、歴史の進歩的運動や主体の満足に関する現象学的な想定は歴史的に条件付けられた観念だということである。それゆえ、『精神現象学』を超えた見地からしか、このテクストの歴史的起源は明らかにされえない。しかしながら、まさにこの主張は『精神現象学』そのものの「構造」の結果である。つまりそこでは、最も賢明であり、最も包括的である者、つまりどんな既存の統一された世界像をも不和へと崩壊させ融解させてしまう条件を見極められる者のもつ回顧的観点が特権視されているのである。事実、イポリットは、『精神現象学』が進歩を想定していることを批判するために回顧的な知の原理を用いるのであり、そうして『精神現象学』そのものを超えた移行を行うために、ヘーゲルの語りにおける移行の再帰的構造を練り上げるのである。そもそも『精神現象学』が注釈を要するということ自体、歴史的経験によってヘーゲルの常に楽観的な物語の最善主義《オプティミズム》の支持が不可能になっているような中で、このテクストを読解するということが持つ問題を指し示している。目的論的な歴史モデルに疑義を呈しつつもなおヘーゲル主義者であり続けるためには、このテクストそのもののなかにポスト歴史的なものが先取りされているのを見出す必要がある。コジェーヴは、現代性のこの経験が奴隷の中に具体化〔身体化〕されているのを見出した。奴隷は、恐怖に慄いて、身体から分離された抽象という生へと逃れ、さらには単一の行為において歴史と形而上学的真理とを切り出すことで哲学的な職人となったのだった。これに対してイポリットは、ヘーゲルの現象学という物語をもっと手前で、〈生〉や欲望の無限な労苦という契機において停止させる。

イポリットは、さらなる欲望ではないような個人の有限な生の内部においては、欲望は一切の影響をもちえないということ、究極的な満足は不可能であるということ、人間の否定性は決してより高次の同一性へはうまく統合されないということを、はっきりと理解している。欲望の無限性には「自己確信の真理」章で言及されており、また『論理学』や『初期神学論集』でもそうと明示されずに論じられているが、実際、無限な欲望の経験は、『精神現象学』の「ポスト歴史的」契機であるのみならず、ヘーゲルの形而上学的〈絶対者〉概念のもつ近代主義の端緒でもある。

イポリットは時間を一元論的絶対者として復権させることで、コジェーヴの存在論的二元論へのオルタナティブを提示している。コジェーヴにとって人間の世界と自然の世界は存在論的にはっきり区別された領域であったのに対して、イポリットにとって時間の共通構造は両方の世界を支配する一元論的原理として機能している。イポリットは「ヘーゲルの仕事のなかに、実存主義と響き合うようなものをできるだけ見出そうと試みている点においてコジェーヴに同意する」(*Figures*, 239) と主張してはいるものの、彼がコジェーヴは〔ヘーゲルにおける〕重要な実存的テーマの説明に失敗したと考えていたのは明らかである。コジェーヴが否定を、自然的世界に人間の徴表を記す変容的行為として解釈するのに対して、イポリットは否定の領域を拡張し、人間的主体性が否定性であるのは、それが死に向かって行動する時間的な存在だからだと主張する。歴史的な行為者というコジェーヴの形象は暗黙のうちに時間性の実存的事実を否定している。コジェーヴは目的論的歴史という概念を批判しているものの、人間の実存という目的《テロス》への信仰を捨てはしなかった。したがって、コジェーヴにとって目的論的な歴史観は、拒否されているのではなくむしろ、個人の生の潜在的な特徴として内面化されている。実存の「目的〔終わりend〕」が見出されるのは、自己自身の行為が世界的規模の承認に関与する度に普遍史を形作るような生の物語においてである。イポリットが示唆するのは、この「終わり」あるいは一連の「終わり」は単につかの間の達成にすぎないということであり、この到達点の「つかの間の」地位は、コジェーヴの理論のなかでは分析されないままにとどまっているということである。このようにコジェーヴは、ポスト歴史的な時間の帰結、慰めなき時間性の経験、時間を〈生〉の本性とする思想について徹底して考え抜くということがなかった。

　イポリットによれば、コジェーヴの見解が制限された人間中心主義に陥らざるをえないのは、彼がほぼもっぱら『精神現象学』だけを重要視するためである。

> 『精神現象学』は人間の精神がその歴史の終わりへと向かっていくという叙事詩、〔人間の〕否定性の働きについての叙事詩であると言えよう。この歴史が自覚されてゆくうちに、現在において完成さ

れたヘーゲル哲学は、絶対知になりうるのである。(*Figures*, 237)

しかしながら、否定性は『精神現象学』の主体の歴史的な自己構築に見出されるだけではなく、イポリットが、時間の機能であり〈生〉の存在を構成していると見なす差異の思考のうちにも見出される。イポリットは次のように記している。

私は、コジェーヴの解釈はあまりにも極端に人間中心主義的だと思う。ヘーゲルにとって、絶対知は神学ではないが、人間学でもない。絶対知とは、思弁的なものの発見、つまり人間や歴史を通じて現れる存在についての思考の発見であり、絶対的啓示である。この意味での思弁的な思考こそ、コジェーヴの純粋に人間学的な解釈が反対したものであると私には思われる。(*Figures*, 241)

イポリットはヘーゲルの著作における二つの傾向を区別している。一つ目の傾向は主体の観点から出発するものであり、もう一つは、いわば、実体の観点から、つまり「存在の冒険」、形而上学の主体なき滞留から出発するものである。「『精神現象学』の序論についての註——絶対者は主体である」と題された論文で、イポリットは次のように述べる。

われわれのみるところ、ヘーゲルの思想には、相補的でほとんど調停不可能な二つの側面がある。(1)第一の側面として、歴史、つまり具体的な人間の冒険という思想がある。これは、具体的な人間の冒険の経験を考慮に入れることを通じて構成されている。（2）第二の側面として、人間の冒険だけでなく、〈存在〉――ヘーゲルの言い方では〈絶対者〉――の冒険もある。だからヘーゲルの思想は、歴史や生成や時間性を超えた思弁的絶対知なのである。（*Figures*, 334–335）

絶対者についての思弁的な知は「歴史、生成、時間性を超えて」いるとはいえ、人間的意識は自分の時間的な生命を介してしかそれにアクセスすることができない。生命は人間的時間性を通じて理解される思弁的なエレメントであるが、そのエレメントは、人間的現実《リアリティ》とのどんな関係からも切り離された論理的、自然的な諸関係にとっても本質的なものであり、人間の時間性を超越してもいる。したがって、イポリットは〈人間〉の存在を求めているのではなく、〈生命〉の存在を求めているのである。イポリットはこのような〈生命〉、すなわち形態が分け与えられかつ解消される過程【5】へ回帰することで、絶対者を動態的であり、かつ徹底して一元論的でもあるものとして発見する。

イポリットの時間概念は人間学的というよりは思弁的なものであるために、時間を人間的行為者の様々な「投企」によって創造されたものとして要請したコジェーヴと対立している。イポリットにとって、時間は人間的現実《リアリティ》を脱自的なek-static企てとして、つまり永続的な自己離反の様態として構成するものである。時間のなかで生きている人間存在が必然的に自己自身に対して他なるものとなるのは、単に人間存在は記憶と予期両方の中に同時に居場所を見つけることができないからというだけでなく、時間そ

【5】本書、一〇四頁参照。

のものが必然的に人間存在の及ぶところのものではないからでもある。実際のところ、時間とは人間の創造物であるというよりもむしろ、人間のあらゆる創造性に対する必然的な限界、人間のあらゆる創造の不可避的な消失である。コジェーヴにとって絶対者は歴史的というように相応しい行為のうちに見出されるのに対して、イポリットにとって絶対者が見出されるのは、歴史的行為を絶対的ではないものとして明らかにせざるをえない時間性においてである。コジェーヴは、〈生命〉が必然的に反復するものであるという『精神現象学』の重要なヘーゲルの教訓を忘れてしまっているかのようである。実際のところ、コジェーヴの〈歴史〉観は時間に対立しているように思われる。コジェーヴにおいて、歴史的行為や作品は、時間を超えて、人間精神を動物的生命の無為なあり方から歴史的世界の永続性へと高めるとされる。また、もし歴史が永続性の領域として理解されるなら、歴史そのものが時間と対立させられなければならないことになる。コジェーヴは同様に、真に人間的な課題は時間を〈歴史〉に変容させることであると主張することで、消失を持続可能な形式へと解消することを認める。この意味で、コジェーヴが奴隷の知恵を絶対的な課題へと高めたのは、奴隷が、作品を創造することによって、「欲望が抑制され」「消失が妨げられる」（『精神現象学』¶195〔一九五頁〕）ことを学ぶからである。〔それに対し〕イポリットにとっては、自分の行為を通じて自己自身を時間の外に押し上げるこうした行為者は生を欠いた存在、生に背いた存在である。イポリットは、形式の崩壊がその再構築と同じくらい生にとって本質的であることを強調している。したがって、イポリットにとって絶対者とは達成そのものではなく、達成と喪失の弁証法であり、存在と、人間の領域における欲望の永続性との不断の不一致であり、消失の不可避性なのである。

イポリットは自分のプロジェクトをヘーゲルの書き換えというよりも、あまり論じられてこなかったヘーゲルの主題の練り上げと理解している。絶対知を時間の思考として解釈している点がその好例である。

> 絶対知は実際には存在しない【6】。それは生成の彼方、叡知的あるいは超感性的領域にあるのではない。しかし、この生成は分散した連なりでもなく、結合を欠いているわけでもない。それは先例のない目的論であり、意味の冒険である。そこでは諸契機が時間の諸契機のように結合しつつ分離しあっている。「時間は定在する〈概念〉であり（……）生命の不安定と絶対的区別の過程である」。
> (*Figures*, 335)

イポリットは、絶対者を「生命の不安定」と解釈することで、ヘーゲルをキルケゴールに一層近づけている。イポリットは、ヘーゲルの『初期神学論集』が、〈絶対者〉を逆説《パラドックス》と見なすキルケゴール的見解を明らかにしているというジャン・ヴァールの議論に依拠しながら、「生命について徹底的に思考する」というヘーゲルの試みは、キルケゴールの「実存の思想」と同様に、逆説的な試みであることを主張している[12]。イポリットによれば、絶対者について、すなわち万物を構造化する真理について思考しようとするヘーゲル主義的思想家は、時間そのものについて思考することを学ばなくてはならない。そし

【6】フランス語原文では「それ以外のどこにも存在しない」(Figure 355) だが、バトラーの英訳にしたがった。

て、この思考は必然的に、不安、よるべのなさ、消失の不可避性といった経験となるはずである。したがって、絶対者について思考するとは、〈時間性の知〉と〈この真理の時間的な経験〉の両方に取り組むことである。要するに、時間の真理が認識されるためには、耐え忍ばなければならないのである。

この注釈書〔『ヘーゲル精神現象学の生成と構造』〕の序論において、イポリットは、人間の存在と生命の存在との概念的綜合を成し遂げようというイェナ期の一貫したヘーゲルの試みを再構成している。『初期神学論集』において、ヘーゲルは知る主体としての人間の有限なパースペクティヴと世界の無限性との間の理性的運動の可能性を退けていた。『人倫の体系』においては、ひとえに宗教的運動だけがこの移行を成し遂げることができると論じられる。また「自然法論文」においては、超越論的直観の概要を描き、それだけが意識の単一の運動の内で有限なものと無限なものを把握しうるとしていた。イポリットによれば、ヘーゲルがのちに無限なものの理性的な把握として〈概念〉を発展させたからといって、そのことは理性の限界をめぐるかつての自説と完全に断絶しているわけではない。理性は、宗教や直観に取って代わるというよりも、むしろそれらを受け入れるのである。イポリットは以下のように主張している。

初期においてヘーゲルは、生命や自己の存在を思考によって極め尽くすことはできないと断言していたのだが、後に『論理学』においては、そうした存在の直観を理性的な形式において表現しようとすることとなった。しかし、そうだとしても、このことから、〔『論理学』のヘーゲルには〕最初の直観からは何も残されていないのだと結論づけてはならないだろう。それは、ヘーゲルの全体系がそこから発展した核なのである。〔『生成と構造』147〔(上)一九四頁〕〕

イポリットによれば、『論理学』においてさえ、〈概念〉は無限性概念に結び付けられており、したがって概念的な知は、ひとつの規定された行為や一連の行為であるというよりもむしろそれ自体連続的な過程でなければならない。概念的な知の目的は〈存在〉の把握を高めることによって〈生成〉を解消することではなく、むしろ、このように〈存在〉の把握が高められていくということが持続的〈生成〉にほかならないということを発見することである。〈存在〉は、もはや単なる同一性としては把握されず、差異における同一性、あるいは同じことだが、時間をつらぬく自己関係性である。同一性は、あたかも空間的な関係がこの二つのものの間に存在しつづけているかのように、差異を「含んでいる」わけではなく、そこでは同一性は流動そのもの、つまり自己の永続的な「不安定」として定義されるのである。『精神現象学』の序論について注釈するなかで、イポリットは「〈絶対者〉は常に不安定で動揺しており、そのなかで傾向性、衝動は達成された結果の陰に隠れはしない。（……）〈絶対者〉は常に変化の審級であり、常に出発、冒険である」(*Figures*, 333) と記している。人間の存在と生の存在とが同一視されうるのは、それらに無根拠性が共通しているから、安定した形而上学的場所を喪失しているからである。したがって、

〔12〕イポリットは以下のように主張している。「全体的にみれば、キルケゴールがヘーゲルに対して正しいことに疑問の余地はない。しかもわれわれのここでの目的は、ヘーゲルの体系をキルケゴールの批判から弁護することにあるのではない。われわれに関心があるのは、青年期論集や『精神現象学』の著者ヘーゲルのなかに、ふつう信ぜられているよりもキルケゴールから遠くはない哲学者がいることを明るみに出すことである。J・ヴァールは『ヘーゲル哲学における意識の不幸』という著作のなかで、ヘーゲルの青年期論集の具体的で実存的な性格を見事に論証した」。("The Concept of Existence in the Hegelian Phenomenology," 22–23〔イポリット「ヘーゲルの『現象学』における実存」、宇津木正ほか訳『マルクスとヘーゲル』、法政大学出版局、一九七〇年、二七頁〕)

ヘーゲルの形而上学的主体はもはや形而上学的場所に鎮座しているものとしては理解されず、いまや現代的なものとして、不安なものとして、絶えず転位されているものであることが明らかにされる。「生の存在は実体ではなく、むしろ自己の不安定性なのである」（『生成と構造』149〔(上) 一九七頁〕）。

「主人と奴隷」の節の前で登場する、無限な欲望や〈生命〉といった主題にイポリットが関心を持っているとはいえ、彼はこれらの先行するカテゴリー〔欲望と〈生〉〕が、明らかに前者〔「主人と奴隷」〕の説明を可能にしていると考えている。自己の「不安定」、時間についての自己の経験は、〈他者〉の経験によって悪化させられる。実際のところ、この主体は、社会的存在としてのみ、〈生命〉が自己自身の企てにとって本質的であるということ（〈生死を賭けた闘争〉）、死への恐れが個体化をもたらすということ（すすんで自分の〈生命〉を危険にさらすこと）を学ぶのである。反復の必然性ならびに形式と無形式性の弁証法たる〈生命〉は、時間の弁証法的概念である。死についての知は、主体に、時間に限界があることを知るのを強いる。ところが、この主体が〈他者〉と出会うなかで学ぶのは、自分が一挙に存在するのではなく、失われたり、元通りになったりを交互に繰り返すということである。「この生命は不安定なるものなのである。自己は、自分を失い、自分の他性のなかに自分を見出すものであるが、生命はこうした自己の不安定性なのである。しかし自己は決して自分と一致することはない。なぜならそれは自己であるためには、いつも他なるものでなければならないからである。」（『生成と構造』149-150〔(上) 一九八頁〕）。

ここでは、もはやイポリットは主体と実体の一致を確信しておらず、主体と実体との無限な不一致を認めており、この（一方の他方に対する、そして各々の自己自身に対する）不一致が両者に共通する状況であることを断言している。自己とその他性の絶対的媒介は、もはや実行可能な企てとは見なされず、イポリットは、自己が他性を超出しているのと同様に、他在もまた常に自己を超出していることをはっきりと述べるのである。イポリットは、存在の核心におけるこの不一致あるいは不安定は、ヘーゲルの無限概念や、〈存在〉に対する〈生成〉の優位〔のテーゼ〕、すなわち〈存在〉を〈生成〉の運動としてとらえ直す点に伏在していると理解している。〔主体の間の〕相互的欲望は、無限なものについてのこのような思考にアプローチしようとするものであるように思われる。したがって、イポリットは、欲望は「絶対的衝動」[13]であると主張することで、欲望と〈概念的〉思考とが同一であることをはっきりと述べている。

概念は全能である。しかし、これが全能であるのは、自分の他者において自分を顕現させ自分を確証するかぎりにおいてのみである。概念は普遍であるが、この普遍は、特殊の魂のなかにあらわれ、この特殊において完全に自分を否定の否定、すなわち本来的な個別として規定するところのものなのである。あるいは、さらに、概念とは愛である。それは絶えず二元性を乗り越えるために、二元性を前提しているのである。(…)概念は他化のなかで自分自身にとどまる自己、自己生成の過程においてしか存在しない自己、こうした自己以外のなにものでもないのである。(『生成と構造』147〔(上)一九四-一九五頁〕)

[13] Hyppolite, "The Human Situation in the Hegelian Phenomenology," in his *Studies on Marx and Hegel*, p. 169〔イポリット「ヘーゲル現象学における人間の状況」『マルクスとヘーゲル』、二〇一頁〕. "The Concept of Existence in the Hegelian Phenomenology," 26–27〔「ヘーゲルの『現象学』における実存」、同書、三二一-三三頁〕も見よ。

相互の欲望はパートナーそれぞれの自律性を絶えず拡張し続ける方向へと展開していく。「欲望は必然的な他性によって条件づけられている」(『生成と構造』162〔(上)二二五頁〕)のだが、しかしこの他性は、自己意識が〈他者〉を自由に対する制限としてではなく、自由の条件そのものとして発見するたびごとに止揚される。具体的にこのパラドックスの意味が明かされるのは、ようやくサルトルの、自己と〈他者〉の弁証法においてということになるのだが、ここでは私たちはその意味を外的に推測し始めることができる。このように〈他者〉が、危険の源泉であることから解放の約束へと絶えず変容することになるのは、〈他者〉の身体の価値転換によってである。自己と〈他者〉とは互いを観察しあい、両者の相互作用の過程で起こる精神的出来事を記録しているのではない。自己と〈他者〉とは、互いに互いを欲望しあっている。というのも、〈他者〉の外在性すなわち身体は、欲望を通じてのみ、それ自体自由の表現になるからである。欲望の企て《プロジェクト》は〈他者〉の外在性が〈他者〉の自由によって満たされているのを見出そうとしている。欲望とは身体によって表出されるものであり、顕わになった自由である。身体が意識に生を与えるとき、すなわち、身体が否定を維持しつつ表出する逆説的な存在になるとき、〈他者〉の他性は、乗り越えられるのではないにせよ、和らげられることになる。この意味で、欲望は自由の身体化であり、相互的欲望は無限な交換をもたらすのである。

イポリットにとって欲望が追求する存在論的企ては、ヘーゲル自身の定式化のなかに根拠がある。しかしこの企ては、絶対的なものは、理性的なものと現実的なものとの一致として識別されうるという前提からは逸脱してしまっている。欲望は世界と存在論的に結びついたものとして自己自身を発見しようと努めていることをたえず主張しているとはいえ、この存在論的な非-連結が時間の存在であると断言することで、イポリットはこの主張を修正しているのである。イポリットは、「欲望の最も深淵な目的はそれ自身を存在として知ることである」、つまり規定されたものあるいは実定的なものとしてではなく、内在的に否定された存在として、時間化された逆説的な存在として知ることであると主張している。イポリットは『論理学』におけるヘーゲル自身の主張に踏み込み、次のように述べる。「われわれが通常、〈精神〉について、それが存在するだとか、存在をもつとか、物であるとか、個別的な実在であるとか言うとしても、そうすることで、精神は、見たり、手に取ったり、たたいたりすることのできるものだなどと言おうとしているわけではない。しかしわれわれはまさしくそうした言明を行っているのである」（『生成と構造』167〔(上)二二二頁〕）[14]。イポリットにとって、意識および生命一般の特徴をなすような存在、すなわち欲望を特徴付けるような存在は、「単に、実定的な実在性、定在《ダーザイン》であるだけではない。定在《ダーザイン》は、それを超出し、それに外的であるにとどまるものによって破壊されて消滅し、したがって絶対的にほろびさるものである。自己意識とは、この実定的な実在性の核心において自分自身を否定し、そしてその否定によって自分自身を維持するものでもあるのである」（『生成と構造』166〔(上)二二一頁〕）。

自己超出あるいは内的否定は、複数の自己の間の相互承認関係を必要とする。イポリットによれば、欲望の目的、すなわち「存在のなかに自己自身を見出し、自己自身を存在させるという人間の使命」は、「自己意識と自己意識との関係においてのみ実現される」（『生成と構造』167〔(上)二二二頁〕）目的である。承認は他性からの自己の「回復」を条件づけ、それゆえ自律性の企てを促進する。この自己は、より完全

〔14〕『生成と構造』163〔(上)二一五－二一六頁〕も見よ。

に回復されればされるほど、全実在性を一層包括するようになることが明らかになる。というのも、「回復」とは撤退ではなく拡張、共感を強めることであり、たとえ暗黙のうちにではあれ自己がはじめから巻き込まれていた諸関係を打ち立て、発見することだからである。

反省的でもあり同時に志向的でもあるという、他性の両義的な発見が、欲望の行為、すなわち自己意識の本質をなしている。イポリットが論ずるように、「具体的には、これは人間の本質そのもの、『決して自分がそれであるところのものではない者』、常に自己自身を超出し、常に自己自身の彼方に存在する者、未来を持つ者、自己自身が欲望であることを意識している自分の欲望の永続性を除いては、あらゆる永続性を拒絶する者としての人間の本質である」（『生成と構造』166〔（上）二二一頁〕）。欲望の経験は〈概念〉になることを私たちに教えはじめる。欲望の永続性――〈他在〉の超出不可能性――は、無限なものの生きられた経験なのである。したがって、イポリットは、ヘーゲルの「自己意識は〈欲望〉一般である」という論点だけでなく、「自己意識は意識において自己自身を実現し、また意識によって自己自身を実現する無限性の概念である」という論点をもまた現象学的に解しているのである（『生成と構造』166〔（上）二二〇頁〕）。

イポリットは、絶対者をヘーゲルの体系の終結＝閉鎖性として解釈するのではなく、その不可避的な開かれとして解釈することで、ヘーゲルの『精神現象学』は規定された目的への運動であるという見解に反対している。精神《ガイスト》が達成する存在は、否定性を欠いた充足ではなく、実定的存在と無との間の無限な運動である。ヘーゲルのもともとの定式化において欲望は、自己と世界の両者を外的に関係し合う対立物以上のものとして打ち立て、開示するものとして理解されていた。自己と世界とを共通して構造化している存在は、全てを包摂する反省性として、つまり自己自身の内部に差異を含みこんだ二階の存在として、理解されるべきものであった。その諸契機の統合性を保ちうると同時にそれらの契機の本質的な相互依存性を明るみに出しうるような、全てを包摂する存在を見出そうという努力はパルメニデス的な存在、つまり、それにとっては変化が単に現象的錯覚にすぎないような存在ではありえない。こうした包摂的存在はそれ自身無限なものを含みこんでおり、無限なものを構成要素として持つはずなのである。とはいえ、このように語ることはなお、実体的なモデルにおもねっている。というのも、もし仮に存在が、述語をその外皮の内部に含みこむ、あるいは述語を外皮への無数の付着物として携えている「容器」すなわち実体であるならば、そうした存在がヘーゲルの構想の持つ目的に適うはずがないからである。このように語ることで、空間モデルが無用とされている。つまりそれは、実体を、非連続で独立した実在として想定し、述語はこの実在に恣意的にのみ関連づけられるものとするモデルである。ヘーゲルの見解における実体と述語との弁証法的な、つまり相互に構成的な関係を正当に評価するためには、実体と属性とが相互に交換可能であることを説明するモデルを考案しなければならない。無限なものを「含みこむ」ような存在は、――この比喩を拡張し、そしてそうすることで掘り崩そうとするならば――無限なものによって含みこまれてもいる。したがって、実体と述語との関係は二重の関係であり、すなわちこの場合は、無限なものを存在の一側面として提示し、かつ存在を無限なものの一側面として提示するような関係である。実体と述語との間にある通常の序列は、二つの役割の絶えざる交換によって転覆させられる。それゆえ、二階の存在は、このような「である〔存在〕」の思弁的な意味において、無限なものとなる。〈概念〉――自己の存在と世界の存在とを構造化する、知と存在の形式――は、時間そのもの、無限な転位、明白な差異によって常に生み出される世界の運動なのである。

もし絶対的なものが無限であり、欲望が「絶対的な衝動」であるならば、欲望はもはや「満足」を追求せず、むしろ「欲望としての自己自身の永続性を除くあらゆる永続性を拒否」して、自己自身を欲望として維持しようと努力することになる。満たされざる欲望としてのみ、意識はなお生き続け、生命の存在と統一されている。この統一は、同時に自己と非-自己との無限の反目であり、この反目によって有機的世界は運動させられるとともに運動状態のままにおかれる。欲望の不満足は、規定された不満足と見なされねばならない。すなわち、それは志向性を伴う不満足なのである。欲望の不満足は、単なる渇望でも、欲望の対象から無限に隔てられたタンタロスの苦境でもない。欲望の不満足は、生命のただ中において、静止状態ではなく運動の帰結として発見されるような、すなわち規定された同一性と時間とを調停させるという不可能な企ての結果として発見されるような、不満足なのである。

こうした自己意識の不一致は、欲望の対象が常に部分的には隠されているということをも含意している。欲望の目的は常に二重である。つまり、規定された対象（志向的目的）と、より大きな自律性に到達しようという企て（反省的目的）とである。言い換えれば、欲望は常に自己とは別の或るものを求めているが、常に自己構成の企てに巻き込まれてもいる。欲望の目的が二重であるがゆえに、欲望の「実在的な」対象《オブジェクト》を特別扱いしようとする試みは、欺瞞に陥らざるを得ない。欲望の対象を規定された思考に従わせる《サブジェクト》試みは、結局のところ、切り詰められた真理であることが明らかになる。それゆえ、欲望の問題は、自己意識の逆説的な本性についての問題、つまりいかにして他性のただ中で自己自身を維持するのかという問題であることになる。もし私たちが欲望の目的を、自己自身を発見し反省するという単一な同一性の目的に解消してしまうならば、私たちは他性の領域を不要にし、それによって自己をも喪失してしまうことになる。さらに、もし、欲望を誘発することが規定された対象の本性であると主張するならば、私たちは欲望を特徴づける同一性の企てを閑却してしまうことになる。それゆえ、欲望の真の目的を規定しようとするあらゆる努力は、必然的に、欺瞞的であらざるをえないことになる。したがって、欲望は常に部分的な欺瞞の必然性のもとで機能すると言うことができるのである。イポリットに倣って言えば、「欲望とは、本質的に、それが直接的にそうであるかのように見えるもの以外のものである」(『生成と構造』160‐161〔(上)二一二頁〕)。

自己反省は欲望の一形式として理解される必要があり、また欲望は同一性を主題化しようとする認知的努力として理解される必要がある。というのも、ある程度欲望は自己反省への欲望であり、また自己自身を欲望として維持しようとするからである。欲望と反省という二項が相互に排除し合わないのは、反省が欲望の志向的な目的の一つを形成しており、欲望自体が生命と反省という両義的な企てとして理解されうるからである。思考の条件を把握すること、つまり反省的身ぶりを生み出した生命について反省することを通じて十全に存在する存在となることが、『精神現象学』の最高の目的であり、全てを包摂する欲望の目的である。欺瞞はパースペクティヴの一機能として出現する。つまり、人間的意識は自己自身が出現する条件を決して完全に把握することはできないし、「把握する」という行為においてさえも意識は生成の過程のなかにある、という乗り越え不可能な事実の結果として欺瞞は出現するのである。

イポリットにとって生命と思考とのこうした不一致は、絶望する理由にはならない。可能性を持った同一性を獲得しようという企ては、それが成功する保証がないからというだけでは、失われてしまうことはない。この企ては、自然的、目的論的な原理によって必要とされるわけでもなければ、成功する望みありきで実行されるのでもない。実際のところ、この企ては恣意的でもあり、かつ失敗する運命にある。自己自身を知ろうと努力すること、つまり自己自身の生命の条件を思考しようと努力することは、自由であろうとする欲望の働きである。人間的意識は、〈他者性〉を同化することを通じてしか、単に実定的なだけの存在の脆弱性から逃れることはできない。したがって、もともと、反省しようとする欲望は、否定を行なう存在として、すなわち有限な存在のなかに隠れていながらも、回避されてもいるものとして、自分自身を確立しようとする欲望に依拠しているのである。

欲望の運動に目的《テロス》、つまり終わりや動機付けの力があったとしても、それは死としてしか理解されえない。人間的生命が単に実定的なだけの存在であるとすれば、それが自分を取り巻く環境に対して影響力を持つことはないだろう。それは単に自己自身であり、没関係的で、粗野なものであろう。この生命は単純な身体としては実定的存在として現れることになるだろう。この実定的存在は単に存在して消えていくだけであり、実存する限りでは実定的実存を持ち、死せる者としては無規定な否定である。人間的生は、否定を欠いた実定的存在と解釈されるとしたら、それ自体、死によって取り消しできないほどに否定されることになるだろう。とはいえ、欲望は、有限な生命を構成するものとして生じる否定的原理である。つまり、この原理は内的関係のネットワークの内部で自己の場所が絶えず移行し続けるのを明るみに出すことによって、実定的存在を乗り越えようと努力する無限の変容の原理である。逆説的なことに、欲望は、否定によって身体を生き生きとさせる。つまり、欲望は、身体が単に実定的であるだけの存在以上のものであること、つまり表出的あるいは超越的企てであるということを宣言する。これらの点からすれば、欲望とは、有限な身体を否定の表出にすること、すなわち自由や創造力の表出にすることを通じて、実定的存在の脆弱性とそのニヒリズムとから逃れようとする努力である。欲望は、死の力――否定的なものの力――を先取りすることによって、死が下す裁決から逃れようとするのだ。

右で概略を示したのは、イポリットの見解が含意するものについての私の読解であるが、イポリットが欲望や死をめぐる右の見解を受け入れるのは明らかであると思われる。「ヘーゲルの現象学における実存概念」において、イポリットは「どんな様態の分離の否定も常に、欲望の否定的原理のなかで息を吹き返す。それは欲望を動かすものである」(「実存概念」27〔三三頁〕)と主張している。彼はこれに続く議論においては、生における死という原理がこの役割を果たすと主張する。「生の個別的な形式を亡ぼす際に、死が果たすこの基本的役割は、自己意識の原理になる。この原理は自己意識を駆り立て、どんな分離も超越させ、いったんこの世界内存在が自分自身のものになるやその特徴的な世界内存在を超越させる」(「実存概念」28〔三五頁〕)。欲望の否定的性格は、人間の生を統べる否定という一層根源的な原理に由来する、と結論付けてしまって差し支えないだろう。人間の生は否定に終わる。しかし、生涯を通じてこの否定は能動的で普及力のある構造として作用する。欲望は規定された存在を幾度も否定する。そしてそれゆえに欲望は、それ自体が和らげられた死であり、規定された存在の最終的な否定なのである。欲望は、まさしく死の力に与することによって、人間の生のもつ、死を支配する力を示すのである。死が人間の生からその意味を奪うのではない。というのも、欲望たる人間の生は、常にすでに、規定された生を部分的には超えてしまっているからである。人間存在は、徐々に否定を我がものにすること――自己反省と自律性の陶冶――を通じて、暗黙裡に自分自身の究極的な否定と争っている。「人間は死の否定性によってのみ存在する。人間はこの死の否定性を引き受け、そこから、あらゆる制限された状況を超越あるいは止揚する行為をうみだす」（「実存概念」28〔三五－三六頁〕）。

　自己意識は部分的には、規定された生に対する憎しみのなかに存在しており、死によって生を同化することが自由を約束すると考えている。イポリットは「生についての自己意識は、死についての一定の思考によって特徴付けられる」（「実存概念」25〔三一頁〕）と考えている。この示唆に富む一節〔の意味〕がよりはっきりするのは、私たちが欲望を「死の思考」として、すなわち自律性の発展を通じて維持され追求される思考として理解する場合である。欲望としての身体は、実定的存在以上のものとして、死の否定が下す裁決から逃れるものとして、自分を顕示する。他性の領域と出会い続けることで、自己は身体という実定的場所を超えて拡張される。欲望において、自己はもはや実定的存在の領域、つまり身体にとって内的で囲い込まれた領域のなかに居続けることはない。自己はむしろ欲望が追求する対象である関係〔そのもの〕になり、自分の有限性を条件づけかつ超越する世界のなかに自分自身を位置づける。

　イポリットが取り組んでいるのは、フロイトが『快感原則の彼岸』のなかで提示した、全ての欲望はある意味では死へ向かう根本的な努力に、すなわち死への欲望に、駆り立てられているという見解であると結論づけたくなるかもしれない。この主張は、右の文脈においてはもっともらしいものであるが、重要なのは、ヘーゲルの（そしてイポリットの）キリスト教が、意識の熱望する死はそれ自体より十全な生の概念であるということを含意しているように思われるのに留意することである。ヘーゲルはこの点について極めてあいまいであるが、個体性は精神《ガイスト》においてその適切な表現を見出すという、『精神現象学』における彼の主張は、死は絶対的否定ではなく、新たな始まりの境界線を画定する限定〔規定〕された否定だということを含意しているように思われる。

ところが、奴隷の「慄き」は、ヘーゲルの死をめぐる思考の別の側面に光を当て、ヘーゲルをキルケゴールの恐れと慄きにさらに近づける。イポリットは、コジェーヴやジャン・ヴァールに倣って、「主人と奴隷」の章で提示される死を解釈することにあえて専念している。イポリットは、身体の事実性を、つまり制限されたパースペクティヴの条件としての有限性を、死の保証人としての身体性を、重く受けとめている。新たな生の見通し、死を超えた生という見通しは、イポリットの見解では、純粋な憶測の域を出ないものであるとはいえ、それは人間の生をぐらつかせる憶測である。そうはいっても、人間の欲望が要請する、死を超えた生は、人間的主体がそこで処を得ることができないものである。イポリットにとって、欲望は、自己自身は不可能な企てであると、つまりその充足が想像上のものに留まらざるをえない企てであると主張するものである――これはサルトルがその生涯において練り上げることになる主題である。私たちが死後に生を維持できないということが示唆しているのは、死は生のなかに維持されなければならない、ということである。自己意識は「存在することを拒むことによって」のみ存在する。とはいえ、「この存在することの拒否は存在のなかに現れなければならない。すなわち、なんらかの仕方で、自分を示さなければならない」(『生成と構造』167〔(上)二二二頁〕)。自由は、存在するために自分を知らしめなければならないし、実存のなかでそれ自身を打ち立て、他者を認めることを通じて実在性を獲得しなければならない。しかし、この純粋な自由であろうとする欲望は、最終的には死という消し去ることのできない事実性によって打破されてしまう。この事実性こそ、有限な存在が自分の限界を止揚しようとする努力において、生涯を通じて予期しているものにほかならない。

もちろん、生命の意識はもはや素朴な生命ではない。それは、生命のあらゆる特殊な形態の否定としての、〈生命の全体〉についての知であり、「真の生命」についての知であるが、それは同時にこの「真の生」が不在であることについての知でもある。したがって、生命について意識するようになるとき、人間は、素朴で規定された生命のへりに存在することになる。人間的欲望は自由を渇望するが、この自由が特定の様式のもとで与えられることはありえない。そして自己自身を自由なものとして把握しようとする人間のあらゆる試みは、失敗に陥るほかない。(「実存概念」24〔二九頁〕)

ヘーゲルからサルトルへ

コジェーヴとイポリットがともに受け入れているのは、人間存在はそれがそうではないところのものであり、それがそうであるところのものではない、という定式化である。コジェーヴにとって、自己のこうした内的不調和が含意するのは、人間存在を自然的領域と社会的領域とに分断する二元的存在論である。したがって、〔コジェーヴにとって〕否定の働き〔労働〕は、自然的なものを社会的なものに変容させるという課題に、つまり自然の漸次的人間化の過程に限定されている。イポリットにとって、人間的現実《リアリティ》の逆説的な性格が示唆しているのは、自由は人間的現実《リアリティ》がもたらす規定された特定の形式のいずれをも回避するのだということ、そして自己のこうした恒常的な転位が不一致、つまり時間そのものを意味するのであり、これこそ人間的存在論と自然的存在論をいずれも特徴付けていた一元論的絶対者であるということである。実際のところ、イポリットは、否定は自然的現実《リアリティ》と人間的現実《リアリティ》との差異を構成的あるいは内的な差異として含みこんでいるというヘーゲルの教説を受け入れている。コジェーヴの人間中心主義的なヘーゲル読解は、人間存在が外的な現実性と向きあう際に示す創造的な力としてしか否定を理解していない。したがって、コジェーヴにとって、否定は、非人間的領域に外的に適用されるような人間由来の行為なのである。イポリットがヘーゲルのもともとの定式化に立ち返るのは、単に行為としてだけでなく、外的な実在性《リアリティー》を構成するものとしての否定という考えを現代的に理解するためである。イポリットにとって、否定は人間の意識が出会う対象のうちにすでに備わっているのに対して、コジェーヴにとっては、それは能動的で物事を変容させる人間的意識だけの特性である。

コジェーヴなら、欲望は、はじめは人間の意志にとって疎遠で敵対的であるように見えるものを変容させようとする人間の努力であると解釈するだろうが、イポリットは、欲望は、人間の欲望の存在論的な場所が生の全体を包含する時間的な運動であることを明るみに出すものであるとみなす。〔イポリットにとって〕こうした意味での欲望は実のところ人間的現実《リアリティ》に先行し、より根本的であり、しかも人間的現実《リアリティ》を本質的に構成するものでもある。コジェーヴの立場もイポリットの立場も、欲望は、人間存在が逆説的本性〔をもつもの〕であり、同時に規定されかつ自由であることができないような規定された〔限定された〕自由であることを含意すると考えているのだが、しかしその一方〔コジェーヴ〕はこの不一致から二元的世界を引き出すのに対して、他方〔イポリット〕は二元性（内的否定）を一元的原理として確立するのである。

イポリットは、コジェーヴについて「コジェーヴが切り開いた二元的存在論は『存在と無』のなかでサルトルによって実現される」(*Figures*, 240) と書いている。そして、サルトル自身の、人間的現実《リアリティ》は即自と対自の逆説的な統一であるという定式化は、コジェーヴの言葉遣いをほとんど一字一句繰り返しているように思われる。「われわれは人間的現実を、それがそうではないところのものであり、またそれがそうであるところのものではないような存在として扱わなければならない」(『存在と無』58〔I 一九七頁〕)。ところが、サルトルが二元的存在論を採用するにあたって一貫してコジェーヴに従っていたかどうかは明らかでない。サルトルはある時には、意識を自分の世界に内的に関係したもの、すなわちまさに意識が直面している世界にほかならないような世界「についての of」意識と呼ぶ。しかしサルトルはまた別の時には、意識とは存在における「裂け目」であり、自分が指示しているもの〔世界〕とは必然的な関係を持ちえない偶発性であるとも主張している。サルトルが志向性を説明する言語のために二元論という語彙を放棄するのは、彼が意識を身体化されたものとして受け入れるときだけなのである。このことによってサルトルは、欲望の感覚性は世界の感覚性への回路になるという先述のヘーゲルの認識に【7】、彼なりのやり方で立ち返ることになる。これがはっきりするのは、サルトルがセクシュアリティ【8】や書くこと【9】について省察するときである。ここでは、意識の漸次的身体化をたどるために、サルトルに取り掛かることにしたい。すなわち〔サルトルにおいて〕、欲望は自己をその世界と結びつける関係を構成し、かつそれを明るみに出すというヘーゲルの先述の主張【10】が現象学的に成就されていくことになるのである。ヘーゲルの理論を具体化するためには、人間の欲望は抽象的な存在論的結びつきを意味するだけではなく、否定する能動性としては、身体化され、また歴史的に状況付けられた自己であることも示されなければならない。

欲望とその満足とをめぐるサルトルの議論は、フランスのヘーゲル受容に掉さすものである。サルトルや彼の先駆となるヘーゲル主義者にとっては、世俗的な満足という理想はますます疎遠なものになる。イポリットが最終的な満足の可能性を否認し、欲望の絶え間なさを人間的時間性の機能として理解するとき、彼はサルトルを先取りしている。他在との存在論的な統一を確立させる企て、あるいは見かけ上の外的関係を内的関係として練り直す企ては、統一のあらゆる暫定的達成を浸食する時間的な運動によって、永続的に妨げられ続けることになる。どんな場合にも、満足は、差し迫った時間についての知識によって弱められる。この時間は、自己が現在においてその満足を更新することを絶えず要求し続けるものとして現象学的に理解される。欲望の達成は、常に更新された欲望に道を譲らなければならないような成就である。したがって、満足は常に暫定的なものであって、決して最終的なものでも、決定的なものでもない。イポリットは、このようにして、ヘーゲルの遍歴する主体をファウスト的な人物に変容させるのである。この人物は、ゲーテの言葉に倣えば、永遠に「欲望から享楽へとよろめいてゆき、また享楽の中で新たな欲望へとあこがれるのだ」〔15〕。

コジェーヴは、歴史と時間との間に想像上の区別をおくことによってしか、欲望の真の満足、最終的

【7】本書、九九頁参照。

【8】本書、第三章「存在の想像的追求」の「トラブルと願望」の節を参照。

【9】本書、第三章「存在の想像的追求」の「『聖ジュネ』と『家の馬鹿息子』における欲望と承認」の節を参照。

【10】本書、一〇二頁参照。
〔15〕Goethe, *Faust*, p. 146.〔ゲーテ『ファウスト 第一部』相良守峯訳、岩波文庫、一九五八年、二三一頁〕

な満足を考慮することができない。コジェーヴの見解においては、歴史は時間に従属しているというよりも、むしろ時間を成り立たせる原理である。実際のところ、コジェーヴにとって、時間は歴史的な行為や企ての一性質として生起するものではあっても、生起することがなければいかなる力をも発揮しないものなのである。それゆえ、コジェーヴの歴史的行為は時間を聖別するその瞬間に時間を超越してしまう以上、極めて逆説的な意味で歴史的なのである、と結論づけてもよいかもしれない。普遍的な価値の進歩的開示たる歴史は、時間の規範的な解釈、永続的な不一致という実存的現実性に課された統一のモデルである。この意味で、コジェーヴの歴史観は実存的時間の否認であり、この否認によってコジェーヴは、欲望の決定的な満足を想像することができるのである。

私たちがこれら二つの定式化から学んでいるように思われるのは、欲望の満足が達成されうるのは、時間の一時的否認を通じて、すなわち時間の区別とは無関係な、想像上あるいは憶測上の現在という状態を通じてのみだということである。ポスト・ヘーゲル的な思考につきまとう自己充足という理想は、時間性という要求から解放された生——不断の自己離反の挙句に死に至るという運命を逃れうるような生——へのノスタルジーである。コジェーヴが歴史的行為という世俗的仕方で満足というものを練り直そうとしたのに対して、イポリットは、欲望の企てにつきまとっている「死を超えた生」は意味のある推測でありつづけているということ、つまり有限な人間存在の現実的な努力に意味を与える想像上の希望でありつづけるということを留保として認めながらも、自己充足の可能性を主張することはなかったのである。

この点で、サルトルはイポリットと一致する。つまり、人間の欲望は、世界との統一という企図によって、動機づけられ、構造化されているが、この企図は純粋な投影すなわち想像上の夢の域を出ることはないというのである。サルトルにとって、欲望が働いているのは想像的な理想の下においてであり、この理想は欲望の射程から外れるときでさえ欲望に意味を与える。コジェーヴによって練り上げられた人間発生論の企て《プロジェクト》は、あらゆる人間の欲望は神になろうとする欲望からもたらされるというサルトルの主張のなかで、実存主義に引き写されることになる。とはいえ、サルトルにとってこの欲望は失敗を約束されている。他方コジェーヴは、神のような人間が可能であると考えた。コジェーヴは、ナポレオンやヘーゲルのような歴史的行為者は、〈他者〉が幅広く承認されていくことを明るみに出すことを通じて歴史を人間発生論的に創造する能力を持った者であると考えた。しかしながら、サルトルにとって、人間発生論的な欲望が実現されうるのは想像という様態においてのみである。そのかぎりで、サルトルに言わせれば、コジェーヴがある種の人々を神のような人間と考えるそのときには、それらの人々を想像上の人物へと形態変換してしまっていることになる。実際、私たちが欲望の満足を頭に浮かべるときは、いつも私たちは想像的なものの領域に参与することを通じてそれを行っているのである。サルトルが生涯を通して主張し続けたのは、想像的なものにおいてしか、時間なき現在について考えることはできないということである。すなわち形態変換を経ることで、永続的消失や自己離反という要求から一時的に私たちを解放し、満足という理想を構成するような時間性が考えられるのは想像的なものにおいてでしかないというのである。それゆえ、この理想は想像力の特権とされ、この立場が結果として、芸術的世界を満足の唯一の領域、つまり人間の努力の最終目的と考えるサルトルの見解に影響を及ぼすことになる。

私は、サルトルの欲望論がヘーゲルやそのフランスの注釈者たちだけに由来するということを主張しようとしているわけではないし、サルトルがここで私たちのたどってきた伝統を自覚的に拡張しようとしたということを証明しようとしているわけでもない。しかしながら、私たちにわかるのは、即自と対自というサルトルの二元論が現代的な仕方で分解されたヘーゲルの論理であるということであり〔16〕、人間存在の内的な不一致というサルトルの主張がフランスのヘーゲル解釈者たちの語法や意味を反映しているということである。『存在と無』における「人間は存在しようとする欲望である」（『存在と無』565〔Ⅲ三四一頁〕）というサルトルの主張には、これに先立つイポリットの主張「人間の使命は自らを存在するものにするということであり（…）、われわれが思い出すべきなのは、この存在は（…）欲望の存在だということである」（『生成と構造』167〔（上）二二二頁〕）が反響している。ここでは、二人の著者間に影響関係があることが主張されるわけではなく、——サルトルがコジェーヴの講義に出席していたのは明らかであるとしても——、むしろサルトルが欲望を理解するなかで自己と世界との絶対的統一という理想をどのように取り上げているかということに絞って考察することにする。それゆえここでは、欲望の原理としての否定の役割や射程、ならびに絶対者の身体的追求を特徴付けていた、規定〔限定〕された自由の逆説《パラドックス》について再び検討したい。サルトルは、実体と主体との間の裂け目を拡張することで、否定的なものの力を強めていると見ることができる。——欲望は、選択、判断、形態変換という投企と見なされるようになる。欲望が常にそして唯一解消されるのは、想像的なものにおいて——それは、内世界的《ムンダン》生をとおして様々な欲望の企てを条件づけているサルトル的真理である——、つまりセクシュアリティと文学作品の創造においてである。

対自と即自というサルトルの存在論的二元論は、規定された自由の逆説《パラドックス》の再定式化であることがわかる。それは、自己充足あるいは最終的な満足という理想を不可能なものにしてしまうような主体の永続的な自己離反である。サルトルにとって「欲望は人間の実在性の存在である」(『存在と無』575〔III 三六五頁〕)とはいえ、その欲望は現実性よりもむしろ、可能性に支配される欲望である。対自の不可能な投企を特徴付ける「存在しようとする欲望」は、自己自身の存在の基礎になろうとする欲望——反省的で人間発生論的な欲望——である。とはいえ、実存の事実性の側面、とりわけ身体を完全に自己創出するのは不可能である。つまり、身体は単に所与のものであり、サルトルの見解では、この〔身体の〕所与性あるいは外面性は、対自の投企に反するものであり、初めから対自の失敗を保証するものである。欲望によって企てられた〔投企された〕目標をなしている対自と即自の綜合は、自己と世界との仮言的統一である。綜合は不可能性、あるいはむしろ、現実化されることが決してありえない永遠の可能性なのである。

　サルトルの想像力と欲望の理論において、この永続的可能性は、想像的作品の特別な性格をサルトルにとって生じさせる。つまり、現実の世界で想像的なものを実現するのが不可能であるがゆえに次善の解決、すなわち文学的テクストの世界においてこの可能性を想像上実現するということに向かうことになる。想像的作品は多くの「高貴な嘘」である。しかし、この嘘によって、欲望の捉えがたい夢であるにとどまっている、形態変換した世界を創造することが可能になる。想像的作品は、像《イマージュ》と同様、「本質的に無」(『想像力の問題』18)【11】であるとはいえ、それは規定された目的を伴う無なのである。つまり、想

〔16〕 Klaus Hartmann, *Sartre's Ontology: A Study of Being and Nothingness in the Light of Hegel's Logic* (Evanston: Northwestern University Press, 1966) を見よ。

像的作品は、その作り手たる自己を反映している身体性――テクスト――を創造することを通じて、「存在しようとする欲望」を明らかにする。想像的なものを実現することが不可能性であるからこそ弁証法的に、文学テクストにおける世界の脱‐実在化が生じる。想像的なものが欲望につかの間の満足を与えるのは、それが事実性の一時的な否認を引き起こすからである。つまり、想像的なものはそれ自身の時間性を創造し、物質の事実性を流動化し、人間の意志によって創造されたものとして偶発性に形をあたえるのである。

本書第一章において、私は『精神現象学』を虚構的なテクストとして描写し、ヘーゲル的な主体を誇張法的衝動そのものの比喩として描いた。サルトルは、想像的な世界を創設する恒常的な方法として人間の欲望を描き出すことで、欲望のこうした想像的次元を明示的なものにしている。ヘーゲルの主体の情熱《パトス》はサルトルの作品に残されており、どんな虚構的遍歴も失敗が不可避であり、あらゆる人間的情動《パッション》の空しさであることが強調される。『精神現象学』やフランスでのヘーゲル受容をふまえてサルトルを読解することによって、サルトルが人間主体をめぐるヘーゲルの物語の鍵となる主題をはっきりさせたということがわかる。――それは偽なる部分的世界、それにもかかわらず絶対的なものとして現れる世界を構築することを通じて、差異を否定しようとする形而上学的欲望である――。サルトルがこの洞察を自分のものにすることによって、欲望そのものが虚構《フィクション》を制作する努力となり、実在する文学的虚構《フィクション》の著者が欲望をめぐる特権化された類型学者になる。欲望の主体は欲望に先立つのでもなければ、欲望を所有しているのでもなく、むしろ欲望の行なう労働によって製造され、想像的な存在として明確化されるのであり、実在性を獲得するとしてもそれは世界に欲望を投影することによってのみである。したがって、サルトルの欲望概念は、〔ヘーゲルの〕内的関係の理論が徹底して隠蔽された結果であることが分かる。つまり、意識は決して自己意識にはならず、存在論的に解離させられたままにとどまっており、欲望の想像上の満足という一時的な魔法によってしかこの解離を乗り越えることはできないのである。

　私たちは、ヘーゲル的な枠組みのおかげで、欲望の存在論的意義を二重の構造として理解することができる。つまりそれは、自己自身であるために自己自身の外部で行動する同一性《アイデンティティー》の運動である。この〔一見〕外的な領域に向けられた行動は、志向性に対するサルトルの見解に似ている。欲望の志向性は、自己自身の外の世界を知ろうとする意識の方向性を特徴づけている。たいていの場合サルトルは、世界は意識にとって永遠に外的なものであり、決して同化することのできない外面性であると考えている。世界が意識にとって構成的な一側面として切り拓かれることはないため、意識は世界に対する別の関係を打ち立てなければならないことになる。意識は世界を解釈し、世界を想像上で形態変換させなければならない。欲望は、私たちが衝動によって自己自身を世界に位置付ける手段になる。つまり、それは原初的行為であり、絶えず演じられる行為であり、それによって私たちは状況の中で自己自身を決定する。事実、欲望とは、私たちが日頃演じながら、反省的思考の保護のもとで演じるのはまれでしかない私たち自身を形成することである。

　『存在と無』において、サルトルは、欲望の認知的構成要素――欲望を意識の反省的かつ解釈的な行為として構成するもの――を前-反省的な選択として理解している。欲望は、それ自体、認識論的かつ存

【11】該当箇所にこの表現は見当たらなかった。

在論的な関係である。欲望は非定立的気づきである限りでは、純粋に反省的な判断以上のものを包含する認識論的な関係である。事実、欲望が形成するのは、全ての感情的な判断の志向的な構造なのである――このテーマについては後で触れる。意識の「高揚」として欲望は、人間存在が自己規定する存在あるいは選択する存在であり、規定された形式をそれ自身に与えなければならない偶発性であることを明るみに出す。

そうすると、サルトルにとって欲望とは、外在性との関係であるとともに自己関係でもあることになる。しかし、それがポスト・ヘーゲル的である点なのだが、これらの二つの関係には弁証法的統一における媒介がない。意識は自分の世界から追放されており、世界からの排除において、またそれによってのみ、自己自身を知ることになる。したがって、世界が人間の意志に屈するとしても、それは想像上のことでしかない。サルトルの実存主義的主体は、自己自身を存在者として見出すことが不可能だということに直面するのだが、それはまさにこの不可能性を主題化する主体である。この主体は、その不可能性を熟考し、最終的にはその不可能性から文学的形式を引き出す。「存在しようとする欲望」が人間の生を構成しているとはいえ、決定的な意味においてはずっと「存在する」ことができないということが存在論的な必然性として現れる。人間存在は、規定〔限定〕された自由の逆説《パラドックス》――自由であるか規定〔限定〕されているかのどちらかであるが、一度に自由でありかつ規定〔限定〕されているということはない――にとらわれており、不可能なものを欲望するように強いられている。そして、その不可能性が、欲望の生命が継続することを保証する。つまり、人間存在を本質的に特徴付けている逆説的な努力を保証するのである。

欲望は、暫定的な現前を魔術的に据えることでしか、人間存在を自己自身の否定性――それが人間存在の時間性であれ、自由であれ、有限性であれ――の意識から解放することはできない。想像上の世界でしか妥当性を主張できず、したがって依然として欲望の絶対的満足ではないような想像上の冒険が、現前の魔法なのである。この魔法は、セクシュアリティの場合においてそうであるように相互的創造でもありうるし、あるいは否定的なものの文学的な形態変換でもありうる。しかし、いずれにせよそれは差異に対する闘争にとどまっており、先の魔法がこの闘争に完全に勝利を収めることは決してない。それゆえ、存在論的追放に直面しながら欲望が明るみに出すのは、私たちの自由が避けられないということ、すなわち不可避的に世界に伴ってはいるが、決して世界において放棄することはできない自由である。私たちは完全に自己自身を失うことはできないが、私たちを純粋な自由にしてくれるような人間発生論という理想に到達することもまた不可能である。サルトルが主張し続けていたように思われるのは、当の世界を生きているにもかかわらず私たちはその世界を解釈しているということであり、全ての直接性が存在論的な分離や自覚の見せかけによって和らげられているということである。私たちが私たち自身にとって異質であり、捕らえられ、圧倒されているかのように見えるという経験においてさえ、選択の前-反省的な戦略が機能している。――つまりそれは、自己のために規定された実在性を確立することで、自己が知られうるように、そして知られることによって創造されうるようにする戦略である。

サルトルにとって欲望は私たち自身を創造する過程であり、私たちはその過程のなかにいるかぎり、欲望のなかにいる。欲望は単に性的欲望であるだけでもなければ、その名前から通常考えられるような種類の、焦点の定まった欠乏でもない。欲望とは、私たちの自発的な自己の全体であり、私たち自身であるところの「突発」であり、私たちを世界へと差し向け、世界を私たちの対象とするような高揚であり、自己の志向性である。世界が複雑な歴史的、伝記的状況として現れるとき、欲望は、私たちが私たち自身のための社会的な場所を求めるための中心的な方途になる。つまり、社会的世界のネットワークの内部でつかの間の同一性を発見し、再発見する方途になるのである。

サルトルにとって、欲望という主題が完全な仕方で探究されうるのは、その「存在の選択」を再構成し、説明することができるような生の文脈においてのみである。サルトルにおいて、伝記とはまさにそのような探究なのである。そして、全ての欲望は想像的な解決を見出すとサルトルが主張している以上、欲望に想像的形式を与えてきた生へとサルトルが繰り返し向かっていくのを目にするのは理解できる。〔第三章の第四節において〕こうした生のうちの二つ、つまりジュネとフローベールに対してサルトルが与えた評価を検討するがそれに先だって、さしあたりこの理論の歩みを詳しく説明しておかなければならない。欲望と想像的なもの〔第三章第一節〕、存在の選択としての欲望〔第三章第二節〕、欲望と魔術的創造〔第三章第三節〕〔という三つの段階〕がそれである。伝記的研究に取り掛かるにあたって、サルトルは、自己自身の生の活動に対して修辞的重要性をもつ問い――書くという欲望とは何なのかという問い――を暗黙裏に問うている。「なぜ書くのか」という問いは「なぜ欲望に特定の形式を与えるのか」という問いの延長線上にあり、虚構《フィクション》の書き手の場合には、「なぜ不可能な世界に形式を与えるのか」という問いの延長線上にある。私がはじめに投げかけたのは、何が欲望を可能にするのか【12】、という問いであった。サルトルにとっては、まさに単に可能的であるにすぎない領域こそ、欲望を条件づけているのである。私たちの生の非現実性、過去の決定的不在、単に示唆されるだけで探究されていない現在の領域こそが、欲望の条件なのである。

【12】本書、八四頁参照。

第三章　サルトル
——存在の想像的探求

まさしく想像的なものを実在的《リアル》なものから隔てている深淵が存在するというその事実のために、欲望が文字通りに満足させられることなどありはしない。

サルトル『想像力の問題』

像《イメージ》、感情、欲望

初期サルトルの想像力研究である、「想像力」と『想像力の問題』は、その文体も目的も異なっているとはいえ、どちらも、想像的意識についての志向性理論の概要を示している。この理論は感情と欲望の理論に対して射程の広い影響をもたらすものである。一九三六年に出版された前者（「想像力」）では、想像力と知覚との区別ができておらず、「像《イメージ》」は意識とその対象の間のどこかに位置を持つ自足した実在であると主張するような想像力理論を批判している。この論考でサルトルは、フッサール現象学のプログラムに沿って、想像力を一意識形態として反省的に分析することを求めている。その中でサルトルは、経験主義理論と主知主義理論のどちらをも批判しており、経験に基づいた想像力の分析を要求してはいるが、それは経験を感覚的所与《センスデータ》に還元することを意味するわけではない。サルトルの著作の中でも特殊なこの著作は、想像力に対する適切なアプローチに関する認識論的議論に取り組んではいるが、想像作用の実存的起源や意味という、より大きな問いに取り組んでいるわけではない。

一九四〇年に出版された二番目の本『想像力の問題』も、この以前の「想像力」論文のテーゼ、つまり〈像は志向的意識の形式として理解されるべきである〉というテーゼを繰り返しているはいるが、想像作用の実存的根拠についても論じている。たいていは体系には含まれない余談においてではあるが、この本を通じてサルトルは欲望と想像的なもののあいだの関係について考察を始めている。この文脈では、志向性は単に知覚と想像力の本質的構造であるだけでなく、感情feelingの本質的構造ともなっている。サルトルは、表象的認識論の主張を退け、知覚、想像力、感情が意識の志向形式であるということ、つまりそれらは世界における対象を指示しているのであり、衰えた知覚や、独我論的投影として理解することはできないと主張する。実際、フッサールの志向性論はサルトルにとって、近代認識論の伝統における独我論的観念論の終わりを意味するものだったのである（「志向性」4-5〔二六-三〇頁〕）。

こうしてサルトルは、フッサールの志向性についての見解を拡張し再定式化しているのだが、これは認識論的観点から、実存的観点への転換を含意している。一九三〇年代のサルトルにとって志向性は、私たちが事物を認識する際にとっている事物との関係の様々なあり方を意味するだけでなく、人間的生の本質的存在構造をも意味するものである。意識の方向性、つまり、意識が自分の外にある事物に対してとる態度は、「自発性」および「高揚upsurge」という人間存在の存在論的状況を意味することになる。志向的存在として、世界についてofのものであるのは私たちの認識だけでなく、私たちの本質的な情念passionもまたそうである。したがって私たちの欲望は、世界に捕らわれているはずであり、世界「に属するof」ものであるはずである。志向性は、世界への人間の接近を意味するものとなる、つまり意識と主体性を世界から締めだし、表象という厚い幕の背後にとどまることを強いるような理論の終わりを意味するものとなるのである。

サルトルはフッサールの『イデーン』のなかに、意識についての非独我論的見方の可能性を発見した[1]。知覚と認識についての心理学的な理論を背景にして、フッサールはサルトルにとって「内在の錯覚」、——つまり「栄養消化の哲学」の病——を回避することに成功した最初の哲学者であるかのように思われた。この錯覚は、知覚のもろもろの対象を、心という空間的に制約された範囲の中でねつ造され、受け入れられた、多くの意識の諸内容として理解してきたのである（「志向性」4〔二六―二七頁〕）。全ての意識は対象についての意識であると主張することで、志向的意識についてのフッサールの見方は、意識が自分自身の外に到達し、単に自己がこしらえあげたというわけではない世界について認識を獲得することができる能力を持つということを肯定していたのである。

サルトルは実在論者を装っているのではないかと疑うむきもあるかもしれないが、彼は一貫してそうした性格付けを修正し、代わりに意識も世界も第一次的なものではなく、どちらも「同時に与えられて

[1]　初期のサルトルが『イデーン』を非独我論的心理学に枠組みを与えるものと理解していることについては、サルトル「想像力」第4章「フッサール」参照。

いる、つまり、世界は本質的に意識に外的でありながらも、本質的に意識に相関的である」(「志向性」4〔二七頁〕)と主張する。あたかも意識が世界の偶然的出来事によって思いのままに形成される白紙《タブララサ》であるかのように、世界の側が一方的に自分自身を押しつけるというわけでもなければ、意識が世界を特殊な表象として創造するというわけでもない。意識は特定の志向的関係を通じて世界を暴露するのであり、世界を特殊な様態を通じて提示するとしても、その世界の本質的な外在性を否定することなどまったくないのである。世界が志向作用の外に自分を知らしめることは決してないにもかかわらず、経験のこのノエマ的極——つまり対象側の極——は、それ自体還元不可能である。したがって、どんな志向作用も、ノエマ的相関項に向けられることによって、意識とその世界とが相互に独立で外的であることを確証するのである。サルトルは、志向性についての初期の論文では、外的な関係としての、意識と世界の間の差異を肯定しているが、まさにこの外在性が、意識と世界という二つのものを不可分に結び付けるものであるとも主張している。この関係の外在性によって、世界との非独我論的出会いが保証されることになる。「あなたはこの樹木を見ている、それはそうだ。だがあなたがそれを見ているのは、それがあるまさにその場所においてだ。つまり、路のほとりに、埃のさなかに、炎熱の下にたった一本、ねじれて、地中海の海岸から八マイルのところに。その樹木があなたの意識の中に入り込むことはできないだろう。けだし、それはあなたの意識と同じ性質のものではないからだ」(「志向性」4〔二七頁〕)。

だとすると、意識が世界との共通の同一性によって世界を理解するためには、意識と世界とは、構造的に同型であるノエシス的極とノエマ的極を示すものでなければならない〔2〕。しかしこの構造的同型性は、両極が存在論的に異なっていることを否定するわけではない。つまり、ひとは恐れたり想像したり欲望したりというしかたで世界を志向するが、世界の方は恐れたり欲望したりというしかたで意識を志向することはできない。そして、意識が自分の対象の中に自分を閉じ込めるのに成功するためには、まず自分自身が意識であることを否定しなければならない。――しかし、そのことを拒否するということは実際、自分自身を意識として肯定すること、否定する力であることを肯定するということになるだろう。世界は――そして意識自身の自己消去が――依然として意識自身の固有かつ必然的な主題であるのに、意識は世界から逃れるのである。「志向性」論文のサルトルにとっても、『自我の超越』のサルトルにとっても、意識は世界の半透明な暴露、能動的な提示なのであり、開示するように駆り立てられている無としての世界へと向かっているものである。意識と世界の間の存在論的な差異は、対象の種類の間の差異ではない。実際意識は対象などではまったくなく、むしろ対象の提示の可能性である。意識は現実的なものを追求する中で、能動的に非現実性としての世界に向きあうのであり、意識と世界の間の存在論的差異は、無と存在の間の差異なのである。つまり「意識というものは、物質的な像《イメージ》によってはどうにも表せないような、何ものにも還元できない事実（である）。それを表しうるものはせいぜい、炸裂という急速に移ろう、とらえにくい像《イメージ》ぐらいのものであろう。…樹木が私のうちにとけうすめられないのと同様に、私も樹木のうちに消失するということはありえない。すなわち、私は樹木を超えたところにおり、樹木は私を超えたところにある」（「志向性」5〔二七頁〕）。

〔2〕 フッサールの志向性論は、私たちがヘーゲルの文脈で考察した存在論的調和の原理を例示するものと考えてよいかもしれない。アロン・ガーウィッチュは、フッサールとライプニッツを多くの点で比較しているが、この比較はフッサールの志向性論が、現代の認識論によって内的関係の学説を再解釈する努力であるという主張に説得力を与えるものである。

〔このように〕サルトルは志向性の概念を、観念論から解放するもの、表象的意識とは異なる様々な意識の様態のもつ認知的機能を裏付けるものと見なしている。「純粋《表象》は、この樹木《について》の私の意識の可能的形式の一つにすぎない。私はこの樹木を愛し、恐れ、憎むこともまたできる。…他者を憎むというのも、やはり他者に向かっておのれを炸裂させる一つの仕方である」(「志向性」5〔一九頁〕)。感情は現前化の様々な形態であり、様々な種類の志向性である【1】。これはサルトルによれば「世界を把握する仕方」である(『情動論素描』52〔一三四頁〕)。

『情動論素描』および志向性についての右で引用された論文において、欲望は可能な志向的関係、たくさんある世界の情動による現前化の一つとして参照されている。『想像力の問題』において欲望は、現前化の他のあらゆる感情的形式を本質的に特徴付ける志向性の形式として、特権的地位を占めるようになる。『想像力の問題』における欲望についての議論は、非体系的でたいていは示唆的なものにとどまっているが、欲望と意識そのものとが外延を同じくするものであることを明らかにしようとし始めている。このテクストは、欲望が志向性の根本的構造であり、志向的関係——欲望の関係——が単に意識の現前化作用という意味で認知的であるだけでなく、「存在しようとする欲望」としての人間存在の存在論的地位を意味するということを示唆している。

欲望が志向的意識と外延を同じくするものであるということを一般に証明するに先だって、私たちは、サルトルの志向性理論の、一貫していないどころか矛盾さえしている或る特徴を見極めるために『想像力の問題』と『情動論素描』に目を向けなければならない。一方でサルトルは、感情が実際に、自己の外にある何か「について」のものであることを志向性が保証すると主張している。「欲望されるものが欲望するものを動かすのだ」(『自我の超越』56〔一九八頁〕)。他方、感情は意識の「減退した」あるいは魔術的な形態、本質的に想像的なものである世界の把握、逃亡であると考えられている。同様に、欲望は欲望されるものに対する反応、他者の「把握」であり「発見」であると見なされている。しかし、欲望は同時に単なる「まじない」にとどまらざるをえない想像上の探求でもあり、その対象に到達することは決してなく、ただ想像上の構築をもたらすだけのものと見なされている。情動的意識の志向性についてのサルトルの理論は、曖昧さ、あるいはおそらくは逆説に悩まされているように見える。というのも、欲望が世界の暴露であると同時に想像による世界の減退でもあることは不可能であるように思われるからである。しかしここで私は、この逆説については大目に見ながらアプローチすることで進めていこうと思う。人間の活動全体が逆説によって特徴付けられているとするならば、矛盾を告発するにあたっては用心しなければならない。なぜならサルトルの理論において矛盾は、必ずしも誤謬の存在を指摘するだけのものではなく、真理がその対立物から解放されて現れることはないということを示すものであるかもしれないからである。

　彼自身の見解にこうした逆説的な性格があることを理解するための文脈を提供してくれるのは、フッサールに対するサルトルの曖昧な関係である。サルトルがフッサールの志向性理論をもっともはっきりと批判しているのは、志向的関係に先だって存在するとされる超越論的自我の要請に関してである。『自

【1】以下ではemotionに「感情」、affectionに「情動」、passionに「情念」をあてた。サルトルの*Esquisse d'une théorie des émotions* (*The Emotions: Outline of a Theory*) は『情動論粗描』と訳されておりémotion/emotionに「情動」をあてているが、この著作のタイトルに関しては変更せず記載した。

我の超越』においてサルトルは、そのような要請は志向性理論から、そのもっとも洞察にあふれた認識論への貢献を、つまり意識の非独我論的特徴を取り去ってしまうものであると主張する。もし意識が志向性によって定義されるのだとするならば、その際には意識の対象の方が意識を統一しているのである。サルトルによれば、フッサールが犯した間違いは、どんな現実的綜合にも先行して知覚を綜合する可能性を提供するとされている、カント的「私」に依拠するということであった。なぜなら、もし意識が方向付けられたものだとするならば、そしてそれが真に対象「についての」ものであるとするならば、意識は対象を考えるまさにその過程において自分自身を組織するものだからである。

《二足す二は四である》ということを私の表象の内容だとおもい込んでいる人たちならば、統一づけるための一つの超越論的・主観的原理に訴えざるをえまいし、その場合にその原理のはたらきをするものが、すなわち《私》だということになるのだろう。ところが、まさしくフッサールは、そうしたものを必要とはしないのだ。対象は、それを捉える各意識に対しては超越的であり、その超越的な対象においてこそ、各意識の統一も見出されるのである。（『自我の超越』138〔一八三－一八四頁〕）

サルトルの考えでは、「《自我《エゴ》》は意識の所有主ではなく、意識の対象なのだ」（『自我の超越』97〔一三五頁〕）。さらに、意識は、反省された意識となるときに、自らを自我《エゴ》として発見するにすぎない。自分自身の自発性について、つまり反省されていないものとしての意識について反省するとき、自我は構成される。行為体は行為のあとではじめて発見され、定立される。サルトルが主張するところによれば、「意識が自分を意識するのは、それが或る超越的対象の意識であるかぎりにおいてである」（『自我の超越』40〔一八五頁〕）。反省を通じて意識が発見するこの「私Ｉ」は、既成の「私」ではなく、自分自身の自発性を自分の対象とする反省的意識から与えられる認可によって構成される「私」である。サルトルにとって「自我《エゴ》は反省的意識によって把握された対象であるが、それによって構成された対象でもある」（『自我の超越』80〔二二〇頁〕）のである。

サルトルはこのように超越論的自我を拒否することで、フッサールの「エポケー」を根本的に再解釈することにもなった。サルトルによれば、経験的な自我の志向的行為を記述するはずの超越論的観点のために自然的態度を離れる必要はなかったのである。サルトルにとって、前反省的意識――対象に気づいているときに非定立的に自分に気づいている意識――と反省的意識――反省されていない意識の自発的行為についても、そうした行為に伴う前反省的気づきについても考察する意識――とのあいだの転換は自然的態度の中で起こった転換であった。サルトルによれば、私たちは日常経験の内部から意識の発生の条件について反省することができるのである。

> もしも《自然的態度》というものが、意識が自分自身からのがれようと《私 me》のなかに身を投げて、それに没頭するための一つの努力としてあらわれることになると、しかも、その努力が決して完全にはむくわれることがなく、単なる反省の一作用だけでもう意識の自発性が急に《私 the I》から身をとき放って、独立したものとして自分をあたえるのだ、ということになると、エポケー ἐποχή ももはや奇蹟などではなく、また、知的な方法、学問上の手続きなどでもはやなくて、それは私

たちに課せられた一つの不安、私たちの避けることのできない一つの不安、ということになり、それは同時に、超越論的な起源を持った純粋な出来事でもあれば、私たちの日常生活にいつでも起こりうる一つの事件でもある、ということになるのである。(『自我の超越』103〔二四〇頁〕)

サルトルにとって意識は、自分自身から隔たる欲求を持たない。それはまさしく意識――前反省的意識と反省的意識の逆説的統一としての意識――は、すでに自己から永続的に隔たっているからである。意識が自身のために創造する自我egoは擬似的自己、前反省的志向性のもつ自発性に押しつけられた構築物であるが、だからといってそれで完全にこの自我が説明されうるわけではない。私たちが欲望を、自発的意識と同じ外延をもつもの、前反省的志向性全般と同じ外延を持つものとして理解するようになると、次のことがわかってくる。つまり、前反省的意識と反省的意識のこの不一致の結果として、欲望は、前反省的意識自身の一様態であるにもかかわらず、常に熟慮を行う反省を超え出てしまうことになるということである。

想像力、つまり想像的意識がサルトルにとって中心的な問題になったのは、彼がフッサールの心理主義批判および意識の表象理論を拡張しようと努力していたときだった。さらに、想像力は、自発的、つまり前反省的意識の構造を解明するのに役だった。心理主義の批判に関していえば、もし像《イメージ》が志向的なものとみなされるべきだというのならば、一つの像《イメージ》が何に「ついてのabout/of」ものであるのかを説明しなければならないということは明らかである。そしてもし像《イメージ》が非表象的なものであるとするならば、どのようにしてそれは世界における何かを指示するものとみなされうるのだろうか。前反省的意識の解明についていえば、サルトルは想像力が一連の志向的関係として理解されうるのだということを示そうとしていただけではなく、想像力は、あらゆる認識行為の必然的構成要素であること、そして実際、想像力なしには対象をその「実在性」において把握するのは不可能であろうということを示そうとしていたのである。その場合その意味では、想像力は実在性の可能的でかつ隠された構造について自発的におこなわれるような探求であり、内世界的経験の中にありながら意識が行う、存在する世界のエポケー〔判断中止〕である。

　実在的《リアル》なものと実存的なものとの積極的な混交は、かなりはっきりとヒュームの認識論に見ることができる。ただしその理論は、フッサールの『経験と判断』がきっぱりと批判するものであり、アーロン・ガーウィッチがフッサールの志向性が否定しようとするものの明白な一例と見なすものである〔3〕。ヒュームは、「われわれがもつ物体の観念は、対象を構成し互いに恒常的に結合しているのが見出されるいくつかの異なる感覚的性質の諸観念の、精神によって形成された集合にほかならない」〔4〕と主張する。ヒュームの見解では、これらの感覚的性質は、私たちが直接的に知っているものである。つまり、それらは、意識の外にある対象を指し示しているが、ただ間接的にそうしているにすぎない。直接的な印象としては、それらの性質は私たちがそれについて認識しているものの現実的証拠である。したがって、それらは実際、意識の中の「実在的な」要素なのである。これらの感覚的な性質は、対象そのものの表象でも

〔3〕Gurwitsch, "On the Intentionality of Consciousness" を見よ。
〔4〕David Hume, *A Treatise on Human Nature*, T. H. Green and T. H. Grose, eds. (London, 1890), 1: 505–506.〔デイヴィッド・ヒューム『人間本性論　第一巻知性について』、木曾好能訳、法政大学出版局、一九九五年、二五二頁〕

あり、対象を構成している諸特徴でもある。したがってヒュームは次のように主張する。「目や耳から入ってくる感覚そのものが…真なる対象なのである。…単一な存在だけが存在する。私が無差別に対象あるいは知覚と呼び、両方の名称によって、普通の人が、帽子や、靴や、石によって意味するところのもの、あるいは、彼の感覚能力によって彼に伝えられるその他任意の印象を理解することにしよう」[5]。これらの感覚的性質は意識における印象である。そしてもし感覚的性質が対象そのものであるならば、意識の対象は意識の中にあるということが帰結するように思われる。〔こうしてヒュームにおいて〕「栄養消化の哲学」がその祝いの日を言祝ぐことになる。

ヒュームが知覚の実在的《リアル》対象を、感覚的性質つまり印象のかたまりと同一視していることによって、時間を通じて継続する対象の同一性を規定することが明らかに困難になる。私たちが対象に向きあっているときにはいつもさまざまな感覚的性質を私たちは目の前にしている――対象が向きを変えた、あるいは私たちが視点を変えたと想定してみよう――そのときどのようにして私たちは、私たちが目の前にしているのが同じ対象であると自信を持って結論づけることができるのだろうか。つまりこうした想定に基づくとき、個々の対象が変化しているにもかかわらず、まさにそのものであると判断することを可能にするような同一性の原理を、その理論からどのようにして導出することができるのだろうか。ヒュームの解答は、サルトルの論脈で考察することになる想像力の問題に私たちを近づけるものである。ヒュームは感覚的性質だけが実在的《リアル》であるという考えを支持していたので、継起的感覚印象を独立した対象に組織することは信念のなす行為と見なされなければならない。つまり、心が世界を住みよいものとするためにみずから生み出す想像上の構築と見なされなければならないのである。実際、対象の同一性は想像力の成果である。もし感覚的性質だけが実在的《リアル》であり、これらの性質を組織するのに用いられる尺度のほうはそれと違って実在的《リアル》ではないのだとするならば、尺度は偶然的であることになる。そしてヒュームによれば、尺度は想像力によるものであることになり、多くの見せかけの投影と見なされるべきものとなる。

フッサールの志向性論はヒュームのような心理学的理論から生じるこの同一性の問題を論破しようとするものであった。フッサールにとって対象は、ノエマ的核に向けられた一連の志向的行為を通じて「構築され」るものであり、このノエマ的核が対象なのである。これらの志向的行為は、直接的に与えられているものを単純に提示する行為を含むことができるが、空間的あるいは時間的に隠されている対象の諸次元を提示する行為を含むこともできる。これが、フッサールの『内的時間意識の現象学』の主要な関心である。この著作は、おそらく他のどの著作よりもサルトルが志向性〔概念〕を自分のものとするのに影響を与えたものである［6］。フッサールによれば、私たちが灰皿の一側面に向きあっているときには、私たちはこの三側面からなる存在を物の全体と見なすわけではない。私たちは、部分的に隠され、部分的に顕わになった対象としてのその存在に出会うのである。言いかえれば、対象を知覚しているときには、予料行為が働いており、それが対象の完全な理解の尺度となっている。認識をもたらすこの種の予料が可能であるのは、経験のノエシス的相関項とノエマ的相関項を特徴付ける構造的同型性にもと

［5］ Ibid., p. 491.〔前掲書、二三四頁〕
［6］ サルトルは、『自我の超越』を通じて一貫して、『内的時間意識の現象学』を、彼自身が受け入れる非自我論的志向性理論を描くものとして参照している。『自我の超越』39, 42, n. 21.〔二七、二九―三〇、一七七―一七八頁注28〕参照。

づいてのことである。対象の目に見えない側面は、意識にとって不在であっても、意識にとって意味を持つものである。この点において現象学が〔ヒュームの理論に〕まさっているがゆえに、表現されざるものおよび不在のものの領域に、高い地位が与えられてきたのだった。それこそが意味を持った実在性を構成するものだと言うのである。このことはフッサールの現象学とヘーゲルの現象学の共通点をなす一契機でもある。つまりそれは、実在性にとって否定が本質的であるということである。私たちが、対象の隠された側面がそこにあるということを「知って」おり、そしてそれがそのようでなければならないものについて何かを「知っている」とき、私たちはそれを、想像力の恣意的な作用によって知っているのではない。そうした作用は私たちがいつも自分たちに言い聞かせている認識上の嘘であることが明らかになるのである。想像的なものは構造化されており、それ自体が特定のあらゆる認識作用を構造化してもいる。想像力によって私たちは、対象をその完全性において理解することができるのであるが、これは視点に縛られた思考あるいは実証主義的思考には不可能である。想像力は、あらゆる特定の意識作用内部にある全知へと向かう運動なのである。

このようにフッサールの見解において、想像力は対象の構成にとってきわめて重要である。もし想像力が奪われるならば、私たちは切り取られた対象、つまり物の単なる表面しか知ることができないことになるだろう。したがってフッサールが想像的変容という方法を強調するということは、想定されている対象が何であれ、その現象学的に完全な記述をなすために本質的なことだったのである。想像力は、視点を乗り越えるための意識の内世界的な努力である。したがって像の「現前」はまったき実在性《リアリティ》そのものである［7］。フッサールにとって、対象の本質は、その観念的実在の中に見出されるべきものであり、観念的なものは対象の想像的な探求を通じて示されるものである。この探求は、知覚的意識に同時に現前することのできない対象の射影Abschattungenを継起的に明らかにするのである。

サルトルの『想像力の問題』は、実在的《リアル》なものと存在するものを区別し、さらに想像力が、対象を志向する複雑な構造を伴った真正な意識の形態であることを証明しようとするフッサールの試みを継承するものである。一方で、フッサールは、志向する意識とそのノエマ的充足の間の暗黙の調和に依拠することで、ヒュームによる意識の検証に示されていたような種類の心理主義を拒否しようとした。他方でそれに対し明らかにサルトルは、この拒否は意識の定立行為を明らかにすることによって可能であると考えていた。サルトルにとって、像《イメージ》は対象や内容ではなく、関係であり、この関係において対象は、その中で現前せざるもの、存在しないものとして定立されているか、あるいはまったく定立されてはいないが、存在の問いに関して中立的な仕方で現前化されているかなのである（『想像力の問題』16〔二七頁〕）。フッサールにとっても、サルトルにとっても、想像力は世界に向けられている志向的関係の集合である。そして〔とくに〕サルトルの場合には、想像力は、その世界の脱-実在化de-realizationを求める関係である。にもかかわらず、サルトルにとってこの想像力は依然として志向的である。つまり、それは拒否あるいは脱-実在化というあり方で世界に向けられているのである。

フッサールによる志向性の自我論的理解に対するサルトルの批判は、想像力の志向性に関するフッサールの見解を彼なりに自分のものにするのに、独特な影響を与えている。フッサールにとっては、想像的

〔7〕『想像力の問題』10〔一九頁〕。「像《イメージ》はその出現の当初から、そのあるがままの全貌をあらわす」。

経験のノエシス的極はある種の対象を志向し、それらの対象の構成に寄与するといわれている。したがって、想像的対象は、存在せざるものとしてノエシス的に志向されたノエマ的相関項として理解されなければならない。存在せざるものとしてというのは、幻想あるいは曖昧な表象としてということではなく、意識の高度に構造化された対象としてということである。想像的なものは実在的《リアル》なものの貧しい表象などといったものではない。それは、実在性《リアリティ》を希求したりなどまったくせずに、明示的に非実在的なものとして志向された対象の、意識自身がもつ集合である。サルトルは明らかに、想像的なものの領域を自律的で構造化された意識の領域として確定し、高い地位を与えたフッサール現象学のこの成果を評価している。しかし、サルトルが志向性のノエシス的極を拒否しているということは――彼はこの立場を一貫して主張しているわけではないのだが――このことを彼が彼自身の理論内部で維持できるのかどうかという疑いを投げかける。意識は経験の対象によって組織化されているという『自我の超越』におけるサルトルの主張は、意識がその対象に貢献していることを説明できなければ、強い意味で行動主義的立場となる危険を冒している。サルトルは明らかに、想像的対象――彼の用語では像《イメージ》――の場合には意識が四つの可能な定立行為のうちの一つを通じて像《イメージ》を志向していると主張しようとしている〔8〕。しかし、これらの初期の著作において提示されているような意識の志向性についての見解を受け入れたとしても、もしこれらの四つの定立的関係を可能にする意識の構造の説明を私たちが求めるならば、どんな説明も私たちには残されていない。もし意識が純粋な無、単に世界を現象させる半透明な現象なのだとしたら、そのとき私たちには、世界を憎しみに満ちたもの、望ましいもの、想像的なものなどとして現象させる現前化の様式を理解する手立てがない。加えて、私たちには、なぜ異なった意識は世界を異なった仕方で現前化するのか、つまり、なぜ世界が一度に、ある意識にとっては望ましいものとして、他の意識にとっては不愉快なものとして現れうるのかを理解する手立てがないのである。こうした様々な仕方で意識に働きかけるものが単純に世界であるということはありえない。そうではなく、意識はそれ自身の経験のための準備を調えなければならないのであり、対象に定位したサルトルのバージョンの志向性は、この明白な事実を説明することができないのである。

サルトルは志向的意識を、世界を現象させる半透明の媒体と見なしているので、感情的意識と想像的意識は意識の不透明な表現である限りで、意識の減退した形態であると結論づけられることになる［9］。像《イメージ》も感情も世界からの逃亡であり、世界からの撤退を意味する脱-実在化である。サルトルの理論のこの側面は、「所与の実在性《リアリティ》」つまり意識に外的な世界の拒否あるいは変容が同時に意識を半透明な媒体として凝結させるものであるという点で、対象に定位した彼の志向性観の直接的帰結であるように思われる。一方で、フッサールにとっては想像的なものはそれ特有の対象の領域を構成し、所与の対象の把握において必要な機能を提供しているが、他方でサルトルにとって想像的なものは、構成的次元であるというよりは半透明な意識の失敗である。意識の外にあるものだけが実在性《リアリティ》をもつと主張することでサル

［8］「この行為は…対象物を、非存在として、あるいは不在として、あるいはどこか他のところに存在するものとして、定立する。それはまたおのれの行為を《中和する》こと、つまりその対象物を現存するものとして定立しないこともできる」（『想像力の問題』16［二七頁］）。

［9］サルトルは「減退 degradation」という表現を『情動論素描』では一貫して感情における意識の状態を指すために用いている。『想像力の問題』で彼は、想像的なものとしての意識は、自己不透明化 self-obfuscation の意図的投企の中に、つまり「本質的貧困」（11［二一一頁］）であることが明らかになる充溢への信念 belief の中に含まれているということを暗示している。

トルは、彼がもっとも大事にしているフッサール現象学の主張を犠牲にしてしまっているように思われる。つまり「フッサールおよび現象学者にとっては、われわれが物についてもつ意識は、なんらその物を認識するということだけに限られるのではない。認識あるいは純粋《表象》は、この樹木《について》の私の意識の可能的形式の一つにすぎない。私はこの樹木を愛し、恐れ、憎むこともまたできる。そして、《志向性》と名付けられる、意識の意識自体によるあの乗り越えが、恐れや、憎しみや、愛のなかにも見出されるのだ」(「志向性」5〔二九頁〕)。

明らかにサルトルはこの点で一貫していない。彼は、像が「実在的《リアル》」なものについての私たちの把握の一部だと主張するときもあれば、他の文脈では、像は脱実在化する現象であり、実在的《リアル》なものからの逃亡であると主張するときもある。『存在と無』を通してみられるこの両義性は、志向的意識についての彼の見解の結果として生じるというだけでなく、「存在」についての彼の矛盾した説明においても生じているように思われる。時々サルトルは、あたかも外在性の領域が実在性《リアリティ》の唯一の場所であり、意識は即自存在を直接的に明らかにすることができる透明の志向性であると主張しているように見える〔10〕。この見方に従えば、意識の対象は経験の実定的与件であり、意識はそれらの対象の存在や意味の構成に何の役割も果たしていないことになる。意識は対象に向かう能動的運動であるにもかかわらず、その完全な表現が〔対象を〕明らかにする現前化、しかも対象を現象させることによって自らを解消する現前化であることを見出す。このように直接的な知覚を信じているという点で、サルトルは現象学が最初から拒否しようとしてきた実証主義者の一員として位置づけられるように思われるのである。実在性はそこから意識が排除される自足した領域として定義されるが、意識がこの実在性を現前化し明らかにすることができるのは、それが啓蒙された意識であるとき、つまり想像や感情から自由であるときである。

　志向性についてのサルトルの非自我論的見解について考察することで、サルトルの想像力観、そして最終的には欲望観の問題含みの性格を理解するための文脈が理解できるようになる。フッサール的な言い方をすれば、サルトルは、像は意識が自分自身に現前化させる対象であると主張している。意識の定立行為を参照しながら、サルトルは、意識が想像的経験の対象を構成する構造化された活動であると断言しているように思われる。しかし、実証主義的観点であるように見えるものからいうならば、サルトルは像《イメージ》を実在《リアル》的なものからの逃避と見なしている。この第二の観点が含意しているのは、実在性は存在する積極的な現象であるべきだということである。これはまさに、フッサールが批判しようとする実在性と存在の混同である。サルトルは、像は、一種の情動的意識であり、それは「認識でも」あると主張する（『想像力の問題』103〔一三九頁〕）。したがって、彼がフッサールのプログラムに忠実でないということは決定的ではない。この情動的意識についての議論は、サルトルの欲望観を特徴付けることになるのだが、『想像力の問題』においては両義的な性格を帯び始めている。情動性が実在《リアル》的なものの「把握」であるのか、それとも独我論を示唆するものであるのかということは、サルトルの想像的なもの、感情、そして欲望についての議論につきまとう問いである。サルトルが、情動性を知識の一形式と見なすようになる限りで、彼は経験のノエシス的極の頑強な拒否を再構成しなければならなくなる。彼の理論の進展の中でノエシス的なものは再構成されているが、しかしフッサールによって定められた認識論的なライ

〔10〕「意識のうちには、己を逃れる運動…以外には何もない」（「志向性」4〔二八頁〕）および「結局一切は…外部にある」（5〔二九頁〕）。

ンに沿っているというわけではない。自己、そして意識一般という非実体的存在は、自己の起源における選択の現前として再定式化される。経験のノエシス的極、そしてそれに伴って、情動性の認知的機能も、自己の実存的概念を通じて再び主張される。対象は単に「与えられる」のではなく、「構成され」もするのである。志向性を特徴付けている存在の探求は、世界によって一方的に引き起こされた探求ではなく、自分自身の創出を求める自己の欲望によっても動機づけられている。世界は主体的投企の文脈において理解され、この投企は存在しようとする根本的欲望の表現であるのだが、情念を帯びた投企である。それゆえ世界を提示するという知識の努力はいつも、自己が発見しかつ創造する状況において自らを見出すという、情念を伴った自己の努力である。

認識論的モデルから実存的モデルへのこの転換は、明示的に認められるわけではないとはいえ、『想像力の問題』のテクストの中にも見出されうる。この探求は記述的現象学のプロジェクトのふりをしているにもかかわらず、想像作用の実存的な起源をも追究している。像《イメージ》はサルトルにとって、奇妙な仕方で自己充足的であり、自分自身の空間を完全に満たす純粋な現前である。像は知覚とは異なっているのだがそれは後者が「他の事物と無数の関係」を持っているからである（『想像力の問題』11〔二〇頁〕）。サルトルは、「私の〔現在の〕【2】知覚の豊穣性を汲みつくすためには、無限の時が必要であろう」と説明している（『想像力の問題』11〔二〇頁〕）。他方で、像《イメージ》はその完全性において与えられる。像《イメージ》は知覚の世界の残余とは関係を持っていない限りで「本質的貧困」（『想像力の問題』11〔二〇頁〕）に苦しめられているのだが、しかし知覚の世界が提供することのできない一種の純粋現前なのである。

知覚世界は、否定に満ちた風景である。ばらばらな諸現象のあいだに保たれている様々な関係は知覚的意識によって受動的に記録され、記述され、知覚的なものとして意識は自分自身がその世界に不適切なものであることを理解する。像《イメージ》においては、知覚的世界の複雑さと異質さが拒否され、すべての知覚意識に伴う限定の感覚が克服される。像《イメージ》はその対象を不在のもの、非実存的なもの、あるいは実存的地位にはかかわらないものとして提示する。この像《イメージ》の「非-存在」は逆説的なことに、その像《イメージ》の充足と現前にきっかけをあたえるものでもある。実際、像《イメージ》を生じさせる不在は、それに伴う意識によって満たされている。像《イメージ》は「不在の中の現前」、意識が自分自身で不在を満たす仕方である。したがって像《イメージ》は知覚的世界の中に存在する空洞によって生じる。像《イメージ》は現前への欲望を示し、不在を解釈する一つのやり方である。「たとえばかつて私が愛していた故人の像《イメージ》が急に私の心に浮かんだなら、胸の中に痛みを感ずるためには《還元》の必要はない。このような痛みは像《イメージ》の一部を成し、像《イメージ》が己の対象物を存在せざるものとして（私に）提示／現前化したことの直接的結果である」（『想像力の問題』17〔二八頁〕）。

知覚世界は、意識をその世界の創設者として経験することを禁じている。というのは、その世界の事実性と内的複雑性が知覚的意識を超え出ているからである。想像力がその対象を存在していないものとして定立するがゆえに、想像力は自由に、自分がその世界を見るがままに想像的世界を創造する。想像力においては、事実的あるいは知覚的世界は作用しなくなる。したがって想像力は、意識の通常の経験に見出される一種の括弧に入れる手続きであり、『自我の超越』において言及される「不安」の明示である。この「不安」によって意識は世界との通常の関わり合いから自分自身を引き離すのである。世界は、

【2】　バトラーの引用の欠落を補った。

世界の想像的な脱実在化を通じて、一種の一時的な意識への現前を獲得する。「像《イメージ》はいかに活気にあふれ、感動的で、強力であろうとも、己の対象物を存在しないものとして提示／現前化する」（『想像力の問題』18〔三〇頁〕）。にもかかわらず像は、その像が何らかの種類の存在を持つという信念を通じて維持される。像《イメージ》の存在を信じることが必要であるにもかかわらず、この信念を維持することができないということが像《イメージ》形成の起源における両義的な実存的投企を形作る。「現在私たちが到達した曖昧で誤解を生じやすい事情の下では、たった今述べられたことをはっきり表現することがより必要であろう。すなわち、私たちは、対象物に向かうこちらの行為によって、その対象物が現実に存在しているという『信念』を内心に生ぜしめようと求めても無駄である。一瞬私たちは対象物の空無性についての直接的意識を蔽いうるかもしれないが、しかしそれを滅尽することはできない」（『想像力の問題』18〔三〇頁〕）。

したがって想像力は自由を体現する意識の一形態である。そこで自由は、事実性の克服およびパースペクティヴの超越として定義される。知覚においては表象的要素が受動的であるが、像《イメージ》においては「この要素は、その第一のそして言葉に伝えがたい資質によって、意識的能動性の産物であり、創造的意志の流れによって全体に亘って貫かれている」（『想像力の問題』20〔三三頁〕）。したがって想像的意識はサルトル的な意味での根源的自律の経験をもつことができる。世界の脱-実在化は意識の到来である。「この点から必然的に、像《イメージ》としての対象物は人間がそれに関してもつ意識をいささかもはみ出るものではない、ということになる」（『想像力の問題』20〔三三頁〕）。もし実在性《リアリティ》が実定的存在と同一視されるならば、想像力は実在性《リアリティ》からの逃亡であり、実在的《リアル》なものの拒否である。しかし、もし私たちがフッサールにしたがって、欠如は実在的《リアル》なものを構成するものであると見なすならば、想像力は、サルトルが知覚的生活には獲得できないとした、有意義な実在性《リアリティ》への訴えであることになる。前者の場合には、意識は独我論に陥ることになり、後者の場合には意識は実在的《リアル》なものの隠された次元に接近できることになる。どちらの場合にも、意識は実定的存在の限界において自分自身を示すのであり、単にその実定的な外形を超えて世界を構築しているだけではなく、自分自身を創造的活動として構築しているのである。

「想像的生命」の章で、想像作用の実存的起源をかなり詳細に考察しているとき、そして『想像力の問題』全体を通じてサルトルが情動性に言及しているときに、志向性についての主体に定位した見解がますます強調されているのがわかる。サルトルの実在論《リアリズム》は、実在的《リアル》なものを存在するものと同一視することで、実証主義の一形態に見えるのだが、それは欲望の投企が中心的となる志向性観によってますます先取りされている。サルトルは、像《イメージ》は自己をひるまざる意志として想像する主体的投企であると説明している。「想像力の作用とは、魔術的作用である。それは思念の対象物、欲する事物を、それを占有できるような仕方で出現せしめる使命を持った呪禁《まじない》である」(『想像力の問題』177〔二三四頁〕)。

逆境を乗り越える魔術的努力としての感情という見方と比較するならば、像《イメージ》は事実的世界の拒否である。「その作用にはいつも何か横柄で子供じみたもの、現実の距離や困難を考慮に入れることを嫌うような要素が見られる」(『想像力の問題』177〔二三四頁〕)。像《イメージ》は(もし意図的に、より多くのパースペクティヴを含んだ像《イメージ》ではなく、ぼんやりとしたタイプの像《イメージ》を、例えば昨日の晩に自分の家にいるピエールといったものを志向するのでなければ)、ぼんやりとしたものとして与えられるわけではない。知覚的対象とは違って、像《イメージ》は一挙にその全体が与えられる。この意味で像《イメージ》は抵抗を示さない欲望の対象である。〔それに対し〕知覚世界の対象は、大部分が切り取られたその外的形態で抵抗を示す。したがって、像は、完全に欲望されかつ完全に我有化された対象との関係である。「これらの対象物は、知覚の場合におけるように、ある特定の角度のもとに現れはしない。それはある観点から与えられるのではない。私はそれらの対象物をそのもの自体として生まれさせようとこころみる」（『想像力の問題』177〔一三四頁〕）。想像力によって与えられた全知へと仮に上昇することで、欲望のつかの間の満足が引き起こされる。「私が欲し、私が獲得するのは、端的にピエールそのものなのである」（『想像力の問題』177〔一三四頁〕）。したがって像《イメージ》は、事実的世界の脱実在化にもとづいた欲望の満足を表象する。欲望は自分自身をその対象の創造者に仕立て上げることで、魔術的にその対象を所有しようとする。像《イメージ》はほとんどの情動状態に伴っているが、サルトルによればそれは情動性あるいは感情が世界を魔術的に所有し支配しようとする志向性をもっているからである。感情は、私たちが別の世界を創造するための魔術的な手段である。したがって感情は、可能な様態としてだけでも新たな世界を創造しようと努力するがために像《イメージ》を必要とする。「憎悪さるべきものとして、人を苛立たせるものとして、嫌わしいものとして、ポールの意識を持つことは、ポールに新しい性質を賦与することであり、ポールを新しい次元にもとづいて構成することである」（『想像力の問題』199〔一三四頁〕）。

　サルトルは像《イメージ》、感情および欲望の相互関係を理解する方法を定式化していないのだが、『想像力の問題』における彼の様々な註解は、発展途上の彼の見解を、妥当な仕方で再構成するための基礎を提供してくれている。この著作の目的に関して、彼はあえて次のような定式を述べている。「像《イメージ》とは、感情にとっては一種の理想であり、像《イメージ》は情動的意識にとって、ある極限的な一状態、欲望が同時に自己認識でもあるような状態を表すものである」（『想像力の問題』103〔一三九頁〕）。彼の見解では、ほとんどの情動的状態は、仮定法で現実性《リアリティ》を心に描いており、それゆえ像《イメージ》をその志向性の中心的な特徴として維持する。像《イメージ》は欲望がそれを目指して努力するような種類の未分化の現前であり、感情は人間の欲望の様々な入れ替わり方であるように思われる。一方で、対象の創造は情動性と想像作用を構造化する投企であるように思われる。なぜなら、これらの作用はどちらも、自分の世界の基礎となろうとする基底的欲望に従っているからである。このようにして欲望、つまり自分自身の実在性《リアリティ》を基礎づけようとする欲望としての欲望は、感情的意識と想像的意志の両方の基礎をなす。他方で欲望は、志向的であって、単に反省的であるだけではない。欲望の対象は自己の「外に」ある。「欲望を動かすのは欲望されるものである」というサルトルの主張が意味しているのはこのことである。志向的なものでも反省的なものでもあるという欲望の二重の性格は、欲望の観念論的投企と実在論的投企が単なる矛盾ではなく動態的で構成的な逆説であるということを立証する説明を必要としている。

欲望は自分の対象を構築しようとするのだというサルトルの主張は、欲望は認識の一形態であるという彼の主張と齟齬をきたすように思われる。私たちが〔そこで〕問う必要があるのは、人間の欲望がどんな種類の創造的認識であるのかということである。欲望が自分の対象を発見しまた創造しもするということは理解可能なのだろうか。この逆説的な見解を私たちは理解することができるのだろうか。欲望はそれ自身知識の一形態であるとサルトルが主張するとき、彼は志向的な認識作用と表象的な認識作用を区別しているように思われる。欲望は、欲望される対象が、欲望された対象の背後にあるといわれる客観的な対象と対応するという意味で、その対象を「認識している」わけではない。サルトルにとって「認識作用」は、いつも特定の現前化行為を通じて、そして現象の特定の様態を通じて生じるのである。対象が、対象を現前化する特殊な仕方を離れて直接的に受けとられうるということは決してない。実際、対象〔客観〕は「客観的に」考えられるべきであるにもかかわらず、そのようなものとして志向されなければならないのである。したがって欲望される対象はなんらかの「客観的」対象から区別されてはならない。なぜなら、対象は現象の様態と見なされなければならず、もし対象が欲望されるものとして現れるのなら、その欲望されるという性質が、その現象としての存在を構成するものなのだからである。

この説明に伴う決定的な問題は、幻想的現象と客観的現象を区別することが不可能ではないとしても困難であるように思われるというものである。そのような考えに基づくならば、欲望が欺かれるということは、どのようにして説明されるのだろうか。欲望の求めるものがすり替えられたり欲望が幻想としての対象を持ったりするという経験はどのようにして説明されることになるのだろうか。像《イメージ》と幻想、そして一般に欲望が創造しようとする想像的世界と自己欺瞞との間には決定的区別が存在するのだろうか。もし欲望が自己を欺いて、事実性は克服可能であると信じさせようとするのだとしたら、全ての欲望は自己欺瞞の投企〔投影〕ではないのだろうか。もし欲望が根本において自己欺瞞的な企てであるのだとすれば、認識の一形態として欲望を参照するということはどう理解したらよいのだろうか。

これらの問いに十分な仕方で答えるためには、『存在と無』および悪しき信仰〔bad faith自己欺瞞〕についての議論に目を向けなければならない。しかしここで私たちはこころみに、欲望と像《イメージ》についての私たちの〔これまでの〕議論からこの問題にアプローチしてみよう。サルトルの見解では、欲望は、特定の仕方でその対象を心に描く限りで、つまり欲望作用は想像作用と同じ外延を持つという限りで認識の一形態である。欲望が注意を向けるのは、知覚において与えられたものではなく、知覚において隠されているものである。ある意味でそれは、不在という意味を持った次元を探究することである。欲望は不在を主題化し、そのことによって不在を欲望自身に対して現前させる。このようにして欲望は基本的に、充足への欲望であり、知覚的生活の空虚を満たす努力である。「像《イメージ》としての対象物とは、限定された欠除(*un manque défini*)である。それは己の姿を空洞なものとして描き出す。像としての白い壁とは、すなわち、知覚に欠如している白い壁、ということである」(『想像力の問題』179〔二三七頁〕)。しかし、白い壁の像はそれが知覚に現れるとおりの壁の像《イメージ》ではない。したがって、白い壁が想像的意識の中で獲得する現前はパースペクティヴによって制限された意識によっては到達不可能である。想像力がもたらすもので、知覚対象との対応によっては測られえないような、世界についての認識とは、物の現前についての認識である。なめらかで優美な両手についての意識は、「むしろ繊細さと純粋さの厳密に個人的な陰翳をともなった、繊細で、優雅で純粋な、何ものかの意識なのである」(『想像力の問題』101〔一三六頁〕)とサルトルは述べる。これらの陰翳が意識に「現れている」のである。それらは、「その表象的局面において自分自身を提示〔現前化〕しはしない。サルトルの説明によれば、「この情動的な塊は最も明瞭で完璧な知識にも欠けている一性格を有している。つまりこの塊は現前するものである」(『想像力の問題』101〔一三七頁〕)。

　欲望は、知覚対象がどうしても持つことのできないようなある特徴を持つ想像的対象を発見する。対象の現前は欲望に与えられている、つまりそれは欲望が求めているものである。そして、欲望のこの現前化機能は、この現前に対する信念の条件を明確にし、確立するために想像的意識を必要とする。欲望の対象は、それが知覚ではない程度においては非実在的である。とはいっても知覚意識もそれがパースペクティヴと陰影を必要とするということに制限されている程度においては非実在的なのである。実在性を知覚意識によって定義しようと、パースペクティヴの制約から自由な、実体化された想像力によって定義しようと、その定義は、欲望と想像的意識が一般に幻想を生み出すとみられるのか、あるいは真理を生み出すとみられるのかを決定する。サルトルが志向性についてのフッサール的見解の中にとどまっているならば、第二の基準が当てはまるように思われる。つまり、対象の否定的側面はその客観性を構成するものでありつづけており、それに対応して意識の否定する機能――その欲望としての地位――は意識を、対象の不在の領域に踏み入らせることになる。サルトルが、実在性についての自分の定義を積極的存在に、つまり知覚意識の所与の対象に制限するならば、欲望と想像的なものは実際に、現実的《リアル》なものの明示ではなく、そこからの逃亡なのである。

『想像力の問題』の一年前、一九三九年に刊行されたサルトルの『情動論粗描』においては、情動性は指示的でも変容的でもあるものとして提示されている。一方で彼は、「情動をおこされた〔触発された〕主体と情動をおこさせる対象とは不可分の綜合のなかに結合されている」(『情動論粗描』52〔一三五頁〕)と主張している。そして彼は、「感情とは、世界を把握する或る仕方なのである」(『情動論粗描』52〔一三四頁〕)と結論づける。他方彼は、感情は「逃亡」であり、現実《リアリティ》の減退化であるとも主張する。「恐れなり悲しみなりにおける過度の緊張…は、自己を否定しつつ世界を否定するなり、世界からその情動的潜在力を放出するなりしようとめざす」(『情動論粗描』74〔一五二頁〕)そしてさらに「怒りは…一つの逃亡としてあらわれる。つまり、怒っている当人は、あたかも、自分を縛っている縄目をほどくことができないで、その縄の中であらゆる方向に身をもがいている人間に、似ているわけだ」(『情動論粗描』37〔一二三頁〕)。サルトルにとって、感情は世界のさまざまな困難に対する効果のない反応であり、人間がとらわれている根本的無能さの表現である。「〔感情とは〕…、それぞれ、困難を避けるための違った方法であり、特定の逃げ口上であり、特別なごまかしを表わしているのである」(『情動論粗描』32〔一一九頁〕)。

感情を想像的構築物と見なすサルトルの解釈は、感情の有効性についての悲観的な見方を明らかにする。怒れる男は、「自分をしばっている縄目をほどくことができない」と言われているときには、この文脈では怒りは力のなさを示すものと見なされている。しかしここで私たちは、怒りもまた権力の一形態ではないのか、と問わねばならないように思われる。サルトルが感情は基本的に効果を持たない、感情は世界の魔術的変容を成し遂げるだけであると主張するとき、私たちは、なぜ感情は世界に到達することができないのか、と問わざるをえないように思われる。感情意識と、感情意識がそこへと向けられている世界との間にある裂け目は何なのか。何が感情をサルトルが記述するような酬いなき情念にするのか。

サルトルが主張するところでは、世界の難しさは、永続的な現象学的所与である。つまり「この世界は難しいのだ。この難しさという観念は、私との関係を暗示するような反省的な観念ではない。それはそこに、世界の上にある」(『情動論粗描』58〔一三九頁〕)。世界の困難は、それが意識に到達できないということ、その粗野な所与性、その絶対的な他者性である。しかし意識に抵抗するこの世界は、まさにその構造においてそれ自身を意識に対して明らかにする世界と同じ世界ではありえない。この点でサルトルはフッサールのノエシス―ノエマ的調和〔の主張〕と一致している。ここでもふたたび、「世界」は一貫性のない仕方で、つまり一方では構造的に類似した意識とのノエマ的相関項として(フッサール的見解)、他方では意識がそこから逃れることしかできない粗野で浸透できない実在性として(実証主義的見解)見なされている。この第二の解釈の妥当性は、感情は世界を変容させる点において時には効果的であるという明白な事実によってすぐさま問いに付されるように思われる。もし私たちが怒りを決定的な不能の記号としてではなく、そこから効果的行為が引き出される力の可能な源泉と見なすならば、感情を現実的《リアル》なものの減退したもの、単に魔術的なだけの世界の変容と見なすサルトルの見解は、深刻な異議に晒されるように思われる。ロバート・ソロモンはサルトル自身がこの点で一貫していないと主張している。

サルトルにとって、魔術の概念は感情的行動が効果を持たないということineffectiveness、つまり私たちの感情は、実際にこの世界を変えることなど全くなく、意識の方向を変えるにすぎないという事実を強調するのに用いられている。…問題は、サルトルが、彼自身の酷評する心理学者たちのような仕方で、感情を「孤立したもの」として扱い、「感情の世界」を、効果を持った行為やコミットメントからなる「実在的《リアル》」世界から区別された世界として扱いつづけているということである。しかし私たちの感情こそ私たちの行為を動機付け、私たちのコミットメントを支えるものである。サルトルの著作の多くを支配している「基底的投企」は、まさにその本性によって、感情的投企なのであり、私たちが、その要求の回りで私たちの世界全体を再組織化する（「変容させる」）ほどにも、深く身を捧げるものなのである[11]。

感情をただ拒否と脱-実在化という投企だけにかかわるものと見なすという見解に対するさらに強力な反論は、全ての意識に対する感情の寄与を見ることによって見出されうる。前反省的意識の「自発性」、前反省的志向性の生きられる経験を構成する意識の「高揚」は、それ自体情念あるいは欲望であり、それはまさしく意識の存在である。感情は、世界との基底的な関与の、つまり「存在しようとする努力」としての人間生活の基底的投企の様々な形態であると考えることができる。世界を意識に現前させようとし、実際に世界を意識に現前するものとして構築しようとするどんな行為も、充足へのこの初期衝動の表現である。そして、この衝動こそが志向的意識と人間的現実〔実在性〕の存在を特徴付けるものである。実際、意識の行為は必ずこの情動的構造を伴っている。意識の志向性は人間の欲望の、拡散した執拗な経験として具体的に生きられているのである。

この議論のはじめに私は、情動性についてのサルトルの説明は、非一貫性によって損なわれているのか、それとも逆説によって損なわれているのかという問を立てた【3】。その際には、もし前者が正しいのならサルトルの理論が不適切であることを証明することになるし、もし後者が真であるのなら、その理論は救われることになるかもしれないと想定していた。私はサルトルの思考における非一貫性、つまり世界のアクセス可能性についての解釈と、それと関係して感情的意識の効果についての解釈をめぐる齟齬を指摘してきたのだが、それにもかかわらず私はサルトルの理論の可能な解釈を挙げ尽くしたわけではなかった。情動的意識についての彼の理論につきまとっているように見える〈あれかこれか〉は独我論と実在論の間の戦いである。欲望——および情動性一般——は世界への全能的現前を達成しようとする主体的投企によって構造化されているか、あるいは「欲望されるものによって動かされ」、刺激され、意識の対象によって構造化されているか〔の二者択一〕なのである。『存在と無』は、この明らかな

〔11〕 Robert Solomon, "Sartre on Emotions," in Schilpp, *The Philosophy of Jean-Paul Sartre*, p. 284.
【3】 本書、二二〇–二二一頁参照。

逆説《パラドックス》の問題を取り上げ、情動的意識を指示的でありかつ魔術的でもあるものとして理解するための哲学的プログラムを案出するものと見なされうるのである。

世界は「困難である」がゆえに、意識はヘーゲルが説得力を持つと考えたような投企された統一を達成することが決してできない。実際私たちはヘーゲルからサルトルまでの諸々の理論の連続を世界がそもそも困難をはらんでいるということが徐々に明らかになってきた過程と理解してもいいのかもしれない。サルトルにとって、意識と世界との存在論的な分離は、意識の志向的あるいは指示的機能を排除するものではなく、世界を志向するということと、世界と同一になるということが非常に異なった企てであるということを主張しているのである。意識が常にすでに存在論的に結び付けられているものしか、意識は認識するようになれないというヘーゲルの主張は、サルトルにとっては真ではない。したがって認識を、それによって意識と世界の同一性が相互に包含しあうまで高められる一連の行為として理解することはできない。そうではなく、決して解決されない永続的逆説《パラドックス》の関係として理解されるべきなのである。

サルトルの遍歴する主体は、自分が最初から、それがそうなるところのものだったのだということを最後に発見するために発展するのではない。逆にこの主体は新たな創造であり、無から作り出された存在である。したがって、志向的意識は、その対象が自分に外的であることを認識するに至るのだが、この外在性は決して混じりけのない形態で与えられなどしないのである。私たちは対象あるいは〈他者〉をそれらの基底的な困難の経験、それらの外在性の経験の外で知ることは決してない。したがって私たちはいつも、それらの対象に私たち自身の困難との関係――私たちの感情――を付与する。私は欲望の投企に対する外在性の二重の意味を理解するために『存在と無』を取り上げる。そこで二重の意味とはつまり、外在性は一方で人間に情念を引き起こすものであり、他方で私たちがそこから逃亡しようとするものでもあるということである。

さらに、サルトルが主体と実体の間にあることを示す亀裂は、意識を否定性、あるいはコジェーヴが主張するような「存在における穴」として規定するものである。しかし、この意識は、より包括的な綜合に与ることで、この否定性を放棄するということが決してできない。サルトルの意識概念は、否定する否定性という概念、自分自身に向けられ、それによって自分自身を特定の存在として生み出す否定という概念である。人間の生活を動機づけている欲望はサルトルにとって、反省的否定の過程となる。この過程は自己を創造し、自己と自己の間の相互的否定の過程を創造する。この相互的否定の過程を通じて、それぞれの自己が他者を創造するのである。私はまず、自己が自分自身を創造する否定の労働を取り上げ、次にセクシュアリティーについてのサルトルの議論の文脈における親密な承認の過程を扱う。それは私たちが、常にそれによって互いを存在させることになるような承認の過程である。

前反省的選択という戦略——『存在と無』における実存的欲望

観点と欲望の点は同じものである。

ウォレス・スティーヴンス「ニューヘヴンの平凡な夕べ」

『存在と無』におけるサルトルの欲望についての議論は、まず相互主観的関係の文脈で、次に実存的精神分析についての章で再び登場する。前者の章においては、欲望は性的欲望として理解され〔12〕、後者においては欲望は、実存的欲望と呼ばれうるものとして理解される〔13〕。前者の文脈で性的欲望は「存在しようとする欲望」の一形態にすぎない。つまりそれは、対自の自発性を構造化する実存的投企である。サルトルの説明では実存的欲望はより基本的なものと考えられているので、まず私は「存在しようとする欲望」を取り上げ、次の節で相互的な性的関係の文脈におけるその意味について考察したい。

「実存的精神分析」におけるサルトルの課題は、人間の欲望を実体あるいは自然的所与として、あるいは人間の行動の初期原因としてはたらく還元不可能な心的なものとして前提する心理学理論の不適切さを示すことである。彼は、人間の行動をなんらかの初期的欲望に還元する心理学の傾向は、欲望についての探求を根源的に行うことを拒否することを意味していると主張する。サルトルにとっては、欲望は原因としてではなく、先行する、より基本的な選択の表現として扱われなければならないのである。

たとえば、フローベールは《偉大な野心》を持っていた、などと言われることがある。先に引用した叙述は、ことごとく、この原初的な野心に拠りどころを置いている。なるほどそれもよかろう。けれども、この野心は、決して精神を満足させない一つの還元不可能な事実である。というのも、還元不可能性は、この場合、分析をさらに推し進めることの拒否より以外のいかなる理由をも持たないからである。そこまで行けば、心理学者は立ち止まり、当の事実が初期のものとして与えられる。(『存在と無』560〔III 三二七頁〕)

フローベールの野心は経験の実定的所与とみなされている。それはつまり、サルトルの考えでは、自然的対象に付着している質と変わらない偶然的なものである。サルトルは、「この岩は苔でおおわれているが、その隣の岩には苔がついていない。ギュスターヴ・フローベールは文学的な野心を持っていたが、彼の兄アシールにはそんな野心はなかった。『つまりそういうわけなのだ』」(『存在と無』560〔III 三二八頁〕)と、この種の心理学的経験論を皮肉を込めて描いている。

サルトルは、人格的同一性に対する欲望の関係についての自然主義的見方を拒否している。この自然主義的見方は、偶然的な自然的諸性質のその自己同一的実体との関係をモデルにしている。サルトルの考えでは、欲望は「性質」と理解されることがあるとしても、そうした性質は、それが属する実体に外

〔12〕「〈他者〉のセクシュアリティについての原初的な把握は、それが体験され経験されるかぎりにおいて、欲望でしかありえないだろう。私が〈他者〉の「性別をもった‐存在」を発見するのは、この〈他者〉を欲望することによって（または、この〈他者〉を欲望することができないものとしての私自身を発見することによって）であり、あるいは、私に対するこの〈他者〉の欲望を把握することによってである。欲望は、私の「性別を持った‐存在」を私にあらわにすると同時に、この〈他者〉の「性別を持った‐存在」を私にあらわにしてくれる。言いかえれば、欲望は、性としての、私の身体と他人の身体とを同時にあらわにしてくれる」(『存在と無』384〔II 四一八‐四一九頁〕)。また、「〈他者〉の「対私‐対象性」をとおして、〈他者〉の自由な主体性を奪い取ろうとする私の原初的な試みは、性的欲望である」(『存在と無』382〔II 四一四頁〕)。欲望をもっぱら性的なものと考える理解が見られるのは、マルクーゼの「実存主義」(326)、およびネイタンソンの『ジャン＝ポール・サルトルの存在論批判』(Natanson, *A Critique of Jean-Paul Sartre's Ontology*, p. 44) においてである。

〔13〕この欲望のより広い理解は、「実存的精神分析」の節で紙幅を割いて議論されている。そこで欲望は、欠如として理解された対自と同一化されている。「自由は、まさに、自己をして存在欠如たらしめる存在である。けれども…欲望は存在欠如と同一であるから。自由は、「自己をして存在欲望たらしめる存在」としてしか、…出現しえないであろう」(『存在と無』567〔III 三四六‐三四七頁〕)。

的に関係しているわけでも固定的に関係しているわけでもない。サルトルはスピノザにしたがって、そうした性質を、それによって実体が自分自身を規定する様態と見なす。

或る点から見れば、フローベールの野心は、そのあらゆる偶然性を伴った一つの事実である。――たしかに、この事実の彼方にまでさかのぼることは不可能である――が、また別の観点からすれば、彼の野心は自己を作る。そしてわれわれの満足感は、われわれがこの野心の彼方にそれ以上の何ものかをとらえうるということを、われわれに保証してくれる。それは、例えば根本的な決意というような何ものかであり、依然として偶然的なものではあるが、真に還元不可能な心的なものであろう。(『存在と無』560〔Ⅲ三二九頁〕)

そうするとサルトルにとって、欲望を「持つ」ということがあるとしても、場合によってはミスをして失ってしまったり、退屈なときには手から落としてしまったりしかねないような、所有物を持つということと同じ意味で「持つ」のではない。欲望は、欲望なしでも自足している主体が持つ偶然的特性ではない。それはむしろ、それを通じて主体が存立するようになる様態なのである。この比喩をさらに広げていうなら、欲望とは、まさに主体の存立そのものである。欲望は、既製《レディメード》の自己を示すのではなく、自己が形成されなければならないものであることを明らかにする。実に、欲望は、自己がそれによって存在するようになる様態、つまり自己の実在化の様態なのである。

サルトルによれば、フローベールの野心の根拠を暴露しようとするならば、どのようにしてフローベールが自分自身を野心として規定したのかを問わなければならない。野心はもはや原因とは見なされず、反省的関係の産物と見なされている。サルトルにとっては真の還元不可能な心的なものであるのは「根源的決断」なのであり、この「根源的決断」が、フローベールの野心を投企および追究として確立する内的否定の運動なのである。しかしフローベールも、何もないところで〔空虚の中で〕自分を規定しているわけではない。彼は世界との関係において自分自身を規定しているのである。実際、全ての感情がそうであるように、全ての欲望は、世界そのものへ実存的に方向付けられているということを遠回しに示している。つまりそれは、その者が自分自身を見出す個別的世界――状況――においてどのように生きるのかということについての決断なのである（『存在と無』563〔III 三三五－三三七頁〕）。「偉大な作家になる」というフローベールの欲望は、同時に創始者性〔作家性 authorship〕の選択でもあり、存在の選択でもある。創始者性は存在の一つのあり方、すなわちいかに存在するのかについての根源的決断なのである。したがって、サルトルにとっては、欲望において、欲望を通じて表現された根源的決断は、常に反省的であり、志向的である。欲望は自己規定という投企であるが、しかし着手される際にはいつも世界の参照を伴っている。個別の欲望の一つ一つは、どのように存在するのかという実存的選択を意味している。

> モラリストの中でももっとも洞察力の優れた人たちは、いかにして欲望が欲望それ自身によって超出されるのかを示してくれた。パスカルは、…ただそのものとしてだけ見れば不条理であるような活動の内に、この活動を超越する一つの意味作用があることを明らかにした。――すなわち、人間存在一般とその条件とを指し示す一つの指示が、そこにあることを、パスカルは明らかにしたので

ある。同様にスタンダールは、…またプルーストは…「愛や嫉妬は、ひとりの女を所有したいというただそれだけの欲望に還元されるものではなく、その女をとおして世界全体を独占しようと目指すものである」ということを、示してくれたではないか。〔『存在と無』562〔Ⅲ 三三四頁〕〕

サルトルは、欲望するということの、それぞれ異なってはいるが相互に関係している三つの意味のレベルについてその概要を描いており、そのことによって、全ての人間の欲望が、存在しようとする欲望を示すものであることが明らかにされている。〔第一に〕どんな欲望も「原初的選択」、あるいは一般化された存在欲望、つまり世界を生き、世界に「属して of」いようとする特定化されない欲望を前提している。第二に、欲望は、「基底的選択」を指し示しており、この基底的選択とは、特殊な個人がそれを通じて生きることを選択する存在の様態――生ないし特定の存在様態のあり方――である。そして第三に、複雑な象徴的結合を通じて、原初的選択と基底的選択の両方を反映する、無数の個別的な欲望が存在する〔『存在と無』562〔Ⅲ 三三三頁〕〕。これらの選択のうち第一のもの、つまり存在しようとする原初的欲望は、分離可能な存在論的地位を持っておらず、本質的に基底的な選択によって表現されるものである。「存在の欲望はいつも、ある存在の様態の欲望として実現される」〔『存在と無』567〔Ⅲ 三四五頁〕〕。そして原初的な選択も基底的な選択も、直接的に経験において知られることはなく、「私たちの意識的生活の網目を構成する無数の具体的な欲望」〔『存在と無』567〔Ⅲ 三四五頁〕〕の中に現象しなければならない。したがって、個別の欲望は〔一方で〕自己の特殊性、つまり個人を相互に区別する存在のあり方に関する根源的決定と、〔他方で〕「存在する」という、つまり意識とその世界との存在論的な分裂を克服するという、匿名で普遍的な自己の投企との両方を一度に表現するのである。サルトルにとって、存在欲望は、自己が最終的に自分自身と一致し、それによって自己理解を完成させるため、世界に対する絶対的現前を獲得し、外在性と差異を克服しようとする努力である。サルトルによれば、この存在論的区別を克服しようとする欲望は、神であろうとする欲望である。つまり、身体性、パースペクティヴ、時間性という限界が、自己を自分自身から脱自的に隔てたままにするのであるが、この欲望はこうした限界を克服しようとするのである。

神、価値、超越の最高目標は、恒久的な限界をあらわすものであり、そこから出発して人間は自己の何であるかを自己に告げ知らせる。人間であるとは、神であろうとすることである。あるいは、いいかえれば、人間は基底的に、神であろうとする欲望である。(『存在と無』566〔III 三四四頁〕)

人間は、永遠の不可能性としてのこの目的に向かって努力する。存在欲望として、この投企は不満足の経験にとどまる。欲望は、意識であるところの存在における欠如を明らかにする。つまりそれは、意識の死によってしか放棄されえない欠如である。この意味で欲望は自由を意味する。この自由は、サルトルによれば即自を超越することによってのみ自分自身にとどまることができるものである。実際、人が自由であるのはその人が欲望する限りにおいてでしかない。なぜならば欲望は、自由の必然的表現なのだからである。「自由は、まさに、自分をして存在欠如たらしめる存在である。けれども、……欲望は存在欠如と同一であるから、自由は、〈自己をして存在の欲望たらしめる存在〉としてしか出現しない」(『存在と無』567〔Ⅲ 三四六頁〕）。

神となるという投企は、「特有の人格であるところの自由で基底的な欲望」（『存在と無』567〔Ⅲ 三四五頁〕）によって実現されなければならない。人格的同一性は、神であろうとする個別化された欲望、みずからの自由と事実性の基礎になろうという努力であり、それは、ポスト・ヘーゲル的立場につきまとう、人間発生論的夢である。サルトルにとって神であろうとする欲望はあらゆる人間の努力の本質的な側面を特徴付けているが、どのようにこの投企が現実化されるのかについては選択の余地がある。実際、ひとはどのような種類の神でありたいのかを決定するのである。全ての人間の努力は神であろうとする欲望から派生するものであるというサルトルの本質主義的な主張は、欲望の決定論となるわけではない。というのも個別的な選択と状況とが、依然としてこれらの努力の可変的特徴であるからである。欲望の目的は、「個々の経験的な状況から出発して追求される。しかも環境を状況として構成するのは、まさにこの追求である」（『存在と無』567〔Ⅲ 三四四−三四五頁〕）。自分自身の存在に固執しようと努力するスピノザの個物[14]同様、人間の努力が認識可能であるのは、そのさまざまな様態を通じてでしかない。しかしこの基礎にある欲望は、規定される必要があるにもかかわらず規定を逃れるものである。私たちの特定の状況づけられた欲望は、人間の同一性を普遍的に特徴付ける実存的投企への、私たちに必要な回路なのである。つまり、

基底的な企て、もしくは人格、もしくは人間的真理の自由の実現は、いたるところに、全ての欲望の内に存在する。…この基底的な企ては、諸々の欲望をとおしてでなければ、決してとらえられる

> ことがない〔バトラーによる強調〕。あたかも、空間が…それを知らせる諸々の物体をとおしてしかとらえられないのと同様である。――あるいはいいかえれば、この基底的な企ては、フッサールのいう対象が、もろもろの射影をとおしてしか与えられないにもかかわらず、いかなる射影によっても吸収されないのと同様である。(『存在と無』567〔III 三四六頁〕)

サルトルは、存在欲望は諸々の個別的な欲望において表現されるのであり、それは個別的な欲望を通じてのみ現象するのだと主張するのだが、こうしたサルトルの主張は、そもそもそのような欲望が実際に存在するのかどうかを私たちは知ることができるのかという問題を提起する。もし、〈統一化する欲望が日常生活の無数の欲望を構造化する〉というサルトルの仮定が、そのような欲望を直接的に指示することによって補完されえないのならば、いったい私たちは、こうした仮定を、支持しえない思弁として退けずにいられるのだろうか。サルトルはこうした非経験的欲望の記述が、意識の反省的転回を通じて可能であるということを肯定しているように見える。

> 基本的に人間は存在欲望なのであり、この欲望の実存が経験的な帰納によって確かめられるはずはない。この欲望の実存は、対自の存在についてのア・プリオリな記述から引き出される。というのも、欲望は欠如であるからであり、対自は、自己自身に対して自己自身の存在欠如であるような存

〔14〕 Spinoza, *Ethics*, part 3, prop. 6.〔(下)、一七七頁〕

在であるからである。（『存在と無』565〔Ⅲ三四一頁〕）

サルトルは原初的あるいは基底的欲望を経験的欲望から切り離しうるものとして扱わないよう警告するのだが、それでも彼はなお経験的欲望に不透明さが存在することを示唆する。この不透明さは、それらの欲望を支持する実存領域を指し示しているというのである。

実存しようとする欲望がまずはじめに存在して、ついでそれが、ア・ポステリオリなもろもろの欲望によって自己を表現させるのではない。むしろ反対に、その欲望が具体的な諸々の欲望の内に見出す象徴的な表現の他には、何ものも存しない。まず最初に存在欲望があってついで幾多の個別的な感情があるわけではない。むしろ反対に、存在しようとする欲望は、嫉妬、貪欲、芸術愛好、卑怯、勇気、その他偶然的経験的な無数の表現の内においてしか、またそれらによってしか、実存しないし、自己を表さない。そしてそれゆえにこそ、人間存在は常に、…或る独自な人格によって顕現されるものとしてしか、われわれの前にあらわれない。（『存在と無』565〔Ⅲ三四一頁〕）

欲望の実存的投企をその個別的で規定された顕現から取り戻す可能性は、反省的意識がそれ自体、自発的欲望の前反省的戦略に関係しているという事実に基づいている。実際これが、欲望の不透明な投企を暴露するという課題をサルトルが「解釈学」と呼ぶ理由である。サルトルは、諸々の経験的欲望のカタログが、適切な心理学的探求の対象とされるべきだと主張する。

他の場合と同様、この場合にも、真理は偶然に出会われるのではない。…真理は、なんらそれを予知することなしにそれを探究しなければならないような領域に属するものではない。真理は、ア・プ・リ・オ・リに、人間的な了解に属しており、本質的な仕事は、一つの解釈学である。すなわち、解読、規定、概念的把握である。(『存在と無』569〔Ⅲ 三四九頁〕)

探求の主体が、欲望の隠された投企を解読することができるのは、その主体自身が探求の対象の起源だからである。欲望の実存的投企は帰納によって知られるわけではない。そうではなくそれは、もっと想起と類似した過程を通じて発見される。自己解釈者が成功するということは、「彼がす・で・に・理・解・し・て・い・ることを知ることができるということ」(『存在と無』571〔Ⅲ 三五四頁〕)なのである。

サルトルにおいては、欲望に伴う隠蔽性あるいは部分的欺瞞が原因となって、欲望の目標が原理的に回復不可能であるということが結論づけられるわけではない。逆に、欲望する行為者と欲望について反省する行為者は単一の行為者なのであり、後者の反省する行為体の主体性だけが逆説的な表現様態を持つことができるという違いがあるのみである。前反省的コギトこそが欲望の起源にあるのだから――欲望は意識とともに生じ、どんな意識も同時に欲望なのであり、実際にそれ自体意識の様態であるのだから――欲望の目標は原理的に、自・発・的・意・識・を・反・省・的・に・主・題・化・す・る・こ・と・を通じて回復可能である。サルトルのよく検討されたフロイト批判もこの問題の文脈に沿って行われている。サルトルが批判するのは、フロイトが記号(原初的欲望)とシニフィエ(この原初的欲望の特定の顕示)とを存在論的に分離するのは、欲望の起源と意味の両方が、意識よりもあとに見出されうるからであるという点である。欲望がその意味を獲得するのが、無意識においてのことであり、欲望の意識的表出は意識によって回復されえないシステムに還元可能であるのだとするならば、欲望の意識的理解は定義上いつも欺瞞的である。実際、欲望を理解しようとする意識的努力は常に欺かれたままであらざるをえず、欲望の真理は、三人称的観点、つまり無意識のシステムという観点を想定することでしか確かめられないのである。欲望が無意識において存在するあるいは発生すると言われるということは、サルトルによればばかげたことであり、それは存在論的な地位を主張することのできない実体化である。戦略的欲望を無意識に帰属させるということは、サルトルによれば、反省的意識に固有の関係を非反省的領域に投影することにほかならない。さらに、人間の心理をそのように分離されたシステムに二分することで、主体の意識のパースペクティヴ内部から欲望の目標と意味を取り戻すという可能性がそもそも排除されてしまうように思われる。しかしサルトルによれば、この主体の意識のパースペクティヴこそが、欲望の解釈がその最後の証明を受け取る領域なのである（『存在と無』568‐574〔Ⅲ三四七‐三六二頁〕、『情動論』44‐47〔一二八‐一三二頁〕）。

サルトルは明らかに、欲望がその意味を開示するためには客観的あるいは三人称的パースペクティヴを必要とするという暗黙裏のフロイト的見解に異議を唱えている。そのような見方は疎外をまさに心理の構造の中に埋め込むこととなり、自己把握を空しい錯覚にしてしまう。欲望の意味の承認が可能であるためには、欲望はその意味について反省する同一の行為体から発するのでなければならない。サルトルによれば、フロイトはこうした種類の承認が可能であるような人間としての行為体についてまとまった説明を与えていない。欲望の領野においてひとが真であると認めることができるのは、ある意味そのひとが常にすでに知っていたものでしかない。そしてフロイトは理論的なレベルで、無意識を非経験的な認知システムとして体系的に孤立させてしまうことで、彼の臨床的分析が成し遂げたものを台無しにしてしまうのである。経験内部に起源や最終的な意味を持つことなしに認識が可能であるということは、サルトルにとっては、その主張の現象学的な肯定を定義上排除する反志向的立場なのである。言いかえれば、フロイトの理論はせいぜいよくて思弁的であるにすぎず、最悪の場合には自滅的なのである。

サルトルのフロイトへの返答は、彼によるフッサールのエポケー批判に似ている。サルトルは、どちらの場合にも自然的態度——生きられた経験の観点——を拡張し、ある種の根源的自己反省を含むものとしようとしている。この根源的自己反省は、フッサールが、超越論的観点を必要とするものと考えたような種類のものであり、フロイトが、無意識に訴える必要があると考えたような種類のものである。確かにサルトルは欲望が透明な意識ではないということ、欲望が不透明さと深さを持っており、——情動性のすべてについてそうであったように——理解されるためには解釈されなければならないということに同意するだろう。このことは、欲望の存在目的と特定の目的とを彼が区別することから明らかである。しかし、欲望は存在論的に明確な現象として、意識そのものに対立するわけではない。実際欲望はそれ自体、場合によっては反省的意識と対立することもある前反省的意識の一様体である。理性と欲望のあいだの闘争はサルトルによれば、実際には反省的意識と前反省的意識の諸目的との間の戦いである。欲望は認識可能な自己と対立するわけではなく、単に反省的行為体の支配権に挑戦する意識のもう一つの形態であるにすぎない。前反省的意識は、所与の対象を志向するという行為における意識の非定立的な気づきである。したがって、それは意識の両義的経験の一部であり、意識自身の透明な把握を妨げるものである。欲望の実存的投企は欲望の対象によって曖昧にされるのだが、しかしそこで特定の投企は充足されている。世界とのどんな関わり〔アンガジュマン〕にも伴う反省性は、それ自身を遠回しに示すものであり、前反省的気づきを反省的に主題化することによってのみ明確になってくるものである。

『自我の超越』における前反省的意識と反省的意識についてのサルトルの議論は、『存在と無』の用語法においては、生きられた経験（l'expérience vécue）の問題として書き写されている。前者の著作（『自我の超越』）においては、自己が発見されるのは、対象を志向的に定立することによってでしかない。特定の超越的対象への意識の志向的運動は全て、意識がそうと定立することなしに、自分自身が意識の行為者であることに気づいているということを前提している。しかしこの行為体が明示的なものになるのはその現実的行為においてのみである。自己は、志向的意識の明示的目標ではなく「状態の地平に」与えられている（『自我の超越』75〔五八頁〕）のである。サルトルの自己が永遠に意識の外にあるといわれるのはこの意味においてである。志向性の文脈の外で内省することは不可能である。ヘーゲルにおいてそうであるように、私たちは対象を知ることを通じてのみ自分自身を知るのである。それどころか、私たちは私たちが何かを知るそのあり方〔にほかならないの〕である。私たちの同一性は世界に対する私たちの行動様式であり、私たちが現象する様々なあり方である。自己が意識にとって対象となるのは、それがそれとして定立されるときであるが、自己は間接的にしか、つまり対象を定立することを通じてしか、定立されえない。自己現示は自己とは別のものである対象を定立することにともなう想定外の帰結である。〔サルトルにおいては〕ヘーゲルとは違って、反省的意識だけが自己へのアクセスを可能にするわけではない。なぜなら私たちは、私たちの自発性においても私たちに気づいているのだからであり、この気づきは前反省的意識であるからである。

ヘーゲルの主体の遍歴を辿ったとき、私たちは自分自身の反省性を発見していない意識の素朴さに気づいたのだった。この意識は、自分自身に対する明示的な対象になる前には、自分が存在していないことを理解していなかったし、さらに、何かをそもそも「理解している」ためには、或るものが存在しなければならないという事実、つまり自分自身が存在しなければならないという事実についてのアイロニカルな気づきを持っていなかった。厳密に言えば、反省と承認の過程を通じてはじめて、ヘーゲルの主体は対自的に存在することになるのであり、そのような知「に向かって努力しているという」ことさえも、回顧的にしか知られないのである。そのような主体の経験を理解〔概念化〕するのは困難である。なぜなら、この主体は、自分の反省的な課題を完了することに先立って、自分自身について認識可能な経験を持つことがないからである。この主体は、反省的自己知の達成に先だって、どんな自分自身についての経験を持つというのだろうか。その経験はどのようにして記述されうるのだろうか。前反省的意識についてのサルトルの主張は、まさにこの問題に取り組むものと見なされうる。つまり、まだ明示的な自己知に発展していない直接的な自己の気づきの性質という問題である。もし主体が存在の中に場所を求めている否定性であるとするならば、この否定性は、どのようにその到来に先立って経験されるのだろうか。どのようにそれは自分自身を感じさせるのだろうか。前反省的なものは、この否定性の周縁的気づきとして理解されうる。つまり、それは発生しつつある自己が、世界についての素朴な意識につねにすでにまとわりついているその仕方として理解されうる。

サルトルにとって世界との「統一」は不可能なことなので、私たちが世界において最終的に向きあうことになる主体は、いつもこの否定性の投影、つまり外在化である。しかし外在化といっても、好運にも自分自身の意識に内在的なものとして世界を発見することができるヘーゲルの主体の外在化と同じものではない。サルトルの意識は自分自身を世界の中に位置づけるが、世界に属することは決してない。彼の意識は、決してより包括的な存在に解消されることのないような否定性である。したがって、サルトルにとって主体の外在化は常に世界と自己の還元不可能な存在論的不等性という文脈の中で生じるのであり、そしてどんな「統一」が現れるとしても、それはいつも基本的に投影であり、錯覚である。

私たちは、〈欲望の対象の外形に沿って感覚されるこの自己とは何なのか〉と問わなければならない。前反省的コギトの自発性を構造化しているのは、存在の投企であり、原初的選択である。実際それは意識の単一の構造の発見、つまり、この意識は私の感情が現れる際に起源にあった私自身でもあり、この自発性から離れてこの現れの意味について反省する私自身でもあるという発見である。その場合、欲望についての反省は存在の選択としての私自身についての反省である。つまり欲望について反省するということは、そのひとがすでに行った選択を認めるということなのである。

反省的、前反省的、および非反省的意識が構造的に一つであることに関するサルトルの主張がもっとも力強く例示されているのは悪しき信仰〔自己欺瞞bad faith〕についての彼の議論においてである。〔以下では〕その文脈で展開されている「前反省的選択」の意味についてとりあげ、次にそれを、欲望の実存的投企を解読するという課題についての私の議論にあてはめてみたいと思う。

悪しき信仰〔自己欺瞞〕の通常のたくらみは、諸々の感情が、認識する自己の作用そのものの特定の表現であるというより、むしろ偶然的なものであるかのように、それらの感情を扱うというものである。サルトルにとって、欲望と感情は選択されるものであるが、それは「選択する」ということの通常の意味においてではない。サルトルは、経験的心理学者たちは欲望を還元不可能な心理的なものとして扱う傾向があるという。たとえば、フローベールの性格を規定する際に、経験的心理学者たちはフローベールの行動を辿り、はじめからあるように見える、成功しようとする欲望へと辿っていき、そこから、その欲望をフローベールのアイデンティティーを構成するものと見なすのである。サルトルの考えでは、欲望が心理的なものに還元不可能なものであるのは、欲望が選択の現示と理解されるかぎりにおいてでしかない。欲望は与えられるものではなく、強い意味で創造され再創造されるものである。そうしたものとして欲望は、自分自身の出現に先立つ自由な行為体を示唆している。

前反省的選択と関連してこの点を具体的に示す例が、現代の俗語表現にある。欲望が突然のあるいは不可避な失望に出くわすとき、つまりある人がさまざまな理由で、近づくことのできない他の人を欲望するとき、その人は批判的ではあるが同情的な呼びかけを聞くことだろう。つまり「しかしこれはきみが自分で招いたこと〔自業自得〕じゃないか！ but you must have set it up!」と。この文脈で登場する自己欺瞞のパターンはしばしば、自分の欲望の犠牲になったと主張するという形態を取る。サルトルの考えでは、或る人が自分の欲望を選択しなかったと主張することは不可能である。実際、上で述べたような種類の事例においては、不可能な対象への欲望が対象への欲望であるのはまさしくこの対象が不可能だからであり、達成されて終わることがないということが、欲望を抱いている人物の投企に適っているからである。サルトルにとって「欲望は欲望への同意である」（『存在と無』388〔II 四二八頁〕）。上記の事例においては、その人は前反省的に結果を知っており、この前反省的に完全な認識によってこのドラマに同意するのである。このドラマの結末から生じる、驚き、痛み、裏切りの身を切る感覚は、実際には、反省的意識が自分の支配権を維持できないという失望の表現である。抑えられないのはその人自身であり、欲望の高揚と一致するその状況についてのその人の認識である。欲望の犠牲になったと、あるいは欲望の対象に完全に虜にされたと主張するときには、その人は一時的に欲望の反省的側面を隠蔽しているのであり、対象への志向的方向にだけ気がついているのである。しかし、そのような状態においても反省性は盛んに働いている。——つまりその人は魅惑されるための準備を調えているし、自分自身を犠牲にする準備を調えている。そして実際その人が「自分で招いて」いるのである。

欲望の実存的投企は、現象学的に発見可能な内世界的経験の特徴である。この投企は、私たちが欲望のただ中にいるときにも、欲望の隠された目標について私たちの持っている準-認識において現れている。前反省的なものは、どんな行為の影にも生きづいている曖昧な認識であり、アクセス可能なものであると同時に隠されたものでもある。気づきとしては、それは巻き込まれた（反省されざる）意識と反省的意識の間の結びつきを明らかにする。前反省的なものは自己回復の可能性なのである。〔それに対し〕非定立的なものとしては、それは周縁化された意識であり、それが付き従っている志向的対象によって曇らされている。

欲望を前反省的意識の一形態として要請することで、意識の不透明性は肯定されもするし否定されもする。サルトルにとって、欲望は非両義的な直接性ではない。それは、対象への没頭と自己反省の間の中間の土地に住まう直接性である。ヘーゲルにとって、不透明性は自己意識の必然的な特徴である。自己意識は、一度にその契機の全てであることはできないので、自分自身と一致することができない。自己意識は、外在性に対立すると、たちまち自分自身にとって疎遠なものにされてしまう。外在性の領野が意味するのは、まだこれから回復されるべき自己の領域である。外的否定の内的否定への変容——世界の自己意識への同化——は自己の回復であり、同時に拡張でもある回復である。自己意識の「暗黙の」側面、つまりその不透明性は、意識自身の、世界とのまだ明示化されていない同一性と見なされている。サルトルにとっても、類似した離反と回復のドラマが、欲望の生命を特徴付けていると見ることができる。しかし、この弁証法の関係は決定的にポスト・ヘーゲル的である。自己の不透明性は前反省的意識、その反省性が自分の志向的対象によって曇らされている意識の機能である。対象の虜となることで、行為体は一時的に覆い隠される。欲望の不透明性は何よりも自己の自己に対する不透明性、反省的意識と前反省的意識のあいだの内的な相違である。意識の「暗黙の」側面は前反省的領域であり、世界との同一性というよりは世界との関係で自分自身を位置づけようとする解釈的努力なのである。

ヘーゲルの『精神現象学』において示された、世界と同一な主体であろうとする欲望は、サルトルにおいては「存在欲望」へと切り縮められている。世界と同じものになるという希望、世界の中で相互に含みあったものになるという希望は、決して希望という地位を超えて発展することはない。神であろうとする欲望というサルトルの概念は、死を超えた生についてのイポリットの推測のように、空虚であるが強迫的な情念である。欲望する行為者は、パースペクティヴの事実的制限を克服しようとするが、それにもかかわらず、この努力の無益さに注意を向けてもいる。ヘーゲルにとって脱自的離反からの自己の回復は、他なる存在にすでに関係づけられているものとしての自己を発見することである。サルトルにとって、人間の相互に対する関係は、先行する事実として発見されるものではない。それは、確立されることを求めるものである。サルトルにとって、欲望の暗黙の側面は、前もって確立されている同一性を説明する存在論の現前ではなく、同一性が創造されるべきものであるという或る種の前反省的知識である。前反省的意識は、世界の現前における行為体の気づきである。それは具体的には、その人のおかれた状況における存在の仕方の選択を決定することである。

サルトルははっきりと、意識は否定する活動であると見なしているが、それはヘーゲルの否定の理解とは異なっている。ヘーゲルの理解では、否定は意識を存在論的にその世界と結び付け、またこの〔世界との〕出会いを必然的に発展的なものともするような関係である。〔これに対して〕サルトルは、前反省的意識を意識に内的な反省的否定の関係と理解しているが、この理解は、全ての否定関係は媒介の関係であるというヘーゲルの主張を暗黙のうちに否定している。

サルトルの『存在と無』のフランスでの刊行から四年たった一九四七年六月におこなわれたフランス哲学会のセッションの記録〔15〕においては、ヘーゲルの媒介というテーマがサルトルの前反省的意識という概念に対置されている。このセッションで、イポリットはサルトルが前反省的意識と呼ぶものは、ヘーゲルの否定性の原理と同じものだと主張し、ヘーゲルの立場を擁護している。イポリットは、無媒介な〔直接的な〕ものでも媒介されたものでもない意識について語ることは無意味だと主張している。もし前反省的なものが認識の一種であるのだとするならば、それは媒介の一原理でなければならず、二つの切り離された実在性を区別する行為において、それらの共通性を明らかにする否定的関係でなければならない。イポリットにとって認識は常にこの種の綜合的操作でなければならないのである。しかしサルトルは認識を持つことと綜合的意識とをこのように同一視することに抵抗する。対談はサルトルが描いているような逆説的意識が可能であるのかどうかというイポリットの問いかけから始まる（87）。イポリットは、前反省的意識から反省的意識への通路が存在するのかどうか、この二つは弁証法的に関係し合っているのかどうかを問う。サルトルの返答は、イポリットの問いが前提していたヘーゲル的なカテゴリーを避けるものである。「前反省的意識とは何なのか。それは、生の直接性ではない立場、反省であるようなこの意識の行為を準備する立場の原初性 originality と曖昧さ全てである」(88)。

サルトルにとって、前反省的なものは、生の直接性を反省である媒介に関係させているが、純粋に弁証法的であるというわけではない中間段階である。イポリットは明らかにそのような定式化は不可能であると考えており、認識をもっぱら反省の機能と見なすヘーゲル的認識論に依拠している。サルトルの主張は、〔第一に〕全ての生が反省の対象に変容させられるわけではないということ、第二に、反省は認知的機能の唯一の場所ではないということを示そうとしている。サルトルは、批判的反省を含むほどまで自然的な態度を拡張しようとする努力を続け、直接性が必ずしも誤謬の源泉ではないことを主張し、妥当な瞬間的把握の存在を擁護する。

イポリットのサルトルとの論争は、ヘーゲルのフィヒテ批判の要点を繰り返すものであるように思われる[16]。イポリットは、サルトルによって前反省的コギトに帰された内省的能力を拒否し、その代わりに全ての認識は外在性の媒介に依拠しなければならないと主張しているように思われる。フィヒテの立場のサルトルによる再建は、同時にデカルト主義の擁護でもある。つまりそれは、意識が自分自身に

[15] ここで引用されている抜き書きはこのセッションのフランス語の記録を私が訳したものである。これは、以下のものとして刊行されている。“Conscience de soi et connaissance de soi,” *Bulletin de la Société Française de Philosophie* (1947–8) 42: 49–91.

[16] Hartmann, *Sartre's Ontology*, p. 21, n. 59 を参照。

とって透明になりうることを求めているのである。さらに、ヘーゲルのカテゴリーは、「純粋で単純な発見」(88)についての理解を与えることができないとサルトルは主張する。全ての認識が、時間的な進歩、つまり、当の関係自体が展開することを通じて克服されるような自己と他者の間の争いを必要とするわけではない。前反省的なものは瞬間的な認識の領域であり、対象についての志向的意識の次に生じるというよりは、それに付随するような反省性の領域を擁護するものである。ヘーゲルの場合には、認識の対象が発展する中で諸契機が継起していくことになるのだが、そうした契機は〔サルトルの場合には〕、彼によって擁護される志向的意識の多価的な構造によって一気に与えられる。サルトルによれば、このような種類の瞬間的認識を概念的に理解するためには、ヘーゲルからフッサールに転回しなければならないのである。

フッサールは、知識でも生命でもない、一種の精神の無限進行でもない、対象との純粋で単純な関係でもない意識、そうではなく、まさしくそうでなければならないがゆえに自分自身についての意識であるような意識に固有の次元について語った、最初の哲学者だと私は考えています。(88)

これに続く対話のなかで、サルトルは非定立的気づきについてイポリットに説明しようとしているが、それは、ヘーゲル的な観点からすれば概念的に混乱しているとしか思えない概念であった。彼らの対話をさらに検討してみよう。

サルトル：意識の中に媒介の要素は存在します。あなたはそれをヘーゲル的に否定性と呼んでいます。それは意識に触れる無です。それは、完全に直接的ではないにもかかわらず、直接的なままでもあるような直接性なのです。それはまさしくそうしたものなのです。

イポリット：それは生ける弁証法的矛盾ですね。

サルトル：はい。しかしそれは運動なしに与えられるものです。別の運動は存在しません。言いかえれば、無垢は存在しないと私は主張したいと思います。無垢も罪も存在しません。そしてそれが人間について適切に語るということなのですが、それはまさしく人間が自分の存在にならないといけないのだからです。一切の否定性、一切の媒介、一切の犯罪、一切の無垢、一切の真理が現象しなければなりません。しかしこれは、人間は自分自身の全てを創造しなければならないということとは違います。そうではなく、人間が世界の中に現れるとき、自分だけで自分のカテゴリーの全てであるわけではありません。なぜなら、そんな人間を彼は決して世界の中に見出すことはないだろうからです。

イポリット：可能なものは即自（en-soi）だけである。あなたはそう言っているのですか。

サルトル：もうひとつ付け加えましょう。この可能性が達成されるのは、それが自分を現実化するときだけなのです。(89)

ここでサルトルとイポリットのあいだで論点となっているのは、自己知の条件と意味である。イポリットにとって自由は、前反省的コギトによって示される自己の瞬間的な断定ではない。自己は進歩的な展開、世界との対立によって定義される。この対立は、決して完全に解決されることはないとしても、それにもかかわらず追求されるものなのである。サルトルにとっては、差異を克服するというこの努力は、媒介によってではなく、自発的意識の把握、自分自身の無益さに前反省的に気づいている自発性を通じてもたらされる。イポリットも、自己と世界の間の永続的な対立は「無限進行」、つまり確かな目的《テロス》を持たない進行となり、決して最終的な満足を見出すことのできない追求であると考えている点では、サルトルと変わりない。彼らの見解が異なっているのは、サルトルがこの「対立」をまさに自発的意識の構造のなかに内面化するからである。存在しようとする投企は対自の構造でありかつ意味であるが、この投企は自分自身が酬いなき情念であることをはじめから知っている。なぜなら、それは自分自身が還元不可能な自由であることを知っているからであり、この投企が追求している対象においてこの自由が放棄されることは不可能だからである。イポリットにとっては、不満足は明らかにされるものであるが、サルトルにとってそれは前提されるものなのである。

　この対話の最後で、イポリットは自由の内在的進歩が存在するという存在論的な保証を見出そうとしている。サルトルの返答は、彼の第一原則を再確認するものである。つまり、実存は本質に先立つということ、存在論的レベルにおいては、自由への進歩、あるいは自己反省の洞察が高まることを保証することのできるものは何も（！）存在せず、そのような進歩が達成されうるとすればそれは個人の選択によってのみである、ということである。イポリットは、「造反的生命の力」と「進歩」の原理は、サルトルの見解でも一挙に与えられているわけではないのではないかと問う。

イポリット：あなた自身が指摘したように、弁証法的進歩は自由が単純にこの直接的媒介の作用であるだけではなく、永続的進歩の可能性でもあるということを意味します。そしてこの進歩によって人間が獲得する自分自身についての洞察はますます増していくことになるのです。

サルトル：意識のある段階からもう一つの段階に移行するのかどうかは、その人の人格がどのようなものであるのかに依存します。しかし私は進歩が存在するなどと称したことは一度もありません。（89－90）

サルトルはそうと明示せずに、ヘーゲルの現象学的教養小説《ビルドゥングスロマーン》の不可避的な発展に異議を唱えている。実際彼は、私たちが以前手短に考察したヘーゲルに対するキルケゴールの問いを問い返している。つまり、『精神現象学』の移行を動機づけているのは何なのか、という問いである【4】。どんな容赦のない楽観主義と能力とが、ヘーゲルの主体を駆り立てて、その世界をくり返し再構成させ、しかも包括的な自己知が不可避的にその闘争の結果であるような仕方でそうさせているのだろうか。サルトルにおいて、ヘーゲル的巡礼の進行は、経験的実在性と規範的実在性を混同する形而上学的な術策を通じては保証されえない。自己知の唯一の動機は選択そのものである。この進歩が――少なくともサルトルの経歴のこの段階では――根源的に無条件なものとして、不可避の発展であるなどと予言することは不可能なのである。人格は基底的欲望として理解されており、この基底的欲望の側もそれはそれで一つの選択の具体

【4】本書、八〇頁参照。

化である。したがってサルトルが、自己知は「その人の人格に依存する」と主張するときに、彼が言わんとしているのは、どんな特定の人格をも構造化しているような種類の選択なのである。

しかし、サルトルはここで完全に一貫しているというわけではない。明らかにサルトルは、前反省的意識は発展の規範的原理を明らかにしはしないと、つまり、前反省的なものはそれだけでは非道徳的構造であり、「無垢」と「罪」を超えていると述べてはいるが、彼自身の言葉は必ずしも文字通りのものとして受け取られるべきではない。存在するという統合的な前反省的投企というサルトルの概念は本質的に、志向性に対して道徳的力を想定している。この章の始めに私は二つの相互に関係しあう問いを立てていた。一つは、どのようにして欲望の投企は意識に認識されるのかという問いであり、もう一つは、欲望の単一な原初的投企が、現象世界における特定の個人に属するように思われる様々な特定の欲望を統合し説明するという見解を、どのようにして支持することができるのか、という問いである。最初の問いへの解答としては、この欲望の投企への接近を可能とするのは前反省的コギトであるということは明らかである。第二の問いに関して私たちは、欲望に暗黙裏に含まれる道徳的側面に直面している。サルトルによれば個々の欲望を全て構造化しているはずの、存在するという統合的投企は、自由が進歩的運動と見なされるというイポリットの立てた尺度に適っているように思われる。欲望が個人性を構成する単一の基底的欲望によって統合されているということは、サルトルにとっては単に記述的真理であるだけでなく、規範的な真理でもある。諸々の欲望を単一の投企のもとに統合するということは、人間的現実《リアリティ》の存在であるのと同時に、その最高の道徳的熱望でもあるのである[17]。

神であろうとする投企は、まさしく神が「完全な自己理解」を表象するがゆえに、必要だと考えられている。私たちは、この熱望は、その充足が完全な自由と同一であろうと考えられるのだから、道徳的なものであると見なすことができる。神であるということは最終的には、人間の自由が即自の起源においてそうであったように、対自と即自の一致を達成するということを意味するだろう。偶然性、事実性

〔17〕 サルトルは、意識の自我論的見解に対するニーチェの批判にくみしているように見えるにもかかわらず(『自我の超越』を見よ)、私たちは、統一された主体を要請するサルトルをニーチェが批判したとしたらそれはどのようなものであっただろうかと問うことができる。ニーチェの『力への意志』は、欲望の根本的な多様性という見解、統一された自己を欺瞞的構築物と見なす見解を支持している。同書の五一八節で、ニーチェは統一としての自己という観念に対して次のように主張している。「私たちの自我が、私たちにとっては、私たちがそれにしたがって全ての存在を作り上げたり理解したりする唯一の存在であるなら、それもまことに結構！そのときには、ある遠近法的幻想が——一つの地平線のうちへのごとく、すべてのものをそのうちへとひとまとめに閉じこめてしまう見せかけの統一が、ここにはあるのだろうかとの疑問が当然起こってくる。肉体を手引きとしては巨大な多様性が明らかとなるのであり…」(p. 281〔『ニーチェ全集第13巻　権力への意志』上、原佑訳、ちくま学芸文庫、一九九三年、五五頁〕)。ここでは、第四八九節、第四九二節、第二五九節も参照するべきだろう。ニーチェによれば、自我論的理論を構築している同一性《アイデンティティー》の原理は、規範的目的に役立つ。個別的あるいは統一された同一性の定立は、身体の多様性を、つまり諸々の欲望が矛盾しあっているということを克服しようという願望を隠してしまう。つまり「肉体のあらゆる全感情を道徳的価値へ原則的に還元する」(第二二七節)〔前掲、下、二二九頁〕のである。ニーチェにとって存在論は道徳性を覆い隠し、道徳性は身体をまとめて克服しようとする欲望によって動機づけられている。この立場から、欲望は内的に統一されており、事実性の超越を求めているというサルトルの見解をニーチェならば批判するであろうと推測してもよいだろう。その場合、これらの立場は存在論的状況の帰結ではなく、宗教的願望を存在論の合理化する言語に書き換えることと見なされうるだろう。第三三三節でニーチェは次のように説明している。「『そうあるべきであるのに』というこの欲望のみが、現状のままというあの他の欲望を呼び起こしたのである。つまり、現状についての知識は、すでに『どうして？それは可能か？なぜまさしくこうなのか？』というあの問いの帰結であるからである。私たちの欲望と世界の運行との不一致についての驚きが、〔やがて、世界の運行を学び知ろうということになった——バトラーの引用には欠落〕。おそらくはあの『そうであるべきなのに』が私たちの世界征服の欲望であるのかもしれないのである」〔前掲、上、三二三-四頁〕。この点については本書の第四章でさらに論じる。

――『想像力の問題』において記述された知覚世界の全体――はそのような神性にとっては、同じだけの自己の創造として現れるだろう。事実的なものは征服され、その他性と抵抗を取り除かれることになるだろう。

欲望にとって不可能なこの〔神であるという〕規範的理想は、外的世界の「再生産」を意識の創造と見なすヘーゲル的構想を再定式化している。そのような理想によれば、事実的なものは、意識の限界というよりは意識の産物として意識に立ちはだかる。存在欲望が満足させられるのは、意識が、その想像的創造が現実的《リアル》であるということを自らに納得させようとするときだけである。実存的欲望の満足はつねに自己欺瞞の成功を前提とし、逆に真正性の追求は永続的不満足を必要とする。

だとすると、実存的欲望についてのサルトルの見解に道徳的な側面が存在するのは、自由についての規範的見解が、神であろうとする投企を支配している限りにおいてであるように思われる。そして、同じことは、自己が統一であり、単一で包括的な一つの選択〔基底的選択〕を明らかにする諸々の選択の集合、つまり世界内存在の一貫したあり方であるという彼の想定についても言えるように思われる。これらの考えは、人間存在が事実性からの逃走を、つまりパースペクティヴの克服を欲望しているということを示唆している。その限りで、サルトルは、人間的現実《リアリティ》についての一つの見解を、つまり状況からの逃避こそ最高のものであるとする見解を推し進めているように思われる。そして抵抗〔逆境〕から飛び立とうとするこの欲望は、志向性の教説は自己を「生のただ中に」置くものであるというかつての彼の希望と、顕著な対照をなしているように思われる。

人間の同一性は全能の主体性であろうとする投企であると見なす規範的見解を受け入れているように

見えるのにもかかわらず、サルトルはこの理想が不可能であることを認めており、他の文脈では、真正性は身体化された意識の逆説的な遍歴であると見なす見解を示唆している。性的欲望についての議論においてサルトルは、身体化された同一性《アイデンティティー》のための投企《プロジェクト》を提示しているように見える。この同一性《アイデンティティー》にとって、身体は自由の事実的制限であるだけでなく、自由を規定し表現するための物質的条件となるのである。性的関係の文脈において「存在」しようという欲望が、単に世界の全能的変容への欲望であるだけでなく、認識されたいという欲望、〈他者〉のまなざしを通じて存在するに至ろうとする欲望であるということが見出される。さらにこのまなざしは単に敵対的な一瞥であるだけではない。二人の自己の間の交流は単にそれぞれが自分を神として確証しようとする戦いであるだけではない。相互的欲望という状況は、自由の前進的運動の場所、つまり事実的なものが人間の意志に満たされる領域となる。欲望は実存的欲望の議論においては脱身体化という理想のもとで働いているように見えるのだが、性的欲望という文脈では、サルトルが、欲望の投企についてのもう一つの理解を定式化していることが見いだされうる。のちの著作――『弁証法的理性批判』、『聖ジュネ：演技者と殉教者』、『家の馬鹿息子　ギュスターヴ・フローベール論（1821–1857）』――における欲望についてのサルトル自身の見解の進展が証明しているのは、身体化された意識の逆説が身体と意識の間の敵対的闘争として定式化される必要はないということに、彼がますます気づくようになっていったということである。実際インタビュー「七〇歳の自画像」に記録された発言の数々においてサルトルは身体が意識の表現媒体であり得ることを主張している。

サルトル：私にいわせれば身体と意識との間に基本的な違いはありません。

インタビュアー：そうすると、われわれが全面的に思考を委ねるのは、現実に身体を委ねている相手の人間に対してだけであるということになるのでしょうか。

サルトル：われわれは身体を万人に委ねているのです。性的関係を離れたところでさえね。見ることによって、触れることによって、あなたはあなたの身体を私に委ねているし、私の方も私の身体をあなたに委ねています。われわれは誰しも互いに対して身体として実存しています。ところがわれわれは意識としては、観念としては、これと同じしかたで実存してはいないのです。観念が身体の変容であるとしてもです。

もしわれわれが本当に他者に対して身体として実存することを、つまり、素っ裸にされうる可能性が絶えずある身体として実存することを望むなら――たとえそう欲することは全然ないとしても――私たちの観念は身体から発するものとして他者に対して姿を現すに違いありません。言葉は口の中にある舌によって描かれることになります。あらゆる観念がこういうものとして姿を現すに違いありません。もっとも漠然としたもの、もっともつかの間の、もっとも捉えがたい観念でさえもそうなるでしょう。そのとき、ある時代には男女の誠実を意味するものと思われた――私にはばかげたものに思えるのですが――あの内密さ、あの秘密なるものはもうなくなってしまうにちがいありません[18]。

トラブルと願望――『存在と無』における性的欲望の循環

> 欲望は単なる願望ではないということ、自分を私たちの身体を通じてある対象に方向付ける明晰で透明な願望などといったものではないということには、実際誰もが同意するだろう。欲望はトラブルとして定義される。…荒波troubled waterもまた水である。それは流動性と水の本質的な諸性格を依然として持っている。しかし、その透明性は理解不可能な現前によって「トラブルを起こされて」いる。この現前によって人は波に巻き込まれるのである。この現前はどこにでもあると同時にどこにもなく、それ自身で水をねばねばにするものとして与えられているのである。
>
> サルトル『存在と無』

性的欲望についてのサルトルの見解は、しばしばサドマゾヒズムの不可避性を実存主義的に主張するものとして解釈されている。サルトルが、どんな性的出会いも常にサディズムとマゾヒズムでありうると断言し〔19〕、「弁証法」というカテゴリーを拒否しているのは明らかである。そのかわりに主人と奴隷の性的ドラマが、普遍的相互性の状態において止揚されるaufgehobenことはないと主張するのである。むしろ、性的関係は「円環」(『存在と無』363〔II 三六七頁〕)であり、その中ではサディズムがマゾヒズムに、

〔18〕 Jean-Paul Sartre, "Self-Portrait at Seventy," in his *Life/Situations*, p. 11.〔『シチュアシオンX』、一三二―一三三頁〕

マゾヒズムがサディズムに転倒する。そして、存在論的必然性にしたがって、どの特定の個人も、その人がそうではないものであり、その人がそうであるものではないのだということが帰結する。この欲望の円環からいかなる第三項も、超越的綜合も生じないからといって、必ずしも性的役割が固定され無益であるわけではない。転倒という現象は、転倒についての意識を生じさせるのであり、この意識は同時に気づきであり選択でもある。サディストやマゾヒストの役割をその人の性的自己の永続的特徴として引き受けるのは、本質主義者としての態度をとるということであり、性的欲望についての悪しき信念〔自己欺瞞bad faith〕に身を委ねることである。サルトルにとっていつでも転倒が起こりうるということは相互性の新たな基礎である。同時に主体でありかつ客体でもあることができないということは、身体的生活がパースペクティヴを持つという性質に由来する。サドマゾヒズムは、性的生活において明らかにされる限定的自由の逆説《パラドックス》なのである。

サルトルにとっては、意識は常に個人の意識であり、そうしたものとして他のあらゆる意識から区別される。互いに欲望しあうふたりの間には、彼らの必然的で根強い差異として無が存在し続ける。〈他者〉の内面性は、ヘーゲルが時折そう考えているように思われるようには、認知を通じては明らかにすることができない。なぜなら前反省的なものは行為体の自分自身に対する私的で隠された意識なのだからである。この意味で前反省的コギトは私的で犯すことのできない自由の場なのである。性的欲望は〈他者〉の内面性を求め、〈他者〉に肉の形態において自分の自由を明らかにするよう命ずる。この自由を認識するためには身体による媒介が必要となる。身体から純化された自由は不可能なのである。

限定的な自由という逆説《パラドックス》、身体化された選択として実存することに常にともなう問題はヘーゲル的な説明においては、身体が一般化されたキリストの身体となるときに乗り越えられる〔20〕。言いかえれば、身体の外形が必然的な差異を指し示すような、死すべき存在の特定の身体ではないところでは、その身体はもはや自由への制限とはみなされないのである。端的に言えば、〔逆に〕サルトルは身体を、自由に対する制限、個体化の乗り越えがたい条件と見なしている。しかし、サルトルの身体についての見解は否定的であるにとどまるというわけではない。それは身体が性的欲望の場合には自由を媒介し、規定するからである。だから私たちは、どのように身体が様々な選択の投企を制限し、かつ媒介するのかを理解するために、サルトルの性的欲望についての議論に目を向けなければならない。

もし自由が、自分自身の存在の基礎となろうとする投企として定義され、身体が偶然的な事実性――私たちがそれでありながら、それを私たちが選択しているわけではない存在――であるとするならば、どんな場合にも身体は自由の未熟な制限として、自由に対立することになるように思われる。欲望の循環についてのサルトルの議論では、身体はもっぱら偶然性と同一視されているというわけではなく、自由もまた常に神であるという自由だと見なされているわけではない。身体は、自己の「事実的」側面として主張されてはいるが、決して純粋に事実的であるわけではない。身体は同様にパースペクティヴで

〔19〕 サルトルはサディズム（『存在と無』405〔II 四六八頁〕）とマゾヒズム（『存在と無』378〔II 四〇四頁〕）の両方を欲望の「失敗」として描写している。欲望の真の目標を彼は「相互的受肉」（『存在と無』398〔II 四五三頁、原文は「受肉の相互性」〕）として定義するが、そのあとこれは必然的な失敗であると主張するに至る（『存在と無』396〔II 四四九頁〕）。サディズムとマゾヒズムは、相互性が非相互的交流に落ち込むもっとも顕著なあり方であるように思われる。

〔20〕 ヘーゲル『精神現象学』「啓示宗教」453-478参照。〔（下）一〇八六-一一三六頁〕。

もあり志向的関係の集合でもあるのである（『存在と無』381－382〔Ⅱ四一一－四一四頁〕）。自由は、失敗を余儀なくされる脱身体化の投企として、いつも議論されているわけではない。実際、自由は身体化の投企ともみなされており、その人の状況を構成する世界との身体的結びつきを肯定しようとする恒常的努力であるとみなされている。『存在と無』において、そしてのちの伝記的研究や『弁証法的理性批判』においてよりはっきりと、自由は歴史を超越する存在論的観念に結び付けられるというよりは、社会的に複雑な状況を生き延び、そうした状況を解釈し、再生産する具体的で高度に媒介された投企と結び付けられるようになる。

無から《エクス・ニヒロ》の創造としての自由の概念は、たしかにサルトルの思想の中に錨を下ろしている〔21〕。初期のマルクーゼによる『存在と無』の書評は、サルトルのこの概念を適切に批判しているが、しかし自由の持つ〈無から《エクス・ニヒロ》〉という性格を根本的に修正するものとしての状況の概念には適切な注意を払っていない〔22〕。同じことは、『弁証法の冒険』や『意味と無意味』におけるメルロ＝ポンティによるサルトルのデカルト主義批判にも当てはまる。サルトルが、身体化や社会性と無関係な孤立した意識に固執しているという想定は、「メルロ＝ポンティと擬似サルトル主義」におけるシモーヌ・ド・ボーヴォワールおよび、より最近では、「サルトルとメルロ＝ポンティ：一つの再評価」におけるモニカ・ランガーによって事実上否定されてきた〔23〕。私たちは、身体と意識の間に想定される対立をサルトルが主張しているとしてもそれは薄弱なものにすぎないことを見ることになるだろう。なぜなら、性的存在における身体は単に偶然的であるだけではなく、意識の様態でもあり、同様に世界の中に自分を状況づけるやり方でもあるからである。つまり欲望は「自己をして身体たらしめる意識」である（『存在と無』389〔Ⅱ四三〇頁〕）。

サドマゾヒズムは限定的自由という逆説を意識と対象化のドラマとして導入する。他者との関係に入ることができるのは、その〈他者〉の対象となることによってのみであるというサルトルの定式はよく知られているが、それは単純すぎるために、誤解を生むものでもある。もちろん、ある意識が他者を対象として理解する構築行為に対して「まなざしlook」という視覚的メタファーを用いている点で、この誤解はサルトルの責任でもある。サルトルは、どんな意味で〈他者〉の同一性が対象化されるのかをいつも明らかにしているわけではないし、〈まなざし〉という語についての文字通りの定式と一般的定式とを区別するような定義を与えているわけでもない［24］。ときに彼自身の文章が文字通りの読解に誘っているように思われるために、性的欲望は構成的な「まなざし」の交換として、窃視症と露出症の循環で

［21］ サルトルのデカルト主義とその最終的な解消をたどる興味深い論文として以下を参照。Busch, "Beyond the Cogito."

［22］ Marcuse, "Existentialism," p. 300 を参照。

［23］ Monika Langer, "Sartre and Merleau-Ponty: A Reappraisal," in Schilpp *The Philosophy of Jean-Paul Sartre*, pp. 300–325.

［24］「まなざし」が、「木々の枝のすれあう音」や「よろい戸の半開き」でありうる限りで、明らかにサルトルは、「まなざし」を〔視覚〕形象的な表現と考えてはいない（『存在と無』257–258〔II 一〇四頁〕）。対象がまなざしを示すこともありうるのであり、そしてまなざしは記憶や予期というあり方であることもありうるのである。例えば「独りで居るときでも、私は芝居をしていた。母《アンヌ＝マリー》や祖父母《カーレマミー》も、私が生まれるずっと前にこれらの頁をめくったことがあった。私の目の前に繰り広げられるのは、彼らが知っていることだ。晩になると、私は質問を受けた。『何を読んだの。よくわかったかい。』私は知っていた。私は分娩中で、子どもの言葉を生もうとしていたのだ。読書に逃げ込んで、大人たちを避けることは、彼らと交流する最良のやり方だった。そこにいなくても、彼らの未来のまなざしは後頭部から私のうちに入り込み、瞳から出ていった。私にとっては初めてだが、すでに何度も読まれた文章を地面すれすれのところで射止めた。人から見られることで、私は自分自身を見ていた」（『言葉』70〔五六頁〕）。

あるように見える場合もある。「ただ私のこの対象‐存在のみが、他者の自由を私のものにしようとするときに、私にとって道具として役立つことができる」（『存在と無』365〔Ⅱ 三七一頁〕）。

〈他者〉の凝視のもとではじめて自己は存在を獲得するのである。「他者のまなざしは、私の身体をその裸形においてとらえ、それを生まれさせ、それを彫琢し、それをあるがままに提出し、私には決して見えないであろう姿のままにそれを見る」（『存在と無』364〔Ⅱ 三六八頁〕）。見られる自己としては、欲望の行為者は他者の凝視を自分自身の自己対象化の道具として用いることができる。他者を見る自己としては、行為者は身体的パースペクティヴの限界を超え出て、自分自身が生産的自由であると主張する。まず〈他者〉はその人自身のもろもろの可能性の疎外として現れる。ヘーゲルの支配と隷属の弁証法においてそうであるように、〈他者〉は疎外された私自身として現れる。「私は他人のまなざしを、私の行為のさなかにおいて、私自身の諸可能性の固体化および疎外として、とらえる」（『存在と無』263〔Ⅱ 一一八頁〕）。〈他者〉を作り彫琢するものとして、サディストは純粋な自由の同一性へと向かい、身体を〈他者〉において疎外されたものとして発見する。自分自身の対象化を引き起こす行為者としてマゾヒストは自分の自由が他者の中に疎外されているのを発見するのである。

サルトルの自己が自分の欲望のなかで自分自身を知ることができるのは、その自己が前反省的な様態で自分自身に注意を払っている限りにおいてである。前反省的行為体は常に選択についての非定立的意識であり、意識が世界の中で自分自身を規定する様態である。この気づきは、必然的に挫折の気づきである。つまり、人間的現実《リアリティ》は自分自身を存在として知ろうとするのであり、前反省的意識はそれが永続的に理解困難な行為体であることを明らかにするのである。〈他者〉は自己を反省的に把握することができる行為者として、つまり、対象あるいは実在化されたもろもろの可能性の集合として現れる。〈他者〉は前反省的コギトに接近することができず、その中では自由が硬直してしまうような限定的行為を通じてしか自己を認識しない。したがって、まなざしは一度に自己を存在――諸々の可能性の対象化――として確証しもすれば、自己からその本質的な自由を奪おうとおびやかしもするのである。まなざしが存在を与えるのは、自由の剥奪、侵害、接収 expropriation を通じてのみである。しかしそのようにして〔自由を〕接収された自己は、現象としての自己――現れる自己――であるにすぎない。〈他者〉の凝視の下では、見られている自己のものは何も残されておらず、〈他者〉が「私の存在を盗んでしまった」（『存在と無』364〔II 三六八頁〕）ように見えるかもしれない。しかし、「何も残っていない〔残された無〕」は絶対的否定ではなく限定的な自由の態度であり、サルトルの言い方では「非実体的なひとつの絶対者」である「無」なのである（『存在と無』561〔III 三三一頁〕）。

サルトルの見解では、「見られる」という経験は「見る」という経験を生じさせる。まなざされる自己は決して、ただ〈他者〉のまなざしによって我有化された自己であるだけではない。実際、自分自身の疎外を確信し、自分自身を回復しようとするこの対象化された自己は、すでに自分を定義しているまなざしを乗り越えている。この「確信している」という感覚、自己回復に向かって努力するということは、すでに自由の態度――つまり〈他者〉のまなざしを避ける前反省的方向付け――なのである。この自己は、自分の前反省的行為を反省によって主題化するのに失敗するが、接収についての意識を接収が失敗した証拠とは見なさない。この意味で前反省的なものは不可侵な自由の領域である。〈他者〉との出会いは前反省的な気づきを不透明にし、自己に自分自身の内面性を疑わせる。自己は、他者の行為の産物として構成された自我として、自分自身の外に現れる。そのように構成されることで、自己は自分自身を〈他者〉によって捕らえられたもの、所有されたもの、定義されたものとして経験する。これらの様態で自己が〈自己自身を経験する〉という事実は、その様態そのものによって不透明にされる。志向的捕らわれ状態は前反省的選択――意識の反省性――を隠蔽する。ヘーゲルにおいてそうであるように、この捕らわれ状態に対する応答として発展した投企が、「私の存在の回復」(『存在と無』364〔II 三六九頁〕)という投企である。まなざしを通じて自己からその自由を奪う〈他者〉は、その自己に存在の確証を与えるよう誘惑される。この誘惑は「見返す」ことを通じて引き起こされる。そしてこの魅惑するまなざしが、今度は身体かつ自由としての自己を受け入れられるだけ大きな視野をもたらそうとするのである。

「まなざし」の克服不可能性は、自己と〈他者〉のあいだの外在性の乗り越え不可能性からもたらされる。距離は身体的であり、それゆえ空間的である。したがって、〈まなざし〉が意味するのは、見る側の観点が必要であること、物理的距離にもとづく交流のための媒体が必要であることである。とはいえこの外在性は、無関心さの源泉とはならないが、それは身体的距離が〈他者〉を特権化された観点において確立するからである。自己が自分自身を意識することができるのは間接的にでしかない。自己は自分自身を間接的に感覚するか、その行為からそれがそうであると思われるものを推論するかである。自己は生きると同時に自分自身について反省しなければならないという事実によって重荷を背負わされている。したがってその自己理解は決して完全なものにはならない。なぜなら自己が自分自身を反省的にとらえる瞬間に、自己は自己自身から前反省的に逃れてしまうからである。〔それに対し〕〈他者〉は、自分〔〈他者〉〕が見ているその自己〔の生を〕を生きることはないので、その自己を純粋に反省によってとらえることができる。そのようにまなざされた自己は、〈他者〉の反省的態度を同化あるいは吸収することで自分を回復しようとする。「したがって、私自身を回復しようとする私の企ては、根本的に〈他者〉を吸収するという企てなのである」(『存在と無』364〔Ⅱ三六九頁〕)。〈他者〉の自由を吸収しようとする努力は、自分自身に向けられた対象化する観点を我がものとし、そうして身体性のパースペクティヴによる限界を克服することを通じて引き起こされる。

私が〈他者〉を私のものにしようとするのは、「まなざしを向ける者‐〈他者〉」としてのかぎりにおいてである。〈他者〉を私のものにしようとするこの企ては、それに伴って、私の「まなざしを向けられている存在」の承認をいよいよ増大させる。要するに、私は、〈他者〉の「まなざしを向ける自由」を私の面前に維持するために、私の「まなざしを向けられている存在」に、全面的に私を同化させる。(『存在と無』365〔Ⅱ三七〇頁〕)

欲望する行為者はまなざしを向け、定義と超越の力を独占するのだが、そうした行為者は同じような仕方で、対象化あるいは身体化へ反転させられることになる。この「見る〔まなざしを向ける〕」〈他者〉、身体性と同一化した行為者を定義し、作り出す〈他者〉は、それ自体脱身体化された自己であり、世界に基礎を持っていない純粋な視点である。「まなざし」は構成という自由な行為を意味するが、それは限界づけられた意味における自由である。しかし、純粋にまなざす者の持つ自由は、自分自身の存在を検討することのできない、根無し草の自由である。まなざされる自己は、自分を対象および身体化された存在として反映させてきた。その自己は、自分の身体的状況においてまなざされ、肯定されているのである。ところが、単にまなざすだけの自己は反省的に自分を認識しているわけではなく、ただ前反省的に、自分が把握する自己に向けての超越的な逃亡として自分自身を感覚しているにすぎない。その自己の身体は、常に外に、つまり〈他者〉としてある。したがってこのまなざす者は、常に自分にとって外的な対象や他者を定義するのだが、自分自身の存在を持っておらず、逆説的なことに〔そうして〕自分自身の定義を探し求め始める。純粋なまなざす者の脱身体化された逃亡は、自分自身の身体的な「定義」を求めるのである。以下で示すように、この脱身体化という投企の具体的な表現となるのがサディズムである。

サドマゾヒズムによって説明されることになる欲望の循環は、相互的欲望という文脈で演じぬかれる、限定的自由としての身体という逆説である。「身体は、私が世界の中に拘束され、世界の中で危険にさらされているゆえんの一つの受苦である」(『存在と無』388〔II 四二九－四三〇頁〕)。したがって、身体は生産性の源泉であり、同様に迫害の源泉でもある。それは世界を触発し〔情動を起こし〕、世界によって触発される〔情動をおこされる〕様態である。身体は「私が現にそうであるものでありながら同時に、私がそうあるべきところのものに向かって私が乗り越える出発点でもある」(『存在と無』326〔II 二七七頁〕)。身体的偶然性から意味作用という投企を作り出すかぎりで人は身体を乗り越える。「われわれの身体が、われわれにとって存在するかぎりにおいて、われわれは、かかる偶然性を、偶然性としてとらえることができない。なぜなら、われわれは選択であり、存在するとは、われわれにとって、自己を選ぶことであるからである。……このとらえられない身体は、まさしく、『一つの選択がそこに存する』という必然性、いいかえれば、『私は一度にすべてを存在するのではない』という必然性である」（『存在と無』328〔Ⅱ 二八三頁〕）。身体はしたがって、乗り越えがたいパースペクティヴである。それは、私たちの世界からの隔たりであると同時に、私たちの〔世界への〕接近の条件でもある。

身体は、私にとっては超越的なものでも認識されるものでもありえないであろう。自発的、非反省的な意識は、もはや、身体についての意識ではない。むしろ、「実存する」という動詞を他動詞に用いて、こう言わなければならないであろう。「意識はその身体を実存する」。…私の身体は一つの意識的構造である。（『存在と無』329〔Ⅱ 二八五－二八六頁〕）

サルトルは、身体は非定立的意識の構造に属し、「身体についての意識は側面的であり回顧的である」（『存在と無』330〔Ⅱ 二八七頁〕）と結論づける。私たちが身体を純粋で単純な偶然性として経験することは決してない。なぜならそのような身体は、意識を奪われていることになるだろうし、「経験され」えないことになるだろうからである。偶然性はいつも「それによって意識が自分自身をひとつの選択とするもの」として与えられている。したがって身体は、事実性として言及されるにもかかわらず、決して解釈的領野の外では経験されないのである。このことは「身体の意識は記号の意識と比較可能である」というサルトルの定式において明らかである。しかし身体は、それに先立つ、あるいは事後的な意味の集合であるわけではない。むしろそれは、「その意味の集合が触発した〔情動を引き起こした〕仕方」を意味する。身体が表現するこの情動は、「構成された情動性」であり、世界における存在の様態である。身体が指し示している情動は「世界へと向けられた」「一つの超越的『志向』」である。(『存在と無』330〔Ⅱ 二八八頁〕)。

サドマゾ的欲望は、限定されたパースペクティヴであり、世界へのアクセスの条件であるという、つまり偶然性と投企のどちらでもあるという身体の両義的意味を示す。身体は制約されたパースペクティヴであり、かつ他のパースペクティヴに向けて常に自分自身を超越するパースペクティヴでもある。性的経験の場合、偶然的あるいは受動的身体は決して完全に生命を欠いたものではないが、それはまさしくそうした身体が、その受動性において自らを維持しなければならないからである。さらに、受動性が発見されるのは——あるいは原理的に発見されうるのは——〈他者〉の自由を同化するための、つまり他者のパースペクティヴを、想像的にそして感情移入によって受け取るための道具としてである。サディストは、自分自身の脱身体化を求めて、事実性を乗り越えようと無駄な努力を行う。サディストは自分自身の身体を、そこから実存を奪うことなしに否定するのである。実際、サディストは〈他者〉の視野から自分の身体を消去する。〈他者〉がそのサディストをまなざすことは、脱身体化というサディストの投企を台無しにしてしまうことなのであり、〈他者〉がそうすることを妨げる唯一の方法は、〈他者〉だけが自分自身の身体なのだと納得させること、つまり自分自身の見る能力に〈他者〉の目を向けさせないことである。

サディストは、自分自身の身体を支配のための純粋な道具に変容させることで、自分の肉とマゾヒストの肉の間の距離を構築する。道具である限りで、サディストの身体は、自分が引き起こす効果によってのみ知られるのであり、それゆえそれ自体としては考察されないままにおかれる。「サディストは、自己自身の肉体を拒否すると同時に、他者にその肉体を力ずくで顕示するためにいろいろな道具を用いる」（『存在と無』399〔Ⅱ 四五六頁〕）。サディストは、〈他者〉を純粋な身体として形作ることで、この他者にこうしたそのもろもろの可能性の硬直化を選択するよう説得しようとする。

彼は、〈他者〉の自由がみずから自己を決定して愛となることを欲する――このことは、恋愛のはじめにおいてばかりでなく、恋愛のおのおのの瞬間においてそうである――と同時に、彼は、この自由がそれ自身によって囚われることを欲し、この自由が、狂気の場合のように、夢の場合のように、自己の囚われを欲するためにそれ自身のうえに戻ってくることを欲する。この囚われは、自由な断念であると同時に、われわれの手中につながれた断念であるのでなければならない。愛の場合に、われわれが〈他者〉のうちに求めるのは、情念の規定でもないし、手の届かないところにある一つの自由でもない。むしろ、われわれが求めるのは、情念の規定という役割を演じる一つの自由であり、自己自身の役割にとらわれる一つの自由である。（『存在と無』367〔Ⅱ 三七六頁〕）

〈他者〉を純粋な身体として支配しようとする努力は、サド的欲望とマゾ的欲望の両方に内在する両義性のために失敗する。上記のサルトルの記述から明らかなように、サディストは〈他者〉を純粋な身体として求めているのではなく、自分自身を身体として規定した自由として、求めているのである。そしてマゾヒストは、たとえそれがサディストの真なる欲望であったとしても、この純粋な偶然性となることはできないだろう。なぜなら、あらゆる他の欲望がそうであるように、マゾ的欲望は「欲望への同意」

であるからである。つまり「意識は自分自身を欲望として選択するのである」(『存在と無』388)【5】。サディズムとマゾヒズムの投企は必然的に相互に転換しあう。なぜならすべての肉は志向性を生み出すからであり、すべての志向的超越は身体的生の中に基盤を必要とするからである。ヘーゲルの「支配と隷属」における主人のように、サディストが支配という自分の投企を追求できるのは、〔この投企と〕同時にはたらいている反省的投企、つまり脱身体化の追求の不毛さに、主人が自ら目をつむっているかぎりでのことである。主人が奴隷に要求するものを、サディストはマゾヒストに要求する。つまり、身体になることであるが、まさにサディストは身体でなくなる努力をしているのである。しかし、「サディズムは袋小路である。なぜなら、サディズムは、ただ単に他者の肉体を享楽するばかりでなく、他者のこの肉体との直接的な結びつきにおいて、自己自身の『非-受肉』を享受するからである」(『存在と無』399〔Ⅱ 四五六頁〕)。享楽あるいは快楽は、脱身体化という性的投企を挫折させる。なぜなら、快楽は意識を身体として暴露するのだからである。「快楽がこの円環からの脱出を可能にさせてくれるのは、快楽が、欲望とサディズム的な情念とを満足させることなしに、両者を同時に殺すからである」(『存在と無』405〔Ⅱ 四七〇頁〕)。

サディズムの投企は、快楽の経験を通じて転覆されるのだが、それは、サディストが拒否しようとしていた身体を、快楽が再び肯定することになってしまうからである。サディズムは、まさにセクシュアリティの基盤を拒否しようとする性的投企として、自分自身に対抗するセクシュアリティの運動であり、それ自身の内奥のうちから生じる身体的生に対する憎しみの表現である。この投企の媒体である欲望は、この投企そのものを無効にすることなしには利用できないのだから、この投企が失敗するのは明白である。このことは、真にサディスト的な性的行為が存在しないということではなく、そうした行為はそれがそうであろうとしているような仕方で満足させるものではないということである。マゾヒズムも、身体性と自由との逆説的な統一であらざるをえないという存在論的状況を解消しようとする投企であるために、やはり失敗せざるをえない。マゾヒストに存在を与えるサディストのまなざしは維持されなければならない。したがって、マゾヒストは自分をサディストにとって魅力的なものにし続けなければならないのだが、このことが意味するのは逆説的なことに、マゾヒストが継続して自分の自由を捧げうるためには、自分の自由を無傷なままにし続けなければならないということである。マゾヒストが自分自身を対象へと仕立てるのは、自分についての意識を失うためにではなく、自分についての拡張された意識を獲得するためである。自分を自分の身体と同一化することで、マゾヒストは、〈他者〉の対象化するまなざしを通じて自分自身についての徹底した理解を引き出そうとするのである。マゾヒストは、〈他者〉によって定義され、〈他者〉の凝視に加わりたいと思っている。したがって、マゾヒストの自分自身の身体との同一化は、暗黙のうちに、その身体のパースペクティヴを克服し、〈他者〉のパースペクティヴを引き受けようとする努力である。このようにマゾヒズムとは、身体との同一化を通じて身体を超越しようとする努力なのである。「私が〈他者〉を私のものにしようとするのは、〈他者〉が『まなざしを向ける者―〈他者〉』であるかぎりにおいてである。〈他者〉を私のものにしようとするこの企ては、それに伴って、私の『まなざしを向けられている存在』の承認をいよいよ増大させる。要するに、私は、他者の『まなざしを向ける自由』を私の面前に維持するために、私の『まなざしを向けられている存在』に

【5】該当箇所にこの文は見つからなかった。

全面的に私を同一化させる」(『存在と無』365〔Ⅱ三七〇頁〕)。

サディズムとマゾヒズムは身体性の制約された性格を超越しようとしている点で共通の目標を共有している。一方でサディストは自己否定の道をたどり、他方でマゾヒストは、おそらくはより実在論的に、制約を極端まで推し進めることで超越を求める。いずれの場合でも、欲望は基本的に脱自的志向性であることが明らかにされる。その志向性において身体は自分の状況を超越しようとして失敗するのである。身体化された意識の逆説的な統一の二つの極を強調しているサディズムとマゾヒズムとは、すべての性的表現を構成している契機である。つまり、「私は私の存在の根原そのものにおいて、〈他者〉を同化し、〈他者〉を対象化しようとする投企である」(『存在と無』363〔Ⅱ三六六頁〕)。この投企は、対自の逆説的本性に根付いている。「対自は即自からの逃亡でありまた即自の追求でもある。対自は二重の関係なのである」(『存在と無』362〔Ⅱ三六二頁〕)。

このサディズムとマゾヒズムの循環を自由と身体化の循環と呼んでもよいだろう。その循環の中で両項が完成した統一のうちに綜合されることは決してないにしても、両項は本質的に関係づけられている。このように演じられることで、サディズムとマゾヒズムはそうした投企がもとづいている不可能な前提を暴露する。しかし、この不可能性が承認されたところで、ヘーゲルにおいてそうであるような仕方で、その中で逆説が解消するような、より包括的な新しい枠組みを生じさせるわけではない。この無益さの経験は、無益さの意識を生じさせはするが、この二階の〔メタレベルの〕意識が新しい可能性を生じさせることはない。実際、この逆説の解決が存在するとしても、それは一時的で想像的なものでしかない。サルトルにとって欲望は本質的な逆説である。しかし、試しにとはいえ、自分自身の存在論的状況に対する解決を探し求めるということは、欲望にとって本質的である。欲望は、自分に与えられている世界を凌駕しているので、欲望に対するどんな満足も所与の世界から創造された世界への転換を必要とする。身体は、完全には否定されえず、自分自身だけで完全に満足することもできない。したがって欲望は、身体性の要求から一時的に逃れる準備をすることでしか、この絶え間なく生じる逆説の解決を求めることはできない。欲望は、身体を想像的なものに従属させなければならず、満足させられるためには、新たにその対象と自分自身を創造しなければならない。

『想像力の問題』と『情動論素描』における議論では、情動性は、抵抗〔逆境〕に応じるものとして理解されていた。つまりそれは、知覚的世界の事実、その世界の本質的「困難」を変容させる魔術的努力と理解されていた。サルトルの見解では、意識の目標と、一切の事実性を特徴付ける逆境の作用とのあいだの隔たりに橋を架けることは、自分自身の事実性を前提し、そしてその事実性を介して、対象の「肉」、あるいはメルロ゠ポンティが言ったであろうような「間世界 interworld」を発見する意識を通じてのみ可能なのである。魔術はそれによって感情が世界を変える様態であるのだから、「呪術 enchantment」も、欲望が持つ変容効果になる。

欲望の場合は、感情の場合と事情が同じである。われわれが他のところで示したように感情は、或る感情的な対象を一つの不変な世界のなかでとらえることではない。むしろ反対に、感情は、意識の全面的な変化、および意識と世界との諸関係の全面的な変化に、対応するものである。感情は、世界の根本的な一つの変質によって表現される。性的欲望も、それと同様に、対自の根本的な一つの変化である。というのも、この場合には、対自はいま一つの別の平面に自己を存在させるからであり、対自は自己の身体を別の仕方で実存するべく、また、自己の事実性によって自己を鈍重にするべく、みずから決意するからである。(『存在と無』391-392〔II 四三七頁〕)

性的欲望は、対自の変容であるだけではない。なぜならこの変容させられた対自が、変容された次元で今度は世界を提示〔現前化〕するのだからである。性的欲望が存在させる世界は、「現実的《リアル》」あるいは「客観的」世界に対立する魔術的世界である。サルトルは、性的欲望が、世界に内在的な魔術的領野、つまり内世界的生活の知覚的意識にとっては隠された次元を明らかにしているということを肯定しているように思われる。『存在と無』においてサルトルは知覚的世界そのものに言及してはいないが、性的欲望についての彼の議論の中に、事実的世界に注意を向ける日常の知覚的意識から想像的意識が完全に分離してはいないということを認める用意ができていることを私たちは見ることができる。実際、性的欲望に関する議論において、サルトルの立場は『知覚の現象学』におけるメルロ゠ポンティに非常に近づいている。後者では知覚そのものが本質的な仕方で想像力を含んでおり、想像力に依拠していると見なされているのである〔25〕。サルトルは、セクシュアリティの世界は非合理的あるいは欺瞞的な世界というわけではなく、むしろ開示されるために欲望を必要とする現実性《リアリティ》のひとつの次元であると説明している。だとすると欲望は、独我論的世界を創造するわけではないことになる。「それと相関的に、世界は、対自にとって、一つの新しい仕方で存在に到来する。つまり、欲望の世界がそこに存在する。私の身体が肉として生きられるとき、私が世界の中の諸対象をとらえるのは、私の肉への指示としてである」(『存在と無』392〔II 四三七頁〕）。

性的欲望においては、世界が道具的価値の領域としての主要な価値を失い、代わりに現在として現れる。サルトルにとって、欲望は他者や対象にむかう道具的関係ではなく、受肉し暴露するという二重の努力なのである。事実的なものはもはや、世界の困難で疎遠な次元として外にあるのではない。意識に満たされた限りで、事実的なものはその人自身の肉の経験なのである。事実性は受肉し、像の場合同様に、「創造的意志によって隅々まで貫かれて」いる（『想像力の問題』20〔三三頁〕）。対自は、なによりもまず世界への道具的方向付けとして定義されており、自分自身の事実性を前提しているのだが、そうした対自は、その道具的方向付けが覆い隠す傾向のある世界との〔道具的方向付けに〕先行する関係を発見する。意識は、身体を自分の必然的な表現として想定することによって、自分自身を受動的にする。しかしこの受動性は感覚的世界の顕示の条件なのである。

> 私は、世界のなかの諸対象に対して、私を受動的ならしめる。……世界のなかの諸対象が私に顕示されるのは、この受動性の観点からしてであり、この受動性の内においてであり、この受動性によっ

〔25〕 メルロ＝ポンティの『知覚の現象学』は、サルトルが『想像力の問題』で認めていたこの考えを拒否しようとしていた。それはつまり、知覚が向きあっているのは、粗野な仕方で意識から乗り越えがたい距離において与えられた事実的世界であるというものである。世界を認識するという作用は知覚する行為者とそれが認識する世界との間の距離を必要とするが、知覚はそうした知識作用の一様態ではない。メルロ＝ポンティにとっては、知覚はすでに肉であり、共通の感覚性によって対象を把握する感覚的行為である。彼の『見えるものと見えないもの』に収録されている「絡み合い　交差配列」も参照。

てである（なぜなら、受動性は身体であり、身体は観点であることをやめないからである）。その場合、諸対象は、私の受肉を私に顕示してくれる超越的な総体となる。ところで、〔それらの諸対象との〕一つの接触が、愛撫である。…欲望的な態度で一つの対象を知覚することは、この対象において私を愛撫することである。…私は、私の欲望的な知覚において、諸対象の肉ともいうべき何ものかを発見する。

（『存在と無』392〔II 四三八頁〕）

サルトルにとって、対自とその世界との第一の関係は距離の関係であり、この距離は意識が自分の事実性に身を沈めるときに超えられる。意識の身体化はそれ自体サルトル的な意味での投企である。意識はまず第一に自分自身を、自分自身の身体的次元にぼんやりとだけ気づいている半透明性として知る。意識疎外は、自己回復へ向かう意識の遍歴の最初の契機、自分を肉として、つまり意識にとって本質的な身体として回復する運動の最初の契機である。意識と身体を隔てるこの最初の離反によって、まず意識は実存し、次に自分自身の身体を獲得するのだが、興味深いことに、この離反の想定は、子どもの発達に関する一般的で直観的なとらえ方と著しく対照的である。この概念は、自己の身体的側面が第一のものであり、意識は新たに生じてくる現象だと主張する。サルトルの説明では、意識のあとに身体が続く。サルトルにとって子どもは、肉を通じて世界の中に現れるのではなく、実存的空虚から現れるように思われる。実際この子どもは、「届けられる」のではなく、ハイデガー的な意味で「投げ込まれる」のである。

サルトルの哲学において、意識が最初はその身体から離反しているとされる理由は、様々なパースペクティヴから説明することができるだろう。明らかにサルトルはしばしばデカルト的信念に固執しており、人格の同一性を構成するのは思考であり、この構成的思考が本質的に抽象的活動であり、この抽象的活動は非本質的にしか感覚的なものに結び付けられていないと考えている。感覚的現象としての自己と世界が、まずは隔たりにおいて知られ、意識が自分を欲望として形成したあとで、最後にようやく肉として出会われるのだという考えは、きわめて直観に反するものであり、サルトル自身が意識を拘束《アンガジュマン》の形態として強調していることにも反しているように思われる［26］。実際にこの説明において、意識はまず自分自身を欲望にしなければならないとされ、そしてそのあとではじめて世界の肉を発見するのだとされていることは、『存在と無』のもっと後の箇所に見られる主張と矛盾しているように思われる。つまりその主張によれば、対自は本質的に欲望なのであり「欲望は人間的現実の存在」なのである。第一のモデルにおいては、意識は世界の観察者であり、感覚的なものから隔てられており、認識のための脱身体化された道具である。第二のモデルにおいては、意識は自分自身を本質的に身体化されたものとして、まず何よりも拘束されたengagedものとして知るのである。

　サルトルが意識についての観察者的見解を採用するときには、私たちは、経験についての転倒した現象学的記述を手にしているように思われる。つまりそれは、エポケーを日常の経験を構成するものと見なし、自然的態度に入ることを哲学的な達成と見なすような記述である。この意識にとっては、対象の形式はその素材に先立って現れ、反省が徐々に欲望に取って代わられる。

［26］「純粋な認識の観点は、矛盾している。認識というからには、拘束された認識の観点しか存在しない」（『存在と無』308［II 二三一頁］）。

欲望的な態度において…私は対象の形式に対してよりも、また対象の道具性に対してよりも、むしろ対象の素材に対して、いっそう敏感になる（ぶつぶつがある、すべすべしている、なまぬるい、あぶらぎっている、ざらざらしている、等々）。私は、私の欲望的な知覚において、諸対象の肉ともいうべき何ものかを発見する。私のシャツが、私の肌に触る。私はそれを感じる。ふだんならば私にとって最も遠い対象であるシャツが、直接感じられるものとなる。空気の暑さ、風のそよぎ、太陽の光線、等々、すべてが、私の上に距離なしに置かれているものとして、私に対して現前的であり、そのものの肉によって、私の肉を顕示する。（『存在と無』392〔II 四三八頁〕）

道具性の世界はあきらかに性的欲望の世界に対立している。サルトルにとっては、通常、世界へ向けられているということは、行為者と対象の間の距離を前提とし再確認する、非反省的で道具的な関与《アンガジュマン》である。太陽の光が感じられ、直接に感覚的なものとされるためには、私たちはいったんいわば私たちの道具を捨てなければならない。道具的行為は行為者とその産物のあいだの距離を必要とし、これを確認する。欲望はその対象を利用しようとするのではなく、むしろそれをあるがままに現れさせようとするのである。この見方においては、欲望は道具的なあり方の緩和であることになる。欲望は、目的や目標の領野としてではなく、むしろその現前における世界の創出である。

サルトルによれば、〈他者〉は現前するものとしての世界が現象するのにきっかけを与えるものである。肉としての世界は、肉に変容させられた身体に対してのみ現象するのであり、この後者の変容は、〈他者〉のまなざしを通じてのみ可能なのである。「〈他者〉のまなざしは裸の状態の私の身体を創り出し、私の身体を誕生させる」と言われていたことを思い出そう。身体はいったん欲望されるならばもはや道具ではない。それは創造となるのであり、逆に〈他者〉の肉と世界を現前させる現前となるのである。

ここに私たちは、欲望と、『想像力の問題』において考察されていた想像力とのあいだの重要な関係を、つまり欲望と、『情動論粗描』において素描されていた魔術的変容としての感情とのあいだの重要な関係を、さらに欲望と、「魔法を目指す態度」(『存在と無』394〔II 四四二頁〕)としての『存在と無』における性的欲望とのあいだの重要な関係を、非常にはっきりと見ることができる。サルトルにとって、性的欲望は〈他者〉を想像する一つのやり方であるが、この想像作用は、妄想や独我論的創造の源泉ではない。自己は、欲望が把握しようと努力する既製の同一性ではない。そうではなく自己は、自由の漸次的身体化であり、身体は肉となる。それは〈他者〉の欲望がその手助けをし確証する、生成の過程である。『想像力の問題』において考察されている独我論の問題は、もはや当てはまらない。なぜなら〈他者〉は実定的な所与、自己同一的存在ではなく、選択する過程そのものだからである。そのようなものとして〈他者〉は、存在するためには自分自身の社会的構成を必要とする同一性である。自己が存在するようになるのは、この自己を肯定し創造する〈他者〉のまなざしを通じてのみである。明らかに自己はその全体が〈他者〉に創造されるというわけではない。〈他者〉のまなざし以前に、自己は身体であり、世界との道具的関係を維持してはいるのだが、自分自身の肉からは、そして〈他者〉と世界の感覚的現前からは隔たったままである。欲望を成り立たせているその相互作用以前には、自己は無言であり、おそらくは機能的であり、自分自身の上で閉じており、自己自身の中に暗黙の歴史と、挫折に終わった諸々の可能性をいだいている。〔それに対し〕〈他者〉の欲望はその自我を存在させる。それはその自己が実存する原因となるわけではない。むしろ、その存在を前提し、自己が自分自身を、特定の行為を通じて創造する過程を始めさせるのである。そしてこの特定の行為も〈他者〉の承認によって肯定されているのである。

欲望を成り立たせている相互作用は、否定を背景にして生じる。諸々の自己の間の根深い差異や、意識と感覚的世界の間の取り消し不可能な隔たりは、現前への欲求を、つまり欲望の基底的投企として私たちがヘーゲルの中に見出したような統一への希求を生じさせる。差異が存在論的所与であるということは、それが静的形態において与えられるということを含意しない。サルトルにおいては、欲望は差異を克服することができないのだが、この差異を様々な仕方で定式化することができる。否定的なものが現前のやむことのない創造によって制限され、支配されるように、差異を定式化し、否定を主題化しようと努力するということは、性的欲望の暗黙の投企である。コジェーヴとイポリットについての私たちの考察においてそうであったように、欲望は、人間が否定的なもの、つまり、喪失、死、隔たり、不在といったものに耐えうるということを明らかにする。それはまさしく人間が否定的なものの力を我がものとし、それを自由という形態で表現するからである。性的欲望の場合、この自由は自己と〈他者〉、つまり意識の経験と感覚的世界を受肉するという形式をとる。この形式は緊張関係という形で〔自己と〈他者〉の〕差異を維持しながら、それにもかかわらず現前のかりそめの配置を創り出すのである。

サルトルは性的欲望の努力を〈他者〉の事実性を追求すること、「諸物の純粋な存在」（『存在と無』394〔II四四三頁〕）を追求することとして記述する。「欲望の世界」は「構造を失った世界であり、世界としての意味を失った世界であって、そこでは、もろもろの事物が、単なる素材の断片のように、突出している」

（『存在と無』395〔Ⅱ 四四五頁〕）。〈他者〉の肉に没頭することは、物質あるいは事実性そのものと混じり合おうとする不可能な努力である。それは、故意に意識を「鈍重にする」ことであり、それによって状況と環境、否定性に満ちた知覚世界の全体が忘れさせられるのである。だとすると、この意味で欲望は世界を硬直化させ、世界を〈他者〉の肉に還元し、世界を肉として再び創造する努力であることになる。欲望の暗黙の投企を形成する存在の追求は、欲望が「絶対的な衝動」〔27〕であることを証明する。

絶対的現前へ向かうこの運動は必然的に挫折に直面する。なぜなら、〈他者〉の受肉は自己の受肉を必要とするからである。サルトルは、欲望の最初の投企は、〈他者〉に没頭することだと理解しているように見える。「欲望は、ただ単に、他者の身体についての欲望であるのではない。この欲望は、同じ一つの行為の統一において、みずから身体のうちに埋没しようとする、非定立的に結びついた企てである」（『存在と無』389〔Ⅱ 四三〇頁〕）。欲望は常に「妨害」や「トラブル」につきまとわれており、この「妨害」や「トラブル」は、「それ自体区別されず、純粋な事実的抵抗として明らかにされる目に見えない何かの現前」を知らせるものである。事実性の現前は本質的に両義的な現前である。つまり、この事実性の現前は、否定の必然性を再肯定するのと同時に、否定の解決を約束する。サルトルにとって快楽は「欲望の死および挫折」（『存在と無』397〔Ⅱ 四五一頁〕）であるが、それはまさしく快楽が欲望のパートナーのそれぞ

〔27〕 サルトルは感情を「絶対的なものの直観」と呼んでいる（『情動論素描』81〔一五八頁〕）。このフレーズは、イポリットの「ヘーゲルの『現象学』における実存の概念」と反響し合っている。そこでイポリットは「欲望は絶対的な衝動である」（"The Concept of Existence in the Hegelian Phenomenology" 26.〔イポリット「ヘーゲルの『現象学』における実存」宇津木正ほか訳、『マルクスとヘーゲル』、法政大学出版局、一九七〇年、該当箇所不明〕）と主張している。

れを、その切り離された身体性へと立ち戻らせるからである。実際、快楽はパートナーの両方に、差異を効果的に抑圧することのできる現前の創造が魔術的な創造であったこと、呪術によって呼び起こされた創造であったことを思い出させる。しかし、この創造を維持することはできなかったのである。

　私たちは、欲望の生と死を、合理的世界へ回帰することを運命づけられている魔術的世界への運動と見なすべきではない。それは、〔まず〕欲望が存在論的差異を克服するというつかの間の幻想を創造し、その次に、不可避な分離を思い出させられることで、そうした幻想を失うというような話ではない。むしろ、魔術的創造への運動は、この差異の存在論によって必要とされるのである。否定的なものが不可避であるということによって、欲望は魔術的な投企として、信念の現象として条件付けられ、必要とされる。〔『存在と無』の〕「自己欺瞞の『信仰』(The Faith of "Bad Faith")」〔という節〕においてサルトルは次のように書いている。「対象が与えられていないとき、あるいは対象が不明瞭にしか与えられていないときの、その対象の存在との密着を信念beliefと呼ぶ」(『存在と無』67〔I 一二二頁〕)。実際欲望は常に〈他者〉の不在によって、つまり原理的に接近不可能な〈他者〉の内面性を意味する「目に見えない何か」によって「トラブルを起こされて」いる。サルトルによれば、信念とは、与えられてはいないか、与えられているとしても不明瞭にしか与えられていない何かに存在を帰属させるあり方である。したがって、信念は、すでに記したように、実存しない対象あるいは不在の対象を定立する想像的なものを補強している。世界が意識から隠されたままであり、部分的でぼんやりとした形態で現象するために、私たちは信じることを強いられている。信念は非存在と直面するときに生じ、意識がこの常に現前してくる不在を生き延びる方法であると自らを主張する。人間的現実《リアリティ》は基本的に存在欲望であり、現前への絶対的衝動であるので、それはまずは堪え忍ぶというあり方で非存在に出会う。人間的現実《リアリティ》は自分自身の無化としての不在に堪えるのである。しかし、非存在に対応するこの受動性——そしてそれ自身、自己の存在の一種の退化であり、その構成的欲望の失望であるところのもの——は存在の静的な様態ではない。受動性は、人間存在が否定的なものに直面して実存する本質的な方法となる情念〔受苦passion〕に向かうのである。

性的欲望は、存在を到達不可能な現実性《リアリティ》に帰属させるあり方であり、両方の自己のあいだの根強い差異と情動的〔受動的〕に出会う様態である限りで、信念に基づいている。『情動論粗描』においてサルトルは、「身体は信念である」(『情動論粗描』86〔一六二頁〕)と主張する。肉としてあるいは純粋な現前の偶然性として生きられる身体が、肉の世界を明らかにするという意味で、身体は知覚的世界の魔術的変容をもたらす。世界の肉は、肉として生きられる身体の一方的な創造ではなく、明らかにされ、現前させられた所与の世界の一次元である。肉としての身体は、世界を現前化する作用の受動的なpassive様態であるが、それは情熱的にpassionateなった受動性passivityである。つまり「世界の中の諸対象が私に顕示されるのは、この受動性の観点からしてであり、この受動性のうちにおいてであり、この受動性によってである(なぜなら、受動性は身体であり、身体は観点であることをやめないからである。)」(『存在と無』382〔II 四三八頁〕)。欲望はこのように信念の頑強さが自分自身の必要条件であることを示している。信念を構成する、この「現前させる」という最初の行為は像も可能にし、その結果、欲望の想像的、構築的活動をも可能にする。私たちは、本質的な「存在欲望」を一種の前反省的な捕らわれ状態、信じる準備ができた状態として、そして存在を非実存、不在、失われたものに起因するものと考える準備ができた状態として理解してもよいだろう。同様に、私たちは曖昧な欲望を、信念の先行する危機を指し示すものとして理解することができる。そしてまったく欲望することができないということは、一切の差異を完全に克服する可能性が信じられないという根源的な不信として理解されるだろう。

性的欲望は、欲望の存在論的な目標一般を満足させるであろう現前の経験に近づくのにもかかわらず、サルトルははっきりと、欲望は失敗を運命づけられているとも述べている。快楽の経験は、「快楽への注意」（『存在と無』397〔四五一頁〕）を生じさせると彼は主張しており、それによって欲望の前反省的な捕らわれ状態は、自らを信念から解放する反省的な態度を通じて消し去られると私たちは結論づけることができる。『自我の超越』においてサルトルは、「反省は欲望を毒する」（『自我の超越』59〔四三頁〕）と主張している。『存在と無』における信念についてのサルトルの議論に依拠しても、反省が、欲望を維持する魔術的信念を掘り崩すものであるために欲望を毒するものであると私たちは結論づけることができる。そして、人間的現実《リアリティ》が反省的意識と前反省的意識の逆説的統一である限りで、欲望が永遠に現れては没落してゆくのは不可避である。こうして欲望は、反省的意識によって持ち込まれる疑念を逃れることが決してできない。当惑しない欲望は、単純な信仰を明らかにする。つまりそれは信念を表している身体の生に身を委ねることである。サルトルはヘーゲルにならい、単純な信仰はそのままでは持ちこたえることができないと主張する。

私がまっ正直（善き信仰good faith）として定義するところのものを、ヘーゲルならば直接的〔信仰〕と名付けるだろう。それは単純な信仰である。ヘーゲルならば、すぐさま、直接的なものは媒介を呼び寄せ信念は対自的信念となることによって非信念の状態に移行することを示すであろう。…もし私が自分は信じているのだということを知るならば、この信念は外的相関者を持たない単なる主観的な決心として、私にあらわれる。…信じるとは自分が信じているということを知るということであり、自分が信じていることを知るということはもはや信じていないということである。(『存在と無』69〔I 二二四頁〕)

サルトルが反省と信念の違いを際だたせているからといって、私たちは不信は合理的であり、信念は非合理的であるなどと結論づけるべきではない。その代わりに、合理性は二重の仕方で現れると考えることが重要であるように思われる。もし対象が私の行く手を横切り、そのあとなくなってしまうのだとすると、その対象はもはや存在しないと結論づけることは合理的なのだろうか。明らかに、前反省的信念の領域、したがって欲望の領域は、私たちが否定で満たされた世界を合理的に理解しようとするならば、必要である。前反省的なものに導かれて私たちは、否定の領域を進むことができるのだが、前反省的なものが肯定的現実性《リアリティ》の最後の言葉を信じることはない。この意味で、前反省的なものは、独特の不信であり、反省的意識のヘゲモニーを受け入れようとはしない抵抗である。もし世界が現前であると同時に不在でもあるのならば、世界を合理的に理解するためには、意識は信念であると同時に不信でもなければならない。

こうしてサルトルの議論における性的欲望は、〈他者〉とともに人間的現実《リアリティ》を構成する、原初的存在欲望を作動させようとする努力であると思われた。しかし、実存的欲望についての私の議論を再び参照するならば、すぐに一群の問いが生じる。サルトルはそのことを論じる中で、欲望には三つの異なったレベルでアプローチしなければならないと主張していた。第一に、原初的選択として、つまり人間的現実の全体を特徴付ける、存在しようとする匿名の欲望として。第二に、基底的選択として、つまり特殊な生を特徴付ける存在の特定の様態として。第三に、先行するこの二つの選択を間接的に表現する無数の個別的な欲望として。性的欲望についてのサルトルの議論はほとんど第一の選択のレベルだけにとどまっている。性的欲望はその普遍的次元において、存在論的必然性から生じる活動性と見なされる。サルトルがすでに『存在と無』で指摘し、『方法の問題』で明確にしているように、欲望の具体的分析は、状況におかれた個人の実存的精神分析によって行われなければならない[28]。欲望の普遍的な、あるいは匿名の特徴について考察することで、サルトルは、〈他者〉の肉こそが、私たちが欲望するものだと主張することができる。しかしもちろんサルトルは彼自身がフロイトに対して問いかけた問いに答えなければならない。つまり、他の誰かではなく、この〈他者〉を私たちが欲望するのはなぜなのだろうか、という問いである。そしてもし彼が、どんな生もそれを他の個人の生から区別する基底的選択によって構造化されていると主張できるのだとしたら、この欲望は何であるのか、どのようにしてそれが認識されうるのかを、私たちは生の文脈において理解する必要がある。

私のもともとの問い、つまり欲望の主体とは誰なのかという問いに戻ろう。私たちは、『存在と無』および初期の著作に基づいて、欲望は主体を肉として現前させ、相互的欲望の文脈において、この身体化された自己が、暗黙裏にはいつもそうであったが、決して自分がそうであることを知らなかったようなものであることを明らかにすると結論づけることができる。私たちは、自己は欲望の相互性によって創造されるということを見てきたのであり、またこの自己が無から生じるということを見てきたのだが、それがどのようにしてなのかということは見てこなかったのである。そのままでも、サルトルの理論は興味深い存在論的な探求であるが、それが経験についての満足のいく現象学的説明であるのかどうかという問いは未解決のままである。

　私たちをこの理論について納得させるためにサルトルが語ることのできる物語はどんなものなのだろうか。私は、まさしくこの問題を心にとめながら、ジュネとフローベールについての伝記的研究を次に取り上げる。どちらの著作についても完全な説明は不可能であり、それはこの文脈では不適当でもあるので、私はここで、これらの著作を私が欲望について立てた問いとの関係においてだけ考察する。つまり、欲望は、与えられた生について私たちに何を言うことができるのだろうか。どのようにして欲望は生の投企を意味するのだろうか、そしてどのようにして欲望はその生を構成するのだろうか。とりわけサルトルがジュネとフローベールに関心を持っていたのは、彼らが彼自身と同様に、自分たちの生を言葉で規定することを選択したからである〔29〕。彼らの作品は彼らの多様な性格を通じて欲望の生を明示的にたどるばかりでなく、それ自体が欲望の産物でもある。ヘーゲルの『精神現象学』においてそうで

〔28〕『存在と無』615〔Ⅲ 四六二―四六三頁〕を参照。「一般的に言うならば、還元不可能な趣味あるいは傾向などは、そもそも存在しない。それらは、全て、存在を我がものにしようとするある種の選択を表している。それらを比較したり分類したりするのは、実存的精神分析の仕事である。存在論は、ここでわれわれを見放す」。

〔29〕Sartre, "Itinerary of a Thought," pp. 50–51.「私が『言葉』を書いた理由は、私がジュネとフローベールを研究した理由と同じです。つまり、どのようにして人はものを書く人、想像的なものについて語りたいと思う人になるのか。これが、私が他人の場合に答えようとしたのと同様、自分の場合に答えようとした問いです」。

あるように、欲望の労働は、物語的構造を通じてそれ自身を知らせる。サルトルにとっては、欲望の物語は必然的に想像上の作品である。そのようなものとして、欲望の物語は単に欲望について語るだけでなく、「語ること」それ自体が、本質的に欲望を無から言語的および想像的現前へと変容させることなのである。欲望の構造を探究するにあたって私たちは、虚構的分節化の起源と意味を求めるのであり、サルトルにとって欲望についての哲学的語りはこれらの虚構という制約を逃れることができない。欲望が文学的な言葉や作品へと進化する途を辿ることで、哲学者／伝記作家は文学的芸術家にもなる。したがってサルトルにとって、欲望の分析は文学作家の人生を再構成する中で行われなければならない。なぜなら、そうしてはじめて私たちは否定から想像的なものに対する欲望への移行、その文学的世俗化を見ることができるからである。サルトル自身が、欲望の存在論的状況の中に巻き込まれている。そして彼自身の物語が、彼がジュネとフローベールにおいて理解しようとしている修辞的な構造を作動させなければならない。私たちがのちに見るであろうように、伝記作家のこの解釈学的困難が、『存在と無』において立てられた欲望と承認についての中心的な問いへとサルトルを連れ戻す。その問いとはつまり、どの程度私たちは他の人間を知ることができるのか、そしてその人を知ることによって、私たちはどの程度その人を創造するよう運命づけられているのか、という問いである。

『聖ジュネ』と『家の馬鹿息子』における欲望と承認

世界がうつろな転換をするときには、いつもこういう浮き草たちが生まれるのだ、
かれらは受け継ぐべき過去もなく、まぢかい未来を作り出すこともできない。
ライナー・マリア・リルケ『ドゥイノの悲歌』

サルトルにとって伝記は、早くも『存在と無』(一九四三年)の時期には、見込みのある哲学的な探求の形態であるように思われた。なぜならそれは、人間的現実《リアリティ》の構造についての彼の主張が真であることを具体的で明白な仕方で証明する唯一の方法であるように思われたからである。ヘイゼル・バーンズが指摘しているように、ジュネとフローベールについての伝記的研究は、『存在と無』が呼び起こした期待を満たすもの、つまり、個人の人生の具体的な実存的精神分析を遂行するものである〔30〕。「実存的精神分析」と題された章でサルトルは次のように主張している「この実存的精神分析の分野においては、いまだにそのフロイトに当たる人が出ていない。わずかに、とくに成功した若干の伝記作品のうちにその前兆が見られる程度である。われわれは、他日、フローベールおよびドストイェフスキーに関して、実存的精神分析の二つの実例を試みることができるようになりたいものだと思う」(『存在と無』575〔III 三六四頁〕)。関連する一節では、サルトルはなぜ個人の人生の再構成が、彼自身の哲学的投企《プロジェクト》の成就にとって

〔30〕 Barnes, *Sartre and Flaubert*, p. 2.

重要であるのかを明らかにしている。『存在する』とは、フローベールの場合にも、他のいかなる《伝記》の主人公の場合にも、世界のうちにおいて統一されていることである。フローベールなる、われわれが出会うはずの還元不可能なこの統一、われわれが伝記作者たちに対して明らかにしてくれるように要求する還元不可能なこの統一は、それゆえ、一つの原初的投企の統一であり、非実体的な一つの絶対者としてわれわれに顕示されるはずの統一である」(『存在と無』561〔Ⅲ 三三一頁〕)。

世界における実体的現前を獲得し、実体的現前になろうとするこの「原初的投企」においてはどんな人間も同じである。人間たちが個体性を示し始めるのは、この捉えがたい実体の達成が困難だという、いつまでも解決しがたい問題に取り組む様々な仕方においてである。したがって自己とは、不可避な不満足に応えるスタイルであり、時を経て、明らかに自分自身のものとなる願望の個別的なありようである。だとすると欲望とは、個人の基底的投企を開示するための解釈学的なきっかけであり、そこでは実体的で最終的な存在が経験上不可能であるような世界における存在のあり方についてのもろもろの選択がまとめられた結果〔人間たちに〕遺された遺産である。

欲望において、そして欲望を通じて根本的投企を発見するという解釈学的な課題が問題を含んでいることは『存在と無』において証明されている。そして伝記研究への転換は、それ以前のテクストの図式的な性格を補うのに必要なものであるように思われる。『存在と無』において欲望は、三つの相互に関係する投企の統一とみなされていた。つまり、原初的投企(存在しようとする匿名で普遍的な欲望)、基底的投企(特定のあり方であろうとする個人的欲望)、そして日常の無数の投企(生きられた経験において直接に明白な個別的な欲望)の三つである(『存在と無』567〔Ⅲ 三四六頁〕)。サルトルは、この三つの欲望が分けられるとしてもそれは分析上だけでのことであり、経験においては象徴的統一として一挙に与えられていると主張する。すでに『ボードレール』（一九四七年）の頃には、伝記研究は具体的個人の文脈における欲望の三つの様々な次元の相互関係を明らかにしようとするものであった。

ヘーゲル的な言い方をすれば、サルトルはジュネとフローベールについての伝記的探求において、二人の個人を「具体的普遍」の例として示そうと試みているのであり、情動的生活を、個別的な要素と普遍的な要素の象徴的統一として明らかにしようとしているということになる。サルトルは、キルケゴール的フィルターを通して主体についてのヘーゲルの観点をわがものにしているのだが〔実際〕そうしたキルケゴール的フィルターを思いおこさせる仕方で、サルトルは、「具体的〔個別的〕普遍」[31]としてフローベールの人生を明らかにすると主張している。個別的な欲望と普遍的な欲望の媒介は、存在論の前提

〔31〕 サルトルはこの語を『家の馬鹿息子』（ix〔I 三頁〕）、で用いている。彼はキルケゴールについての講演にも「具体的普遍」というタイトルをつけていた。これは、一九六四年四月にパリで行われた「生けるキルケゴール」と題された国際コロキウムで報告された。ピーター・ゴールドバーガーによる翻訳が、以下に収録されている。Josiah Thompson, *Kierkegaard: A Collection of Critical Essays* Garden City, N. Y.: Anchor Books, 1972.

私の議論の中では『家の馬鹿息子』の第一巻だけを用いるつもりである。残りの巻は、ガリマール書店のフランス語版で手に入るものだが、以下では考察されない。なぜなら、主に第一巻が残りの巻よりも明示的に欲望の理論を練り上げているからである。第一巻の英語版も、子ども時代の経験の問題と、その文学的想像との関係を取り扱っている。残りの巻は、フローベールがそこから仕事に取り組んだ物質的かつ文化的伝統を扱ってはいるが、それゆえに、どのようにして欲望と承認の弁証法が人格的アイデンティティーを構成するのかという問題には注意を向けていない。たしかに、これらの主題は後続する巻で限定された仕方で取り上げられてはいるが、しかし、サルトルの努力は自分自身の以前の理論の具体化よりも、精神分析とマルクス主義を調和させることに向けられているように思われる。

――避けがたい発展――というよりも、すべての個人が根源的応答を与える課題あるいは要求である。サルトルのフローベール研究は、サルトルのマルクス主義への転回以降に書かれたものであるが、実存主義的枠組みはまだ彼の自己論に役立てられている。サルトルは、幼児期の発達や社会的政治的構造が欲望の生活に深い影響を与えることを認めているが、それは選択理論の拒否を帰結するわけではなく、選択は、我有化と再解釈の込み入ったプロセスとして、その人固有の仕方で複雑な歴史的状況を再生産し、この歴史を作り替え、新しくするという日々の課題として鋳直されている。フローベールの実体的存在をめぐる闘争は、歴史上の特定の条件をともなう。「自分の時代によって全体化され、まさにそのことによって、普遍化されて、彼は時代のなかに自己を個別性〔特性〕として再生産することで時代を再全体化する」(『家の馬鹿息子』ix〔I 三頁〕)。

ジュネもフローベールも、自分たちの個人的状況や歴史的状況を自分たちの文学的著作のなかで特異な仕方で再現する。そしてこれらの著作の方が、今度はサルトルにとって、彼らの基底的な欲望の統一された象徴的表現となる。欲望は常に、そして基本的〔基底的〕に手の届かない対象を志向するものなので、満足は、単に可能なだけの、あるいは想像的なだけの世界の中にある。欲望は、想像的なもの――欲望の象徴的表現――を通じてその起源においてなされた前反省的選択を明らかにする。サルトルが、ジュネとフローベールを自分の伝記的欲望の志向的対象として選択したのが偶然だとは考えづらい。どちらの著者も想像的領域における欲望の解決を求めていたし、どちらも、実際の文学的著作の中で想像的なものを具体化、あるいは「現実化」していた。サルトルは言う。「私が『言葉』を書いた理由は、私がジュネあるいはフローベールを研究した理由と同じです。どのようにして一人の人は、ものを書く人、想像的なものについて語ろうと思う人になるのでしょうか」[32]。なぜフローベールを選んだのかと聞かれたときにサルトルが答えた言葉は、彼がジュネを選んだことも説明するであろうものである。「なぜなら〔フローベールは〕想像的なものだからです。彼とともに、私は夢の境界、夢の障壁に立っているのです」[33]。

サルトルは、これらの個人がどのように夢を見るようになるのか、そしてどのように彼らの夢が現実化されるのか、どのようにその夢は文学作品として形作られるのか、そしてこれらの作品はこれらの人生を構成している基底的な情念をどのように反映しているのか、ということに興味を持っている。欲望の目標が満足を見出すのは不可能性の領域においてのみである。要請された現前としての想像的なものは、一時的に意識を充足との隔たりから解放する。ジュネとフローベールが想像的宇宙を創出する個々のやり方は、存在への彼らの基本的な態度を反映している。こうして、想像的なものを文学的に書き写すということが解釈学的状況となる。その状況のなかで、欲望の暗黙の志向性が、不可能性に応答し現前を思い起こさせる洗練されたスタイルが、そしてそうした応答の中に暗黙に含まれているまたとない選択が、遡って読みとられるのである。

想像的なものを文学として「現実化するということ」が、意識と実体的存在の間の存在論的分離を乗り越えようとする欲望に、つかのまの満足を与える。文学作品は、意識が実体そのものを変容させることができるという幻想を育む。ジュネは、手に負えないように思われる社会的世界を批判する。文学作

[32] Sartre, "Itinerary of a Thought," p. 52.
[33] Ibid.

品の創作を通じて、ジュネは、他の仕方では彼に与えられない個人的効能感を獲得する。彼が克服する「差異」は、彼と他者の間にある差異である。彼の戯曲の上演を通じて「彼は他者達に自分の夢を夢見させる」（『聖ジュネ』546〔II 二五二頁〕）。はじめに泥棒を仕事としていたときジュネは、彼の犯罪がブルジョア的生活の自己満足を粉砕するだろうと想像していた。しかし彼は、捕まったことによって「ブルジョワ的生活の」粉砕というこの夢を維持することができなくなってしまった。実際に社会的世界を変容させるという夢を創造しようとするジュネの欲望は、芸術を通じてのみ現実化される。彼は、〈他者〉のこの、決定する——辱める——まなざしを逃れることができない。だから彼は、彼の戯曲と詩において、〈他者〉のまなざしを方向付け、観衆を魅惑し、そうすることで自分に向けられた彼らの見方に対する支配力を獲得しようと努力する。サルトルは次のように書いている。「実のところもし彼が窃盗よりも芸術作品を選ぶとしたら、それは芸術作品が行為によって現実化される殺人の夢であるのに、窃盗とは夢の中に非現実化される罪の行為であるからだ。…殺人者たちの光栄はまっとうなひとびとを強いて犯罪を夢見させることなのである」（『聖ジュネ』485〔II 一七三頁〕）。

　ジュネは、〈他者〉のまなざしを逃れようとする。他者達が自分の戯曲を見たり読んだりするときにそれと知られずに、彼らの経験を決定する見えざる力、非身体的なものになろうとする。しかしジュネは書くことを通じて承認を誘発しもする。サルトルが指摘するように「言葉とともに他者は再び姿をあらわす」（『聖ジュネ』456〔II 一三五頁〕）のである。泥棒から詩人への変容は、〈他者〉の不可避性を承認することにもとづいている。しかしジュネにとって、〈他者〉は単に、受容されるだけのものではありえない。ジュ子どもの頃から〈他者〉はジュネを排除し、ジュネから正当性を奪う社会的現実を意味してきた。ジュネは、〈他者〉の世界から消え去り、芸術を通じて他者を自分の世界に同化させようとする。それはつまり、犯罪、低俗さ、性的放縦が一般的規範となっているような、反転したブルジョワ世界である。サルトルが記しているように、「この宇宙内に身に合った一つの場所をみずから作ることが不可能であった彼は、自分を閉め出した世界を自分自身が創造したのだと自分に納得させるために、想像するのである」(『聖ジュネ』468〔II 一五一頁〕)。

サルトルによるジュネの伝記は、迫害に始まり、根源的発明に終わる生涯をたどっている。ジュネは、言語の原初的再生産を通じて自分と社会的世界との関係を反転させる。ジュネは、孤児として養子となった家庭で疎外され、その家族から銀食器を盗むことを決意する。ジュネは捕らえられ、「どろぼう」と呼ばれる。それによって、他者の目において、社会的浮浪者となるのだが、彼は以前から自分はそうだと感じていたのである。サルトルによれば、ジュネの窃盗は彼の最初の行為であり、他者が恐れ、嫌うようなたぐいの個人として自分自身を決定する瞬間である。生まれつきの無法者であるジュネはこの無法行為にとりかかり、それを個人的使命に変容させる。彼は、他者から、彼らの合法性の印を奪う無法な子どもになろうとする。彼の道具は、もともと彼に対して向けられた武器からできたものである。彼は、転倒の達人となり、彼自身と他者との間の社会的対立の弁証法的可能性を理解し暴露する。

彼と他者との原初的な関係を特徴付ける権力関係を弁証法的に転倒する可能性が見出されうるのは、言語の中でのことである。「ジュネは夢中になって叫ぶ、『おれはどろぼうだ』と。彼は自分の声に耳を傾ける。するとたちまち言葉との関係があべこべになる。言葉は、表示器 indicator であることをやめて、存在者となる」(『聖ジュネ』42〔I 五五頁〕)。実際、「どろぼう」は、ジュネを詩的言葉に導いた最初の言葉だった。この言葉は指示しているのではなく、創造しているのである。ジュネは、そのように名付けられることで、その名前そのものとなる。この名前は彼の存在の本質的契機として彼にぴったりとくっつく。サルトルは『聖ジュネ』において「詩性は現実の対象物を指し示すために単語を用いるかわりに、世界の仮象《みかけ》を構成するために単語を利用する」(『聖ジュネ』512〔II 二〇六頁〕)と主張する。したがって、詩的な言葉は想像的現実《リアリティ》を構築する言葉である。それはまさしく「どろぼう」という強烈な呼びかけが、子どもだったジュネを一変させ、彼にアイデンティティー、もしくは運命を与え、彼の可能性を制限したのと同じである。言語が持つこうした変容させる力は、他者たちに「彼の夢を夢見」させるジュネの武器となる。この権力の発見についてサルトルはこう主張している。「ジュネは指し示すためではなく変形させるために名付けたいと思ったのだ」(『聖ジュネ』280〔I 三三三頁〕)。そして彼の変容させる行為の対象は、「公正なもの」という社会的世界、ブルジョワジーの道具的世界、そしてそれらの秩序を維持する厳格で偽善的な道徳性であることになるだろう。

ジュネとフローベールについてのサルトルの伝記的物語は、欲望の解決を想像的なものの中へと辿り、想像的なものを一連の文学作品の中へと辿っていく。この作品の中で、長く続く承認をめぐる闘争が取り上げられ追求されている。ジュネとフローベールの両者にとって、――そして実際サルトルにとっても――言葉は、それによって子ども時代が回復され、書き換えられる手段になる。初期的存在欲望は、肯定されようとする初期欲望を含意しており、そして生涯続く承認をめぐる闘争は、想像的世界の言語的構築において主題化され、再演される。さらに、どちらの場合にもこの闘争を文学に取り込むことで、原初的状況によって構築された権力の力学の転換が引き起こされる。サルトルのジュネについての伝記的研究は、彼のもっともヘーゲル的な著作と呼ばれてきたが[34][35]、私たちは、『家の馬鹿息子』のなかにも、自己を創造するためのフローベールの闘争の中で承認が本質的役割を果たしていることを見ることができる。ジュネにとってもフローベールにとっても、幼年時代は剝奪の場面である。一方でジュネは、正当な社会的共同体から排除された者であり、他方でフローベールは愛されざる者 mal aimé である。これらの、迫害という原初的状況は、この場面を想像的に書き取ることで――完全に克服されるというわけではないにせよ――再解釈される。サルトルの見解では、文学作品はその想像上の再現前化という能動的な過程を通じて、苦しい幼年時代の意味を変容させる。想像的に書くということは、幼年時代の受動的で受容的な感受性を用いながら、そうした感受性を文学的な形態で具体化するのに十分なほどそこから批判的な距離を取ることを可能にする。書くことは、迫害を超えさせることも解決することもなく、この原初的状況をくり返し再定式化することをいわば運命づけられているのである。能動的再定式化として、書くということは受動的過去に対する断定的応答となる。しかしそれは過去を書き換えることでもなければ、必然的で過酷な主題としての過去から逃れることでもない。サルトルがジュネに

[34] サルトル「文学とは何か」参照。What Is Literature?, pp. 35–37.〔この註の指示している箇所は不明である。〕

[35] ダグラス・コリンズは、『聖ジュネ』において、「外からもっとも強力に影響を与えているのはヘーゲルであり、「主人と奴隷の関係は…『聖ジュネ』において道徳的問いの枠組みとして再登場し」、『聖ジュネ』においては全ての問題に対して弁証法的アプローチがなされている」と主張している。コリンズの考えでは、サルトルは明らかにヘーゲルのプログラムから出発している。「ヘーゲルにおける個人の意識は、無化されることなく、自己自身および他者と一つになる。それに対し、サルトルの不幸な意識はより世俗的な措置…つまり、他者の上への自己の投影に訴えなければならない」*Sartre as Biographer*, pp. 84–85.

ついて述べているように「書くとは自分がその中に投ぜられている状況を組織的に探求することである」（『聖ジュネ』558〔Ⅱ二六六頁〕）。

サルトルは、幼年時代にとって本質的であるこの承認をめぐる闘争を、自己が実存へと向かう劇的な進化として理解している。そのもっとも初期の段階における存在欲望は、他者のために実存しようとする衝動——言いかえれば愛されたいという欲求——である。〈他者〉とのこの第一次的関係は、あらゆる個人的生の苦難の構造を形成する。基底的投企を無から《エクス・ニヒロ》生じる対自からの選択として扱おうとする『存在と無』における傾向は、『家の馬鹿息子』においては拒否されており、サルトルは次のように主張している。「この場合大切なことは、観念論をしりぞけることである。根本的な意識態度というものはまずそれが存在すればこそ取り上げられるのだ。手持ちのもの、現に手もとにある手段が取り上げられる」（『家の馬鹿息子』43〔Ⅰ五三頁〕）。それゆえ自己を構成する自己の原初的投企は何よりも他者との関係であり、時を経ての自己の発展は、これらの初期の関係の再演なのである。サルトルは、このフロイト的洞察をサルトル自身の用語に取り入れながら、『存在と無』における欲望の存在論的な素描が、詳細に伝記的事実を扱う分析に道を譲らなければならないことを認識する。『家の馬鹿息子』においてサルトルは「乳幼児期を欠いては、伝記作者は砂上に楼閣を築く、といっても言い足りない」（『家の馬鹿息子』44〔Ⅰ五四頁〕）と記している。

『聖ジュネ』と『家の馬鹿息子』においてサルトルは、満足しない子どもが、大人になって想像的なものの作者という職業をどのように引き受けるようになるのかを示している。ジュネとフローベールは、サルトルにとって普遍的に人間の状況を特徴付ける真理を例示するものであるように思われる。彼らの不満足は、人間の第一次的不満足の様々な現象なのである。欲望は「酬いなき情念〔受苦〕」であるので、ジュネとフローベールを構成する欲望は、最終的な目標なしに、存在に固執している。サルトルは、虐待された子どもであるジュネを「存在の充溢における裂け目」と呼んでいるが、そうすることで人間一般を指示しているのである。実際意識は、存在における「亀裂」だといわれている。愛されざる子どもの孤独は、どんな意識にもある実存的孤独を反映している。つまり、意識が実体から区別されており、存在の領域から追放されているということを反映しているのである。

欲望の可能的満足としての想像的なものへの転換は、世界の充足が不可能であるという信念によって引き起こされる。子どもに注意を向け、子どもを承認するであろうような第一次的〈他者〉の不在は結果として、世界そのものが人間の欲望に敵対的なのだという大人の信念へと結実する。ジュネにとって、彼の人生を構成するこうした不在は、貧困な社会的景色を代償として一時的に充実させるために彼を想像的世界に向かわせた。自分は無法だと察しながら、ジュネはひとつの宇宙を言語を用いて発明することによって、この承認の欠如に応答し、自分自身を言葉の中に化体させることになる。身体を欠いたまま、ジュネは、自分が承認の欲求を免れようとしていることを暗黙のうちに理解している。ジュネは次のように書いている。「その見事な言語は、身体を減弱せしめ、それを摩耗して透明体たらしめ、ほんのささやかな光の粒子にしてしまう」。ジュネの自己否定は、彼の輝かしい生活の条件となる。サルトルは次のように結論づけている。「ジュネも霧消する。彼は真剣に、心から化体作用というべきものを信じており、それによって彼はおのれの実人生から引きはなされて、あの栄光に満ちた身体、言葉、の中に受肉する」(『聖ジュネ』520〔II 二二六頁〕)。フローベールは彼の母親のせいで幾分異なった運命に苦しんでいた。「ギュスターヴは母親の冷淡さによって直接条件付けられる。彼は孤りで欲望を持つ」(『家の馬鹿息子』133〔I 一四七頁〕)。子どものときギュスターヴは強烈な倦怠感に苦しめられており、サルトルは彼を「受苦的な感情」の状態に生きるものとして描いている。承認なしに、つまり親からの愛なしに、ギュスターヴは自分自身がどうしようもなく無能であることを確信するに至り、そして逆説的なことに、世界を自分のものにするために自分の特徴である受容的性格を用いることを決意する。

価値を持たぬギュスターヴは、欲求を一つの空隙として、一つの不安として、あるいは――もっとよい場合には、そしてまたこれが多かったのだが――気持ちのよい次の満腹の予告として、感じる。しかしこの心の動揺は、主観性から離れ出て、他者たちの世界の中での要求と成り変わることがない。それは惰性的で落ち着かぬ感情の動きとして、彼のうちにとどまる。ギュスターヴは快いものであれ不快なものであれ、そうした動揺を身に蒙るが、同様に、時が来れば、その十分な充足を身に蒙ることになるだろう。…彼は自分の感情を、破裂によって外面化する手段も機会も持たない。彼はそれを味わい、大人たちが彼をそれから解放してくれるか、それともそれが過ぎてゆくかで、それだけのことだ。自己決定権souverignty もなければ、反抗もなく、彼は人間関係の経験を持たない。壊れやすい機械のように扱われ、彼は行為を身に蒙る力として吸収し、叫び声によってさえ、それを返そうとはしない。――感受性は彼の領域となるだろう。(『家の馬鹿息子』130-131〔I 一四四頁〕)

〔36〕

サルトルは、『家の馬鹿息子』において、自己の構成は親の態度の内面化に続いて起こるものであると主張している。親の「まなざし」が、子どもの自己視のあり方となるのである。人が見る「自己」は、常に先ずは見られる自己であり、それゆえ〈他者〉によって構成されている。自己自身を要求すること、欲望を語りや行為に翻訳することは、応答するかもしれない〈他者〉の実存あるいはその可能性を前提する。〈他者〉が存在しないところでは、欲望は自分自身に背を向け、硬直し、無言となる。そのような肯定的応答の可能性を確信できないために、子どもギュスターヴは、黙ったまま、何も表現せず、自分を発見したり、自分について知ったりすることもできないままである。フローベールについてサルトルは次のように書いている。「［彼にも］フラストレーションはあった。それも離乳にずっと先立ってであるが、叫ぶこともむずかることもなかった」（『家の馬鹿息子』129〔I 一四三頁〕）。同様にジュネが幼年期に捨てられたことは、彼の性格に本質的な貧しさの刻印を残した。ジュネは、自分の孤独について悲しんだり絶望したりしない。なぜなら、「悲嘆、絶望は明らかなものであれ秘密のものであれ、出口が存在する場

［36］ サルトルの主張によれば、承認されない子どもは、人格的権利の感覚も持たない。フローベールは幼年期には、あえて欲望しようともしないのだが、それは欲望自体が充足される権利と能力についての信念を前提としているからである「欲望するためには欲望されることが必要である。対象世界の中でのあの原初的確認としての母親の愛情を――自己についての第一次的主観的確認として――内面化しえなかったためにギュスターヴは、自分の欲望を確認することもそれを実現可能と考えることも絶対にない。自分に価値が与えられるということが全くなかったので、ギュスターヴは自分の欲望にいかなる価値も認めない。偶然の産物である彼は、生きる権利もまったくなく、したがって彼の欲望は充足される肯定的な権利をおのれのうちにまったく含まない。彼の欲望は彼の受動性に付きまとうそのときどきの曖昧な気分としてしぼんでいき、多くの場合、彼がそれを満たそうと考えることもないままに消えていく。…彼〔の魂〕は欲望の否定態である羨望によって蝕まれている」（『家の馬鹿息子』409〔I 四五四頁〕）。

合にのみ可能であるのだろう」(『聖ジュネ』191〔I 二三一頁〕)からである。ジュネもフローベールも、自分自身の実体性を承認する手段を持っておらず、彼らは自分の親のまなざしに映る自分を見ることができないので、自分自身を発明することを強いられるのである。想像的性格は、こうした〔親という〕鏡を持たない自己が社会的世界の中に対象としての反映像を見出すのに鍵となるあり方である。若者フローベールについて述べる際にサルトルは次のように書いている。「なるほどギュスターヴは、自分自身を理解し、荒れ狂う情熱を解読し、その原因をつきとめたいという切迫した欲求に悩まされてはいる。だが彼はこんなふうに作られているので、創作することによってしか自己了解ができないのである」(『家の馬鹿息子』211〔I 二三六頁〕)。ジュネは、幼年期の承認という恩恵を拒否され、自分の排除は、否定的ではあるが一定の他者との関係であると感じている。それにもかかわらずジュネは、自分自身を追放された存在であるとみなすすべをまだ持っていない。ところが、彼はまさしくこの追放された存在なのである。犯罪を犯したあと若きジュネは「自分を真正面から見据えることができさえすれば、自己嫌悪への覚悟もできている」(『聖ジュネ』47〔I 六一頁〕)。

幼年期の承認をめぐる闘争は確かに大人になってからの人生にとって決定的であるが、それは厳密な意味で大人としての経験の特質を決定するわけではない。最初期の欲望のドラマは、所与の生活を支配する動機を確立し、可能な選択の領域を制限している。幼年期が一方的に大人の生を作り出すのではない。その因果性は機械論的というよりは弁証法的である。子ども時代が大人の経験においてその力を維持するのは、その主題が現在の言葉で我有化され、再解釈される程度に応じてである。ギュスターヴが受動的なままなのは、それが彼の唯一の選択肢だと彼がずっと信じ続けているからである。サルトルの説明によれば「受動性とはそのまま残るものではない。…それはみずからをたえず作りだしてゆくかそれとも少しずつ解体してゆくべきものである。新しい経験の役割は〔すでにあるものを〕維持するかそれとも清算するかである」(『家の馬鹿息子』42〔I五一頁〕)。

サルトルは、主体性を諸々の状況の結果として理解しているだけではない。より重要なのは、主体性をこの歴史の個別的な現実化あるいは規定としても理解しているということである。個人が歴史的かつ伝記的状況を我がものとし、自分自身の人格性においてそれらを具体化――あるいは現実化――する。つまり、これは普遍的個別という概念なのである。『家の馬鹿息子』において、サルトルは個人を記号としてもシニフィアンとしても参照しており、そして歴史と環境は人格を記号として構成する効果を持つものとして理解されるべきであると主張している。彼は次のように結論づけている。「もしもすべての個々の人格がそれぞれに、記号の構造を持ち、彼の可能性と彼の投企の全体化された総体が彼に彼の意味としてあたえられるのであれば、この意味の陰暗な固い核とは乳児期である」(『家の馬鹿息子』44〔I五四頁〕)。『存在と無』のサルトルの基底的投企は、いまや幼年期の媒介というフィルターを通して、再定式化を必要とすることになる。選択は、すでにその人の生の主導的な動機として主張されている幼年期のドラマを取り上げる絶えざる過程となる。しかし人はこの動機を再び自由に取り上げることができるというわけではない――そうしなければならないのである。つまり主体性は、自分自身の実存の条件を主題化するよう拘束されている。これは、その反省的構造の必然性であり、その欲望に内在する論理である。

サルトルは、ジュネとフローベールをとりまく特殊な歴史的状況がその意味を獲得するのは、それらの現実化を通じてのみであるということを主張する際に、ヘーゲルの自己意識の定式を用いている。『家の馬鹿息子』の第一巻のまん中あたりで、サルトルは読者に警告して、フローベールの生活について包括的に理解するためには、彼の内的生活の因果的歴史を理解することで満足してはならないと述べている。なぜなら、いかなる「原因」も、フローベールという人格におけるその我有化や現実化という契機を経なければ、「結果」をもたらすことができないからである。したがってサルトルは、フローベールの志向的目標による、つまり彼の基底的投企の観点からの説明を探さなければならないと主張する。ヘーゲルの自己意識の教説を思い出させるような言葉づかいでサルトルは次のように書いている。

内的経験は存在論的に、二重化ないしは自己意識によって特色づけられる…。したがって、この生の原初的構造とその疎外の特殊形態を示しただけでは十分ではなく、またこの生の直接的な味を再構成してさえも十分ではない。われわれの手にしているデータを基にして、この生体験が生きられる仕方を明らかにする必要がある。有罪宣告をされたギュスターヴはこの有罪宣告をどのように現実化するのだろうか。(『家の馬鹿息子』382〔I 四二四頁〕)

より初期の著作同様に、『家の馬鹿息子』でサルトルは人間の基底的投企の起源を問うている。『存在と無』で提示された分析とは対照的に、『聖ジュネ』、そしてとくに『家の馬鹿息子』におけるサルトルの存在論的カテゴリーは、それによって基底的投企が現れる具体的な媒介を明らかにしている。『聖ジュネ』と『家の馬鹿息子』においても、初期のカテゴリーがまだ優勢である。つまり、ジュネとフローベールの基底的投企は、欲望の中に身体化されている「欠如」の定式化であり、「まなざし」への応答である。しかし、伝記的研究はこれらのカテゴリーを歴史化してもいる。つまり、そこから人間の投企が生じる「欠如」は幼年時代の具体的な剝奪として理解されており、同一性を構成する〈他者〉の「まなざし」は、子どもが受け取る肯定のもっとも初期の形態として理解される。欲望自体は、行為体と文化生活の結びつきとして、それによって過去が取り上げられ再現される複雑に媒介する行為として、その人の歴史を具体化し、その経過を決定する一つの仕方であると見なされているのである。

逆説的なことに、フローベールは決して存在しなかった過去を現実化しなければならず、不在の歴史である歴史に形態を与えようとしなければならない。彼は、価値もなければ実存する権利も持たず、したがって彼の父の権利を借りなければならない。彼は、自分を父親の影の闇に沈めることで正当性の感覚を獲得する。サルトルは次のように説明している「〔ギュスターヴは〕生まれたという権利を〈生みの父〉との関係の中からしか引き出しえない以上、彼はこの権利を〈生みの父〉を表す物質総体に対する所有関係、つまり封建的所有の上に同じように基礎づけるのである」(『家の馬鹿息子』330〔I 三六九頁〕)。サルトルの考えでは、父と封建領主の象徴的な混合は、フローベールにとっては〈他者〉の第一次的解釈となる。若き農奴として、フローベールはいつもこの力学の範囲内で承認をめぐって闘争する。

両者の結びつきは、経験されて、彼の内部で主観的な構造となる。その結びつきが感じられ、それに苦しむというわけではない。ただそれは母胎なのだ。多種多様の状況に促されて、そこから無数の実践――行為、感情、思想――が飛び出してくるが、これらの実践は知らないうちに目に見えない形で母胎の印をつけていて、母胎の役割を引き受けることなどまったくないままに、自分の狙う対象の中にもとの結びつきを発見したり、再生したりする。というわけで、主観的契機は媒介の契機となっている。つまり元の関係は内面化され、次いで客観性のその他の区域——それも何でもよい区域——の中に再外在化されるのだ。(『家の馬鹿息子』330〔I 三六九頁〕)

大人になってからの人生においても、ジュネは自分が若いころ拒否された経験を「私の中で死んでいる朗らかな子ども」(『聖ジュネ』1〔I 七頁〕)として肌身離さず身に付けている。承認に飢えた若きジュネが「実存する」ことはない。実際、彼は生きることを運命づけられた死産児なのである。つまり、「盗みをはたらく子どもにとって、そして自瀆する子どもにとって、存在するとは大人たちによって見られるということである。盗みも自瀆も孤独の中で行われたのであるから、それらの行為(と彼)は、存在しないのである」〔( )内はバトラーによる補足〕。ジュネの犯罪行為は、彼が自分の運命と見なしているもの——彼の追放の実現方法である。サルトルの言葉では「私たちは彼が同時に二つの面の上で生活していることに気がつかないのだ。もちろんジュネは盗みを糾弾している。だが彼がたったひとりのときは、彼が犯すひそかな行為の中に、自分が糾弾する犯罪の存在することを認めないのだ。彼が盗みをはたらくというのか」(『聖ジュネ』15〔I 二三頁〕)。ジュネは、このアイデンティティーを明らかにする攻撃的行為に先立って攻撃的存在として自分を理解しているのではない。このアイデンティティー——他者の非難するまなざしのこの内在化——に彼が気づいているとしてもそれは、暗黙のまま、前反省的なままである。彼自身が社会的に欲望されていないというこの感覚は、盗みへの欲望を引き起こし、逆に、その欲望の実現を通じて確証される。彼のアイデンティティーについての前反省的感覚は、苦しい、切迫した、不明確なものとしての経験の中に現れる。サルトルは次のように書いている。「ほんとうをいえば彼は不安に駆りたてられている。ときどき曖昧なままに、彼は自己の内部に苦悩の曙光のようなものが生まれるのを感じる。自分が物事をしっかととらえ、ヴェールがやがて剝がれ、自分の困窮と孤立と根源的な誤謬とを自分が認める予感を持つのである。それで彼は盗みをはたらく。生まれ出る苦悩から逃れるために盗む。彼が菓子と果物とをちょろまかし、人目につかぬ場所で食べ終えると、彼の不安は解消するであろう。彼はまっとうさの合法的で日の当たる世界のなかに自分を見出すであろう」(『聖ジュネ』15〔I 二三頁〕)。

ジュネもフローベールも決して自分自身の社会的実体性を信じるようにはならない。どちらも、サルトルが、肯定的な承認を欲望する権利、それを受け取る権利として理解しているものを獲得しはしない。どちらの個人も、想像的世界に引きこもり、現実的《リアル》充足の不可能性についての彼らの変わらぬ信念を証明する。しかし現実《リアリティ》からのこの排除は、それ自体文学作品の制作の中で現実化されるのであり、どちらの個人にとっても文学的制作は、自滅という投企を転覆させてしまうのである。ジュネもフローベールも虚構の〈他者〉を創造し、それらを具体的に示し、それらと闘争し、書かれたテクストという物質的形態をそれらに与える。彼らの制作物が公的に届けられることで、ジュネもフローベールも、他者の肯定的なまなざしを創造し、かつ受け取り、実際に敬意を払われる〔高い「まなざし」においてin high "regard"保持される〕ことになる。

この二人の著者が、彼らの観衆からやっと受け取る承認は、過去の埋め合わせというよりは、過去をそれがそうであったままに、それがそうでありつづけているように逆説的に肯定するということである。言いかえれば、ジュネもフローベールも、彼らの作品の中では不在なままであり、他者の直接的なまなざしを逃れている。しかし、彼らの登場人物や言語的創造は、まさしく現実《リアリティ》における彼らの不在が現前することになる仕方である。書き手としてのジュネはサルトルによって「永続的不在」として描写される。それは、彼を魅惑するスペクタクルを創造しながらも、他者の凝視を逃れる、身体を持たない視覚である。フローベールもまた、自分が行う対象化によって失われ、自分はボヴァリー夫人であると主張し、つぎには悪魔の姿をとって現れ、彼のアイデンティティーをはじめから構造化していた無限の不満足という主題を反復する。

フローベールの場合には、文学作品は欲望の無限の不満足を主題化するものであり、それによって変わらざる不在に、現前する承認可能な形態を与える。サルトルは、フローベールの文学作品の成功はフローベールの欲望の失敗に依拠していると主張する。サルトルが主張するところでは、作家になることで、フローベールは、彼の欲望が効果を持たないということを変えるわけではない――彼は単にこの効果のなさを彼の利点として用いるだけである。この、効果のなさは、そこから彼の小説が生じる欠如となる。サルトルの言葉で言えば、「実践は受動的なものの効果」（『家の馬鹿息子』139〔I 一五五頁〕）である。文学的実践は、受動性を解消するのではなく、受動性に、それを永続させ生産させる形態を与えるのである。

フローベールの意識における欲望と敗北の密接なつながりは、それ自身の中に転覆の種を含んでいる。フローベールは不満足が避けられないことを確信し、欲望を思いとどまる。しかしこの欲望の拒否は、欲望の永遠の生を告げるものである。フローベールの登場人物たちは、くりかえし受動性の際限なき情念〔受苦〕を証明する。サルトルは、次のように述べている。「初期作品のすべてにただ一つの同じモチーフが見られる。疎遠な志向性あるいは盗まれた自由というモチーフだ。どの生涯においても環境Umweltすなわち道具と状況とは誰かしら大組織者によって前もって細工されており、どの欲望も生じてくるとまさにその瞬間に周囲の構造によってぜんぜん時宜に適さぬものにされてしまうのだ」(『家の馬鹿息子』379〔I 四二〇頁〕)。サルトルにとって、この敗北の文学的な描写はフローベールの基底的なジレンマを主題化している。ある意味、敗北はフローベールの欲望の必要条件である。なぜなら打ち負かされた存在としてのみフローベールは自分を承認することができるのだからである。フローベールは完全に自己を失っているわけではない。――彼は貧困化された自己、権利を持たざる自己を内在化しているのである。全ての欲望が、アイデンティティーを形成する基底的投企を、そうと知らずに明示化しようとしているのだから、フローベールの欲望は、彼の本質的貧困を実現し確証しようとしているのである。実際、彼は脱現実化de-realizedされた存在としてしか、自分自身を現実化できない。したがって、彼は実存するために想像的なものを必要とするのである。だからフローベールは、純粋な欲望の生活を生き、文学的宇宙の諸々の可能性の間だけに住まう。それはまさしく、ダンテの煉獄の、身体を奪われた魂どもや、フローベール自身の「地獄の夢」における悪魔の形象のようなものである。その悪魔は器官を持たないので、欲望の満足があらかじめ排除されているのである。

　サルトルの初期の存在論的図式が、彼の伝記的探求によって歴史化されているのと同様に、彼はこれらの個人の生活の具体的な詳細を探究することで、『存在と無』のより広い存在論的関心に回帰している。フローベールが権利を持たないということは、彼をサルトルにとってぴったりの実存的英雄とする。なぜなら、フローベールは、ジュネと同様、「非正当的に」世界の中に生まれてきたのだからである。「誕生権」の不在は、サルトルにとって全ての人間の誕生を特徴づけている。人は、必然的理由や目的なしに、不当な仕方で、存在論的正当化も「場所」もなしに実存することになる。愛されざる子どもという形象は、どんな個人も実存的に捨てられているということを例示するものである。以下の引用で、サルトルの存在論が、フローベールの象徴主義に文学的に書き写されているのを見出している様に注意してほしい。

自己決定権sovereigntyは…それ自体本当に所有されているというよりも欲望されているだけのように思われる。研究のこの地点においてわれわれは、フローベールの描写の深みと、彼の用いる象徴の収斂性を発見する。存在に対し優位を占めるあの無、一切の肯定的充実を呑み込みうるあの否定性、現実を吸いあげるあの吸引する空虚、それは単に形はなさないがパトスとなっているかぎりで意識的な純粋な主観性、すなわち、価値化の欲望にすぎない。万人に抗してそねみ屋が主張し、彼をあれほど苦しめている無効な権利の根拠とは、それ自体としての欲望であり、その欲望はおのれの無力を知りつつも大きく口を開けた権利要求――聞き届けられぬことを知っているだけ一層激しくなる権利要求――としてともかくも保持されている。（『家の馬鹿息子』418‐419〔I 四六四頁〕）

フローベールの不満足の生は、欲望を、不可能な充溢を探し求める欠如であると見なすサルトルの見解を確証している。おそらく、すでに満足を見出し、そこにとどまり続ける用意ができていると主張する人々の欲望も含めて、全ての人間の欲望は、こうした性格を持つのだろう。しかし、フローベールがサルトルにとってもってこいなのは、まさしく彼が、満ち足りたという自己欺瞞を拒否するからである。〈人間的現実《リアリティ》は「基本的に欲望」である〉ということがサルトルにとって意味するのは、人間が一般に不可能な目標の下で労働しているということである。したがって、想像力に満ちた著者たちは、この決定的に人間的な課題を明示的な仕方で引き受け、それゆえに残された私たちに、私たち自身を明らかに照らす観点を提供する。欲望がいつも失敗するということは、人間生活が必然的に失敗であるということを含意するわけではない。実際に、欲望がいつまでも不満足であるということは、私たちの存在論的地位が努力する存在であることを明らかにする。そして不可避的な不満足に対する人間の応答は、真なる成功の材料となるかもしれない。フローベールは、非実体的世界を発明しようとする欲望によって、実体的満足からの追放に応答することでサルトルの存在論をあらわにしている。この、人間の限界を思い起こさせるものがきっかけとなり、予期されざる傲慢さが引き起こされる。

フローベールははじめから、欲望を欲求〔欠如〕として経験した。なぜなら彼はこの欲望を満たすことの不可能を認め、この不可能性を経験された死によって内面化しようとしているからだ。…この欲望はこうした事情をちゃんと心得ながら身を起こし、自分からその不可能性を認め、そのために引き裂かれる。傷によって欲望は苛立たせられるが、同時にかき立てられるのだ。いやそれどころか、欲望されているものが手の届くところにあると欲望はすぐに鎮められ抑えられるだろうが、それは不可能であるがために欲望はふくれあがる。〈不可能性〉の自己意識が〈欲望〉を目覚めさせ、かき立て、厳しさと乱暴さとを付け加える。〈欲望〉の方はこの〈不可能性〉を外部に発見し、対象を〈欲しいもの〉という基本的範疇として発見する。…人間が不可能なものに対する権利として定義される。（『家の馬鹿息子』420〔I 四六五－四六六頁〕）

人間は満足よりも欲望そのものに関心を持っている、とサルトルは述べているように思われる。個別的な諸欲望を一つにまとめる基底的欲望は、欲望を維持しようとする欲望である。サルトルは主張する。「欲望は後からやってくる。欲望が不満足によって特色づけられるのは、これを満足させるのが不可能だと分かっているときしか欲望がそそられないからだ」（『家の馬鹿息子』426〔I 四七二頁〕）。

欲望の不満足の結果として、実体的世界の根絶やしにできない他性と特殊性が現れる。実際、欲望が失敗することで、意識は世界の構造の正しい理解を回復する。不満足な意識は差異を根絶やしにするであろう実体との融合などにはもはや関心を持たず、もろもろの性質に注意するようになる。この意味で、不満足という経験は、世界がその他性と多彩さにおいて次々と明らかにされるきっかけとなる。このことがフローベールのなかで確証されているのをサルトルは見出しているように思われる。

ギュスターヴが欲望の本質は充足の欠如の中にあると主張するとき、この主張は間違っているどころではない。とはいうものの誤解のないようにしよう。欲望は、これを損なったり抑えたりするあらゆる禁忌事項とは関わりなく、次の点において充足不可能なのである。すなわち、欲望の要求

demandは正確な言表を受け入れず、分節言語と共通の尺度がないままにとどまり、また目標とする現在の対象が何であれその対象をとおして、絶対に想像しえないししたがって現実化しえない世界とのある種の内在性の関係に到達しようとこころみる、という点においてである。ただ、享受はさしあたってやはり存在する。たとえその享受が、求められていたものに完全には一致していないとしても。というのも、性行為の中に自分は逃れていく別のものを求めている、と気づくには、ともかくも他者の身体を《所有し》、これを享受している必要があるのだ。この意味では、欲望はそれが満たされるその限りで満たしえないものとして姿を現すといった方がよいかもしれない。(『家の馬鹿息子』421〔I 四六六-四六七頁〕)

欲望は、事実的限界に直面した自由の主張であるようにも見える。『地獄の夢』について論じながら、彼は、フローベールが純粋な欲望の膨満した世界で楽しんでいる悪魔のようだと述べている。「悪魔は、自分が、無限で満たしがたい欲望の餌食になって苦しんでいると主張している。ただそのための器官だけが、彼に欠けていることになると、彼は言っている。彼は、から威張りをしているのだ。実際には、欲望することを欲望しているのだから、彼は、想像上の欲望を自分にふりあてているのである」(『家の馬鹿息子』263-264〔I 二九五頁〕)。フローベールは、自分が脱身体化していることも好んでいる。なぜなら身体さえなければ、彼はいかなる場所にもいかなる時間にも、属していないからである。——自分の歴史から解放されfree、彼は純粋な自由freedomになる。サルトルは、無限の欲望が、「彼の身を引き裂く反芻作用と、過去の支配と、永遠に失われた幼年期に視線を注ぎつつあとずさりに前進させられる遡行的なあの情熱から自分を引き離すための…彼の情熱が空転している狭くて深い円環を否定するための」フローベールの戦略であると主張する。自分自身の身体を否定しながら、フローベールは、無謀に絶え間なく欲望する文学作品上の登場人物として外部にその身体を投影〔投企〕する。一方でサルトルは、「追いつめられ、陰気で、凶暴で、惨めな少年が欲望し、愛し、一言でいうなら生きることの自由を手に入れようとしながら、それを自分にあたえることを拒絶していることを」指摘する。しかしフローベールによる〔身体の〕放棄は作家的〔創始者的 authorial〕な全知の条件となる。サルトルの言葉では、フローベールは、「その有限性の首枷に…、〈すべて〉への、すなわち〈無限〉への非現実的な欲望の広大な空隙を対立させせ」(『家の馬鹿息子』264〔I 二九五頁〕)たのである。

ジュネもフローベールも、剝奪によって刻印された子ども時代を持っており、どちらもこの最初の欠落を主題化するために文学という想像的世界を好んだ。それゆえに、彼らは実体的同一性から追放された意識の二重化を明確に説明する。サルトルはポスト・ヘーゲル的枠組みの中で文章を書いているが、この枠組みはもはや全ての否定性が存在のより広い範囲の中で抑制されることになるとは想定しない。否定的なものを主題化するということは、サルトルにとって、否定的なものを実体の中に解消することではない。——〔そうではなく〕それは想像上の生である。サルトルは、これらの生を構造化する否定に注意を払う。彼は、これらの子どもを、愛されざるもの、無視されたもの、過少評価されたものと見る。彼がこれらの生に対して立てる質問は、全ての主体性が経験しなければならないヘーゲル的な戯曲《ドラマ》を思わせるものである。つまり、どのようにして否定は自己否定を通して自分自身を肯定的存在として定立することができるのか、という問いである。ヘーゲルの解答は次のようなものであるように思われる。

つまり、自分自身を反転させ、肯定的存在となる否定は最初から肯定的なものでなければならない、ただし伏在的な形態で、というのである。どんな否定も、その開示のために否定的なものの労働を必要とする先行する統一に属していることが明らかにされる。サルトルは『存在と無』においてヘーゲルの「存在論的楽観主義」を批判しており、伝記的作品において、彼はいくつかのヘーゲル的主題を復活させているが、それも、そうした初期の批判の力を弱めるものではない。サルトルは、先行する統一の要請を否定し、肯定的存在へと解消される否定は不可能だと主張する。意識の二重化は、私たちを隠された実体に戻すのではなく、意識と実体の間の存在論的な分離についての省察となる。言いかえれば、人間は自分たちの生を構成する否定性を主題化し、再定式化することができるが、その反省あるいは反復は修復ではないのである。

人間的実存を特徴付けている欠如は、サルトルの著作において議論の余地のない前提でありつづけている。しかし、『〔聖〕ジュネ』、それからふたたび『フローベール〔家の馬鹿息子〕』においてようやく、私たちはこのカテゴリーの歴史的可変性を理解しはじめることになる。どんな生も否定性として始まる。しかし、特定の関係としても始まるのである。――これが他者によって愛されたいという幼児の欲求の意味である。その関係の特殊性は否定性に独特の形態と様式を与える。――それははっきりとした欲望を形成するのを助ける。決してこの欠如が克服されることはないにもかかわらず人間はこの欠如を主題化することに没頭しつづける。つまり、人間の人格性を、それがそうであるところのものにする特定の不在、剝奪、分離および喪失を発見し、とらえ返すということをし続けることになるのである。これらの否定は、反復され（二重化されたあるいは与えられた肯定的表現）、しばしば今度は満足を手にするだろうという期待を伴っている。しかし、否定の反復が成功するとしてもそれは否定の不可避性を再び肯定することにしかならないのである。

したがってサルトルにとって、欲望は最初から存在していたような実体を明確にするわけではないが、しかし、無から同一性《エクス・ニヒロアイデンティティー》を発明するというわけでもない。欲望は歴史的に確立した関係の条件内で苦闘する〔労働するlabor〕。フロイトの自我形成論と呼応し合う仕方で〔37〕、サルトルの伝記的著作、とくに『フローベール〔家の馬鹿息子〕』は、人格的アイデンティティーを、分離あるいは不満足についての以前の経験から派生したものと見なす。フロイトの場合には、自我は喪失に対する防御として生じる。つまりそれは、親の現前から自分が排除されていることを察する自己防御的行為体である。欲望が自己の存在を創造する二重の否定であるならば、私たちはサルトルの精神で、欲望は人生の始まりにおけるこの傷、つまり原初的分離の傷を癒やそうとする空しい努力、修復であろうとするが、しかし決して修復ではありえない反復を通じて癒やそうとする空しい努力であると理解してよいだろう。人間は自分たちを構成している否定を、純粋な現前という空想を創造することによってしか否定することができない。サルトルにとって想像的なものはそのものとして継ぎ目のない現前を主張するが、それは実際には「無」なのである。したがって想像力は、もう一度否定性を復権させるためだけに、否定性を再演する。サルトルにとって、否定の上演あるいは主題化は過去の喪失に関して人間がなすことのできるものの制限なのである。しかし、再-現前〔表象〕は個別的達成に機会を与えるものでもありうる。実際、サルトルにとってジュネとフローベールの意味は、この想像的なものの著者たちの際だった豊穣さの中にあるように思われる。彼らは、自分たちの喪失をまたとない文学的創造のきっかけに変えたのである。

ジュネとフローベールについての伝記的語りは、この二人の人生の経歴を辿るものであるが、欲望と人格的同一性《アイデンティティー》についての発展した理論の輪郭を確立するものでもある。自己は構成的欠如を表象するという逆説的課題として現れる。フローベールの場合には、彼の受動的な構築が、情動《パトス》の源泉となり、次に今度は、情念のまたとない文学的な表現〔現前化〕となる。どんな意識もそうであるように、フローベールは、自分自身を知るために自分自身を対象化しなければならない。逆説的なことに、フローベールが知ることになる自己は、その対象化に先立って実存すると言うことはできない。しかし、この自己対象化に先立つ経験は、対象化されようとする欲望という様態においてでなければ存在しない。サルトルにとって、自分の対象化行為に先立つこの初期段階の自己は、内在化された初期の他者関係の生きられた経験である。不安として現れるこの暗黙の自己、この分節化されざる歴史が取り上げられ、形態を与えられ、それによって「実存」へと至ることになる。フローベールは彼の受動性から書くのであるが、しかし苦しみながら書くことで、彼は彼の著作活動の源泉にあった受動性を転覆する。欠如の実現はい

〔37〕『快感原則の彼岸』におけるフロイトの自我形成についての説明を参照されたい。そこでは、喪失の経験が、防御のための自我の「殻」の形成をひきおこしている。内在化の概念が中心的なものとなっている「喪とメランコリー」における自我形成についてのフロイトの議論も参照のこと。前者の論文において、フロイトは、少なくともメランコリーの場合においては、愛された人の喪失が自我自身の一部として内在化されると主張している。喪は、その他者を、もろもろの他者を自我のうちに包摂することによって「保存」しようとはしない限りでメランコリーから区別される。喪において弔う人は、その他者を他なるものとしても失われたものとしても承認するのである。のちに、『自我とエス』においてフロイトは、失われた、愛する人を自我そのものの中に包摂するというこのメランコリーの仕事が、全ての自我形成を理解するモデルを与えると主張している。この発展した理論においてフロイトは、サルトルと一致して、「自己」は初期の喪失の内在化によって作り上げられていると主張しているように思われる。

つも反転の過程を含んでいる。表象するという行為は、それが表象しようとしている自己を構成するものとして示される。実際、その表象に先立って認知可能な自己は存在しない。表象は潜在的歴史に依存しており、その歴史をその表象化という契機において再び作るのである。したがって表象という行為はそれ自体、自己の基底的投企にとって不可欠なものとなる。表象は暗黙の過去を投企する様式、この過去に現在の一部としての地位を与える様式となる。

書くことはサルトルにとって、こうした潜在的歴史から発明された自己への移行を引き起こす自己否定の範型的行為となる。ヘーゲル的な言い方をすれば、文学作品は、自己の無言で未完成の側面と、その自己に価値と客観的実存を与える承認との間の必然的な媒介として現れる。この二重の否定が書くという活動を形作るが、しかし書くことは解決というよりは、生についての継続的反省であり、いかなる解決も持ちえないものである。書くことは、フローベールとジュネが欲望を維持する方法にもなる。なぜならどちらも想像することによって書いているから――彼らは不可能な世界を欲望するから――である。言葉は欲望の現実化、そしてその永続的再発明となる。サルトルの言葉で言えば「生きられた愛は再発明されることなしには命名されえない。言説と生きられた経験とは互いに影響しあって変わるだろう。あるいはむしろ感情の要求と表現の要求がともに増大する…なぜなら二つの要求はいずれも同一の源から発しており、しかもその発足から互いに浸透し合っているからである」(『家の馬鹿息子』28〔I 三七頁〕)。

書くことについての、欲望についてのサルトルの反省、自己の発明と〈他者〉の発明は彼自身の伝記的執筆活動に対して修辞的《レトリカル》な帰結を生じさせる。あるインタビューでサルトルは、『家の馬鹿息子』は経験的研究というよりは、それ自体で小説であると主張していた。彼は、この作品を「真の小説」と呼び〔38〕、つづいて伝記的語りは唯一今日可能な小説ではないのかと問うた。同様にジュネが、サルトルによる彼の人生の描写の不正確さを批判したとき、サルトルはこの批判をどうでもよいものと見なした。小説的な投企としてのこれらの伝記が、対象とする生について報告するのか、あるいはそうした生を発明するのかは、意図的に曖昧なままにされている。相互人格的関係についてのサルトルの発展した見方は、〈他者〉を「認識すること」と「発明すること」は解消しがたい仕方で結びついているということを指し示しているように思われる。サルトルが、「人は他者によって変えられるだろう」と予言するときいわんとしているのは、フローベールは、たとえ死んでいるとしても、サルトルによって変容させられるだろうということでもある。伝記は、事実と対応しているから真であるというような経験的研究ではなく、その人〔著者〕自身の文化的歴史を、それが他の人格の中に体現されているということを介して理解しようとする原初的努力である。サルトルはフローベールの中立的な観察者ではない。フローベールはサルトルの文化的過去であり、フランス文学のチャンピオンである。これほど大きくフローベールに影響された伝統に参加することで、フローベールについて書くということがサルトル自身の文化的過去を回復すると同時に発明する努力であることが明らかになる。

　サルトルは、感情移入は伝記作家の適切な態度であると主張していた〔39〕。サルトルは、フローベー

〔38〕サルトルのインタビュー「『家の馬鹿息子』について」in Sartre's *Life/Situations*, p. 112.〔『シチュアシオンX』九〇頁〕。

〔39〕Ibid., p. 113.〔『シチュアシオンX』九一頁〕

ルがいつも彼の中に嫌悪感を引き起こしたと告白しているが〔40〕、この感情移入という態度は、サルトルがそうしたフローベールに取り組みながら時間をかけて育んだ態度であると推測してもよいだろう。『フローベール〔家の馬鹿息子〕』を書くにあたってのサルトルの投企〔試み〕は、部分的には、こうした嫌悪感を感情移入へと変容させるものだったのかもしれない。そして私たちはこの情動的変容によって、サルトルがフローベールと共通の基盤を見出すことが必要になったのかどうかを問うてもよいだろう。伝記の主題〔主体〕はたいていいつも過去の主題〔主体〕であり、私たちはフローベールが、ある程度は作家としてのサルトルの過去の職業であり、かつサルトルの文化的過去であると見ることができる。『家の馬鹿息子』を書く頃までに、サルトルはもはや文学作品を書かなくなっており、そして実際、小説はいまや伝記的語りにならなければならないと彼が結論づけているということは、文化的かつ人格的過去との関係を持たない、純粋な新奇性 inventiveness という立場は存在しないということを示唆している。伝記は一種の発明 invention であるが、それは進行しつつある物語に入り込んでいき、ストーリーを再び少し違う仕方で語るような種類の発明である。ひとを歴史の重苦しい事実性から解放してくれる想像的なものに飛び込もうとする夢は、もはやサルトルにとって擁護できるような追求方法ではない。発明、選択、欲望は、現在を、その現在を作り出す過去によって媒介し、そしてその当の媒介を通して、過去を新しく作り出さねばならないのである。

ジュネとフローベールの「差異」を「克服」するというサルトルの投企は、ジュネとフローベールが伝記の主題〔主体〕として、伝記作家サルトルの内在的な特徴となる限りで、ヘーゲル的な仕方で追求されている。『精神現象学』のように、差異を追求する言葉は、差異を克服する意図せざる手段となる。それゆえ言葉は、欲望の投企に従い、その満足を促進する。言葉は、否定性に現前を与え、主体とそのつかのまの満足の両方を構築する。

サルトルの実存精神分析の文学的投企《プロジェクト》に関しては二つの問いが生じる。第一の問いは、分節化されうるものの限界にかかわる。第二の問いは内在的にこの第一のものとかかわっているのだが、人格的過去のアクセス可能性にかかわる。サルトルは、言語が個人を構成する否定の歴史をもたらすと想定している。しかし、幼児の発達を、最初の抑圧という観点から理解するとき、意識や言葉への完全なアクセスが可能であると想定することは正当なのだろうか。語られえないものが語りにおいて感じられるとき、言葉には何が起こっているのだろうか。以下で目にするように、この問いへの答えは主体とその自律性、それからその言語的力の本性についてのサルトルの理論全体に対する深刻な挑戦となるのである。

〔40〕 Ibid., p. 110.〔『シチュアシオン X』八七頁〕

第四章　欲望の生死を賭けた闘争
――ヘーゲルとフランス現代思想

個体 the individual〔分割できないもの〕に分割 division を導入するのが主体である。
ラカン『エクリ』

二〇世紀フランスにおけるヘーゲル主義の歴史は、次の二つの契機から構成されたものとして理解することができる。それは（一）有限性、身体的境界および時間性による主体の特殊化、そして（二）ヘーゲル的主体の「分裂 splitting」（ラカン）、「置き換え」（デリダ）、および最終的な死（フーコー、ドゥルーズ）である〔1〕。ヘーゲル的主体は、自分が常にすでに占めているグローバルな場所を求めて遍歴している旅人なのだが、この旅人はこの歴史の経過の中で時間と場所についての感覚、方向感覚、そしてそれゆえ、自己同一性を失うのである。実際この主体は、比喩《トロープ》であることを暴露されるのだが、つねに比喩《トロープ》であったのである。そして、哲学の肥大した野心が、まさしく欲望のロゴスのうちにいまやはっきりと書き込まれているのが明らかになる。しかしヘーゲルは、ヘーゲルを超えていると主張する人々によってさえも、容易に片付けられたりなどしない。現代のヘーゲルの批判者達も、滅多に無関心〔無差異 indifference〕

というそぶりを示すことはない。ヘーゲルとの差異differenceは、生き生きとしており、そこから逃れられない。拒否しようとしても、たいていその行為は拒否されるべきものの延命を必要とする。それゆえ、逆説的なことに「拒否されたヘーゲル」は拒否の行為の中で、拒否の行為を通じてくり返し維持され、〔ヘーゲルの〕現代における同一性が再構成されることになる。それはあたかも、ヘーゲルが、自己充足する主体を擁護する様々な立場をいっぺんに示す便利な見出しとなったかのようであり、そうした立場には、ヘーゲル自身が明らかに拒否しているデカルト的な意識観を擁護するようなものも含まれているのである。二〇世紀初頭のフランスの解釈者達の間ではヘーゲルが好まれていたのに対し、つぎの第二世代はこれに反抗することとなった。イポリットとコジェーヴ両方の教えを受けた者たちは、同時にニーチェ、フロイト、マルクス、構造主義言語学者や人類学者達の著作を読み、フッサールとハイデガー両方の後期著作からポスト現象学的立場を展開した。フランスではだれもヘーゲルに純粋にスコラ的なアプローチを行うことはしなかった。ある意味では、ヘーゲルのフランスにおける受容は、スコラ的衒学に対する対抗運動であると理解してもよいだろう。ジャン・ヴァールの一九二九年の著作『ヘーゲル哲学における意識の不幸』でさえも、ヘーゲルが第一義的には「体系的」哲学者などではなく、ヴァール自身の宗教的批判と実存的批判の両方を先取りする哲学者であることを示そうとしたのである。とはいえ、コジェーヴ、イポリット、アンリ・ニール、ミケル・デュフレンヌにおいて反響を見出すことになったこの早い時期のヘーゲル読解もすでに、歴史のうちに確固とした形而上学的位置を持つ閉塞の形而上学と自律的主体の理論から逃れようとする努力であった。そうした早い時期の〔ヘーゲルを解釈する〕著作においてもすでに、ヘーゲル的主体は逆説的なものであり、形而上学そのものが、脱臼の領域として理解されている。したがって、奇妙なのは、イポリットに続く世代、彼自身のセミネールからその大部分が生まれることになった世代が、コジェーヴもイポリットも実際にはヘーゲルは決してそのようなものではないと論じていた、まさにそのものであるかどでヘーゲルを拒否していることである。言いかえれ

〔1〕ヘーゲルの欲望概念の現代フランスにおける受容について以下で考察するわけだが、その扱う範囲は限定されたものとならざるを得ない。本章では、ラカン、ドゥルーズ、フーコーの著作のうちいくつかを選択して考察する。デリダとクリステヴァについての検討も行うが、これはさらに手短なものとなる。もちろん、フランス知識人の中には〔他にも〕、その著作がそれ自体として重要であるというだけでなく、ヘーゲルの批判的読解に大きな影響を受けた者が多くいる。しかし、ここで行う検証が、このもろもろの知的営みを正当に扱うとは期待しないでほしい。『エロティシズム』やそれに先立つ『エロティシズムの歴史』の著者であり、『ニーチェについて――好運への意志』においてニーチェを介して批判的にヘーゲルを検討したジョルジュ・バタイユ、ヘーゲルと実存主義とを比較検討したいくつかの著書の著者であり、弁証法的方法が、フッサールの志向性論の具体的見直しの可能性を提示していると考えていたモーリス・メルロ＝ポンティ、さらに、レイモン・アロン、ピエール・クロソウスキー、エリック・ヴェイユ、アレクサンドル・コイレなどは、コジェーヴの講義のとりわけ重要な聴講者でありながら、本章では検討することができない。イポリットのセミネールも、ポール・ド・マン、ジャック・デリダ、ミシェル・フーコーという卓越した思想家達の数々を生み出すこととなった。クロード・レヴィ＝ストロースとジョルジュ・プーレは、同僚として長年イポリットと知的会話を交わし、影響を受けた。他方で、ヘーゲルの批判者として重要となった思想家達もいる。チャン・デュク・タオは、『現象学と弁証法的唯物論』でヘーゲルの観念論とフッサールの観念論をマルクス主義に統合しようとした。ルイ・アルチュセールは、構造主義とマルクス主義を用いた主体批判を通じてヘーゲル主義を終わらせようとした。ジャン＝フランソワ・リオタールは、『現象学』でこれと似たフッサール批判を行い、『リビドー経済』で、快楽と欲望のマルクス・フロイト主義的な概念を掲げた。アンリ・ニール、ジャン・ヴァール、イポリットらはヘーゲルを神学的に取り込もうとしたが、これに続いたエマニュエル・レヴィナスやポール・リクールのような哲学者達は、ヘーゲル的な主題に訴えながら非常に折衷主義的な理論を定式化した。シモーヌ・ド・ボーヴォワールの『第二の性』も、弁証法的な枠組みを採用し、両性の間の非相互的関係を理解しようとしたし、彼女の小説『招かれた女』も巻頭のエピグラフにヘーゲルの言葉「意識はみな他者の死を求める」を掲げている。

ば〔ヘーゲルにおける〕自己同一的主体の内在的批判は、デリダ、ドゥルーズ、そして彼らに続く者たちによって、それぞれ違う仕方で見落とされているのであり、その者たちは〔デリダ、ドゥルーズに倣って〕ヘーゲルを、「主体」を擁護する者、差異を排除し、そのニーチェ主義的批判者達の言葉を借りれば反生命でもある完結性あるいは現前の形而上学を擁護する者としかみないのである。

とはいえ、ヘーゲル主義の批判はアンビバレントなままである。ヘーゲルと手を切るというのが、ときにそう言われるほど本気のものであるのかははっきりしない。弁証法を決定的に超えた段階としてのポスト・ヘーゲル主義の最後の段階をなすのはいったい何なのだろうか。これらの立場は、たとえ弁証法に完全に反対〔対立〕していると主張していても、未だ弁証法によってとらわれつづけてはいないだろうか。この「対立」の本性natureは何なのだろうか。そしてそれはもしかしたらヘーゲル自身があらかじめ用意していた形式ではないのだろうか。

疑わしき父系——デリダとフーコーにおける（ポスト）ヘーゲル的主題

フーコーの著作の知的先行者として通常挙げられるのは、ニーチェ、マルクス、メルロ＝ポンティであるが、歴史、権力、セクシュアリティについてのフーコーの反省は、根本的に修正されているとしてもやはり弁証法的枠組みの中で行われている。当初はイポリットに捧げられた論集に収録されていたフーコーの「ニーチェ、系譜学、および歴史」は、弁証法的歴史哲学の批判であると同時に、ヘーゲル的な主人と奴隷の関係の翻案でもある〔2〕。同様に、デリダも通常は、フッサール、構造主義、記号論の影響を受けていると考えられているが、ヘーゲルとの関係が彼にとって重要であることは、『エクリチュールと差異』、『弔鐘』において明らかである。私たちの目的にとってとくに重要なのは、「竪坑とピラミッド：ヘーゲル記号論入門」であり、これはもともとイポリットのセミネールにおいて報告された論文である〔3〕。

フーコーの論文もデリダの論文も、根本的に異なった哲学的出発点を示すために、ヘーゲル的な主題を取り上げている。デリダの論文はヘーゲルの言語についての註解を考察し、修辞的分析を行うことで、ヘーゲルの記号理論によってヘーゲルが現前の形而上学、つまりヘーゲルが明示的に擁護する否定とダイナミズムの理論の対極にあるものに巻き込まれてしまっていることを示した。フーコーの論文は歴史的説明のいくつかの中心的傾向を要約したうえで、彼が一般に普及していると見なす想定、つまり歴史的変化と発展が単線的な仕方で適切に記述されうるという想定に異議を唱える。そうしてフーコーは、歴史的経験は切断、非連続性、恣意的な変化や合流として理解されるべきではないかと問う。そうして歴史的事態には起源が見出されうるのであり、起源が見出されるならば、その事態の意味を照らし出す

〔2〕このフーコーの論文は、*Hommage à Jean Hyppolite* (Paris: PUF, 1971) の中で刊行され、以下のものとして翻訳された。*Language, Counter-Memory, and Practice*, Donald F. Bouchard and Sherry Simon, trs. Donald F. Bouchard, ed. (Ithaca: Cornell University Press, 1977)

〔3〕このデリダの論文はもともと一九六八年にイポリットのセミネールで報告されたものであり、のちに以下に収録された Jacques d'Hondt, *Hegel et la pensée moderne* (Paris: PUF, 1970)。英訳は *Margins of Philosophy*〔『哲学の余白』〕に収録されている。『エクリチュールと差異』における「限定経済から一般経済へ——留保なきヘーゲル主義」も参照。

ことができるという、歴史研究において暗黙に想定されている宇宙起源論的考えを問いに付すのである。彼の批判する暗黙の歴史哲学が間接的にヘーゲル的なものとして理解されうるのは、歴史的経験の弁証法的説明は、歴史が暗黙の進歩的な合理性を明らかにしていくものであると想定しているからである。フーコーは、内在的合理性という前提は、歴史家と歴史哲学者達が採用する理論的な虚構《フィクション》であると主張する。そうした者たちは、概念的なカテゴリー化にそぐわない歴史的経験の恣意的かつ多様な（非）基礎づけに対抗しようとして、こうした虚構《フィクション》を採用しているというのである。デリダとフーコーの論文がどちらもむしろヘーゲル主義のある側面の強力な批判であるとするならば、どのようにして私たちはこれらの論文をイポリットのために書かれたものとして理解したらよいのだろうか。

この二つの論文が、イポリットへオマージュを捧げようとするものであり、その批判的な主旨が、イポリット自身によって体現された批判的態度を継続し再活性化しようとするものとして理解されると想定するのは、正当であるように思われる。しかしこの二つの批判を、〔ヘーゲル主義の〕改良を目的とするものであると理解することはもはやできないし、コジェーヴの「読解」とイポリットの「注釈」がヘーゲルの本質的な枠組みのうちにとどまっているというような意味で「内在的」なヘーゲル主義批判をなしていると理解することももはやできない。実際、デリダは差異そのものについて考察しようとするヘーゲルの企図を受け入れながら、しかしその目標を達成するためのヘーゲル自身の方法がその実現を事実上不可能にしてしまうと主張したがっているようにみえるのである。ヘーゲルが主張しているのは、哲学的思考は、対象を固定し支配しようとする認識様式である〈悟性〉に背を向けねばならず、哲学がいま必要とするのは〈概念〉であるということである。この〈概念〉はイポリットが「生命という存在を思考すること」と理解する〔認識〕様式である。しかしデリダによれば、ヘーゲルは単純に概念的な水準で支配という企図《プロジェクト》に着手しただけにすぎず、〈差異〉と〈否定的なもの〉は、いつも最終的には哲学的言語の範囲内で考えられているように思われるのである。この哲学的言語は、それが指示するものであるように見せかける。つまりそれは、充溢、同一性の原理、閉塞と現前の形而上学に地位を与えようとする見せかけなのである。デリダによれば、ヘーゲルの記号理論において――あるいはむしろその記号理論を定式化する修辞《レトリック》において――このことははっきり示されている。ヘーゲルにとってこの記号は、シニフィエを先取りし、象徴を閉じながら構成する行為となり、常にすでにそれ自身であるわけではないものへの指示を禁ずる傾向を持つものだというのである。デリダの主張するところでは、シニフィエに対する記号の象徴関係に反して、シニフィエへの指示は常にずらされており、そのような「指示」は内在的に逆説的なのである。それゆえ、デリダは意味作用の限界、つまり記号と、それが意味するものとの「差異」は、言語が、それ自身と純粋な指示対象との間の存在論的な裂け目を飛び越そうとする場合に、くり返し現れると結論づけるのである。純粋な指示対象を指示することとの不可能性は、そのような言語行為を逆説的な企てにしてしまう。そのことによって指示という行為は、言語の欠陥を表示する行為となる。

この記号とシニフィエの断絶が、デリダがヘーゲル的アイロニーに自分自身の形式を与える契機となる。それは、デリダがイポリットのアイロニカルな企てを自分自身の意味作用理論によって再定式化する領域として理解されてもよいだろう。非自己同一的な主体が自分は自己に対して適切であると仮定してしまうというアイロニカルな帰結をイポリットがいたるところで明らかにしていたのと全く同じように、デリダも、指示が可能であるという哲学的記号の想定の思い上がりを暴露する。どちらの場合でも、同一性原理の批判は人間の能力の限界を暴露し、ヘーゲルの人間中心的前提に対する異議を形作っている。デリダにとっては記号の失敗は、絶対的主体が形而上学的な野心に満ちながら、言語によってこの野心を実現するすべを全く持たないことを明らかにするのであり、「主体」がそれ自体、記号とシニフィエの絶対的差異を否定しようとする言語実践という虚構であることを明らかにするのである。したがって、ヘーゲルが自分自身の言語理論によって擁護しているとされる、有効な記号の理論は、必然的な自己欺瞞の条件を生み出している。だから、デリダにとってこのヘーゲル的実践は、〔イポリットよりも〕さらにラディカルな注釈、つまり、虚構として有効性を持つ主体を産出し維持する、言語上の狡知を暴露する一種の注釈を必要とするのである。

デリダとイポリットはどちらも、アイロニカルな反転の契機を求めているのだが、しかしデリダはこの契機を真に追求するのなら、最終的にヘーゲルをからかうことにならざるをえないということを示そうとしている。イポリットもデリダも自律的主体の限界を示すのだが、イポリットが主体を内在的に矛盾した存在として維持しようとするのに対し、デリダは、指示作用が不可能であるとしたら、もはや主体を概念的に理解することはできなくなると主張する。実際、デリダによれば自律的主体がこうむるアイロニカルな反転は、主体そのものの批判と、指示が可能だという思い上がりの批判が必要であることを明らかにする。つまり主体は、指示する記号の使用者としてしか存在できず、指示を批判するということは、自律性の人物化である主体そのものがもはや可能ではないということを含意している。実際、主体は言語がはらんでいる指示性という思い上がりとなるのだが、しかしこの思い上がりは、アイロニカルな反転が指示性の探求に本質的なものであることを明らかにする修辞的分析を通じて解消、あるいはむしろ脱構築される。主体が主体であるのは、それが外在性への関係をもたらす程度に応じてであり、いったんこの非関係があらゆる意味作用を構成している「差異」であると認められることになるならば、主体は、言語が、自分自身の根深い構造を隠そうと努めながら自分自身に与える虚構であることが暴かれることになる。つまり主体は指示という神話そのものなのである。

したがって、ヘーゲルから記号論への転回によって、差異についての言説は内的関係の枠組みの外に永久に置かれることになる。シニフィエの外在性が再我有化されることは決してあり得ない。そして言語そのものが、このように最終的に接近不可能な外在性があることの消極的な証明となるのである。

フーコーの論文「ニーチェ、系譜学、歴史」は「デリダ」よりずっとひねりのきいた仕方でヘーゲル的主題を取り上げる。しかし、ヘーゲルによる歴史における理性の要請が暗黙裏に批判されており、フーコーがある枠組みの中で、主人‐奴隷関係を再定式化しようとしているのは明らかである。その枠組みは、転倒関係を保持しているが、しかし同時にこの関係をその弁証法的枠組みから引きはがしている。したがって、デリダ同様にフーコーも、イポリットにオマージュを捧げているのだが、そのやり方はヘーゲル的主題を自分なりに解明することによってヘーゲルから離反していく転回が必要になるようなやり方である。ドゥルーズ同様に、フーコーの場合にも、この転回は同時にニーチェへの転回でもある。フーコーの論文は歴史的経験という物語に反対している。この物語は、現在の歴史的現象の多様性が一つの起源から引き出されうるものであり、近代の歴史的経験の複雑さは唯一の原因を通じて突き止められうると想定しているというのである。フーコーは、〈没落〉という修史家が用いる比喩を反転させながら、はじめには多様性が、つまり諸々の出来事、諸々の力、諸々の関係の根源的な他律があったと述べる。修史家達はこの初めにあった他律を隠蔽し、秩序だった理論的虚構を押しつけることで合理化してしまったというのである〔4〕。『精神現象学』の物語的発展は、まさにそのような秩序だった理論的虚構として理解されうる。それは、ますます複雑になっていく歴史的経験を、どんどん取り込んでいく弁証法的統一の形而上学によって説明する。デリダが、主体につきまとう矛盾は抑制され得ないと述べていたように、フーコーも、歴史的経験の多様な性格は、弁証法による統一を通じて我有化されることも馴致されることもありえないということを強調している。実際、フーコーが近代分析で示そうとしているのは、弁証法的な対立をなしている項が、より綜合的で包括的な項へと変容させられることなく、代わりに弁証法自体が歴史家の限定された方法論的道具であることを暴露するような多様な項へと破裂しようとするさまなのである。

この論文でフーコーが支配関係に言及していることによって、彼による弁証法的戦略の我有化と拒否との両方が強調されている。主人と奴隷への言及が『道徳の系譜学』におけるニーチェの分析に依拠していることは明らかである。しかしフーコーの注釈を〔主人と奴隷の〕ヘーゲル的場面のニーチェ的な翻案として読むことで、理解が容易になる。フーコーによくあることだが、この論文でも彼は、歴史的経験を諸力の闘争として理解しようとしており、この闘争が行き着くのは、究極の和解などではなく、力そのものの増殖と多様化である。力は生を方向付ける衝動、いわば常に葛藤《コンフリクト》と支配の場面に巻き込まれた運動として理解されうる。したがって、力は生と権力の結合であり、それらが交差し合う運動である。ニーチェであれば「本能」と呼んだであろう、こうした力は、より強力な力がより弱い力を支配するような葛藤の場面において、そしてそうした場面を通じて価値を生み出している。価値は、強力さ、あるいはよりすぐれた力の「誇示」として現れたり、価値を形成する力関係を隠すことになったりもする。それゆえ、価値は支配戦略の成功を通じて生み出されるのでもあるが、同時にその構成の発生を隠そうとするものでもある。フーコーによれば「ニーチェが善の概念の現出源 Entstehungsherd と呼んでいるものは、正確には強者のエネルギーでもなければ弱者の反撥でもなくて、まさに強者と弱者が向かい合ったり、あるいは上下の関係になったりして配置されるその場面なのである。それは、彼らを分割し、彼らの間にうがたれる空間、彼らが威嚇やさまざまな言葉を交わし合う間に横たわる空隙なのである」(150〔『思考集成Ⅳ』二二頁〕)。重要なのは、強者と弱者、主人と奴隷は、共通の基盤を持たないということである。両者は共通の「人間性」や文化規範の体系の一部として理解されてはならない。実際、両者の間の根源的差異をフーコーは存在論的様態の質的な差異として理解しており、それは、歴史自体を発生させる契機である。つまりそれは変わらずに葛藤しつづける場面なのだが、権力が産出され、転換させられ、転用されるその場面で、価値が存在することになるのである。諸力の葛藤《コンフリクト》が諸力の何らかの新たな歴史的配置を産出する現出の瞬間は、増殖、多元化、反転、代置といった様々な言葉で理解することができる。フーコーにとって、「現出は対決の場所を示すのである。そうはいっても、それが対等な者たちの間の闘争の繰り広げられる閉じられた場であると〔…〕思い込まないように気をつけなければならない。それはむしろ〔…〕一つの「非-場」、純粋な隔たり、敵対者たちが同じ空間に所属していないという事実

〔4〕 Michel Foucault, "Nietzsche, Genealogy, and History," in his *Language, Counter-Memory, Practice*, p. 142. 以下の本文中のページ指示は、この論文からのものである。〔『思考集成Ⅳ』一四頁〕

なのである。したがって現出の責任を負うべき者というのは誰もいないし、現出をおのが功にして誇りうる者も誰もない。現出は常に空隙の中で生じるのであるのだからである」(150〔『思考集成Ⅳ』二二一―二三頁〕)。

ヘーゲルにとって、そしてフランスにおけるたいていのヘーゲル読者にとって、支配の行為体と従属的行為体との間の対抗関係はいつも、社会的現実が共有されているという前提に基づいて生じる。実際、この共通の社会基盤を承認することで、それぞれの行為体が社会的行為体として構成され、そのことで歴史的経験が構成される基礎が生じるのである。おそらくは、歴史的経験の構成における相互承認の役割についてもっともよく理解していたのはコジェーヴである。彼は、意識は承認の行為者であるというこの洞察なしには、歴史的経験を共有されたものとして理解することはできないだろうと主張している。フーコーは、歴史的経験が「現出する」のはまさしく、共通の土台が確保されえないところだと主張する。つまりそれは、両者の違いがより基礎的な何らかの共通性によって媒介されることのない、異なった力を持った行為体の間の対抗関係において現出するというのである。そしてそう主張することでフーコーは、〔コジェーヴのいう〕ヘーゲル的主張をすっかり反転させているように見える。実際、フーコーにとって支配は、その最終到達地がはっきりと支配を超えたところにあるような歴史的物語における単一の段階ではない。むしろ支配こそが、歴史の最終場面なのである。しかしそれは、反復される場面であり、弁証法的反転を生み出すのではなく、様々な仕方で登場しつづける場面である。それは自己同一的な場面ではなく、非常に微細かつ歴史的な変化を帯びながら仕上げられている場面なのである。事実、フーコーにとって、支配は歴史そのものを生み出す場面となる。それは価値が創造され、力関係の新たな布置が生み出される瞬間である。支配は、歴史的革新の興味深い生の様式 *modus vivendi* となる。フーコーの言葉によれば、

この非‐場所で上演される脚本は常に同じものである。それは支配者と被支配者とが無限に繰り返して演ずる脚本である。人間が他の人間を支配する、するとそこから諸価値の区別が生まれてくる。人間が自分が生きるために必要とするものをつかまえ、それらのものの持っていない持続をそれらのものにおしつけるか、あるいはそれらを力ずくで同化する、するとそれが論理の誕生ともなるのである。支配の関係は、支配の行われる場所が、ある一つの場所ではないように、ある一つの「関係」ではない。そしてまさにそれゆえに、歴史の各瞬間において、支配が儀式のうちに固定してしまうのである。支配は義務と権利を強制する。支配は入念な手続きを作り上げる。〔…〕伝統的な図式にしたがって、全面戦争というものはそれ自身の矛盾の中で力を使いつくし、結局は暴力を放棄し、市民的平和の法のうちに自分を廃棄することを受諾するものだ、などと信じるのは間違いであろう。規則とは執拗さの計算された楽しみ、流血の約束なのである。規則は支配の戯れにたえず力を与えさせてくれる。規則は細密に繰り返される暴力を舞台にのぼらせるものなのである。(150『思考集成Ⅳ』二一五頁)

ヘーゲルと違って、フーコーにとっては、支配は不可能な企てでも自己矛盾した企てでもない。それどころか、何かを禁じたり規制したりする法は、自らを履行させる仕方を見出さねばならず、こうした

法の自己履行の様々な戦略が、力の新たな歴史的布置に機会を与える。規制する法、あるいは禁止する法をフーコーは「法的juridical」法と呼ぶことになるのだが、この法は奇妙なほどの創出力を持つものである。これらの法は、自分が統制するはずの現象を作り出し、現象の何らかの範囲を従属的なものとして限界付け、そのことによって、それらの法が支配しようとするものに潜在的同一性と可動性を与える。そうした法が思わぬ結果、意図せざる帰結、影響の増殖を生み出すのだが、それはまさに、歴史的経験がどんな形式をとらなければならないのか、をまえもって弁証法的に予期することなどできないからである。先行する存在論的調和を想定することをやめれば、葛藤が、弁証法的統一の限界を超え、帰結の多様化を引き起こすような効果を生み出すことが分かる。この観点からいえば、葛藤《コンフリクト》は形而上学的秩序を復活させることにはならず、歴史的経験を複雑化し、増殖させるための条件となり、新たな歴史的形式の現出のための条件となるのである。

　この現出の「非-場所」、歴史的革新を産出するこの葛藤《コンフリクト》の瞬間は、差異の非弁証法的なバージョンとして理解されなければならない。それは、記号とシニフィエとの間の関係を永続的に断絶させるデリダの「差延【1】」とも似ていなくもない。デリダにとってもフーコーにとっても、対立関係というヘーゲル的主題は、差異を根源的で論駁不可能な言語的／歴史的定項として定式化することを通じて、根本的に批判される。ある種の「差異」を、歴史的に変化しないもの、克服できないものとして要請することで、同一性を差異よりも優位に置くヘーゲルをこのように反転させることができるようになるのである。実際、フーコーとデリダが語っている差異は、より包括的な同一性のうちに「止揚されるaufgehoben」ことなどできない差異である。言語学的シニフィエの同一性であれ、何らかの歴史的時代の同一性であれ、同一性を定立しようとするどんな努力も、そのような定立を条件付けている差異によって必然的に掘り崩されることになる。実に、同一性が定立される場合には、差異は止揚されてaufgehobenいるのでなく、隠されているのである。事実、デリダにとってもフーコーにとっても、止揚Aufhebungは隠蔽の戦略以外の何ものでもないと結論づけてもよいように思われる。それは、差異を同一性のうちに取り込むことではなく、虚構の同一性を定立するために差異を拒否することなのだということになろう。以下では、ラカンの場合にも差異が似たような役割を果たしているのを見ることになるだろう。形而上学的な衝動は、全体化することを目標としているのだが、デリダにとってもフーコーにとっても、差異はその目標から形而上学的衝動を遠ざけるのである。言語学的不発というデリダ的契機においては、〔記号とシニフィエの統一という〕指示性の思い上がりが暴露されるのであり、記号とシニフィエとを、統一された現実の内的に関連づけられた特徴として確立しようとするヘーゲルの努力を掘り崩す。同様に、葛藤《コンフリクト》のフーコー的な契機は、つぎつぎとますますひどい複雑さを生み出すことができるだけであるように見える。対立を、二価的な配置を超えて、多様で拡散した形式のうちに増殖させ、そうしてヘーゲル的な二価的対立物の綜合の可能性を掘り崩すのである。

　デリダもフーコーも綜合の力を奪われてしまった弁証法の伝統の内部から理論化を行っていることは明らかである。これらのポスト・ヘーゲリアン達について考察するときに浮かび上がる問いは、「ポスト・――」というのは、差異化する関係なのか、結び付ける関係なのか、あるいはひょっとしたら差異

【1】原文は「difference」であるが文脈から「差延différance」と理解する。

化すると同時に結びつける関係であるのかどうかというものである。一方でヘーゲルとの「断絶」に訴えるということは、ヘーゲルがまさにその「手を切る〔断絶する〕」という概念を彼の弁証法の中心的な教義としていたという理由だけからしても、ほとんど常に不可能である。ヘーゲルとは手を切りながら、しかし、相互関係の全てを包括する網にとらわれることを逃れるためには、ヘーゲル自身が説明することのできない、ヘーゲルとは異なっている〔差異〕あり方を見出さなければならない。他方で、次の種類の差異を区別することが必要になる。一方の弁証法的差異は、いつも存在論的差異が現れたあとに同一性を取り戻す差異であり、他方の非弁証法的差異は、どんな種類の綜合的統一に同化することも拒む差異である。後者のような差異を見出すということは、「否定的なものの労働」の意味を変えることになる。なぜならこの「労働」は、そこでは何一つ存在しないいかに見える形成関係からなり、「否定的なものを存在に変える魔術的力」であるからである。非弁証法的差異はいつも、否定的なものをさらなる否定性に変えるだけであり、差異そのものが、否定的なものではなく、〈存在〉が質的に転換されるものであることを明らかにする。実際、非弁証法的差異には、様々な形態があるにもかかわらず、それは「魔術」を失った否定的なものの労働である。それは高階の存在を構築する労働ではない。それは、存在論的内在を復活させるという幻想を脱構築して、非弁証法的差異を還元不可能なものとして打ち立てる労働であるか〔デリダ〕、どんな種類の差異の一次性をも拒否して、ヘーゲル的カテゴリーを避けながら、非弁証法的な土台の上で肯定を擁護する第一次的な形而上学的充溢の理論を提示する労働であるか〔フーコー〕、のいずれかなのである。

もちろん、「ポスト・ヘーゲル的思考」あるいは「現代フランス哲学」について、それがあたかも単声的なシニフィアンであり、真なる普遍であるかのように語るのは軽率である。明らかに差異の哲学者達の間にも差異があり、差異の概念そのものに無関心〔無差異 indifférence〕な者たちもいる。しかし、私は以下でラカン、ドゥルーズ、フーコーについて語っていくことになるが、それは間接的ではあれ彼らが、彼らをヘーゲル的伝統に結び付けている一つの主題に関心を持っているからである。その主題とは欲望の主体である。ヘーゲル的伝統における、存在論的差異の問題と人間主体の概念、およびそれらの相互関係には、根本的な再定式化が与えられる。とくにそれは欲望がもはや自己同一的主体という形而上学的投企《プロジェクト》を示すものと理解されない場合にそうなのである。デリダは明らかにヘーゲルから影響を受けているにもかかわらず、欲望について語ることを避けている。実際『弔鐘』において彼は、欲望は現前についての人間中心主義的言説に制約された主題であると主張しているが、この示唆についてそれ以上取り組むことはない[5]。しかし、欲望についての言説の「人間中心主義」は、最後にフーコーについて考察する際に取り上げるつもりである。

コジェーヴ、イポリット、サルトルについて扱ったこれまでの議論で、私たちはますます増大する主体の不安定さ、その場所喪失性、想像上の解決、主体自身の不可避な非実体性を逃れる様々な戦略を見てきた。形而上学的に享受可能な虚構世界、完全に現前しており否定性を欠いた虚構世界を創造しようという欲望は、形而上学的な熱望のうちにある人間主体が、誤った現前、構成された統一、単なる想像上の満足の生産者であることを明らかにする。サルトルの伝記的研究は主体そのものをとくに、言葉に

[5] Jacques Derrida, *Glas: Que reste-t-il du savoir absolu?*, p. 169.

投影《プロジェクト》された虚構の統一として解釈する。ヘーゲルにおける主体が、投げ出され〔投企され〕、次に回復されるのに対し、サルトルにおいて主体は、回復されることなしに終わりなく投企されつづけるのだが、にもかかわらず自身の疎遠さのなかで自分自身を認識するのであり、そのようにして単一の主体、つまり反省的に自己同一的なもののままでいつづけるのである。ラカンの精神分析的構造主義と、ドゥルーズとフーコーのニーチェ的著作においても、主体は投企された統一体としてもう一度理解されるのだが、この投企が、経験を成り立たせている多様な非統一を隠蔽し、偽装するのである。この経験が、リビドーの力として理解されるか〔ラカン〕、力への意志として理解されるか〔ドゥルーズ〕、権力／言説の様々な戦略として理解されるか〔フーコー〕、なのである。

　サルトルのヘーゲル主義と、構造主義およびポスト構造主義のポスト・ヘーゲル主義との間の差異は欲望と「投企projection」を再定式化したとき明らかになる。『家の馬鹿息子』のサルトルにとっては、人間の欲望はいつも暗黙のうちに自己知という企図《プロジェクト》に貢献する。人間の欲望は、自己を戯曲化し、どの個人をも性格づける種別的な否定性の歴史を戯曲化する。そしてこの投企は自己承認の条件を提供する。したがって、自己の虚構的投企はいつも、説明的あるいは透明な虚構であり、認識の回復の機会であり、内在的に哲学的な虚構である。サルトルにとって、欲望のヘーゲル的企図《プロジェクト》は、欲望が修辞的《レトリカル》に戯曲化されている点に明白に見て取ることができる。この戯曲化の中で虚構〔非現実〕は分節化〔現実化〕され、否定的なものが魔術的に存在に変容させられる。したがって、サルトルにとって、欲望の外化は潜在的にいつも同一性の劇的な暴露なのであり、所与のどんな生をも統一する原理として働く、単一の選択する行為者性の暴露なのである。それぞれ非常に異なった仕方ではあるが、ラカン、ドゥルーズ、フーコーのいずれにおいても、投企された自己は、同一性のカテゴリーから逃れる経験に押しつけられた間違った構築物である。そのもっとも一般的なレベルでは、主体は、でっち上げの統一を欲望に押しつける努力において要請される一方で、他方ではいまや欲望が主体そのものの完全性に挑戦する、多様で非連続的な情動的経験として理解される。

以下の考察で私は、壊れた弁証法が主体の運命にもたらした結果、欲望、享受、身体が弁証法的用語の外部で再概念化されるさまを明らかにするつもりである。そして最後に、この「外部」の地位について考察しようと思う。私たちが問わなければならないように思われるのは、以下の問いである。なぜこれらのポスト・ヘーゲリアンたちは、彼らの反ヘーゲル的主張を行うために、『精神現象学』のもろもろの場面に回帰するのだろうか。どんな奇妙な形式の哲学的誠実さが、ヘーゲルに対する反抗を暗黙のうちに構造化しているのだろうか。あるいは、反抗は成功しているのだろうか。そして、こうしてヘーゲルを引きずり下ろすということはどのような分析を許すのだろうか。

ラカン——欲望の不透明さ

精神分析だけが想像上の隷属のこの結び目を認識する。愛はこの結び目をいつも繰り返しほどかなければ、あるいは切断しなければならない。

ラカン『エクリ』

ジャック・ラカンの著作は欲望についてのヘーゲルの議論を取り込む〔我有化する〕だけではない。『精神現象学』に由来するいくつかの主題を精神分析的で構造主義的な枠組みの上に移し換えることで、欲望の範囲と意味を根本的に限定する。ラカンにとって欲望はもはや人間の合理性の根本的構造と等しいものではありえない。したがって〈エロス〉と〈ロゴス〉が両者のヘーゲル的な混合に抵抗することになる。もはや、欲望が意識の反省構造を暴露し、表現し、主題化することはできない。むしろそれは、まさしく意識の不透明さの契機である。欲望は、自らを反省する意識が、隠蔽しようとするものである。実際、欲望は、意識が悩まされているとされるような願望の契機であるのだが、それは意識自身のずらし、断裂、裂け目を通じてしか「暴露され」ないのである。したがって欲望は、意識のなかの非連続性によってしか指し示されないのであり、だから、意識自身に内在する非一貫性として理解されるべきなのである。

そうして、ラカンにとって、欲望は一貫した主体の不可能性を意味することになる。その際「主体」として理解されているのは意識的で自己規定的な行為体である。この行為体は常にすでに、先行するより有効なシニフィアン、つまり無意識によって意味されている。それゆえ主体は母の身体との原初的でリビドー的統一から引き裂かれている。精神分析的には、この分裂は、個体化を引き起こす最初の抑圧である。そのとき欲望は、起源への回帰に対する願望の表現である。この起源が、もし回復可能であるならば、主体自身の解消を余儀なくさせることだろう。したがって欲望は、想像上の生活を運命づけられており、どうしても思い出すことのできないリビドー的記憶によってとりつかれ、支配されたままなのである。ラカンにとって、この不可能な願望は、主体が満足への制限であることを確証するものである。そして、満足という理想は主体自身の想像上の解消を要求する。主体はもはや、自分の欲望の行為体として、あるいは欲望の構造そのものとしては理解され得ない。欲望の主体が内的矛盾として現れたのだからである。主体は、母の身体とのリビドー的な融合に対する必然的な抵抗として創設され、禁止の産物として理解される。欲望は、母の身体との初期の統一の残滓、個体化に先立つ快楽の情動的記憶なのである。それゆえ欲望は、その快楽への道を妨げる主体を解消しようとする努力であると同時に、右記の快楽の回復不可能性に関する現在の証拠のどちらでもあるのである。

主体の内的矛盾を、弁証法的な綜合を創出することを通じて解決することはできないし、解決不可能な逆説として理解してもならない。主体を無意識から分離している障害や禁止は、自分が分離しているものを媒介するのに失敗するという否定的な関係なのである。言いかえれば、抑圧の否定性をヘーゲルの〈止揚 Aufhebung〉のモデルで理解することはできない。そして無意識と主体との間に定立されている差異は、より包括的統一を特徴づけるような「内的」差異ではない。実際、現に起こっている主体の分裂は、統一（主体の創設的見せかけ）と非統一（無意識の回復不可能性）との間の差異を定立することとして概念化されなければならない。したがって、この差異は、必然的に引き裂かれた現象として主体を構成するものなのである。

フランス語版『エクリ』に収録されたイポリットとの対話において、ラカンがヘーゲルの止揚の概念に不満を持っていることが明らかになる。この対話においては、「否認 Verneinung」あるいは拒否の意味について議論されている［6］。イポリットにとって拒否という行為を特徴付けている否定は二重の否定なのであり、それゆえ綜合的構造を生み出すものである。あらゆる所与の出来事や欲望を拒否するということは、同時に、その当の拒否されているものに存在existenceを与えることになる。いいかえれば、拒否は所与のものを否定しようとするが、結局はその意図を転倒させることになる積極的〔肯定的〕行為である。拒否されるものはこの転倒によって新たな意味を獲得することになるのである。それゆえ拒否は限定された否定として理解される。それはその中で所与のものが定立される特有の様態である。さらに、拒否されるもの〔否定されるもの〕は、それ自体ある否定性の形式であり、或る願望あるいは欲望の形式であり、すでに忘れられた或る出来事や場面であり、無意識の或る内容である。したがって拒否そのものは二重否定に、つまり否定性が言語にもたらされる逆説的な仕方となる。イポリットはこの二重否定の行為を、まさに〈エロス〉の構造として理解する〔7〕。つまりそれは、否定性を積極的〔肯定的〕なものにする構築的で創造的な運動である。否定を定立するということは、否定の主題化、つまりこの定立が否定の様態において、否定の様態を通じて指し示されることになる仕方として理解される。

ラカンはイポリットの説明の弁証法的な作法を批判する。ラカンにとって、無意識的内容に特徴的な「欠如」は適切に主題化されうるようなものではない。この欠如が具体化されている拒否は、拒否されているものに内的に関係する肯定的な関係としてはたらくのではない。実際拒否は、ずらしと代置のメカニズムを通じてはたらき、拒否という行為を通じて定立されたものは、拒否されているものと必然的な関係など持たず、ただ連想〔連合〕によって拒否されているものと関係しているにすぎないのである。イポリットにとっては、否定されたものは、定立されたものによって取り上げられ、その定立の内在的特徴でありつづける。結果として、否定的なものはいつも、定立されるものによって指し示され、暴露されるのである。実際否定的なものは、定立に従属し、肯定的表象の行為を通じて必然的に肯定的になる。

イポリットの立場を構造化しているヘーゲル的思い上がりは、言語が否定的なものを表象することができ、否定性を肯定的存在に変化させることができること、そして言語自体がその全体としての変容に備える肯定性の媒体であるということを必要とする。

しかし、ラカンが論じているのは、否定的なものを意味するということが可能なのは、シニフィエのずらしを通じてのみであり、否定的なものを表象あるいは指示しようと志向する言語が成功するのは、否定的なもののさらなる歪曲や隠蔽においてのみである、ということである。言いかえれば、言語の肯定性は拒否そのものの策謀の一部であり、表象は一般に無意識の必然的抑圧のうちに設立されるものと理解されるのである。定立されるもの、つまり記号が、否定されるもの、すなわちシニフィエに関連づけられるのは恣意的にでしかなく、記号の検証によってシニフィエを発見する論理的な方法は存在しない。実際ラカンにとって、拒否は、それが隠蔽するよう意図されたものを遠回しに明らかにする二重の否定ではなく、むしろ、一連の置き換え、肯定的なものの増殖、換喩的連合の連鎖を生じさせる否定で

〔6〕ドイツ語の「Verneinung」は、フランス語で「dénégation」と訳されている。ラカンのコメントは「ジャン・イポリットのコメントへの導入」のなかにある。拒否〔否定〕の概念は、とくにラカンとイポリットの関心を引くものであったがそれは、この概念が抑圧の知性的な拒否として理解され、それゆえ二重の否定をなすものだからである。ラカンは次のように述べている。「私たちがいま語っている自我というものを、想像上の詐取から区別することは絶対に不可能である。自我は徹底してこの想像上の詐取から構成されているのである。…私たちははじめから最後まで自我を進歩的な疎外の運動の中で理解することを強いられる。それはヘーゲルの『精神現象学』において自己意識が自分自身をその中に位置づけている運動である」(*Écrits*, p. 374、バトラーの英訳による)。

〔7〕Hyppolite in Lacan, *Écrits* (PUF), p. 883.〔イポリット「フロイトの否定（Verneinung）についての口述による評釈」『エクリ』II 三六九〕

ある。これらの置き換え表象の連合による結合はその起源において否定を反復し、言語と無意識の間の断絶をくり返し明らかにするが、この開示がどんな種類であれ埋め合わせをもたらすことはない。言語はもはや、否定的なものに内的に関係していると見なされるのではなく、意識を無意識から引き裂くことに依拠するだけでなく、置き換えと代置のメカニズムを通じてこの分裂を継続的に引き起こすものとして理解されている。これが、取って代えられることのできない、反復される——しかも際限なしに——ことしかできない「差異」である。実際、この差異は記号とシニフィエとの間の構成的な差異としての、意味作用それ自体にとって根本的なものである。

ラカンは、ヘーゲルが欲望の分析を自己意識の分析に制限していると、つまり精神分析的に言えば意識に制限していると、明確にヘーゲルを批判している。結果として無意識は、意識的活動のシニフィアンとして軽視され、意識的行為体がシニフィアンの見せかけの座として特権視される。意識と無意識との間の分裂は、欲望の基本的不透明性に影響を与える。したがって、ラカンは、無意識の不透明性を軽視し、透明な主体というデカルト的前提を拡張しているとヘーゲルを批判するのである。

デカルトのコギトの歴史的な余波の中で、意識を主体に本質的なものとして高めることは、われわれにとっては、現実態としての〈私〉の透明性を、〈私〉を決定しているシニフィアンの不透明性を犠牲にして、欺瞞的に強調することである。そして、それによって意識Bewusstseinが自己Selbstの混乱を包み隠すのに役立つところの滑走運動は、まさしく『精神現象学』の中で、ヘーゲルのもつ厳密さをもってしても、彼の誤りの理由を証明することになる。(『エクリ』307〔Ⅲ三一八–三一九頁〕)

ラカンにとって、「〈私〉を決定するシニフィアンの不透明性」は、サルトルの、「私」の前反省的次元ではないし、ヘーゲルの、媒介された反省としての、自己意識の経験、実現はされないが内在的には現実化可能であるような経験でもない。そうではなくそれは、シニフィアンの連鎖としての無意識であり、この無意識は、意識的主体の整合的で一貫した自己現前化にくり返し介入するのである。ラカンは無意識を局所論的に理解しているわけではなく、「私」の語りに刻み込まれた様々な否定性――破れ目、穴、裂け目――として理解している。無意識は、一連の換喩的意味作用として構造化されており、この無意識は「その点においては、原因とそれが引き起こすものとの間に、常にうまくいかなさがあります」(『精神分析の四基本概念』22〔二七頁〕)という語りの中に明白に現れている。この不透明さは、壊れた因果連鎖のただ中に現れ、禁止、つまり現実化から排除されてきたものを指し示している。意識的主体は、それ自身に訴えることを通じてはこの非連続性を説明することができない。なぜならそれは、この非連続性に従属させられて〔主体化されて *is subjected*〕おり、不在のシニフィアンである無意識によって意味されているからである。

まず無意識は、非連続性とゆらぎという形態の現象として現れる(『エクリ』299〔III 三〇九―三一〇頁〕)。無意識は意味作用の換喩的体系であるが、それは無意識そのものには内的に関係していない代置表象を通じて自分自身を知らしめる限りでのことである。シニフィアンとしての無意識が、シニフィエとしての意識あるいは主体に関係づけられるとしても、それは恣意的にでしかない。この無意識と意識との間の存在論的な不一致は、無意識の回復できない不透明性を指し示している。しかし主体はシニフィアンの産物としても、その回復に対する防衛としても理解することができるのである。

無意識は、現実化されないもの（『精神分析の四基本概念』30〔三九頁〕）であり、それが語りにおいて現前することになるのは、置き換え、圧縮、否定Verneinungなどの換喩的意義作用における「ゆらぎ」としてのみである。ラカンの言葉でいえば、「無意識の破れ目は前存在論的と言われてもよい」。前存在論的というのはつまり、主体の存在論に先行し、議論の余地のない普遍的なものを構成するという意味である。実際無意識は、存在論についての言説が起こりうる文脈を限定する。いかなる個人における無意識の機能もこの普遍的な機能を指し示しているが、シニフィアンとシニフィエとの間の割れ目は、ヘーゲル的総合が包括することで解決されることになるというわけでは決してない（『エクリ』29〔I 一六六頁〕）。

ラカンは次のように説明している。

個別的なものと普遍的なものとの根本的同一性についてのヘーゲルの要求、それは彼の天才の度合いを明らかにするのだが、この要求の中に何か予言的なものがまだ残されたままであるとするならば、まさしく精神分析こそが、そうした同一性が主体の離接として実現される構造を明らかにすることで、どんな明日に訴えることもなしに、この要求にそのパラダイムを提供するのである。（『エクリ』80〔I 三九九－四〇〇頁〕）

この脱臼された個人は、シニフィアンや主体と呼んだ方がよいのだが、どんな種類の前進的な遍歴によっても克服されえない或る種の裂け目や疎外を維持している。「明日への訴え」が存在しないのはまさしく、分裂によって普遍的に人間の経験や人間の文化が構成されているからである。「明日」への訴えは文化そのものを超えた訴えとなるだろう。したがってそれは不可能である。無意識は代理的な意識的表象を通じて存在を獲得するような否定性であるが、この表現は恣意的であり、シニフィアンとシニフィエとの間の差異を再び乗り超えることはできない。したがって、ラカン的無意識を定立するということは、暗黙のうちに次のような哲学的問いを引き起こす。つまり、その表象の唯一の手段が意識の中にあり、意識が無意識と模倣的な関係あるいは構造的に同型であるような関係を持たないのだとしたら、どのようにして私たちは無意識を知ることができるのか、という問いである。

精神分析のセッションで分析主体analysandが語るとき、ラカンは「問題になっているのが無意識の声【2】であるときに『誰が語っているのか』」と語ったり、尋ねたりしているように見える主体を括弧に入れる必要があると主張する。「なぜなら、もし主体が何を自分が言っているのかを知らないのであれば、あるいは分析の経験全体がわれわれに教えているように、自分が話しているということさえも知らないのであれば、この返答は主体から来るものではありえないからである」(『エクリ』299〔I 三〇七頁〕)。分析主体の語りは無意識の意味作用と響き合うと言われる。つまりそれは「主体のシニフィアンとの関係——その存在が、自分自身が言表したもの(énoncé)から自分に戻ってくる揺動によって揺さぶられている言表行為(énonciation)において体現されている関係」(『エクリ』300〔I 三〇九頁〕)である。したがって、陳述が作り出しはするが、語り手によって意図されてはいない意味において無意識は聞き取られうるのである。所与の陳述が、それがその中で語られている言語の中に惹起する連合は、無意識そのものを構造化

【2】バトラーは「声voice」としているが、原文では「主体subject / sujet」となっている(仏原文280/英訳p. 299)。

している換喩的意味作用である。ラカンにとって無意識は〈他者〉であり、シニフィアンの連鎖、言語における換喩的連合の結びつきがそれ自体無意識である。したがって、言語の中に存在するということは、根絶やしにできない〈他者〉、意義作用そのものの他者性、その主体的意図からの絶えざる逃亡をともなって提示〔現前化〕されるということである。したがって、主体が自分自身から疎外され estranged ているのではない。その場合には、同一性の原理はまだ暗黙のうちに保持されていることになるだろう。そうではなく、主体がシニフィアンそのものから疎外されているのである。

ラカンはこの分裂をエディプス的欲望の抑圧によって説明する。それは、欲望の中で〈シニフィアンの法〉として生き残り、主体の個体化を条件付けている創設的禁止である。この最初の抑圧は欠如としての欲望をも構成している。それは誕生の分割であるというよりは、禁じられた近親姦的結合の結果である原初的分割への応答である。ラカンにとって、欲望は「存在への渇望＝存在欠如 want-to-be / manque-à-être」（『精神分析の四基本概念』29〔三七頁〕）であり、それは〈シニフィアンの法〉への従属のために永続的に挫かれている。つまり、欲望は言語の中にあるが、だからこそ間接的に現前しているにすぎないために欲望は挫かれているのである。したがって、欲望は、その禁止とともに現れるのであり、そうして必然的両義性という形式をとるのである。

ラカンは、対象と欲動の目的との間のフロイトの区別を詳述し〔8〕、欲望の暗黙の企図は、必然的に当の欲望を禁ずる、未来を通じての過去の回復であると理解する。欲望は文化的存在、ポスト・エディプス的主体のパトスである。「欲望は〔……〕次の時点で呼び起こされた欠如にこたえる役目をする、先の時点で生み出された欠如です」（『精神分析の四基本概念』215〔二八七頁〕）。欲望を構成する禁止はまさしく、その最終的満足を排除するものである。したがって欲望は絶えず限界に突き当たっているが、逆説的なことにこの限界が欲望を欲望として維持するのである。欲望は人間の休みなき活動であり、必然的限界との関係において自分の不安を維持するものである。「欲望は、人間の可能性の幅の他のどんな点よりも、どこかでその限界に出会うのである」(『精神分析の四基本概念』31〔三九頁〕)【3】。

コジェーヴ同様、ラカンも動物の欲望と人間の欲望の区別を受け入れる。しかし「動物の欲望」はラカンにおいては、「欲求need」と呼ばれ、欲望desireを人間だけのものとすることで区別されている。コジェーヴ同様に、ラカンにとっての欲望も、それが語りにおいて顕れることにおいて、顕れることによって区別されている。コジェーヴにとって、欲望について語ることは、予期せざる結果として「私」を凝結させる。一人称単数は欲望を分節化するのに必要な条件としてあとづけとして現れるからである。ラカンは欲望の言語化が欲望の必要条件であるということは受け入れるが、欲望が予示する〔be-speaks先行的に・語る〕連合の換喩的連鎖は、その扱いづらい不透明性の場所であると主張する。イポリットに従って、ラカンは欲望がいつも〈他者〉への欲望であるということに同意する。しかし彼はこの欲望は、その〈他者〉、つまり無意識が少なくとも部分的には不透明なままであるのだから、決して満足させられることはありえないと主張するのである。さらに、欲望を主体の合理的な企図と同一視してはならない。これはヘーゲルとコジェーヴが容易に受け入れているように見えるものである。そうではなく、欲望は、欲求need（生物学的欲動）と要求demand（それはいつも前エディプス的結合の回復を通じての愛への要求、徹底した

〔8〕 See Freud, "Instincts and Their Vicissitudes," *General Psychological Theory*, Philip Rieff, ed. (New York: Macmillan, 1976), pp. 87–89.

承認への要求である）との間の不一致として存在する。「こうして欲望は満足に対する欲求でも、愛の要求でもなく、愛の要求から満足に対する激しい熱望を抜き取ったことから結果する差異、それらの分裂Spaltungの現象である」（『エクリ』287〔III 一五五頁〕）。

ここで欲望と言語との間の全く異なった関係を見ることを開始しよう。この関係は、ラカンが彼のヘーゲル主義的先行者〔コジェーヴ〕を超えて、それに対抗して主張するものである。あきらかにコジェーヴにとって、欲望について語ることは欲望それ自身に内的に関連している。語ることは、欲望の修辞的《レトリカル》な実行〔上演〕であり、その必要な補完物であり表現である。実際、サルトルにとっても、表現はいつも欲望の意図せざる肯定である。そしてヘーゲルからサルトルに至るまで一般に修辞《レトリック》は、否定あるいは区別が語られているときでさえ、現象の統一を引き起こすとされていた。言語を一連の内的関係として、もろもろの不一致を結び付ける網の目として見る暗黙の見方は、ここで検討されるヘーゲル主義的思想家全員によって主張されている。ラカンが〔彼らと〕根本的に異なっているのは、シニフィアンは、シニフィエを規定してはいるが、直接的にシニフィエの中に明示されているわけではないというソシュールの立場を受け入れるという点である。したがって〔ラカンにとって〕意味を生じさせるのは、シニフィアンとシニフィエとの間の破断であって、前もって隠されていた統一の暴露ではない。ラカンはこの〔言語学から精神分析への〕転移について明確に理解している。「もし言語学が、シニフィアンは、シニフィエを決定するものであると見なすことをわれわれにゆるしてしているとするならば、分析はその〔主体の〕言説を決定するものの意味の中に意味の「穴」をうがつことによってこの関係の真理を明らかにする」（『エクリ』299〔III 三〇八頁〕）。そのとき欲望は破れ目として、不一致として、不在のシニフィアンとして現れるのであり、それゆえ現れることができないものとして現れるのである。欲望について語ることはこの否定を解消しはしない。したがって欲望は言語を通じて物質化されたり、具体化されたりすることはない。それは言語のすきまを通じて、つまり言語が表象することができないものを通じて示されるのである。「シニフィアンたちを分断してはいるが、まさにシニフィアンの構造の一部をなしているこの間隙は、私が〔……〕換喩と呼んでいるものの座があるところです。ここで、輪回しの輪のように、われわれのいう欲望が這い進み、滑走し、逃れ去ります」(『精神分析の四基本概念』214〔二八六―二八七頁〕)。

そのとき、ラカンにとって、欲望は不可能な回復という企図といつも結びついている。そこでは、無意識を形作っている抑圧されたリビドー領域と、「失われた対象」つまり前エディプス的母との両方が回復されなければならない。この回復の企図が不可能であるのは、まさしく主体はシニフィアンと同一であることを欲望するが、しかしそのような同一化は言語そのものによって排除されているからである。実際主体は、失われた対象に取って代わるものであり、喪失の受肉として理解することができる。したがってラカンによれば、主体は「喪失を現実のうちへ導入すること」[9]であり、喪失に悩まされているそうした主体について語ることは、それ自体不在に満ちているのである。さらに、その語りは、語りが表象する「喪失」を指し示すと同時に、当の喪失を克服しようとする欲望を予示するbespeaksのである。したがってその語りは、失われた〈他者〉の幻影の追求によって支配されている。

そのとき、ラカンにとって主体の語りは、必然的に、代置された欲望の語りである。それは常に、失

〔9〕 Lacan, "Of Structure as an Inmixing...," p. 193. 以下の本文中のページ指示はこの論文からのものである。

われた対象を、現前する対象との類比で説明し、部分的な類似性にもとづいて間違った確実性を構築する。語る主体は、「消え去りゆく」主体であり、それは主体が表象する無意識のなかへと絶えず消え去りゆくものである。この無意識とはつまり主体が表象する喪失であり、主体が欲望するものである。主体は自分自身の個別性と失われた〈他者〉との間を絶えず揺れ動いているが、この失われた〈他者〉は実際には主体によって表象されてもいる。

それゆえラカンは、欲望は言語的ずらしの原理であり、あらゆる意味作用の換喩的機能の中に現前するものであると理解している。「何であれ主体に不可欠な他者性の混入としての構造」においてラカンは次のように説明している。

欲望の問題は、弱りゆく主体が、幻影phantasmによって定義されるこの奇跡的なものとのある種の出会いという手段によって、再び自分を見出すことを切望しているということである。主体はそう努めることで、失われた対象と私が呼ぶものによって維持される。この対象は、想像力にとって非常に恐ろしいものである。ここで生産され維持されているもの、対象小文字のaと私の語彙で私が呼ぶものは、全ての精神分析医によく知られており、全ての分析がこの特殊な対象の存在に基礎づけられているほどである。しかしこの妨げられた主体のこの対象（a）とのあいだの関係は、欲望を支える幻影の中にいつも見出される構造である。（"Of Structure as an Inmixing of an Otherness Prerequisite to Any Subject Whatever," p. 194）

欲望の分節化は、シニフィエの永続的なずらしを引き起こす。欲望のうちに現前する愛への要求が愛の証明ないし証拠の要求であるかぎりで、欲望が合致するのは、それを満足させるであろう対象ではなく、はじめから失われた対象なのである。もちろん、この対象は精神分析的には前エディプス的母として理解されるので、ラカンの用語で言えば〈父の法〉を通じて禁じられる。ラカン的には、この〈父の法〉は〈シニフィアンの法〉と一致している。ラカンが「男の欲望は〈他者〉の欲望である」と述べるとき、この〈他者〉はラカン版の〈絶対者〉である。なぜなら〈他者〉の欲望は、愛への要求の起源でもあり最終目的でもあるからである。この〈絶対者〉、欠如を持ったこの「存在」は、享楽jouissanceとも呼ばれる。それは、ラカンの用語法では個人化のエディプス的に条件付けられた痛みによっていつも失敗させられる、快楽の充実である。この痛みは「欲望を支配する去勢」(『エクリ』323〔III 三四一頁〕)であるので、「欲望は享楽におけるある限界を超えて進むことに対する防御(défense)および禁止(défense)である」(『エクリ』322〔III 三三九頁〕)。主体がばらばらになる以前の欲望の世界こそが、欲望のノスタルジックな理想なのである。

「〈私〉とは何か」、〈私〉はいま「世界は、〈非-在〉の純粋さにおける一つの欠如である」という罵声がそこから聞こえる場所にいる。そしてこれには理由がないわけではない。なぜならこの場所は、自分を守ることによって、〈存在〉そのものをしおれさせてしまうからである。この場所は、享楽jouissanceと呼ばれる。そして、この享受の不在こそが、世界を空しいものにするのである。(『エクリ』317〔III 三三二頁〕)

欲望が、欲望の原初的対象である〈他者〉を通じて、暗黙のうちに享受の不可能な回復を求めるかぎりで、欲望の過程は、一連の必然的な否認 méconnaissances となる。この否認が完全に明らかにされることは決してない。抑圧が欲望を創設する限りで、あざむきは欲望の必然的な対応物である。それゆえ〈他者〉の欲望の欲望が可能であるのは、言われていないこと、拒否され、省略され、ずらされていることに耳を傾けることによってのみである。「〈他者〉の欲望は、作用しないものの中、つまり〈他者〉の言説の欠如の中で、主体によって理解されるのです」(『精神分析の四基本概念』214〔二八七頁〕)。これは精神分析的聞き手のたぐいまれな領域に属するような聴取ではない。それは子どもの欲望において、子どもの欲望を通じて証明されるものである。「(そのうち)一個の欠如に主体が出会うのは、〈他者〉の中で、すなわち〈他者〉が自身の言説によって主体に対して行う通告の中でです。〈他者〉の言説の間隙において、子供の経験のうちに次のようなはっきり見てとれる事態が生じます。『彼は僕にこれを言っている。でも彼が言おうと mean していることは何だろう』」(『精神分析の四基本概念』214〔二八六頁〕)。

子どもが求める「意味 meaning」は、主体の意図以上のものであるが、しかし〈他者〉の換喩的限りなさに類似した何かである。ラカンは問う。

〔……〕私がお示しした、主体そのものの基底にある疎外という要素がここに再現されているとは思いませんか。人間が己の欲望をそれと認めることができるのは〈他者〉の欲望の水準においてのみであり、また〈他者〉の欲望としてのみなのですが、そうだとすれば、人間の欲望がもはやそれとしては認められなくなってしまう消失の点に逆らうものとしての彼自身に現われるはずのなにものかがあるはずだ、ということにならないでしょうか。このなにものかは、決して取り除かれることはないし、また取り除かれるべきものでもありません。それどころか、実際、精神分析を行ってみますと、〈他者〉の場であらゆる堂々巡りを繰り返すことによってこそ、主体の欲望が構成されていくということがわかります。（『精神分析の四基本概念』235〔三一八－三一九頁〕）

〈他者〉の欲望を再－現前化する、この換喩的意味作用、連合、代置の連鎖は、同時にその欲望の置き換えでもある。したがって欲望を知ろうとする努力はいつも失敗に終わってしまうのである。ラカンがヘーゲルを批判するのはまさにこの点である。ラカンによればヘーゲルはエロスとロゴスを一緒にし、全ての欲望を自己知への欲望と結び付けてしまう。この意味で、知の企てが優先され、欲望はこれに従属させられる。このことは、『精神現象学』において欲望が早いうちに乗り越えられてしまうこと〔10〕が証明している。ラカンは、ヘーゲルの主体が自己透明的であると想定した上で、不透明性という概念をヘーゲルの欲望論に導入したことを精神分析の功績だとする。

〔10〕See J. Melvin Woody and Edward Casey, "Hegel, Heidegger, Lacan: The Dialectic of Desire," in Smith and Kerrigan, *Interpreting Lacan*. 彼らは、『精神現象学』において欲望が〔他のものに〕取って代わられるということはその超克に等しいと主張し、ヘーゲルは欲望を自己意識の基本的形式として片付けてしまっている点で誤っていたと考えている。しかし欲望は消去されてはおらず、むしろ『精神現象学』の進行に基本的なものとされていると主張する全く異なった解釈が以下に見出される。Stanley Rosen's *Hegel: An Introduction to the Science of Wisdom*, p. 41.

> というのも、ヘーゲルにおいては、真理が知（savoir）の実現に対して内在的であるために、主体が維持しなくてはならない古代の認識（connaissance）との結びつきの最小のものに対する責任を委ねられるのが、すなわち欲望（Begierde）であるからである。ヘーゲルの「理性の狡知」が意味するのは、最初から最後まで主体が自分の欲しているものを知っているということである。フロイトは、まさにここで、革命がそこから出発する可動性に真理と知の間の継ぎ目を開くのである。つまりそれは、欲望が〈他者〉の欲望と結び付けられることになったということ、しかしこのループの中には知りたいという欲望が存在するのだということにおいてである。（『エクリ』301〔Ⅲ三一〇頁〕）

ラカンの批判は、ヘーゲルの主体が実際に、「自分が欲しているものを知っている」ことを想定している。しかし私たちは、ヘーゲルの主体が欲望の対象を同定するのに体系的に失敗しているのを見てきた。実際ラカン自身の用語、否認méconnaissancesは、ヘーゲルの遍歴する主体が遭遇する災難を記述するのに役立つかもしれない。しかし、「理性の狡知」が『精神現象学』における章から章への移行を生じさせる点で、形而上学的な技巧として機能しうることは明らかである。そして、情け容赦ないロゴスが、ヘーゲルの見世物芝居《ショー》を最初から方向付けていないかどうかを尋ねることは有意義である。とはいえ主体が『精神現象学』の行程において自分自身について知るようになるということは、その通りであるのかもしれないが、主体はそれ自身でそれが何を欲しているのかをはじめから知っているわけではない。したがって、この主体は、ラカンの欲望の主体が決してとらえることのできない享受によって惹きつけられつづけているのと同じように、〈絶対者〉を常に同定し損ねるのである。失敗の喜劇がヘーゲル的主体の遍歴を特徴付けているのだが、ラカンは不当にもこのことを無視し、デカルト的な自己透明性をヘーゲルの主体に帰している。依然として事実であるのは、まさしく〈絶対者〉の意味が『精神現象学』の主体にとって変化するということであり、〈絶対者〉のかの概念が変化するにつれて、主体の範囲と構造もまた変化するのだということである。

哲学的な衝動、知りたいという欲望（知への愛）が、〈他者〉の欲望の円環の内部から生じるというラカンの主張は、実際、ヘーゲル的プログラムから出発していることを顕著に示している。ラカンの立場は、人間が〈他者〉の欲望を欲望する限りでのみ、知が人間にとって重要な探求になるのだということであるように思われる。言われていることの背後で意味〔すると意図〕されていることを知ろうとすること、語り手の否定性に耳を傾けその者の欲望を聞こうとすることによって、人間は知の探求者となる。しかしこの探求はいつも、シニフィアンの連鎖によって、つまり〈他者〉の際限なき換喩によって条件付けられ文脈化されている。したがってここでラカンは、哲学的衝動の精神分析的理解がどのようなものでありうるのかを素描しているのである。欲望は、哲学的真理の消費であるというよりは、哲学の否認された条件であり、哲学自身がそれに対して身を守ろうとしている真理であるだろう。哲学が自己適合的主体の要請を大事にする限りで、哲学的言説はそれが意味するものを全て述べると称しはするが、それが実際に語る以上のことを意味すると称することは決してない。したがって哲学の精神分析的脱構築とは、哲学的言説における欠如と破れ目に耳を傾けることなのであり、その土台のうえに、哲学的企図《プロジェクト》が、欲望に対するどんな種類の防御であるようにみえるのかを理論化することである。

しかしラカンにとって、ヘーゲルの定式は完全に間違っているというわけではない。なぜなら要求

demandとしての欲望は、知の企てであるからである。欲望を要求と同化させることはできず、欲望は要求と欲求の間の差分として存在するのだが、それにもかかわらず欲望は、私たちがヘーゲル主義的思想家達のなかで見てきたような現前の超越論的な探求のなにがしかを維持している。ラカンは次のように説明している。「要求自体は、それが求める満足よりも、何か別のものにかかわる。それは現前ないし不在の要求である。これは母との原初的関係が明らかにしているものである。(…)要求は、欲求を満足させるという〈特権〉、つまり欲求から、それだけが欲求を満たすものを奪う権力をもつものとしてすでに〈他者〉を構成している」(『エクリ』286〔III 一六四頁〕)。要求は満足よりもむしろ愛の証明を求める。そしてそれゆえ〈他者〉は無条件の愛を提供できるのだということを知ろうと欲している。したがって、この〈他者〉が捧げるものは、それらが与える満足、つまり快楽や欲求の充足によって測られるのではなく、無条件の愛の記号としてしか、評価されない。これはヘーゲルの承認をラカンが精神分析的に再定式化したものである。要求の超越論的特徴は、それが情動の個別的な外観《ショー》をまったく無視していることを明らかにする。あるいはむしろその特徴はどの個別的な外観《ショー》も、それが表象するかもしれない愛の無条件的な証明として読解する。実際、要求は欲求の完全な断念という結果になるかもしれない。なぜなら欲求の満足は多くの間違った個別者の現前、愛への無条件の要求には役立たない無原則で重要でない意識という外観《ショー》として現れるのだからである。この文脈においては、欲望は犠牲的となる媒介者として登場する。しかし、この媒介者にとって媒介の成就は不可能なのである。欲求と要求の逆説を実行し、キルケゴールの受苦のように、個別的欲求と普遍的要求との間の調和的統一をもたらすことは、欲望は決してできない。欲望にできるのは、矛盾に取り組み、約束なき日常世界において不可能なものを追い求めることだけなのである。

ラカンは、彼以前のヘーゲル主義者達を再定式化しているのだとみることもできる。欲望は、ラカンにとって必然的に逆説的なはたらきとして現れるのであり、この点において私たちは欲望についての彼の見方は、逆説的欲望というイポリットの概念を精神分析の中に置き入れたのだとみなすことができる。ラカンは、どのように欲求が欲望の実行の中に残りつづけているのかを示すことで、欲望と欲求との間のコジェーヴの厳密な区別が、現象学的に素朴であることを明らかにする。さらに、語りによる欲望の分節化は、本質的にロマン主義的な象徴主義の抱える問題を明らかにするが、それはヘーゲル、コジェーヴ、イポリット、およびサルトルにおける言語理論・表現理論を支配しているものである。彼らの場合には、言語はいつも対象のさらなる生命、対象の必要な外在化、そのもっとも明示的な形式、その発展の弁証法的結論として理解される。ラカンにとって言語はいつも、シニフィアンとシニフィエの間の裂け目を意味する。それは、乗り越えがたい外在性であり、さらに、言語的意味作用は、決して原初的意味を再生することのできない一連の代置であるということを帰結する。実際、言語の中にあるということは、原初的意味から無限にずらされることを意味する。そして、欲望はこの言語領域のなかで構成されるのであるから、それは常にそれが実際には欲していないものを追いかけ、それが最終的には獲得することのできないものをいつも欲しているのである。したがって欲望は修復できない矛盾の領域を意味しているのである。

さらにラカンは、ヘーゲルの内的関係の教義を打ちのめしている。しかしそれにもかかわらず、要求がヘーゲル的理念を保持し、欲望がこの存在論的な悪しき知らせの運び手でありつづけている点で、ラカンはヘーゲルの言説の内部にとどまっている。実際ラカンは、ヘーゲルの欲望の弁証法の中に、いくつかの精神分析サークルにおいて支配的な、「本能」についての生理学的言説よりも望ましい言説を見出している。ラカンは、ヘーゲルの現象学的説明が提示している進歩と統一の約束が間違ったものであることにまったく自覚的でありながらも、ヘーゲルの弁証法が普遍的な価値を有する特徴を持っていることについては確信しつづけている。この特徴は、構造言語学と精神分析両方の発見によって間接的に確証されたものである。ラカンは、〔ドイツ語の〕Triebを「instinct〔本能〕」と訳す英語の標準的な翻訳に反対し、ヘーゲルの欲望の概念が、フロイトがはじめに欲動（Trieb：文字通りには押すことpushあるいは駆り立てることdrive）にもたせるつもりだった両義性を含んでいると主張する[11]。ラカンは、生理学に基づき構築された欲動についての自然主義的な読解に反論して、フロイトにとっては自然的なものにはいつも非自然的なものが混入しているということ、そして実際自然さというものは、分離可能な領域としての「自然的なもの」を内在的に拒否する言語的言説の中でいつも表現されている限りで、逆説的な意味作用であるということを主張する。

> 種族の維持がそれに依拠しているのだからという理由で、もっとも自然であるといわれうるような機能をもつ欲望について、精神分析がわれわれに明らかにしているのは、単に、欲望がその審級において、その我有化において、あるいは総じてその正常性において、主体の歴史の偶発事（偶然性としてのトラウマの概念）に従属しているということではない。それはまさしく、こうしたことが全て、次のような構造的諸要素の競合を要求しているということを明らかにしているのである。つまり、

こうした諸要素が介入するためには、これらの偶発事がなくとも全く問題はないし、この諸要素の不調和で、予期されておらず、還元の困難な影響は、ある残留物を経験に残しているように思われる。この残留物のために、フロイトはセクシュアリティがほとんど自然的ではない何らかの割れ目(fêlure)の痕跡をもっていると認めざるを得なかったのである。(『エクリ』310〔Ⅲ 三三二頁〕)

欲望は、愛への要求のもとで働く、つまり愛への要求の影において欲望はいつも存在しているのだが、この愛への要求それ自体を生理学的欲求に還元することはできない。とりわけ人間的な、無条件の承認への欲望は、それ以上に、情動的生命の粗野な唯物論に還元することができない。ラカンはヘーゲルを生理学にもとづく精神分析理論の還元的唯物論を決定的に是正するものと見なしている。

われわれは、いまやこのように言わなければならない。あまりにも無能であるためにもはや今日の精神分析であるという以外に関心を求める資格のない精神分析の堕落を批判するために、われわれがヘーゲルの中に求めた支えがどのようなものであったのかを知るならば、存在の純粋に弁証法的な網羅によって私たちが欺かれているといってとがめることはゆるされない。(『エクリ』302〔Ⅲ 三一二頁〕)

〔11〕See Gadamer, "The Dialectic of Self-Consciousness," *Hegel's Dialectic* p. 62ff.〔ガダマー『ヘーゲルの弁証法』一〇五頁以下〕

欲望は、要求と欲求の差分であるので、欲望はいわば沈黙と語りの中間に存在する。欲求がいつも主体の不透明性であることは明白である。しかし、欲望は言語によっていつも分散させられ減じられるのだが（『エクリ』309〔III 三二〇―三二一頁〕）、決して言語のなかで適切に表現されることはない。欲求の手に負えない沈黙と要求のロゴス中心主義的な喧噪との間で、欲望は言語の限界が絶えず問題化される契機である。論理的ないし言語的形式がこの差異を宥和させることはないというラカンの固い確信は、ヘーゲルの存在論的な楽観主義との彼の断絶を表している。「私は、欲望が問題であるところでは、論理主義的還元に譲歩するどころか、要求への欲望の還元不可能性の中に、それを欲求に還元することをも妨げるものの原動力そのものを見出す。省略法を用いて言うなら、欲望は分節化されるが、それは、まさしく欲望が分節化可能ではないということによって、そうなのである」（『エクリ』302〔III 三一二頁〕）。

このようにラカンは、精神分析理論の自然化に反対するときにはヘーゲルを擁護し、自律的主体の要請に反対するときにはヘーゲル――およびサルトル――を批判する。実際、生理学的立場と哲学的立場はどちらも要求と欲求の間の差分としての欲望を誤解している。このふたつの立場は、ヘーゲル的にいえば逆説の間違った解決であり、反ヘーゲル的にいえば、逆説は本質的に解決不可能である。ラカンは、精神分析による「本能」の我有化を批判するため、ヘーゲルとサルトルを用いながらも、意識の自己基礎付けに対する精神分析的批判も主張しているのである。否定性の概念は、そのヘーゲル的かつサルトル的文脈からは、乗り越えられなければならないものであるように思われる。否定的なものは、主体の領域からシニフィアンの領域に移転されなければならないのであり、そうしてはじめてヘーゲル主義は精神分析の分野で生き延びることができるのである。このことが明らかになるのは、ラカンによる「死の欲動」の検証においてである。「死の欲動」は〈他者〉に直面した攻撃の源泉であり、これはヘーゲルによる支配〔主人〕と隷属〔奴隷〕の描写のはじめの数段落と対応する。「ナルシシズム的なリビドーと『自我』の疎外機能、〔および〕どんな他者との関係においても自我が解放する攻撃性との間の明白な結びつき」を説明しようと試みるなかで、ラカンは「最初の分析医たちは…破壊本能ばかりか死の欲動までも引き合いに出した」(『エクリ』6〔I 一三一頁〕)と記している。ラカンは、これらの最初の分析医達が、哲学的否定性の概念を精神分析的に流用〔appropriation 我有化〕したならば、有益だったかもしれないということを示唆している。

実際、彼らは実存的否定性に触れているのであり、この否定性の実在性は現代の存在と無の哲学によって非常に強力に推し進められている。しかしこの哲学は不幸なことに、この否定性を意識の自己充足という限界内でしかとらえておらず、この自己充足は、その前提の一つとして書き込まれるために、意識が自らを委ねている自律性という幻想を、自我を構成している否認méconnaissanceに結び付けている。この頭でっかちの遊びは、精神分析からの借りもので、奇妙なまでに栄養を得ているにもかかわらず、最後には実存的精神分析を確立すると思い上がるのである。(『エクリ』6〔I 一三一頁〕)

したがって、精神分析医の仕事はシニフィアンと主体との関係のなかで否定性を把握することである。ラカンは、そのような転移は、私たちが先に考察した否定Verneinung〔12〕あるいは拒否の概念の中に見出されうると示唆している。「もし否定が自我の明白な形態を表すとすれば、エスの現れる運命の平面を照らすような光によって解明されでもしない限り、その効果は大部分が潜在的なままとどまることになる」（『エクリ』6-7〔I 一三二頁〕）。この「運命の平面」は、抑圧されたエディプス的葛藤として理解される。この葛藤はラカンにとって、生死を賭けた闘争として記述されるものである。抑圧は「殺害」の想像的脅威の下で起こる。これは近親姦的欲望への罰であり、これによってラカンは「殺害は絶対的な主人であるのか否か」（『エクリ』308〔II 三二〇頁〕）を問うこととなる。死によって罰せられうる近親姦的衝動の抑圧は、結局は否定Verneinung、否認、拒否で穴だらけになった語りを生じさせる。同様に、〈禁止する父〉の死への欲望は最初の抑圧のもう一つの領域を形作る。それは今度は、語りにおいて宣告された否定性として現れる。それゆえ否定性の精神分析的我有化は、抑圧と否認Verneinungの二重の否定のなかで理解されるべきであり、それはそれ自体拒否されなければならない想像的死からの逃避である。抑圧を通じて制定される禁止的法は、神経症の二重の否定を作り出し、〈他者〉との関係において認められる「攻撃」がその意義を獲得するのは、エディプス的関係によって条件付けられた生と死を賭けた闘争の文脈においてである。〈他者〉に対する攻撃は、禁止的法に対する、父の名nom du pèreに対する、欲望の制限に対する攻撃である。この攻撃は、実存的否定性として理解されうる。つまりそれは、抑圧が自我そのものを設立するという意味において、自分自身の否定を通じて、主体を構築する否定性である。実際、死の恐怖が個体化を基礎づけるのであり、このことは、『精神現象学』の恐怖に震える奴隷に対してあてはまるのと同様に、エディプス的関係に条件付けられた自我にも当てはまる。ラカンにとって、このことは、レヴィ＝ストロースの主張によって明確にされる。その主張とは、近親姦タブーはあらゆる文化変容を条件付けているというものである。したがって、ラカンにとっては死の脅威は法の帰結として生じるのであり、法はそれ自体が文化の普遍的で強固な特徴であるので、全てのアイデンティティーは、恐怖、しかも単に死の恐怖ではなく殺害の恐怖に根拠づけられているということが見出される。

しかし、この場面において恐れているのが誰であり、誰のことを恐れているのかを問うことが必要となるだろう。精神分析的には、近親姦タブーの殺意ある禁止命令を被るのは男児であり、罰を加えることができるものと理解されているのは父なる法である。性的差異についてのラカンの著作はフロイトの『性理論三篇』に大いに負っているにもかかわらず、ラカンはエディプス・コンプレックスを〔フロイトとは〕根本的に異なった仕方で説明している。ラカンにとってエディプス・コンプレックスは、経験的に確証されうるような出来事や初期の場面を指すわけではない。その代わりにそれが指しているのは、一連の言語的法則であり、この言語的法則はジェンダーや個体化の基礎となるものである〔13〕。近親姦タブーは、初期の性的な混乱という決定的な瞬間に宣告され、その後強烈な記憶として保持されるような法則ではない。むしろこのタブーは漸進的で手の込んだ様々な仕方で自らを知らしめるのである。実際、

〔12〕『エクリ』のフランス語版（*Écrits* (PUF)）で、イポリットは上で引用した〈否定Verneinung〉のヘーゲル的可能性についての講義を寄せており、あらゆる心理学的防御が暗黙のうちにひきおこす、エロスに対する防御が、精神分析的実践の作業においては二度の否定にしたがっていること、そして成功した転移transferenceが、この二重の否定の結果として生じるエロスであることを示唆している。実際イポリットは、精神分析の実践において弁証法的論理が肯定されているとみている。転移において働いている二重の否定は、統一（Vereinigung：文字通りには結合すること）であり、それは、否定的なもの（抑圧、そして次に置き換えsubstitution）の労働を通じて達成されたものである。

〔13〕以下を参照。*Feminine Sexuality: Jacques Lacan and the École Freudienne.*

父によって執行される母との合一の禁止は、言語それ自体と同じ外延を持ち、指示と差異化の基礎構造、とりわけ代名詞による指示の構造の中で理解される。レヴィ＝ストロースが近親姦タブーは全ての親族関係の基礎であると主張しなければならなかったように、ラカンは父によって執行された近親姦を禁ずるタブーが言語それ自体の基礎となるものであると主張するのである。近親姦に対するタブーは、子を母から引き離し、親族関係のネットワーク内部に位置づける最初の差異化の諸形式において働いている。近親姦の禁止は何らかの種類の行動を統制し禁ずるだけではなく、他の種類の行動を生み出し、認可しもする。したがって、欲望に社会的に認可された形式を与える際の道具となるのである。言語的差異化の体系は親族の差異化された関係に基づいているものと理解される。そして差異化そのものがその発端において言語を特徴づけていると言われるのである。実際、差異化の過程そのものが近親婚の禁止の結果である。差異化の原則にもとづくこの言語は象徴界として理解され、ラカンはこれをファルスによって支配された言語であると考えている。より適切な言い方をすれば、ファルスに対する恐怖によって、つまり父の法の効果によって支配された言語である［14］。それゆえファルスは、全ての親族関係と全ての言語を組織化する原理であると理解されている。私たちは無媒介あるいは直接的な仕方でこの法に直面することは決してない。法は、意味作用の日常的な作動において自らを知らしめる。ファルスは、数あるうちのひとつの象徴秩序というわけではない、それはそもそも象徴秩序というもの *the* symbolic order を指し示しているのであり、それは全ての意味作用を、したがって全ての意味を条件付ける秩序である（フーコーはこのラカンの立場について「私たちは常にすでにとらわれている」と語っている（『知への意志』54）【3】）。

したがって、子が言語へと参入することは、〈父の法〉つまり意味のファルス中心主義的体系の出現と同一の出来事である。言いかえれば、人間主体が個々別々の「私」になるのは、ジェンダー規則のマトリックス内部においてだけであることになる。したがって主体として存在するということは、ジェンダー化された存在として存在するということであり、性的欲望がジェンダー規則の内部にとどまることを要求する〈父の法〉に「従属させられた〔主体化された〕」ものとして存在するということである。実際に、主体の性的欲望は、ジェンダーの規則によって、命じられ、認可され、罰せられるのである。

主体の構成は父の法によって始められており、それ自体男性的主体をその母への愛着や同一化から切り離すことにもとづいている。男性主体は母への前言語的リビドー的愛着を断念し、女性的なものそのものを「欠如」の場所として定立する〔15〕。男性的主体は、母の身体との前言語的融合への願望を保持するので、女性的なものを満足の想像的場所として構築する。このジェンダーに特化したシナリオで定義されるならば、欲望は男性の特権として認可されるように見える。女性の欲望は、「二重の疎外」の経過をたどる――つまり、母を断念することおよび父へのリビドー的愛着を転移することが、そのとき禁じられ、ずらされているのである。女児にとって母は、欲望の対象としては放棄されるのにもかかわらず、母は同一化の対象でありつづける。結果として、女性の性的発達が果たしているのは、彼女自身（取り込みと同一化を通じての対象の我有化）と男性主体（彼は禁じられた母の代用表象を必要とする）との両方に対して、母を意味するということなのである。そのとき、ラカンにとっては女性性の欲望は、女性性の十全な

〔14〕 Ibid., p. 109.〔『エクリ』該当箇所不明〕
〔15〕 Ibid., p. 151.〔『エクリ』該当箇所不明〕
【3】 指示されているページに対応する箇所は見当たらなかった。

我有化を通じて解決される。つまり、男性の欲望を純粋に反映するもの、絶対的満足の想像上の場所となることによって、解消されるのである。したがって、女性の「二重の疎外」は欲望そのものからの二重の疎外である。女性は前エディプス的快楽への回帰の約束を身体化し、自分自身の欲望を、男性の欲望を絶対的なものとして効果的に反映するような身振りに限定することを学ぶ。ラカンにとって、ジェンダーの差異化は欲望への特権を持ったものと、それを持たないものとの間の差異として理解されなければならない。したがって、女性の欲望は欲望そのものの二重の断念を本質としているのだから、これを指示することは不可能なのである。そもそも欲望するということは、欲望する権利に与ることを意味し、この権利は男性がいまだに持ち続けている。男性も原初的対象を欲望することはできないのだが、それにもかかわらず、代理対象にすぎないとしてもまだ欲望することができる。しかし女性の特殊な運命は、満足から二度逸脱するというものである。そして二度目の逸脱（自分の母親から逸脱している男性に欲望されるものとなるということ）の過程において、女性は、禁じられた母なるものの記号ないしはしるしとなることを、つまり、決して完全に我有化されえない理想あるいは空想となることを、「信用されているにすぎないもの」[16]によって強いられる。

ラカンにとっては、欲望はまだ〈絶対者〉を捜し求めているのだが、しかしこの欲望は、男性の欲望に特定されることになってしまうように思われる。さらにこの〈絶対者〉は、母による充足という幻想として理解され、女性がこの母による充足を表象〔代理〕することを強いられるように思われるのである。ラカンの立場は〈絶対者〉の精神分析的構成についての問いを提起する。つまりそれは最高の満足についての信仰beliefの構成であり、この満足は失われた幼児期の享楽の記憶でもあり、かつ同時にその回復の幻想でもある。実際、この快楽に私たちが接近できるのは、唯一その拒否に基礎をおく言語によるのだということを考えると、この第一の、差異化されていない快楽が存在していたと本当にいうことができるのかははっきりしない。そこで〈絶対者〉は、記憶や実際の幼児の発達段階というよりはむしろ、ただ失われ、禁じられた快楽の幻想であるといった方がいいのかもしれない。だとするとラカンが、彼自身が構築した、失われた快楽の空想の中に、充溢という宗教的な夢を再発見したのではないかと問うのももっともである。ラカンは、自分が充溢、つまり完全なる内的関係の織物の弁証法的な探求の可能性を否定していると思い込んでいるにもかかわらず、そのような状態への信仰は、ラカンがノスタルジアを全ての人間の欲望の特徴であるとすることに明らかに現れている。

欲望や性的差異についてのラカンの精神分析的説明や、近親姦タブーが文化を超えて広まっており機能しているという彼の想定を拒否する多くの理由がある。しかしそのような議論は、全く異なった探求に私たちを巻き込むことになってしまうだろう。ところが、彼の哲学的継承者だけでなくラカンを批判するフェミニストたちにも興味を抱かせるように思われる一種の反論がある。つまり禁止法、〈父の法〉は、普遍的な仕方ではたらくようにおもわれ、全ての言語や文化を創設するものであると考えられているというものである。快楽の原初的経験は、禁止され抑圧されていると理解されており、欲望は「欠如」として現出する。それは、アンビバレントな願望であり、たとえそれが禁止を侵犯しようとするものであるとしても、その禁止を体現している願望である。欲望が禁止によって設立されているだけでなく、

〔16〕 Ibid., p. 170.〔『エクリ』該当箇所不明〕

それによって構造化されているということは、必然的に妥当するのだろうか。この法はそれほど厳格なものなのだろうか。そして満足はいつもそれほど幻想的なものなのだろうか。

原抑圧Urverdrängungあるいは初期抑圧の要請は、主体を構成するものであり、結果として欲望を欠如として定式化することになるのだが、この要請のためには法の法的juridicalモデルを、欲望の構造の基礎をなす基礎的な政治的文化的関係として私たちは受け入れなければならない。ドゥルーズとフーコーの著作において問われることになるのは、まさに、法的法juridical lawが優位であり、欲望が欠如と充溢の二価的対立によって定式化されるという構造主義的想定である。ドゥルーズもフーコーも、ラカンによるヘーゲル的主体の脱中心化と、欲望の文化的構築という公準を受け入れる。しかし、彼らはラカンの精神分析プログラムを、それが治療するはずの病の典型的な例となっていると見ている。関連してはいるが異なった仕方で、ドゥルーズとフーコーは欲望を否定性によって定式化することを批判し、否定ではなく肯定が人間の初期願望を特徴付けるものであるということ、この事実の承認がヘーゲル的主体を一挙に退けると主張する。実際彼らそれぞれの見方では、欲望の否定性はその文化的病であり、弁証法と精神分析の両方が苦しめられている病である。したがって、欲望が否定から切り離されうるのかどうか、そしてこれに続く肯定的欲望の理論が実際に、それが意図しているほどヘーゲル主義を免れているのかどうかが、さらに検討されなければならない。

ドゥルーズ——奴隷道徳から生産的欲望へ

真の夢想家はナポリの革命家の衣装をまとったスピノザである。
——ドゥルーズ／ガタリ『アンチ・オイディプス』

ジル・ドゥルーズは様々な著作で、欲望自身に敵対する欲望の系譜学を再構成し、これに代わる、生産的で生成的な活動としての欲望の概念を与えることを試みてきた。彼の見解では、欲望を欠如として概念化する言説は、欲望の否定性を普遍的で必然的な存在論的真理として扱い、この欠如の系譜学を説明するのに失敗してきたのである。ドゥルーズによれば、実際には欲望は、欲望の自己否定を必要とし、補強するような、ある偶然的な社会歴史的諸条件のせいで欠如となったのである。『ニーチェと哲学』（一九六二年）においては、「奴隷道徳」がユダヤ・キリスト教的文化イデオロギーを特徴付けており、欲望が自身に敵対することになるのはこのユダヤ・キリスト教的伝統のためであるとされた。『アンチ・オイディプス』（一九七二年）においては、ユダヤ・キリスト教的文化イデオロギーは、現代の文脈において精神分析と先進資本主義の自己正当化実践との複合的効果のうちに見出されている。後者の著作でドゥルーズは「欠如（manque）は社会的生産において生み出され、整備され、組織される」と主張している［17］。「欠如」の存在論的条件は、物質的生活の必要条件であり、社会変革を受け付けないものであるかのよう

［17］ Deleuze and Guattari, *Anti-Oedipus*, p. 28.〔ドゥルーズ／ガタリ『アンチオイディプス　上　資本主義と分裂病』宇野邦一訳、河出書房新社、二〇〇六年、六〇頁〕

に思われる欠乏という経済的概念の物象化であることが暴露される。このようにドゥルーズは、欲望と否定性についての議論全体にイデオロギー批判を加える。このイデオロギー批判によって、欲望の一見欠如的な性格が具体的な物質的剝奪の結果であることを暴露するのである。これが「奴隷道徳」によって合理化されようと、精神分析的必然性によって合理化されようと、資本主義の鉄の法則によって合理化されようと、ドゥルーズはこのイデオロギーは反動的で生に敵対するものだと考えている。そうしたことを主張しながら、ドゥルーズは解放された欲望が別の位階に属するもの、つまり「欠如」と「否定性」を超えたものであることを指摘するのである。それは生の生産的かつ生成的肯定の機能である。したがって彼の理論は、ふたつの相互に補完しあう仕方で展開される。一方でそれは（一）否定性としての欲望の批判として、他方では（二）肯定としての欲望の規範的理想の促進として展開されるのである。前者のプロジェクトはイデオロギー批判を含意し、後者はニーチェの力への意志とスピノザのコナトゥスを情動的解放の理論のために再構成することを含んでいる。

　彼に先行するヘーゲル主義者達と同様に、ドゥルーズも欲望を人間存在論の特権的な場所として理解しようとするにとどまらない。「存在するのは欲望と社会的なものだけであり、他には何も存在しない」[18]。そのような発言は所与の社会的あるいは歴史的な条件への言及に限定されるのではなく、ドゥルーズ自身の存在論の変わらない特徴をなしている。実際彼は、生を肯定する欲望をヘーゲルの否定性に対置するようになるのであるが、この欲望もまた、普遍的な存在論的真理として登場する。それは、人間の解放にとって本質的でありながらも長い間抑圧されていたものである。フーコーの『性の歴史』においてはじめて、なぜ欲望が人間存在論についての思弁に中心的なものとなったのかという歴史的問いが問われることになる。しかし私たちはそのような問いへの基盤が、ドゥルーズのえり抜かれた欲望の系譜学において確立されているのを見ることができるのである。

ドゥルーズは、欲望の〔ヘーゲル的な〕否定的定式を歴史的に相対化する程度にはヘーゲルとの断絶を遂げているが、この断絶はヘーゲル自身の体系内部では説明できないものである。もしヘーゲルの哲学の中に否定性の系譜学があるとするならば、それは「常にすでに」そこに否定性があったということを回顧的に確証する発展的な説明となったであろう。他方で、ドゥルーズは否定性、つまり欲望に特徴的な欠如は、ヒエラルキーと支配という社会的状況を合理化するためにイデオロギー的手段によって設立されていると主張する。ラカン同様に、ドゥルーズは、充溢と余剰によって特徴付けられる原初的欲望の抑圧をたどるのだが、この抑圧は欠如し剝奪されたものとしての欲望の派生的形式に達するのである。したがって欲望の否定性は忘れられた抑圧の歴史の症候なのである。そしてその否定性の脱構築は、（少なくともドゥルーズの場合には）より原初的で、充溢した欲望の解放を約束するものである。ラカンにとって、欠如を設立する禁止法は、象徴的父の法であり、それは近親姦に対する創設的禁止である。この禁止が、普遍的に文化変容のプロセスを始めるものとされる。ドゥルーズはエディプス的構成の普遍的妥当性を拒否し、代わりに、禁止法をユダヤ・キリスト教的「奴隷道徳」として記述するニーチェに依拠する。そこでは欲望が自分自身に反抗するのだが、ドゥルーズにとっては、原初的抑圧の精神分析的法則と欠乏は免れえないという資本主義的想定はその現代的な表現なのである。ドゥルーズにおいては奴

〔18〕 Ibid., p. 29〔『アンチオイディプス　上』、六一頁〕

隷道徳概念には歴史的必然性はなく、したがってそれは力への意志の力、つまり禁止的法の拘束にとらわれない、生を肯定する欲望の力によって転覆されうる。いいかえれば、ドゥルーズは、力への意志はラカンが欲望の限界を超えたもの、つまり文化を構成する法の限界と見なした享楽あるいは〈存在〉へと近づくことができると主張するのである。ドゥルーズにとって、その法がいかに支配的であるとしても、法は破壊されうるだけではなく、破壊されるべきなのである。

『ニーチェと哲学』は、ヘーゲル主義は奴隷道徳であるという批判を支持しており、主人と奴隷のどちらもが全く同じ生の拒否に陥っていることを暴露する。『道徳の系譜学』において、ニーチェは奴隷道徳を、意志が自分自身に反転することによる、ルサンチマンおよび妬みとして特徴付ける。ドゥルーズにとって、ヘーゲルの主体はまさしく、そのような否定的権力である。この権力は、事実上、自分自身の権力を損なうことを通じて、否定的なものになる。ヘーゲルの「主体」は、ラカンの「自我」同様に、自律的な自己生成する行為体ではなく、奴隷の自己否定によって生じたでっちあげの構築物である。潜在的には自分の世界に適合しているヘーゲルの主体概念は、生成的権力のより真なる、より深い資源を隠蔽していると批判される。――つまりそれは力への意志の諸力の戯れを隠蔽しているのである。したがって、一見自律的に見えるヘーゲル的主体は、その見かけ上の否定性を補強する諸々の衝動の非弁証法的な多様性を自分自身で拒否することによって奴隷化されている。ラカンの場合同様、主体は欲望の原初的配置に対する防御として再び理解され、ヘーゲルの欲望を特徴付けている「否定的なものの労働」は剝奪された欲望として理解され、この欲望は自分の剝奪の系譜学を隠しているとされる。

ニーチェにとってもドゥルーズにとっても、ヘーゲルの主体は自律性の虚偽的現れである。奴隷道徳の顕現として、この主体は自己生成的というよりも反動的である。ニーチェは、自律性という理念を、力への意志においてより満たされる〔満足を得る〕ものと見なしている。つまりそれは『道徳の系譜学』において、生を肯定する身体的強さという貴族的価値、妬みを超えた道徳的立場である。ニーチェは、ヘーゲルを反動の哲学的な典型とみなし、標的としているように見える。『道徳の系譜学』の第一論文第十章で、ニーチェは次のように主張する。「道徳における奴隷一揆は、ルサンチマンそのものが創造的となり、価値を生み出すようになったときに始めて起こる。すなわちこれは、真の反応つまり行為による反応が拒まれているために、もっぱら想像上の復讐によってだけその埋め合わせをつけるような者どものルサンチマンである。」[19]。「真の行為」は自己肯定の源泉であり、そこから奴隷は排除されている。サルトルのジュネのように、行為することのできない行為体は、その復讐の夢によってのみ力を持つことになる。ニーチェはヘーゲルの主体がまさに、そのようなルサンチマンに充たされた無力な奴隷であると主張することで、暴露をつづける。そうした奴隷は、自己生成的行為を行うことができず、反動的な自己転覆しか行うことができないのである。

> 全ての貴族道徳は自己自身に対する勝ち誇れる肯定から生まれ出るのに反し、奴隷道徳ははじめからして〈外のもの〉・〈他のもの〉・〈自己ならぬもの〉に対し否という。つまりこの否定こそが、その創造的行為なのだ。価値を定めるまなざしのこの逆転——自己自身に立ち戻るのでなしにそのひ

〔19〕 Nietzsche, *Genealogy of Morals*, p. 36.〔ニーチェ『ニーチェ全集　第一一巻 善悪の彼岸・道徳の系譜』信太正三訳、筑摩書房、一九九三年、三九三頁〕

とのまなざしを外へと向ける欲求——こそが、まさにルサンチマン特有のものである。すなわち奴隷道徳は、それが成り立つためには、いつもまず一つの対立的な外界を必要とする。生理学的にいえば、それは一般に働き出すための外的刺激を必要とする、——その活動は根本的に反動である[20]。

ドゥルーズによれば、ニーチェの貴族道徳は、差異をより包括的な同一性に同化しようとする弁証法的傾向に抵抗する差異の肯定を本質とする。自己肯定的行為者と異なっているものは、この行為者の同一性のプロジェクトを脅かすのではなく、代わりにその行為者の権力と有効性を高めるよう機能する。ドゥルーズにとってこのことが明確化されているのはニーチェの諸力の理論においてである。ドゥルーズはこの理論を、ニーチェの反ヘーゲル主義の「切っ先」だと解釈する。ドゥルーズによれば、

> ニーチェにおいては、一方の力と他方の力との本質的関係が本質のなかの否定的要素として理解されることはけっしてない。他の力との関係において従わせる力は、他の力を、あるいは自分ではないものを否定するのではなく、自己自身の差異を肯定し、この差異を享受するのである[21]。

ニーチェの意志は、それ自体諸力の多様な戯れであり、それゆえそれを弁証法的統一によって抑えることはできない。これらの力は生の諸々の流れ、関心、欲望、快楽、思考を表しており、抑圧的な法と統一的法、あるいはそのどちらかの必然性なしに共-存するのである。したがって、同一性というのは

ドゥルーズとしては誤称なのであり、この主体の本質的多様性を誤解するものである。ドゥルーズの主体は単一の法や統一する概念によって定義されるものではないので、統一なしに対立を維持するということができる。したがって、対立が同一性へと同化させられることを必要とするヘーゲルの主体とは異なるのである。実際、ニーチェもドゥルーズも、この必要を、弱さと退廃のしるしと見なしている。主体が、外的対立の同化によってのみ存在する場合、主体は自分自身の同一性のために否定的関係に依存しているのである。したがって、このような主体には、「強い」人間、超人に特徴的な自己主張と自己肯定の権力が欠けている。超人の〈他者〉との関係は根源的な依存性を超える。他方、ニーチェの意志は、他性の文脈から離れて自分自身を肯定するというわけではなく、ヘーゲルの欲望と異なるのは他性へのその基本的なアプローチにおいてである。区別はもはや同一性のために必要なものとは理解されないがゆえに、他性はもはや「加工され〔labored on 労働を加えられ〕」、取って代わられ、あるいは概念化されるべきものとして提示されはしない。むしろ差異は、享受のための条件である。享受は、強められた意味での快楽であり、諸力の戯れの加速であり増大である。この諸力が、ニーチェ版の享受jouissanceと呼んでもよいものを形成する。ひとたび、孤立した同一性の必要が主体を支配しなくなるならば、差異は危険の源泉というよりは、自己強化と快楽の条件である。ドゥルーズはこのニーチェとヘーゲルの差異について記述している。「ニーチェの『然り』は弁証法的な『否』に、肯定は弁証法的な否定に、差異は弁

〔20〕 Ibid., p. 38.〔前掲書、三九三頁〕

〔21〕 Deleuze, *Nietzsche and Philosophy*, p. 9.〔ドゥルーズ『ニーチェと哲学』江川隆男訳、河出書房新書、二〇〇八年、三四頁〕以下の本文中のページ指示は、『ニーチェと哲学』からのものである。

証法的な矛盾に、喜びや享楽は弁証法的な労働に、軽やかさや舞踏は〔…〕弁証法的な責任に、それぞれ対立するのである」(『ニーチェと哲学』9〔三五頁〕)。

ドゥルーズは、ヘーゲルの弁証法が「重力の精神」によって押しつぶされているとみている。しかし、ヘーゲルが『精神現象学』の序文で言及するバッカスのお祭り騒ぎが、もし実際にそのような重力の精神に支配されているならば、どのように始まりえたのだろうかと考えても的外れではないだろう。バッカスのお祭り騒ぎは、〈絶対者〉の思弁的思惟を、絶え間なく全てを包括する弁証法として、「否定的なものの労働」の達成として、たしかに険しいヘーゲルの遍歴の終わりにおける「軽さ」として特徴付けようとするものである。ドゥルーズは『精神現象学』がこのように祝祭を結論としていることを考慮しておらず、ヘーゲル自身の中でそれが可能だとは考えていないと思われる。もし『精神現象学』が、教養小説《ビルドゥングスロマーン》、しかも自分が常にいた場所に旅が帰着することが明らかになる旅について旅人が物語る教養小説《ビルドゥングスロマーン》であるとすれば、『精神現象学』は『オズの魔法使い』のドロシーの夢のようなものである。この夢は、ドロシーを家に連れて帰るだけでなく、彼女の家の価値転換された部分だけから組み立てられているのである。もし内在が『精神現象学』の最後の真理であるとすれば、ヘーゲルのお祭り人達は、キーツの歌う、ギリシアの壺に描かれた不動の喜びのように、定位置で踊り、一つの枠組みのなかに固定されているように見えるだろう。

『精神現象学』が享受enjoymentというテーマを明示的に扱っているのは、奴隷の労働の果実を享受する主人の文脈においてである(享受において満足することim Genusse sich zu befriedigen)。ここで享受は、労働なしに達成される、あるいはより正確に言えば、他者の労働によって可能となっている。享受は消費をモデルにしており、主人は自分の充足した〔満足の〕生活によって満足させられないことが明らかとなる。主人の奴隷への依存は、主人の自己充足感を破壊する。自分自身の否定性についての彼の経験は消費に限られており、主人は自分自身の有効性の感覚を失っている。亨受は、まさに主人が求めようとしている自律のプロジェクトを掘り崩すがゆえに、耐えられないものとなる。主人と奴隷との間の序列関係もまた、〔主人の場合には〕自律の実現を挫折させるがゆえに、奴隷の場合には、自律の予期せざる実現がより大きな満足を与えるがゆえに、耐えがたいものとなるのである。ヘーゲルにとって、満足(Befriedigung)が亨受(Genuss)と同じではないことは明らかである。満足が、同一性の法が再び断言されたこと、そしてそれゆえに概念的なたぐいの満足感を与えることを意味しているのに対して、亨受は、決定的にもっと感覚的な出来事、もっと直接的で、それゆえそれほど哲学的ではない出来事である。

ドゥルーズは、右のヘーゲルの中心的な要請のなかの少なくともふたつを問題視している。つまりその要請とは、〔①〕亨受を最終的には不満をもたらす消費の様式として定式化していることと、〔②〕同一性の法に基づく自律の概念を優先し、社会的序列関係を拒否していることである。どちらの場合にも、自己同一的主体の概念が、満足の諸パラメーターを決定する。このバージョンの自律的同一性は奴隷道徳の症候であり、そこでは差異は苦しみの対象でしかなく、決して亨受される対象ではない。自己同一性を満足の存在論的条件として要請することで、差異を差異として肯定するというより大きな快楽と、序列的な交流という派生的快楽が排除される。弁証法が「奴隷」道徳であるといっても、ヘーゲル的な「奴隷」の意味においてではない。ヘーゲル的な奴隷は、支配と隷属から、不幸な意識への移行のきっかけとなる。つまり、それは『精神現象学』の解放的原理を自分の「労働」において、自分の「労働」を通じてもたらすのである。そうではなく弁証法が「奴隷」道徳であるというのは、ニーチェの『道徳の系譜学』の「奴隷」の意味においてである。この奴隷は、高貴さの権力を持たず、妬みによる価値転換という行いを通じて、自分自身の限界を道徳的優位の証拠として賞賛する。奴隷は無能力を道徳的強さとして合理化する。ニーチェとドゥルーズのどちらにとっても、ヘーゲルの遍歴する主体は、まさしくそのような奴隷なのである。ニーチェが「ソクラテスの問題」で述べるところによれば、「弁証法においてて勝利するのは奴隷である。…弁証法は防御のための武器としてしか役立たない」(『権力への意志』第四三一節〔下 四二〇-四二一頁〕)。ヘーゲルの奴隷の意志は、見かけ上の解放を達成するとしても、自己制約された意志である。解放が自律と自己実現をモデルとするかぎりで、解放された奴隷は自己同一性という拘束によって制約されることをのぞみ、快楽も創造性も知ろうとはしない。しかしこの快楽と創造性こそ、力への意志の本質的特徴なのである。解放された奴隷は、『精神現象学』の中では止揚されることのできない仕方で、拘束されたがっている。奴隷は常に差異をおそれ、差異を自分の中に同化する必要なしに、差異を肯定するために行為する仕方を知ろうとはしない。ヘーゲルの主体は自分の外の世界を拒否するのだが、他方で、まさしくその「自己」は、その世界に囚われている。自己が出会う外在性に対して常に反動的に行為しながら、決してその世界を、差異を持ったものとして自由に肯定することも、その肯定から享受を引き出すこともない。つまりヘーゲルの主体は、外的世界の諸特徴を恐れるか、あるいは我有化するかしかできない。その基本的投企であり非常に深い欲望であるものは、反省的自己意識の自己同一性を獲得しようとするので、恐れなしに、喜びながら、創造的に、他性の世界の中に入ることはできない。

ドゥルーズによれば、ニーチェは肯定と否定という活動の根本的に新しい意味を提案する。この肯定と否定という活動は、ヘーゲル哲学におけるこれらの語の意味と関係を反転し、それを超えるものである。肯定はもはや、肯定するものと肯定されるものとの間の存在論的統一をもたらすという重荷を背負いはしない。なぜなら力への意志の外には存在はないからである。「存在と無は単に、力への意志の諸々の質（qualia）としての肯定と否定の抽象的な表現である」（『ニーチェと哲学』186〔三五九頁〕）。しかし力への意志は、もっぱら人間の能力なのではなく、生命の内的に差異化されたダイナミズムである。肯定するということは、擬人化を行なう投影ではなく、生成的活動であり、その活動は、まさにそれが活動であることにおいて、そしてそれを通じて、生命そのものの生産性を肯定する。主体は、主体に相対する世界に適合的になるために奮闘する必要はなく、自分自身よりも偉大なもの、つまり力への意志、創造的生命に自分自身を譲り渡さなければならない。ドゥルーズが自身の説明で強調しているように「肯定するということは、存在するものの責任を請け負うこと、その重荷を引き受けることではなく、生きているものを解放し、その重荷を下ろすことである」（『ニーチェと哲学』185〔三五七頁〕）。

ヘーゲルの弁証法は、否定性のカテゴリーのために、あるいはニーチェにいわせれば死のカテゴリーのために、肯定と生のカテゴリーを拒否する限りで、反生命であると考えられる。ニーチェによれば、真と偽、存在と非存在、実在と現象によって世界が分析されうるという哲学的期待は、生の倒錯した憎悪の症候であり、虚偽の概念的構築を押しつけることで自らを正当化するものである。これらの哲学的対立は、生を捕らえ、制御して葬り去り、生における死の立場にある弁証法的哲学者達を保護するとされている。同一性の要請は、それが主体と主体の関係としてであれ、世界の相容れない諸側面の関係としてであれ、世界の存在とその真理の間の関係としてであれ、力への意志に対する奴隷の恐怖と憎しみに動機づけられた抑制の戦略である。ドゥルーズによれば「ニーチェは真実の自己充足と同様に現実の自己充足を信じない。彼はそれらを一つの意志の表明、つまり生を過小評価する意志、生を生に対立させる意志の表明と考える」(『ニーチェと哲学』184〔三五五頁〕)。

もちろん私たちは、ニーチェの様々な哲学的重要概念――力への意志、永劫回帰、ディオニュソス的なもの、音楽的ソクラテス――を詳細に検討することはできない。しかし私たちが行った彼の立場の素描は、欲望の主体のポスト・ヘーゲル的定式による挑戦を明らかにすることができる。ドゥルーズにとって、ニーチェは欲望を否定性から切り離し、ヘーゲルの立場の系譜学を奴隷道徳によって説明する方法を提供したのである。力への意志は、自己意識の否定性にではなく、生の充溢、生の絶えざる豊穣さにもとづく欲望の代替モデルを提供する。ニーチェの同一性批判はまた、欲望の暗黙の行為者と明示的目標としての自己充足する主体をさらに脱中心化する結果となる。私たちは、ラカンにおいてと同様、ドゥルーズにおいても、この主体の発生が、原初的で、哲学的に飼い慣らされていない欲望に対する防御とされているのを見出す。『アンチ・オイディプス』においては、生を肯定する欲望を抑圧するのは資本主義の強制力と精神分析のイデオロギーであり、『ニーチェと哲学』においては、奴隷道徳である。しかし、資本主義と精神分析がどちらも奴隷道徳であること、生を肯定する欲望が、どちらの文脈においても解放というドゥルーズの目的《テロス》であることは明らかである。抑圧された欲望のモデルは力への意志である。しかしニーチェの概念は、ドゥルーズによってスピノザのコナトゥスに帰属させられる。コナトゥスは、近代の政治的文化的文脈の中に置かれ、ドゥルーズにとっては、革命的変化の情動的源泉となるのである。

ドゥルーズにとって、力への意志は、スピノザの〔コナトゥスという〕自己の生存を貫く一次的欲望に似ている。つまり、どちらの欲望も、外的現象によって触発されることで、強化され高められる。欲望は世界の徹底した作者であることを目指すもの〔コジェーヴ、サルトル〕なのではなく、外的であらざるをえないものに対して応答する自分の能力によってそれ自体強化されるものなのである。実際、ドゥルーズはニーチェの力への意志を感受性の発展したものとして理解している。ドゥルーズのニーチェからの引用によれば、「力への意志は、存在でも生成でもなく、それは一つのパトスなのである」（『ニーチェと哲学』62〔一三〇頁〕）。さらにドゥルーズは次のように主張する。「ここで、ニーチェにおけるスピノザ的着想を否定することは難しい。スピノザは、きわめて深遠な理論において、力のあらゆる量には触発される能力〔変容能力〕が対応していると主張していた。すなわち、身体〔物体〕は、より多くの仕方で触発されうるだけにますます多くの力を有する。まさにこの能力こそが、身体の力を測定したり、その権力を表現したりするのである」（『ニーチェと哲学』62〔一二九頁〕）。ドゥルーズは、『アンチ・オイディプス』では、欲望と身体はその応答能力から派生したものであり、「牽引や強度の生産」〔22〕といった諸力によって身体の刷新を要求する。そうして、スピノザは外在性への反応を欲望の強化として理解する仕方をドゥルーズに提供する。この強化は、この外在性を同一性の法に横領〔我有化〕しようとする弁証法的要求に抵抗するものなのである。

〔22〕 Deleuze and Guattari, *Anti-Oedipus*, p. 339.〔『アンチ・オイディプス　下』、二二九頁〕

ヘーゲルが、自己意識を駆り立てる否定性を理解できなかったとスピノザを批判するのに対して、ドゥルーズはまさにこの否定的なものの排除がゆえにスピノザを称えているのは十分興味深い。ドゥルーズはこのように欲望を生への生産的応答と理解しているのだが、そこでは、欲望の力と強度が他性との交換の過程において、多様化され強化される。ドゥルーズの「意志will」は「頑固willful」ではなく、反応的で、柔軟性を持ち、欲望を構成している力の交換を通じて新しいより複雑な組織形態を帯びるのである。力の領野はエネルギーとパワーであふれているので、欲望は、力を独占するための闘争であるよりも、エネルギーとパワーを強化し増殖させることで、過剰状態へともたらす交換なのである。欲望を剝奪の様態として生産してきた、仕組まれた欠乏という条件の下には、生を肯定する欲望の豊かさが用意されている。そしてドゥルーズにとって、ポスト・ヘーゲル的エロスの政治的で個人的な課題は、このスピノザ的持続性を取り戻し、力への意志によってこれを鋳直すことである。この観点からすれば、ヘーゲル的主体を、奴隷道徳の産物として、文化的病の帰結として、生を否定する欲望の結果でもあり、その行為体でもあるものとして、理解することができるのである。

ドゥルーズの理論は否定的な欲望から生産的欲望への移動を命じているのだが、この動きのためには、私たちは欲望の解放的モデルを受け入れることが必要である。この意味で彼はラカンの理論を政治化したのである。ドゥルーズは、生産的欲望、享楽jouissanceは、人間の経験にも接近可能であり、この欲望を支配する禁止的法は破られることが可能で、また破られなければならないと主張する。『エロスと文明』における政治的に抑圧された欲望に対するマルクーゼの弁証法的解決は、マルクーゼが欲望に対する二価的制限を受け入れており、ヘーゲル的総合においてそれらを宥和させているために、ドゥルーズの立場にとっては明らかに受け入れがたいものである。つまり、〔マルクーゼにおいて〕性の両極性は、両性性bisexualityの綜合的我有化を通じて克服されるのである。ニーチェが情動の非弁証法的多様性にこだわったのは、自己同一的主体の可能性を批判するためであり、力への意志は、内部に複雑な構造を持つヘーゲル的欲望に還元されはしないと主張するためである。ニーチェ自身は時折、様々な情動と力を組織している単一の支配的な欲動に言及しているにもかかわらず、ドゥルーズは明らかに、力への意志がそのような情動の統合に抵抗するという読解のほうを好んでいる。ドゥルーズにとって、内部に多様性を持つ欲望と、もろもろの欲望の根本的に多様な集合との間には重要な差異がある。内部に多様性を持つ欲望においては、様々な欲望の内在性は、封じ込めの統合的構造を示唆している。それに対し、もろもろの欲望の根本的に多様な集合は、それらの欲望を統合として記述する努力によってのみ偽になり得るのである。

多様性を持つエロスは、欲望の統一された方向性、そして私たちが『精神現象学』において考察した欲望の弁証法的「二重の対象」にも挑戦する。にもかかわらず、この一見抑圧された（もろもろの）欲望が持っているとされている実在性がどんな種類のものであるのかは、それほど明らかではない。もし、ドゥルーズが、力への意志を、のちに制約的文化によって拒否されることになった自然的エロスとしてスピノザ的に練り上げることを受け入れるとすれば、そのとき彼は、どのように私たちが、文化的パースペクティヴの内部からこの自然的多様性への洞察を獲得するのかを説明するよう強いられるように思われる。一方で、ドゥルーズは、ラカンが法的法を全ての文化の根底にあるものとして物象化したのを批判し、ニーチェを介して、法的法の転覆と置き換えの戦略を提示しているように見える。他方で、ドゥルーズが進める戦略は、それとは別の種類の物象化に訴えている。つまり、広汎に抑圧されているにもかかわらず、変わることのない欲望の存在論的構造として、多様な情動を物象化してしまっているのである。欲望の構造の探求が文化的に構築されたパースペクティヴの中で生じるのならば、欲望の分析はそれが説明しようとしている文化的状況に常に巻き込まれている。だとすれば自然的多様性の要請は、ドゥルーズの側の擁護しがたい形而上学的思弁であるように思われる。さらに、欲望を欠如とする文化的物象化への批判は、存在論的に変わることのない多様な情動性に訴えることでそれ自身の物象化形態を含み込んでいるために、ラカンの立場の欠点とともにその利点を放棄してしまっている。いいかえれば、前文化的エロスに訴えることによって、全ての欲望は言語的かつ文化的に構築されているというラカンの洞察を無視しているのである。禁止法と、その法の結果として、常にすでに抑圧されているものとして欲望が物象化されていることとをドゥルーズは批判するのだが、欲望の文化的構築を明示的に説明する政治戦略、つまり規範的理想としての「自然的」欲望へ訴えることに抵抗する政治戦略が必要となる。

ドゥルーズのヘーゲル的主体に対する批判は、脱中心化された情動性を記述するポストモダン的努力の一つと見なされるが、ニーチェの力の理論に訴えるということは、彼がこの脱中心化された経験を文化的に条件付けられた歴史的経験というよりは存在論的な経験として理解しているということを示唆している。実際、自然的に多様な情動性に彼が依拠しているということは、ルソーやモンテスキューに見出されるような、啓蒙主義による自然的欲望への依拠と似ていなくもない。皮肉なことに、ドゥルーズの一見反資本主義的な立場は、古典的自由主義と多くの哲学的想定を共有しているのである。ちょうど個人が快楽（ベンサム）や所有（ロック）への特定の欲望を持ち、それは事後的に社会契約という拘束によって抑制されるといわれるのとまったく同様に、原初的に抑圧されていない、リビドー的多様性というドゥルーズの概念は、文化の禁止法の支配下にある。どちらの場合にも欲望は、前文化的理想の場、個人の本質であり、結果として反エロス的な政治構造の強制によって、歪められるか抑圧されるのである。ここでドゥルーズは欲望を歴史化するという彼のもともとの企図を裏切っているように思われる。なぜなら彼の前文化的リビドー的カオスという牧歌的見解は、非歴史的で絶対的なものであるかのようなポーズをとっているからである。

他方でラカンは、禁止法とは文化的にアクセス可能な欲望の経験を生み出し、どんな禁止からも自由な欲望への訴えを一切排除するものにほかならないと主張するのであり、そうした意味で欲望が法からはなれて概念化されうるのかどうかを問うている。もしこの点でラカンが正しいのなら、禁止的法のヘゲモニーをずらそうというドゥルーズの目論みは、文化そのものの内部からこうした法を転倒させ増殖させるような立場によって取り上げられなければならないことになる。あとで見るように、ミシェル・フーコーの理論はまさにこのことを成し遂げているように思われる。つまり（一）欲望の文化的物象化を欠如として含まないかたちでの欲望の文化的構築を認めること、（二）禁止的法のヘゲモニーを、この法が自己攪乱し自己増殖する可能性のほうに力点を置くことによって置き換えるという政治的戦略をとることである。こうしてフーコーは現存する諸々の禁止に対抗する攪乱的闘争を含む規範的枠組みを提供することになる。つまりこの枠組みは、言語的ないし文化的法に先だってあるいはそのあとに存在するとされる自然的ないし形而上学的構造をもつ欲望に訴えることを否定する、徹底的に文化的なプログラムなのである。

ラカンは禁止的法を物象化しているにもかかわらず、現存する文化の中で可能であるような種類の欲望の経験に対する批判を提供しており、それゆえフーコーによって練り上げられることになる企て、つまり欲望を弁証法的想像力の手からねじり取るという企てに着手しているのである。そのような文化の経験の可能性を制限することは、不当に制限を加えるものであるかもしれないのだが、彼のしたことは、欲望の構造と意味についての制約されざる形而上学的な思弁に対する限界を設けることであった。だからといって、ラカンが欲望に対する形而上学的な熱望にとらわれてなどいないと主張しているわけではない。そうではなく、ラカンはそのような熱望に対して文化が設定する必然的限界を認識していると主張しているのである。欲望の経験をカント的に限定することは、二重の帰結をもたらす。欲望は常に私たちが経験する以上のものであるのだが、しかし、私たちはこの「より以上」を記述するのに言語を用いることはできない。したがって欲望は、一種の限界、言語そのものに対する限界、形而上学的熱望の運命として経験される。というのも、この熱望は必然的に、言語的禁止によって設定された限界のために破綻せざるをえないものなのだからである。

しかし、ドゥルーズもラカンも徹底して欲望への形而上学的熱望から自由であるわけではなく、彼らの理論に影響を与えている形而上学的願望は、同じくらいヘーゲル主義をとどめていると理解されうる。ドゥルーズにとってもラカンにとっても、文化的に設立された欲望に対する、とらえがたく気をもませる「彼岸」、解放の約束は——ラカンの場合には、その約束は決して成就することができないとされているにしても——依然として残されている。どちらの場合にも、ある種の絶対的現前が、内的に差異〔微分〕化されているにせよ、欲望の最終目標あるいはテロスとなっている。現実的なものと合理的なものの総合がイポリットにおいてノスタルジックな理想でありつづけるのと同じ仕方で、ラカンにおいて、この「存在」は人間的主体から締め出されている。ドゥルーズにおいては、否定性を生産的欲望から根絶やしにすることで〔23〕、結局は、内的に差異〔微分〕化された〈エロス〉に至る。この〈エロス〉において「差異」は、欲望の外的に関連した諸契機というよりは、力の肯定的な微分として理解される。言いかえれば、ドゥルーズにとっては、力の理論が、充足の原理の守護者としてのヘーゲルの内的関係の教説に取って代わるのである。

　ドゥルーズとラカンは、欲望が禁止的法の枷から解放されうるかどうかという問い〔への答え〕については劇的に異なっているのだが、どちらの理論家も、欲望がこの禁止的法から離れた存在論的地位を持つことを主張する〔点では等しい〕。ラカンにとっては、享楽は欲望の自体存在であり、欲望の文化的に具体的な経験を構造化するが、決して文化という条件の内部で完全に知られたり経験されたりすることのないものである。ドゥルーズにとっては、多様性のエロスは、ひとたび生そのものが奴隷道徳の制約から自由になるならば、常にすでに現存する可能性として現れる。享楽としてであれ生そのものとしてであれ、この肯定と充足の要請が欲望をその本質的構造およびテロスとして内的に特徴付けると言われる。ただし、ラカンにとってテロスは達成され得ない〔ところは異なっている〕。この点において、ラカンとドゥ

〔23〕ドゥルーズは、力への意志あるいは生産的欲望は否定性の徹底した根絶を含んでいるが、否定的なものは生産的欲望自身の自己強化のために生産的欲望によって展開されるかもしれないとも主張している。否定性のこの第二の意味がヘーゲル的否定性と別のものであるのかどうかは、ドゥルーズがその意味を詳しく述べていないがゆえに、直接的には明らかでない。

ルーズはどちらも、〈絶対者〉の内的経験としての欲望の形而上学的約束によって魅惑されたままである。満足が存在論的差異に先立つ状態と見なされようと（ラカン）、生を肯定する力への意志の持つ非常に多くの属性としての差異の究極的受肉として見なされようと（ドゥルーズ）、満足は依然として差異の外在性を否定する、要請された現前および統一のままである。この意味で、どちらの立場も、欲望の満足が充溢の優位を打ち立てるというヘーゲル的夢から自由ではないのであり、存在論的完全性と内在的形而上学的場所を前提とするのである。

　ラカンとドゥルーズが同一性の原理と絶対的現前の探求にとらわれていると解釈することで、同一性の哲学者と差異の哲学者との間の区別と称されるものに深刻な疑いがなげかけられる。ラカンとドゥルーズの両者にとって、存在論的統一は第一次的なものであり、文化的法の到来を通じて初めて中断される。この文化の到来は、ほとんど〈堕罪〉の理論と響き合いながら、絶え間のない不満足の経験としての欲望に終わるのである。そうすると、この統一あるいは絶対的現前は欲望の暗黙的だが根本的な投企《プロジェクト》――ラカンによれば愛の原因――となる。この投企《プロジェクト》は想像されるか（サルトル、ラカン）、自然的〈エロス〉への革命的回帰によって追求されるか（ドゥルーズ）である。否定性全体を、全てを包括する〈存在〉に価値転換し、後者と取り替えようとするヘーゲルの努力は依然として、これらの一見ポスト・ヘーゲル的な立場を構成する欲望である。『精神現象学』の容赦のない必然性はもはや説得力のある物語としては役立たないように思われ、精神分析的かつニーチェ的方法は、〈主体の自律〉と〈理性と経験の弁証法的構造〉についての幻想をますます不要にしていく。しかし、享楽の概念によってであれ、力の理論によってであれ、また夢が実現されようがされまいが、〈存在〉の失われた統一を再構成するという夢が、これらの理論をいまだに形作っている。

フーコー――錨を上げた弁証法

偉大な拒絶の単一の場所も、反乱の魂も、全ての反抗の源泉も存在しはしない。
フーコー『性の歴史』

フーコーの『性の歴史』第一巻は西洋の欲望の歴史を、二価的対立に依拠する弁証法的枠組みの中で適切に説明することが可能であるかどうかを問う。フロイトの『文明とその不安』は欲望を本能として、つまりその昇華が一般的に制約的な「文明」の必然的帰結であるような本能として説明しようとしていた。ここで文明は、法的で禁止的な一群の諸制度として理解されており、そうした諸制度は、原初的な本能を抑圧すると同時に、それ自体そうした本能の昇華された形態でもあるのである。マルクーゼの『エロスと文明』はこの昇華の概念を〈エロス〉の理論に照らして検証し、昇華が、全ての肯定的文化形成の創造的でエロス的な組織化をなすことを示す。それゆえマルクーゼは〈エロス〉を文化的生産の非抑圧的で非法的な組織化原理であると理解しているのである。ある意味フーコーはこの特殊な精神分析的かつヘーゲル的遺産から現れた〔理論家〕と見なされうる。実際フロイトは権力の法的モデルを同定したが、マルクーゼは昇華についての思弁的考察を通じて、そうした一見抑圧的な権力に思わぬ生産性があることを明らかにしたのである。しかしフーコーにおいて、この緊張は法律的権力と生産的権力とのあいだの緊張として再定式化されることになり、「本能」の要請、あるいは〈エロス〉の非歴史的形態は拒否される。結果として、欲望は法的法 juridical law によって抑圧されるのでもなければ、かの原初において抑圧された本能の派生的形態あるいは昇華された形態でもない。欲望は、抑圧的法そのものによって創造されるのであり、法的権力の歴史的に特殊な形態が思いがけず生産するものという以外の意味を持たない。法に先立って存在するといわれうるような一群の欲望を抑圧すると私たちが想定している法は、むしろまさに法が根絶やしにしようとしていたそれらの欲望を名付け、その限界を画定し、そしてそのことによって、こうした欲望に社会的な意味と可能性を与えることに成功する。

「法」は、何らかの言説実践を通じてコード化され、産出されるのであり、それゆえ歴史的に特殊な自分自身の言語的様態を持つ。医学、精神医学、犯罪学は、そのなかで欲望が統制されると同時に産出されもする言説領域となる。実際その領域では、欲望の制御は、欲望の文化的生産のあり様なのである。もし抑圧的法が、それがコントロールするとされる欲望を構成するのだとしたら、解放をもたらす抑圧の反対物として、当の構成された欲望に訴えることは意味がないことになる。実際フーコーにとって欲望は、法の予期せざる帰結なのである。そして、法が所与の言説実践を通じて再生産されるかぎりでは、これらの言説実践は欲望の文化的生産に関与していることになる。構造主義的前提を政治的に練り上げながらフーコーは、(a)言語はいつも特殊な歴史的形態において構造化されており、それゆえいつも一種の言説であるということ、(b)この言説は例外なく権力の既存の歴史的関係を再現し、生産するということ、(c)これらの権力を帯びた言説はその統制的実践によって欲望を生産するということを主張する。

したがってフーコーにとっては、言説の外に欲望はなく、権力関係から自由な言説はない。言説というフーコーの概念は、従来の解放的なモデルの言説概念を超える機能を含んでいる。言説は物質的関係の随伴現象的反映でもなければ、支配の道具でもなければ、コミュニケーションの普遍的原理を体現する記号の慣習的体系でもない。フーコーの言葉で言えば「言説は、一連の非連続的断片〔であり〕、その戦術的な機能が一様でも一定でもないものである。〔…〕言説の世界を、受け入れられた言説と排除された言説とに、あるいは支配する言説と支配される言説とに分割されたものとして想像してはならないのだ。そうではなくて、様々な戦略の中で演じ＝働きうるような多様な言説的要素として想像すべきである」（『知への意志』100〔一二九―一三〇頁〕）。解放は、権力から自由な言説へと上り詰めることではありえない。なぜなら、フーコーによれば権力と言説は外延を同じくするものとなっているのだからである。もし、言説において解放的ポテンシャルが存在しうるのだとするならば、それは権力の超越ではなく、権力の変容からなるものでなければならない。フーコーにとって「言説は、同時に権力の道具にして作用＝結果であるが、しかしまた、障害、支える台、抵抗の点、正反対の戦略のための出発点でもあるのだ。言説は権力を運び、産出する。言説は権力を強化するが、しかしまたそれを内側から蝕み、危険にさらし、脆弱化し、その行手を妨げることを可能にする」（『知への意志』101〔一三〇頁〕）。

抑圧か解放のどちらかに二価的に権力を配置してしまうと、権力関係の多様性は、権力の多彩な織物を覆い隠す二つの単声的な選択肢に還元されてしまう。こうした構成は、解放的なものとして意図されているときでさえ、「権力はどこにでもある」のだから、結果としては政治的想像力、それゆえにまた政治的変容の可能性を制限してしまうことになる。〔フーコーによれば〕「権力は至る所にある。全てを統轄するからではない、至る所から生じるからである」（『知への意志』〔一二〇頁〕）。権力の解放的モデルは、〔権力の」法的形態に縛られたままである。この権力の形態は支配的（ヘゲモニー的）になっているが、しかしだからといって普遍的であるわけでも必然的であるわけでもない。ドゥルーズのように、フーコーも権力の生産的形態に訴える。この権力の形態は大部分が、近代の政治的解放の理論において注目されなくなったものである。しかしドゥルーズとは違って、フーコーは「真なる欲望」という前文化的概念を拒否し、政治的変容を権力とセクシュアリティの布置の増殖の結果と見なす。ドゥルーズにとっては欲望の前文化的存在論を特徴付けるものである力についてのニーチェの理論は、フーコーにとっては言説権力の理論となる。この権力は、歴史的に構成され、君主制による統治形態の崩壊と近代戦争の遍在性に条件付けられている。根本的に、言説は近代権力の力学的状況に規定されており、欲望はこの言説によってはじめて分節化され実行されるので、欲望と権力は外延を同じくするのである。欲望を権力に対する「彼岸」として要請する理論は、近代においては、文化的政治的に不可能である。あるいはよりひどい場合には、自分自身を構成している権力関係を表立っては拒否することで自らを隠蔽する権力の反動的配置となる。

法的権力、統制的法、禁止的法のヘゲモニーは、市民社会、性の文化的形態、心的組織化および心的発達の諸理論に浸透している。フーコーは精神分析を君主制的権力関係の文化的派生物であると、つまり法的法が情動的生活を支配するようになる言説領域であるとする。精神分析的言説は抑圧と欲望のはたらきを解釈するにとどまらず、新たな権力関係を欲望のために創造あるいは生産する。セクシュアリティと抑圧という枠組み内で欲望を理解することによって、欲望の解放的契機としての告白が必要となる。「語りによる癒やし」は、患者からその人の欲望を取り除いてやりはしない。そうではなく、欲望の新たな生となるのである。権力を取り除かれた欲望は存在しないのだから、告白はそれ自身の生産的権力の形態となり、欲望は告白という語りに変容させられることになる。したがって、欲望の精神分析的治療は、結果としてカタルシスになるわけではなく、欲望を告白の語りとして増殖させることになる。それに「ついて」語られる「原初的な」欲望が存在するのではなく、「〜について語る」ことが欲望の新たな歴史的形態となる。欲望は言語化されるが、言語化が欲望を引き起こすのである。

フーコーは、精神分析的言説の予期せざる帰結を明らかにしようとしている。つまり、抑圧という法的権力は言説の生産的権力に変容させられ、原初的あるいは前言語的欲望が明るみに出されることは決してないという帰結である。精神分析は、セクシュアリティを欲望の言説的領域として確立したので、フーコーはセクシュアリティと権力を、様々な形態はあるにせよ、外延を同じくするものであると結論づける。抑圧を克服するということは、権力関係の超越を含意しはしない。解放の言説は自分自身で欲望を産出しつづける。フーコーが主張するところでは、「生を肯定すれば権力を拒否することになる、などとは考えてはならない」(『知への意志』157〔一九八―一九九頁〕)のである。

フーコーは、法律的法の起源とヘゲモニーを問いに付すことで、精神分析に対するドゥルーズの政治的挑戦を先鋭化する。彼は、ラカンの精神分析理論が、前言語的欲動や本能に存在論的地位を与える理論に改良を加えたということは認める。しかし、ラカンの構造主義的解釈が、その法律的あるいは禁止的形態の外で権力を考えることに失敗していることを強調する。「本能の抑圧に基づく分析と、欲望の法に基づく分析とを、互いに区別するもの、それは確実に、欲動の本性と力学とを考えるやり方であって、権力を考えるやり方ではない」(『知への意志』82-83〔一〇八頁〕)。ラカンは、「圧迫されざるを得ない反抗的エネルギー、下からわき上がる原初的で自然的な生けるエネルギー」としての欲望の概念を退けたにもかかわらず、彼はまだ抑圧に先立つ真の欲望への信念、つまりフーコーが言説の「外」を告げるとする現象への信念をまだ維持していた。フーコーによれば、抑圧的法は、欲望の否定であるというよりはむしろ欲望の生産の言説的契機である。

欲望が抑圧されていると想像するいわれはないのであって、それはまさに法が、欲望と欲望を成立させる欠如とを構成しているというその理由による。権力の関係は、欲望のあるところにすでに存在するはずだ。したがって、後から行使される抑圧の中に権力を告発するのは、幻想にすぎない。しかしまた、権力の外で欲望を探し求めるのも虚妄なのである。(『知への意志』81〔一〇六－一〇七頁〕)

欲望の法的モデルには二種類の戦術だけが可能である。つまりそれは、「解放の約束」(ドゥルーズ、マルクーゼ)であるか、あるいは「あなたは常にすでに捕らわれているということの肯定」(ラカン)であるかである。どちらの場合にも、法的モデルの権力が課す、欲望の二価的な制限は損なわれないままである。したがって、フーコーは、法的権力の系譜学が再構築され、暴露されなければならないと、そしてその二価的制限を回避するモデルへの応答の可能性が追求されなければならないと、結論づける。実際、フーコーは欲望の精神分析的見方も解放主義的な見方も、虚偽の前提に条件付けられた弁証法的袋小路の中に捕らわれていると主張している。権力の法的モデルを克服することではじめて、欲望の諸様態は、抑圧か解放かという二価的なオルタナティブから自由になる。

> 欲望がどういうものであれ、いずれにせよ人は相変わらず欲望というものを、常に法的で言説的な権力との関係で、つまり法の言表作用の中に中心点を見出すような権力との関係で考えるのだ。人は〈法である権力〉、〈主権である権力〉という一つのイメージに相変わらず固執しているのだが、そのようなイメージは、権利の理論家と君主政制度が描き出していたものだ。そしてまさに脱却しなければならないのは、このようなイメージからである、つまり法と主権の理論的な特権というものからである。（『知への意志』89〔一一七頁〕）

ラカンが近親姦に対する文化的に普遍的な禁止として理解したものと、ドゥルーズが、資本主義と精神分析によって植え付けられた奴隷道徳と呼んだものが、フーコーによって君主制の支配として再定式化される。この君主制の支配は、その欲望が不可避に否定性と結びついているような「主体」を生産したものであるように見える。否定的なものの現前は、法的法の効果として文化的に理解され、抑圧的メカニズムとして精神分析の言説に翻訳され、人間生活の存在論的否定性、つまり人間主体であるところの「欠如」として、もろもろの哲学的テクストにはっきり現れている。それゆえフーコーにとっては、否定性から充溢への運動は、政治パラダイムを転換させる問題として理解される。この転換は、弁証法的転倒ではあり得ず、それゆえ法的権力の自己同一性の、予期せざる肯定ではあり得ない。そうしたものは、内在的な解放的ポテンシャルが欲望にあると考える立場のおかした誤りなのである。フーコーの問題は、非弁証法的転覆という戦術を考え出すこと、権力と欲望の文化的結びつきの形式を根本的に変容させるような従属と反乱を超えた立場を考え出すこと、である。生産的権力というフーコーの概念は明らかにドゥルーズとニーチェによって推し進められた力の理論から引き出されている。しかし『性の歴史』において、私たちは力の理論のフーコーによる我有化を、ヘーゲル弁証法の廃墟という文脈で理解することができる。フーコーはヘーゲル的自律の批判と、ヘーゲルの歴史的変化の概念が持つ進歩という推定に対する批判とを先鋭化する。その結果は、弁証法が主体とその目的論的結論の両方から錨を上げるということになる。以下で私は、どのように、このゆがんでしまった弁証法が同一性の原理に進化していくのか、どのようにフーコーが欲望の法的モデルから生産的モデルへの転換をそのような変化によって規定しているのかを示そうと思う。最終的に私は、転覆というフーコーの戦術が、彼が公言するように非弁証法的であるのかどうか、とくにヘーゲルの〈生死を賭けた闘争〉が欲望の現代的状況としてフーコーの著作の中に回帰していないかどうかを考察したい。

手短ではあるが、精神分析の実践における権力の法的モデルの予期せざる結果について考察した際、私たちは法的権力から生産的権力への転換の例を見た。その事例では、抑圧の要請は、(制限された)解放のモデルとして、語りによる癒やしtalking cureを必然的に招きよせたが、しかしまさにこの治療cureは欲望のカタルシスというよりむしろ欲望の練り上げであることが明らかとなっていた。抑圧された欲望に回帰する代わりに、私たちは抑圧の法によって生産された欲望に出くわしたのである。この抑圧の法則はセクシュアリティと欲望の新たな歴史的場所として、告白という語りを不意に生み出す。告白のエロス的可能性は、フーコー的には、生産的欲望の例となり、それ自身法的モデルによって生産されるが、しかし本質的にそのモデルを超出している。法的モデルが機能するためには、欲望は抑圧され、次に回復することになり、欲望の原初的意味への回帰が促進されることになるだろう。ヘーゲル的には、主体の自分自身からの疎外に見えるものは、精神分析的実践のはたらきを通じて修復されるだろう。フーコーの要点は、精神分析的実践が欲望を解釈しているときでさえ、前者が後者を規定しているということである。欲望は自分の言説的結果であり、精神分析は欲望の現代的な言説的文脈であるがゆえに、精神分析は欲望を回復させるのではなく、むしろ生産するのである。

権力の法的モデルは欲望と権力の関係が外的であることを主張する。権力は欲望に対して〔外的に〕行使されるのであり、欲望は、この権力のために、沈黙させられ、検閲されるか、あるいはその攻撃的目標を適切に覆い隠す代替形式において再び現れるかなのである。いずれの場合にも、法的モデルは、根源的で原初的な欲望という想定を維持しており、もし神経症に特徴的な離反が克服されうるのであるなら、この欲望に回帰することができるし、回帰しなければならない。ラカンの場合には、この原初的欲望への回帰は、可能ではないだろうが、その接近不可能性はその存在論的完全性を主張することを排除していない。生産的言説についてのフーコーの理論は、まさに原初的欲望という概念がそれ自身の権力を強化し固めようとするなかで法的モデルによって作り出されると主張する。実際、主体もその隠された欲望もどちらも、法的言説によって、それ自身の自己増殖のために展開された構築物である。しかし、法的モデルは、欲望をコントロールするという、その告白のメカニズムが欲望の生産のための意図せざる場所となるとき、つまり精神分析的告白がそれ自身エロス化され、罪の場面が快楽の場面と混同され、言説実践内部での快楽の新たな可能性が創造されるとき、いつも自分自身を転覆する可能性を含んでいる。実際、言説による快楽の制御が存在するところにはいつも、制御のエロス化がこれにつづいて生じ、抑圧の場面がエロス的戯れの機会に変容させられることになる。結果として、法はその快楽の源泉として再配置されることを通じて、自分の抑圧的目標からそらされることになる。欲望と法の対立にみえるものは、アイロニー的な反転を通じて、弁証法的仕方で転覆させられる。しかし私たちは、この反転が弁証法的統一内部での調和に抵抗していることを見るであろう。

『精神現象学』における支配と抑圧の自己転覆する弁証法を、私たちは支配と隷属の文脈において考察した。そこで、主人と奴隷の弁証法的対立は主体の高次化された概念の登場によって調停されていた。フーコーにはそのような主体がない。したがって、二価的対立物は内在という法に属すことができない。その代わりに、権力の法的モデルの対立を含む二価的対立は、徹底して予期されざる効果を創造し、多様化し増殖して権力の新たな形態となろうとする。この権力の新たな形態は、二価的対立項の内部では適切に説明することができないものである。ヘーゲルにとって、二価的対立の予期されざる帰結は、結局は、主体自体の未請求、未回復の次元であることが明らかにされる。フーコーにとっては、二価的対立の予期せざる帰結は、関与する主体を啓蒙するわけでも、主体をより高次化された存在論的場所の概念へと回復させるわけでもない。言説によって生産された権力関係は諸関係の予定された統一体系に属するのでなく、その権力関係は主体の絶えざる分散を示すもの、弁証法的統一への回帰の不可能性を示すものである。

ヘーゲル的主体は、自分が出会う二価的対立を同一性の拡張された概念の発見を通じて解消するのに対して、フーコーの主体は、どこまでも拡張していく行為者性の欠如と、それに付随してどこまでも成長していく言説の権力のさなかにおいて馴致されることになる。実際言説は、行為者性の権力を覆い、その手段を「配置し」、「生産し」、「意図し」、「選び出す」。あるインタビューでフーコーは、主体によって着手されたのではない戦略にどんな意味がありうるのかと問われている。彼はそれに対し、人は「整合した合理的な戦略」を理解することができる、「しかしそれは、その人にとってはそのことを考えている人格を同定することがもはやできないような人なのだ」[24]、と答える。主体は、先行する戦略によってほとんど完全に規定されているにもかかわらず、全体として随伴的現象であるというわけではない。これらの戦略は権力の形態として理解され、人間主体とその欲望はそうした権力の自己遂行の道具として理解される。フーコーはそのような言説と権力の人格化につきものの問題を理解しており、自分の理論を以下のように評している。「おそらく名目論の立場を取らなければなるまい。権力とは、一つの制度でもなく、一つの構造でもない、ある種の人々が持っているある種の強さでもない。それは特定の社会において、錯綜した戦略的状況に与えられる名称なのである」(『知への意志』93〔一二〇－一二一頁〕)。別の文脈で彼は、「権力なるものは存在しません。〔…〕権力とは、実際には諸々の関係であり、多かれ少なかれ組織化された、多かれ少なかれピラミッド状の、多かれ少なかれ連携を持たされた諸関係の束なのです」[25]と述べている。

欲望に原初的な意味を要請するのと同じくらい、権力に原初的意味を割り当てるのは見当違いであろう。フーコーは権力の多価性を主張する。内的分割と多様化の力によって変化するのは、支配的で多かれ少なかれ体系的な運動である。日常生活の様々な場面で示されるのは自己同一的な実体ではなく、日常生活の結節点を通過することによって持続的に変容させられる関係である。権力は、はっきりした、

〔24〕 Foucault, Power/Knowledge, p. 198.〔指示された箇所にこの記述は見出せない。〕
〔25〕 Ibid., p. 198〔『思考集成 VI』四一五頁〕

統一された起源を欠いており、一種の柔軟な目的性であるが、世界の中で永続的に根を引き抜かれている。権力の歴史は単線的あるいは弁証法的進歩の再構成ではなく、宇宙論、人類発生論、あるいは目的論の説明では理解できない一連の革新である。権力は、権力を伝えたり変容させたりする様々な関係を離れては存在しないがゆえに、それはまさしく伝達と変容の過程、これらの過程の歴史なのであって、それは『精神現象学』に特徴的な物語的一貫性や終結を伴わない。それゆえフーコーは依然として、弁証法論者としては不十分なのだが、彼の弁証法は主体と目的論とを欠いた弁証法、錨を下ろしていない弁証法なのであり、その中では対立物が不断に転倒するとしても、それは統一において宥和することになるのではなく対立を増殖させるのである。そしてこの対立の増殖が二価的対立のヘゲモニーそのものを掘り崩すことになるのである。

フーコーはあたかも、ヘーゲルのような仕方で構築されていない世界においてはそれが不可避であるかのように、法的権力モデルから生産的権力モデルへの転換に時折言及している。しかし、彼はこの転換が純粋に論理的な必然性ではなく、歴史的状況の一条件であるとも明らかに述べている。フーコーは、驚くべき論理展開で、近代における生産的権力の出現の原因は、戦争の文化的政治的影響の増大であるとしている。

> 問題は、〔…〕禁忌の特権視に代わって戦術的有効性という観点を立てる権力の概念に向かうことである。〔…〕〔それは〕戦略のモデルであって、法的権利というモデルではない。しかもそれは、思弁的選択あるいは理論上の優先的決定というのでもない。そうではなくて、現に、西洋社会の根底的特

徴の一つは、力関係という、長い間、戦争に、あらゆる形の戦いに主要な表現を見出してきたものが、次第次第に、政治的権力の次元に移されることになったということである。（『知への意志』102〔一三二頁〕）

フーコーによれば、戦争は現代における権力の経験になったのであり、市民社会は占領地として構造化されているのである。独特な唯物論的語彙を用いて、フーコーは戦争を経験の決定的な土台として理解しているように見える。この土台はその結果として様々な形態の合理性とセクシュアリティを生産する。フーコーは法的権力モデルから戦争経験に基づいたモデルへの転換を求めているにもかかわらず、戦争そのものを生の善きあり方として黙認しているようには見えない。むしろ彼は、現代的に構造化されているそのままの権力関係を認めているようであり、どんな政治的文化的変容のモデルが利用可能だとしても必然的に戦争用語の中で利用可能であるということを示唆しているように見える。したがって、もし現代の権力関係が、少なくとも暗黙裏には戦争関係であるとするならば、私たちは、自分たちの出口あるいは少なくとも抜け道を見出すためには、「戦術」、「戦略」、「配備」、「装備」といったものに目を向けなければならないのである。

私たちの興味を引く問いは、いかにして欲望が、戦争という経験の一部として理解されうるのかというものである。フーコーの答えは、セクシュアリティさえ、「生のための闘争」という関係をともなっており、戦争的対立の思わぬ帰結として、生の価値が強化されることになるというものであるように思われる。戦争が脅かしてきた生に対する大規模な挑戦が、生に対する刷新された欲望、身体的快楽の強化と多様化、性的生命論の促進を意図せずして生み出してきたのである。したがって生の肯定として理解された力への意志は、フーコーにとって、生の否定の試みがもたらす予期せざる結果になるのであり、生の闘争としてのセクシュアリティの経験として、文化的にはっきり示されるようになるのである。それはつまり、市民社会を貫いて広汎に拡がる戦争という関係の現前によって規定された経験なのである。それゆえ、フーコーにとって、ニーチェの生を肯定する欲望は、一九世紀における文化的可能性となる。

前世紀以来、権力の全般的システムを問題にするような大きな闘争は、古き権利への回帰の名においてはもはやなされないし、あるいは多くの時代とその後に来る黄金時代のサイクルという数千年にわたる夢との関係においてはなされないのだ。人々はもはや貧しき者たちの皇帝も、終末の時の王国も待たないし、太古からの夢だと想像される単なる正義の回復さえも期待はしない。要求され、目標の役割を果たすものは、基本的必要であり人間の具体的な本質として、彼の潜在的な力の成就であり可能なものの充満として了解された生である。それがユートピアであるかないかはさして問題ではない。そこには極めて現実的な闘争のプロセスがある。政治的対象としての生は、ある意味では文字通りに受け取られて、それを管理しようと企てていたシステムに逆らうべく逆転させられるのだ。法よりも遥かに生のほうが、そのとき、政治的闘争の賭け金＝目的となったのである。(『知への意志』144-145〔一八二-一八三頁〕)

フーコーにとって、政治闘争を特徴付けるのは、「法というよりはむしろ生」であり、法的権力というよりはむしろ生産的権力である。しかし私たちはセクシュアリティと権力が外延を同じくすることを知っているので（『知への意志』157〔一九八‐一九九頁〕）、生はセクシュアリティの闘争をも性格づけている。さらに、フーコーにとっては、戦争における主要な敵対者が生命の力と反生命の力になったということは明らかであり、戦争関係は権力関係を規定し、権力関係は性的関係を規定しているので、フーコーにとって欲望は〈生〉と〈死〉を賭けた闘争になったと結論づけてもよい。

　私たちは、フーコーが自分自身を本質的に〈生〉と〈死〉についてのヘーゲル的関心と、肯定の力が否定の力に勝利しているとみるニーチェ的関心とに回帰させているのを見てきた。この観点から考えるなら、フーコーがドゥルーズのようにニーチェの力への意志に似た欲望の存在論、つまり、ヘーゲル的な生死を賭けた闘争のニーチェ的再読を擁護しているのか、歴史的に条件付けられた、先例のない欲望の形式を適切に描写しているのかが不明瞭になる。私たちは、とくに核の脅威の効果について考えるならば、フーコーによる近代的戦争の検証を、本質的に生存にかかわるものとして受け入れるかもしれない。しかし、生命論が全ての現代の政治闘争を構成するものであるという彼の主張が、歴史的偶然についての主張であるのか、それとも普遍的存在論を主張するものであるのか、つまり、フーコーが行っているどんな歴史的観察にもある意味で先行する力への意志についてのニーチェ的な前提を主張するものであるのか、という問いは残る。以前『性の歴史』でフーコーは、法的権力モデルを転覆することを呼びかけたがそれは、そうしたモデルが彼の言葉で言えば「反エネルギー」であるからだった（『知への意志』85〔一一一頁〕）。フーコーは一般的には、自然的特性を分節化や言説に先立つ欲望に帰するような理論には批判的であるにもかかわらず、彼はこの点においてはまさしく同じことを行っているように思われるのである。フーコーはフロイトを批判して、「セクシュアリティというものを、権力に対しては本性的に異質であり、必要上から服従を拒否する御しがたい欲動であって、権力の側ではそれを服従させるのに腐心するものという形で描写してはならない」(『知への意志』103〔一三三頁〕)と主張する。しかし、フーコー自身の受け入れた言説において、生きる意志、力への意志はまさしくそのような「欲動」となっているように見えるのである。

さらに、法的権力モデルの転覆を命じるとき、フーコーがそのようなモデルを批判するのは、生産的権力に特徴的な、生を肯定するエネルギーを抑制しているからだとされる。そのとき、マルクーゼのエロスやドゥルーズの内的に差異化された権力への意志のように、解放を声高に訴える長く抑圧された欲望であるところの生産的権力に対して、法的権力が「法的に」行使されているように見える。生産的欲望は、純粋なエネルギーとしてであれ、力への意志としてであれ、生そのものとしてであれ、歴史的に規定〔決定〕された欲望であるというよりは、歴史がきっかけとなって引き起こされた欲望であり、それはその起源においては、人間生活の存在論的な不変項であると考えられているように思われる。フーコーが、「生」の肯定を「人間の具体的な本質として、人間のポテンシャルの実現、可能なものの充溢として」(『知への意志』145〔一八三頁〕)定義するとき、同様にそれを肯定しているのである。

フーコーは二価的思考を法的権力の領域に帰属させているが、彼による法的権力と生産的権力の区別さえ、それ自体法的で二価的な区別、生と反生命との間の、肯定と否定の間の対立であるように思われる。さらに、生産的権力は、それ自体が存在するためには、その対立物、つまり法的権力に依存しているように見える。生がその生命力《バイタリティー》、その本質的な生産性を獲得するのは、闘争と抵抗の過程においてなのである。したがって、肯定は、否定の脅威によって条件付けられているように思われるのであり、これは、ヘーゲルの主体と変わらない。ヘーゲルの主体が、自分の生命を危険にさらすことで、死の脅威をこうむったのち、残りの自分の旅路をとおして生に価値を与え維持することを決意するのと同じなのである。

フーコーが欲望を闘争と抵抗の過程において呼び起こされるものと理解するとき、支配はいつも産出を帰結するのだということが想定されている。一方で、フーコーは、実際にどんな反応も完全に排除するであろう制度としての支配のもたらす効果、とりわけ性的支配の効果を見くびっている。結局、産出的支配と、その対象を完全に停止させてしまうような実際に抑圧的な形態の支配とを、何が区別することができるのだろうか。他方、おそらくフーコーが示唆しているのは、支配が産出的でありうるような意味が存在するということにすぎず、実際に全ての支配が産出的だということではない。私は、彼の理論のこの第二のバージョンでは、支配は動的《ダイナミック》な関係として理解されなければならないと考えている。実際の支配がその対象を停止あるいは破壊するという意味で、この動的《ダイナミック》な関係の結果が固定されることは決してない。フーコーは、性的支配は、もしそれが強いられないならば、誰でも参加できる試合に似ていると主張しているように見える。実際、強制に対して、彼が政治的に反対していることは明らかである。フーコーは、あるインタビューで同性愛運動について議論しながら、以下のように主張している。「性を選択する自由をめぐる問いについて考察しなければならない。私が言っているのは、あくまで性的選択の自由なのであって、性行為の自由ではありません。というのも、強姦のような一部の性行為は、男女間であれ、男同士であれ、許されるべきものではないからです」[26]。

同じインタビューでサドマゾヒズムについて議論するさいにフーコーは性的葛藤の或る場面を記述しているが、それは性的緊張関係を解消するよりはむしろ維持することを意図したものである。これは、錯綜した諸力の闘争と葛藤を維持することで自分自身の再生産と増殖を求めるような欲望である。

サド・マゾは、苦しむ男（あるいは女）と苦しませる男（あるいは女）との間の関係ではなく、主人と、その権威が行使される者とのあいだの関係なのです。サド・マゾ実践者たちの興味をそそるのは、その関係がルールに従っていると同時に開かれているということなのです。一人が負け、他の一人が勝ちうるという意味で、それはチェスのゲームに似ています。主人が被害者側の苦痛の欲求や欲望に応えられないことが明らかになった場合、主人が負けることもあります。同様に、奴隷が主人からの挑戦に応じられないとき、あるいは挑戦に応じるのに耐えられないとき、奴隷が負けることもあります。諸々の規則と開放性とのこうした混合は、絶え間ない新しさを、絶え間ない緊張を、そして絶え間ない不確実性を導き入れることによって、性的関係の強度を増大させる効果を持っているのです。こうしたものは、単なる性の消費には欠けているのですが、こうしたことをする目的は、身体の全ての部分を性の道具として使うということでもあります。〔27〕

右の記述でフーコーは、不満足の魅力〔欲望可能性 desirability〕を擁護し、対立物のエロス的解決を達成し損ねるということがそれ自体エロス化する経験であると主張しているように思われる。ドゥルーズが肯定的エロス的多様性を擁護するのと似て、フーコーの永続的反転のエロスは閉塞の可能性に抵抗する産出的活動である。この意味で、不満足は、サルトルやラカンにおいてそうであるように、もはや嘆かれるものではなく、エロスの永続的な可能性の印として祝福されるものである。フーコーにとっては、欲望の究極的満足を達成することに失敗するということは、重要な達成なのであり、不動化するimmobilizing法に対するエロスの勝利、あるいは同じことであるが、法のエロス的動員mobilizationなのである。フーコーにとっては、実際、ヘーゲル的観点からは「不毛である」と理解されかねないものが、生産的で、産出的で、生を肯定するものとして再我有化される。欲望の規範的モデルとなるのは、対立の解消というよりはそのエロス的祝福である。さらにフーコーは、この産出的対立と転覆的遊戯を、ポスト弁証法時代におけるセクシュアリティに特徴的なものと理解している。「おそらくわれわれの文化におけるセクシュアリティの出現は、多面的な価値を持つ出来事なのだ。それは神の死に、そしてその死がわれわれの思考の諸限界に残した存在論的空虚に結びついている。それはまた、まだ声のない手探りの思考形態、限界への問いかけが全体性の探究に取って代わるような、そして侵犯の所作が矛盾の運動に取って代わるような、ある思考形態に結びついている」〔28〕。

〔26〕 Interview with Foucault, Salmagundi (Winter 1982–83), p. 12.〔『思考集成Ⅸ』一三九頁〕
〔27〕 Ibid., p. 20.〔『思考集成Ⅸ』一五二頁〕
〔28〕 Foucault, "Preface to Transgression," in his *Language, Counter-Memory, Practice*, p. 50.〔『思考集成Ⅰ』三三三頁〕

ヘーゲルの「克服」についての最後の反省

もしコジェーヴが『精神現象学』の進行を主人と奴隷の弁証法で中断し、イポリットが同じテクストの中心的契機として生の時間的流動を強調し、サルトルが欲望と承認の弁証法を書き直したのだとするならば、フーコーが、ラカン同様に、〈生と死を賭けた闘争〉を現代的に再定式化しているということは私たちにとって驚くべきことではない。だとすると、フランスにおけるヘーゲルの受容も批判も、それらの態度決定は『精神現象学』の第四章〔自己意識章〕の中で行われているように思われる。実際印象的なのは、ポスト・ヘーゲル主義者達の中でももっともヘーゲルに批判的な者たちでさえ、どれほど一致してヘーゲルが創設した欲望する主体の闘争に忠実でありつづけているように思われるのかを発見することである。

フーコーの『精神現象学』との断絶は部分的なものにすぎないように思われる。『精神現象学』において生の単純な肯定が不適切であるのは、生がくり返し維持されなければならないからである。これによって、奴隷の登場が必然的になる。奴隷は、生命に労働を加え、その労働を通じて、自己反省のパラメーター、つまり最後には奴隷自身の反逆につながる能力を身に付ける。フーコーにとって、生についての言説が自律的労働者の発達とかかわっていないことは明確である。なぜなら、それは生命に、生命とは違う目的《テロス》を立てることになるだろうからであり、かの規範的理想、つまり理想としての理想は、反生命であることが明らかになるだろうからである。フーコーはヘーゲルのニーチェ的価値転換を行う際に、生の肯定を最高の理想として評価しているように見える。それは生に仕えてはたらき、それゆえ奴隷道徳に属すことのありえない理想である。しかし、生は単純な自己生成的行為において肯定されはしない。それは抵抗と闘争を必要とし、それゆえ〈他者〉の領域を必要とし、闘争という形態を必要とする。これだけのことを認めるからには、フーコーはまさしく生の促進のためには、或る生のあり方が必要であること、そしてこの生のあり方は或る種の闘争であることを認めているように思われる。フーコーにとってセクシュアリティは、人口操作の政治のために再生産が法的に管理されることによって、まさしくそのような生のあり方、現代の闘争の場になったのである〔29〕。再生産テクノロジーの植民地化、同性愛の医学的隔離、女性の身体のヒステリー化、倒錯の精神病理化といったものは、法的言説にとってセクシュアリティを展開するための法医学的戦略だったのである。単声的なシニフィアンとしての「性」というカテゴリーはまさしくそのような政治的に動機づけられた構築物なのであり、それは「欲望」というカテゴリーがそうであるのと同様である。この「欲望」というカテゴリーは、フーコーの考えでは、複合的言説としてのセクシュアリティの要点をとらえ損ねている。

セクシュアリティはフーコーにとって葛藤の領域であり、そこでは生を肯定する欲望が闘争と対立の過程で生産される。主人と奴隷の関係をエロス化することで、フーコーは、身体の徹底したエロス化をサドマゾヒズム的な享楽の帰結として思い浮かべているようである。つまりそれは、支配と従属のエロス化であるが、これは予期せざる強度と快楽を生産し、種々の快楽やひいては性的諸力の全領野を増殖

〔29〕『知への意志』147〔一八五頁〕

させ、エロス的快楽の法的還元や局所化に抗して機能する。そのような闘争において、支配は抑圧を帰結しはしない。それは、法的権力関係のもたらす帰結であろう。むしろ支配は創造的で予期せざる応答を生じさせる。したがって、性的領域における生産的権力は、一種のエロス的即興、ニーチェの〈生を肯定する価値の創造〉の性的なバージョンとして理解されることになる。

ドゥルーズ同様、フーコーも生命を純粋な可能性の領域として評価しているように思われる。この領域では、制限や禁止は反生命の諸力に属する。闘争と抵抗は法という場所を占める、あるいはこう言ってよければ、闘争と抵抗は、厳格さを失い可変的となった法〔そのもの〕なのである。つまりそれは、法の可塑性である。厳格な状態にある法は、欲望を欠如として創造する。しかし可塑性の状態にある法は「可能的なものの充溢」を創造し、欲望を創造的行為として、革新の場所として創造する。それは、新たな文化的意味の生産である。ヘーゲルにおいてそうであるように、〔フーコーにおいても〕欲望がその限界に到達することは決してない。いわば「絶対的衝動」だが、それがその満足を獲得するのは、弁証法的遊戯が無限に行ったり来たりするという経験においてのみである。この享楽の概念、つまり、サルトルが想像的なものと呼び、ラカンが「存在」と称し、ドゥルーズとフーコーが力への意志の肯定として理解するものは、ヘーゲルが、無限なものは自己意識であるということだけでなく「自己意識は欲望である」と記したときに心に思い浮かべていたものであるように思われる。

しかし、まさに、ヘーゲルの『精神現象学』を克服しようというこれらの努力が、ヘーゲルの枠組みに再び同化させられてしまうだけであると結論づけるのは明らかに間違いだろう。ここではそのようなことを主張しようとしているのではない。たとえ想像的領域においてであっても、まさにその不可能性というテーゼを離れて、ヘーゲルの主体を受け入れることはできない。フーコーのおかげで、まず現象を生み出す特殊な歴史的言説について問うことなしに、「欲望」について語ることは一層困難となった。「主体」もその「欲望」も、歴史化の過程を経験することになったのであり、ヘーゲルの言説が持っているとされる普遍性はますます疑わしいものとなった。実際、まさにどのようにして、どのような条件の下で、どのような手段によってこの主体が構成されているのかを問うことが決定的となる。さらに、ヘーゲルの主体の欲望に似た欲望をもつ具体的個人は存在するのだろうか。この個人たちのジェンダーは何なのだろうか、そしてどの程度弁証的対立は、性の間の二価的関係に特徴的だと考えられているのだろうか。

フランスにおけるヘーゲルの読者の中で、ジュリア・クリステヴァは身体化され、ジェンダー化された個人という観点からのヘーゲル批判にもっとも関心を持っている者として際だっている。『詩的言語の革命』(一九七四年)において、彼女はヘーゲルの主体を「偏執症的な」心理的形象として、自分の身体の物質性や情動的生活の心身的起源を否定する者として、批判している。「欲望」は欲動の合理主義的我有化に与えられた名前であり、慣習としての意味作用に先行する身体に対するロゴス中心主義的な抵抗である。さらにクリステヴァは、フォイエルバッハのヘーゲル批判に与する。その批判は、彼女の主張するところでは、「〔ヘーゲルの主体〕の全体化する側面、統合的側面が現実に根ざす基盤を明らかにする。それは、この統一的主体とその欲望にもとづく社会諸関係のある種の型、すなわち家族、市民社会および国家はヘーゲル的思弁の肯定〔定立〕的側面から見た真理であることを露呈させる」(『詩的言語の革命　第一部　理論的前提』136〔一四七頁〕)。ドゥルーズのように、クリステヴァは、〈他者〉に対する、主体の最初は敵対的な関係のなかに一種の奴隷道徳の証拠を見出し、資本主義がめったに手に入らない財をめぐりそれぞれの個人がそれぞれの他者に対して闘うことを要求していると主張する。このジレンマに対するマルクス主義的解決からは距離を置く彼女は、社会的行為者を二つの階級に二価的に区分するのは、主体概念の批判であるというよりはその拡張であるということについては、フーコーに同意しているように見える。クリステヴァの見解では、資本主義は、広汎なスキゾ的秩序破壊を引き起こすのであり、その秩序破壊において中心的なのは、身体からの離反であるとされる。その主要な目標が他性の抑圧であるような欲望する主体との同一化は、高度に合理主義的で偏執症的な性格に特徴的である。そしてそうした性格は、資本主義的社会関係によって促進されかつ維持されているのである。したがってクリステヴァは、「資本主義は国家と宗教のなかにあって、あたかも主体のパラノイア的契機を要求し、かつ強化している。主体は他者を排斥し、己の場所を確保する単位〔統一体〕となるのだ」（『詩的言語の革命　第一部　理論的前提』139〔一五〇頁〕）と結論づける。

　クリステヴァの目標は、主体のこのモナド的構造を、欲動と欲求の異質な集合としての身体へ回帰することを通じて破砕することである。ラカンは、近親姦タブーを犯すことなしにはこの原初的異質性に回帰することはできないと主張していたのだが、にもかかわらず、クリステヴァは、そのような回帰は詩的言語という手段によって可能であると主張する。詩的言語のリズムと音、その意味の多声性は、母の身体との幼児期の関係を呼び起こし、再定式化する。この言語は独自の意味の集合を持っているが、これらの意味はラカンの意味作用の理論にも、さらにいえば言語的意味についてのたいていの理論にも含まれていないものである。こうした〔詩的言語の〕意味は、クリステヴァにとってセミオティークを構成する。この概念をクリステヴァは『言語における欲望』（一九七七年）において説明している。簡単に要約すると、セミオティークは言語の身体的側面を指している。それは、リズム、息継ぎのペース、一見非合理的なもの、そして語りの多価性といったものを含んでいる。クリステヴァによれば、セミオティークは、還元できないほど異質な「諸欲動のはたらき」を示している。言語の象徴的機能の登場は、ラカンにおいてそうであるように、近親姦タブーの内在化を必要とする。そしてこの内在化はクリステヴァによれば、セミオティーク的な語りから象徴的な語りへの移行を引きおこすのである。詩はセミオティークを取り戻すと言われるにもかかわらず、それは、象徴関係の中でのみ行われる。セミオティークへの制約されざる回帰は、結果としてコミュニケーションの文化的システムとの告別となり、精神病へと歩み入ることになるだろう。

クリステヴァは、『言語における欲望』における思索を通じて一貫して女性の性的発達には母との何らかの同一化が必要であるという精神分析的な必然性のために、女性はセミオティークとの或る異なった関係を維持するのだということを主張している。ラカンに従いながら、クリステヴァは象徴界が〈ファルス〉の支配を構成すること、象徴的言語の全体系は、母なる身体への依存の拒否に基づいているだけでなく、結果として女性性の否認も含意していることを論ずる。この内在化された抑圧の帰結として現れる〈主体〉は必然的に、自分自身の身体からも解離している。つまりその主体の統一は自分自身の欲動をあがないにして手に入れられるのであり、その拒否が〈欲望〉と名付け直されるのである。

『第二の性』におけるシモーヌ・ド・ボーヴォワールの主張、つまり主体の領域を構成しているのは主に男性であり、女性はこの点で〈他者〉であるという主張は、この見解から遠くない。この定式化へのクリステヴァの貢献は、諸々の主体間の平等ではなく、主体の、その心身論的起源への批判的脱構築を示唆したことである。クリステヴァは初期欲動のおそらく問題含みな精神分析的説明に固執しているが、にもかかわらず彼女はヘーゲル的プログラムからの重要な離脱、欲望と主体についての言説から身体を第一に検証する言説への転回を提起したのである。そして、欲望はこの身体から、あるいはこの身体に抗して生じるとされるのである。

フーコーは欲動と抑圧に関する精神分析的想定を批判しているにもかかわらず、この意味でクリステヴァの方法論的手続きは、フーコーのそれと類似性を持っている。フーコーの場合には、身体の検証のためには、身体の歴史についての、身体が所与の形式や関係において出現する際の制度的条件についての、身体の意味作用の歴史的生産についての反省が必要とされる。クリステヴァの場合には、この反省は同一性の心身論的起源に注意を向けることとなり、そこでおそらくは、のちに近親姦タブーの内在化を通じて均一化されることになる衝動や欲動の原初的異質性が発見されることだろう。ある意味、クリステヴァにとって抑圧は、不変の歴史的場面であり、それを通じて、自然が歴史へと変容させられるメカニズムであり、普遍的真理、あるいは少なくとも、西洋文化のかなり一般化された真理である。フーコーは確かに、近親姦タブーの優位性を想定することに異議を唱えるであろうし、統制的メカニズムはクリステヴァが認めるよりもより多様であり、より歴史化されていると主張するであろうにもかかわらず、彼の立場は〔クリステヴァと〕同じように身体の拒否および身体の衝動の異質性を通じた主体の構成にかかわっている。

クリステヴァと同様に、フーコーも欲望についてのヘーゲル的言説からの離脱、そしてその代わりに身体についての言説への転回を示唆している。一般的レベルでは、この企図は、フーコーを或る種のフェミニズム的探求の系列に緩やかに連ねるものであろう。つまり、身体の歴史的状況を主としてジェンダーにかかわるものとして理解し、欲望の構造と目的について探求するためには、これに先立って欲望とジェンダーの複雑な相互関係についての探求を必要とすると主張する傾向のあるフェミニズム的探求である。ボーヴォワールの主張するように、もしジェンダーが状況づけられた身体であるとするならば、そのときフーコーが示唆する「身体の歴史」はジェンダーの歴史もまた理論的に含んでいるはずのものである。しかし『性の歴史』、そしてエルキュリーヌ・バルバンの日記への短い序文〔30〕の中で、フーコーはセクシュアリティについての言説の特殊な産物としての性のカテゴリーを批判している。『性』という概念が、解剖学的要素、生物学的機能、行動、感覚、快楽といったものを、人工的な統一原理にしたがって再編成することを可能にしたし、それはまたこの虚構の統一原理を、原因となる原理、遍在する意味、至る所に発見すべき秘密として機能させることを可能にした。性はこうして、唯一なるシニフィアンであり、普遍的なシニフィエであるものとして機能することができるようになった」(『性の歴史1　知への意志』154〔二九五頁〕)。身体が二つの性のうちの一方に属するものとして描かれているということは、統制的言説の証拠であり、この言説の諸カテゴリーは経験そのものを構成するものとなったのであり、それらが堆積していくと今度は完全に自然化された現象であるように見えるのである。結局フーコーは、フェミニズム的問いにそれほど関心を持っておらず、むしろ、例えば性というカテゴリーを作り出す言説と

〔30〕　Foucault, *Herculine Barbin.* を見よ。

いった、セクシュアリティについての規制的言説をずらすという一般的な課題の方に関心を持っているのである。さらにフーコーは、セクシュアリティの法的形態に対する対抗は、欲望についての言説の条件内でなされるべきではないと注意する。「セクシュアリティの装置に対抗する反撃の拠点は、〈欲望である性〉ではなくて、身体と快楽である」(『性の歴史1　知への意志』157〔一九九頁〕)。「欲望する主体」[31]に対するこの批判と、しかるべき場所で身体の歴史[32]を書き記すという提案とが、主要な概念的方向転換をなしている。この方向転換は、もしそれが成功するならば、ヘーゲルの欲望の物語の決定的な閉幕を伝えるものとなるであろう。『性の歴史』第二巻の序論で、フーコーは欲望の主体がその中心的役割を果たした特殊な歴史的文脈を記述している。

個々人が自分を性の主体として認識するようになる場合に用いられる諸々の様式を研究するようになったとき(…)欲望の概念もしくは欲望する主体という概念は、その当時、一つの理論をではないとしても、一般に受容された理論上の一主題を少なくとも構成していた。その受容そのものが奇妙であった。というのは実際この主題そのものを人々はセクシュアリティに関する古典的理論の中心においてだけでなく、その理論を捨てようとつとめていたさまざまの概念においても、各種の変形に応じて再び見出していたからである[33]。

フーコーは、この概念は「長いキリスト教的伝統から」一九世紀および二〇世紀に継承されたと説明している。このキリスト教の伝統自身が、「肉」を制限とも誘惑とも呼んでいるということが、満足せざる欲望によって根本的に特徴付けられるものとして、人間存在を生み出すのである。フーコーはセクシュアリティの歴史的研究においてこの概念的枠組みを単純に受け入れることを戒めているが、しかしむしろ、どのように欲望する主体が歴史的に生み出されたかについて、系譜学的に研究することを提案するのである。彼の説明によれば「ただしそのことは、欲望とか色欲とかリビドーとかの相次いで生まれた概念の歴史を書くという意味ではない。個々人が自分自身に注目し、自分を解読し、自分を認識し、自分を欲望の主体であると認めるに至った、しかも自然な存在もしくは失墜せる存在という差異はあるにしても自分の存在の真実を欲望の中に発見できるようにしてくれる或る種の関係を個々人の間に相互に営むにいたった、これらの場合の諸々の実践を分析するという意味である」〔34〕。

フーコーの系譜学的探求の方法は、どのようにして或る一つの「真理」が、一群の権力関係から権力の自己増殖における戦略的契機として生み出されるのかを説明することから成り立っている。欲望と主体の関係の「真理」、一見どんな欲望にも潜在しているように思われる、主体そのものの秘密と本質を構成する「真理」は、所与の言説、いや西洋の言説の全歴史が必要としてきた虚構《フィクション》なのである。もし欲望が、人間主体の真理を明らかにすると言うことができるのならば、そのとき自己探求は主体の真理を約束する。そしてこの姿勢がそのように是認されることで、「自己」とその「真理」の両方が、思考の反省的円環の中で内的に位置づけられうるものであることも認められる。もしフーコーが正しかったとした

〔31〕 Foucault, *The Use of Pleasure*, p. 5.〔『性の歴史2　快楽の活用』一一頁〕
〔32〕『知への意志』152〔一九一頁〕: Foucault, *Discipline and Punishment*, p. 25.〔『監獄の誕生』二九頁〕
〔33〕 Foucault, *The Use of Pleasure*, p. 5.〔『性の歴史2　快楽の活用』一一頁〕
〔34〕 Ibid., p. 5.〔『性の歴史2　快楽の活用』一二頁〕

らどうだろうか。つまり、内的に哲学的な欲望のうぬぼれが主体とその真理のさらなる思い上がりに根拠を与えていたとするならば。そのときヘーゲルの語りは、空想的なものの領域に完全に踏み入ってしまったことになり、『精神現象学』はそれ自身の構造の隠された歴史的条件を系譜学的に説明することを必要とすることになるだろう。

しかし、何が身体の歴史へのフーコーの転回を正当化するのだろうか。そして身体を優先的主題として取り上げる研究のために欲望の研究を犠牲にすることの含意は何なのだろうか。フーコーならば、法的言説が主として身体の統制に関心を持ってきたのであり、歴史がその遺産を、いわば現代人たちの身体の上に残してきたのだと主張することだろう。フーコーによれば、「身体は、様々な出来事の刻み込まれる平面（言語はそれをたどり、観念はそれらを乖離させる）、（実体的統一という幻想を引き受ける）自我の乖離の場、不断に統合を脱しつつある塊である」。系譜学の仕事は、「すっかり歴史の書き込みを受けた身体と、身体をめちゃくちゃにする歴史とを示すこと」だ[35]と彼は主張するのである。

「解離した自己」は法的に抑圧された身体の昇華された創造であると理解される。このことは、〈主体〉そのものが身体の制御に基礎を持つ虚構《フィクション》であるということを示唆している。（ここで、フーコーの理論は明らかにニーチェの『力への意志』に依拠している。後者において自我egoは、身体および本能的生命一般の多様な情動性を隠蔽するものと理解されている）。したがって、フーコーにとって主体は、身体から、そして、主体を成り立たせる多価的な力の関係から、解離しているのである。このことは、主体の歴史が、統制的で抑圧的なメカニズムの説明、「主体」を生じさせた従属の諸戦略の説明を必要とすることを示している。フーコーの身体についての議論は時折自然主義的な語彙（たとえば、「本能の強さあるいは弱さ」）に依拠しており、このことはかなり問題含みである。そして、私が以前記したように、それは身体がいつも、支配と統制の戯れを引き起こすoccasionものであるということをも示唆している。「ある意味では、場所を持たぬこの劇場で上演される脚本は常に同じものである。それは支配者と被支配者とが無限に繰り返して演ずる脚本である。人間が他の人間を支配する、するとそこから諸価値の区別が生まれてくる。階級が他の階級を支配する、するとそこから自由の観念が生まれてくる」[36]。

したがって、身体の「破壊」は価値をでっち上げるためのきっかけoccasionであり、抽象と、抽象としての主体そのものを生じさせる「解離disassociation」の契機なのである。これが歴史の過程を通して終わりなく繰り返される単一な場面であるかぎり、フーコーは歴史の変化の単一な場所を認めているようにおもわれる。それはつまり、〔一方で〕身体と、〔他方で〕出来事も価値も同様に生じさせる支配の戦略との間の単一な緊張である。ここで私たちはフーコーが身体的葛藤の場面を歴史的変化の不変の特徴にまで持ち上げているのを見ることができる。したがって、戦争自体がこの理論的運動を通じてロマン化され物象化されていないかを問うことには、意味があるのである。

身体にはもうひとつの意味、つまり「出来事の刻み込まれる表面」として理解されうる意味があるかもしれない。この「出来事の刻み込まれる表面」は、身体がいつも支配に従っていると、そしてこの「従属」が価値の法的発生器であると想定しているわけではない。全ての文化が身体の拒否の上に根拠を持っていると想定するのではなく、また刻印は統制の契機であり意味作用の契機でもあると想定するのでは

〔35〕 Foucault, "Nietzsche, Genealogy, and History," p. 148.〔『思考集成Ⅳ』二〇―二一頁〕
〔36〕 Ibid., p. 150.〔『思考集成Ⅳ』二三頁〕

なく、むしろ具体的な社会的文脈における様々な身体のより徹底して歴史化された考察を行うことが、「刻印」がより内的に複雑な概念であることを明らかにするだろうと思われる。例えば、どのようにして私たちは、身体を、ジェンダー関係の歴史、人種関係の歴史、そしてエスニシティーの歴史の、刻印された表面として理解することができるのだろうか。どのようにして、年を取っていく身体が、年を取ることの歴史を明らかにし、どのようにして様々な身体が、諸々の社会的立場や諸々の社会的歴史さえも意味することになるのだろうか。そしてどの程度身体は、その身体を構成している過去との革新的な関係を提示することができるのだろうか。どのようにして私たちは身体を文化的闘争の具体的場面として考えるのだろうか。

フーコーは、身体を支配している様々な統制的メカニズムが、変わることなく否定的であり、解離した自己、欲望の「主体」の生産を促進しているということを受け入れているように思われる。フーコーが、複雑な歴史的状況における具体的な身体の分析を避け、全ての文化が身体の従属を、そこから「主体」が生産されるような従属を、必要とするという単一の歴史の方を選んでいるように見えるのはなぜだろうか。

「ニーチェ、系譜学、歴史」におけるフーコーの説明は、解離した〈自己〉と「従属した身体」の間の緊張関係を支配と隷属の弁証法の再構成と理解すれば、分かりやすいものとなる。ヘーゲルにとって奴隷は、意識なき身体であり、主人は純粋な抽象の形象であり、自分自身の身体性を否定している。フーコーの系譜学的説明は、これら二つの形象を融合して、どんな種類の主体にも帰することのできない一つの転倒という関係にしてしまう。実際、フーコーにおいてはこの転倒関係が主体自体の虚構《フィクション》を生み出すのである。もし私たちが、誰が具体的な社会的文脈においてこの役割を占めることになるのか、つまり解離という残酷な行為は誰特有の実践であり、誰の身体が統制的にこの従属に従属させられているのかを問おうとするならば、そのときフーコーの系譜学的分析は、社会的役割の発生と分配の説明によって補完されなければならないように思われる。要するに、ヘーゲルの支配と隷属の説明こそが、この関係を反省的にも間主観的にも説明するのであり、したがってそれは、そのような問いへの解答を与えるより有望な枠組みであるように思われる。フーコーは私たちに、どのように〈主体〉が生み出されるのかということについての説明を与えるかもしれないが、どんな主体が彼の記述する仕方で生み出されるのか、また誰の犠牲のもとそれは生み出されるのかを教えることができないのである。

歴史的生成 Entstehung のフーコーによる分析は、本質的に、ヘーゲルの、支配と隷属の弁証法に負っているように思われる。しかし他にまだ残された問題がある。もし歴史に単一の戯曲があるのならば、そして、もしそれが身体の従属と刻印が意味作用を生じさせるような葛藤の場面を本質とするのならば、そのとき私たちは、シニフィアンとしての〈歴史〉という人格化された概念を受け入れなければならないか、あるいは、身体と欲望の領野を通じて権力の生産と分配についての問いという、より特定の問いを問わなければならないか、のいずれかである。もし、全ての文化を、身体に法を押しつけることに還元しないような身体の歴史が書かれうるのならば、そのときはおそらく真に身体を主題にした説明が出現することになることであろう。そして、欲望は、歴史的に特定の身体の相互関係の文脈で理解されることになるだろう。

欲望についての言説、「欲望の主体」の形象についての言説に対するフーコーの批判は、欲望がある経験を説明するだけでなく、その経験を決定しさえもする名であるということを私たちに思い出させることに成功しており、そして欲望の主体は、様々な統制的戦略に役立つ虚構《フィクション》であるかもしれないということ、欲望の「真理」はまだ書かれていない身体の歴史の中にあるのだということを私たちに思い出させてくれるということに成功している。フーコーは、真理を追い求める自分たちを笑いものにするよう私たちに要求している。つまり、私たちを形而上学的約束でおびき寄せる衝動が様々にわき起こるなかで、自己の本質を容赦なく追い求めることを笑いものにするよう、要求しているのである。もし欲望の歴史が身体の歴史として語られなければならないのだとするなら、こうしたもっとも直接的な諸現象において欲望の歴史がどのようにコード化されているのかを理解することが必要となるだろう。そしてもし要求されているのが自己の解釈学ではないとするならば、おそらくそれは、誤謬についての哲学的な教訓を含む、ある喜劇の語りである。ヘーゲルからフーコーに至るまで、欲望は私たちを奇妙に虚構的な存在にしているように思われる。そして承認の笑いこそが洞察のきっかけとなるように思われるのである。

解説

ヘーゲルを速読できる人はいない（本書・七四頁）。

大河内泰樹

はじめに

本書『欲望の主体――ヘーゲルと二〇世紀フランスにおけるポスト・ヘーゲル主義』はJudith Butler, *Subjects of Desire. Hegelian Reflections in Twentieth-Century France*, Columbia University Press, 2012の翻訳である。初版は一九八七年に出版され、一九九九年に新たな序文を付したペーパーバック版が出版された。本書で底本としたのは二〇一二年の第三版であり、これにはフィリップ・サボによる序文が付されている。ただし内容上理解の助けになるものではないと判断し本訳書では割愛した。

著者であるジュディス・バトラーについてここであらためて紹介する必要はないだろう。本書は『ジェンダー・トラブル』（一九八九年／邦訳一九九〇年）でフェミニズム、ジェンダー理論、クィア理論の理論家として名を馳せることになった著者による最初の著書であり、ペーパーバック版序文に記されているように、一九八四年に提出された著者の博士論文をもとにしている。この訳書ではタイトルを『欲望の主体――ヘーゲルと二〇世紀フランスにおけるポスト・ヘーゲル主義』としたが、サブタイトルを直訳するならば「二〇世紀フランスにおけるヘーゲルの反省／反映」となる。反省reflection/Reflexionはヘーゲル哲学のキータームの一つであり、本書でも重要な役割を果たしている。バトラーが本書でヘーゲルの「反省」に着目したことは炯眼であると言えよう。主体が探求の対象とし、したがって欲望の対象とするのは主体そのものであり、後述するようにまさにそれゆえに欲望の主体は自分の中に否定性を含み込まざるをえない。したがって「反省」という概念は『精神現象学』の欲望の主体をめぐる議論を的確に特徴付ける用語なのである。

このサブタイトルにおける「反省 reflections」は二つの意味を持っているといえよう。ひとつは、欲望と主体というテーマについてめぐらせたヘーゲル自身の「反省（＝思考）」のことである。そしてそれはまた同時に、ヘーゲルの思考がいかに二〇世紀フランスの哲学において、様々な仕方で「反映」されているかを示すものでもある（reflectionsは複数形である）。したがって本書は二〇世紀フランス哲学がヘーゲルの哲学をどのように映し出したかを描くものであり、さらに二〇世紀フランス哲学においてヘーゲルの反省がどのように生きていたのかを明らかにしようとするものでもある。

またもう一つタイトルにおいて訳では表現できなかった点として、『欲望の主体』の「主体」が英語では複数形Subjectsであることも重要である。これも二通りに理解することが出来るだろう。つまり第一に「欲望の主体」というヘーゲルのモチーフが二〇世紀フランス哲学において、様々に変奏されたという意味で、本書は複数の「欲望の主体」を扱っている。しかし、第二にとりわけ重要なのは、彼女の解釈において、ヘーゲルの主体は（他の主体との関係という意味においても、一個の主体がすでに差異をはらんでいるという意味においても）複数性を持つものであるということである。「欲望の主体」ははじめから複数の主体なのである。

日本語でも英語でもバトラーについてはこれまで様々論じられてきたが、本書について言及されることはまれであった。例外としてサラ・サリーの概説書『ジュディス・バトラー』は一章を本書に割いており、本書のすぐれた紹介となっている。読者にはぜひこちらも参照して欲しい[1]。さらに本書の訳者である野尻氏による書評、そしてまた岡崎龍氏・日比野（岡崎）佑香氏による「欲望と内的差異について——J・バトラー『欲望の主体』におけるヘーゲル論を通じて」は日本語で本書について論じている数少ない例外である[2]。

本書でバトラーは、ヘーゲル『精神現象学』のコンセプトを解明し、「欲望」から「承認」、「主人と奴隷の弁証法」にいたる、そのもっとも有名な自己意識章の解釈を提示したあと、コジェーヴ、イポリットに端を発するフランスのヘーゲル受容史における主要な形象 figures を辿ってゆく。そこから、バトラー

[1] サラ・サリー『ジュディス・バトラー』竹村和子他訳、青土社、二〇〇五年。

[2] 野尻英一「評 Judith BUTLER: *Subjects of Desire: Hegelian Reflections in Twentieth-Century France*, Columbia University Press, 1987 ジュディス・バトラー著『欲望の主体——二十世紀フランスにおけるヘーゲル哲学の影響』」日本ヘーゲル学会編『ヘーゲル哲学研究』第一六号、二〇一〇年、一五二—一五九頁、岡崎龍・日比野佑香「欲望と内的差異について——J・バトラー『欲望の主体』におけるヘーゲル論を通じて」『論叢クィア』第六号、二〇一三年、一〇〇—一一二頁。また、岡崎龍「ヘーゲルとパフォーマティヴィティ——『精神現象学』「自己疎外的精神の世界」とジュディス・バトラー」（『思想』二〇一九年、第一号（第一一三七号）、一五九—一七四頁）も本書と密接に関連した論考である。さらに、次の藤高氏の著作は第一章を本書の分析に割いている。藤高和輝『ジュディス・バトラー——生と哲学を賭けた闘い』（以文社、二〇一八年）。

がヘーゲル『精神現象学』の浩瀚で内容豊かなテクストの中で、とくにこの箇所をとりあげた理由が理解できるだろう。なぜなら、二〇世紀フランスにおいてもっとも議論され、影響を与えたのがこの箇所であるからである。しかしそれだけではない。バトラーにとってはまさに「欲望」が『精神現象学』というテクストそのものの主題なのであり、テクストの進展自体が「欲望」によって駆動されているのだからでもある。

本人も「若書きという印象を与える」(二二頁)と述べる本書にはその文体にも論の組み立てにも生硬さが目立っている(逆に言えば、難解と言われるのちの彼女の文体がじつは練り上げられたものであることがそこからわかる)。しかし、本書はバトラーの思想の出発点を知る上でも、そしてのちに『ジェンダー・トラブル』が引き起こした誤解を修正するためにも重要である。

もちろん読者にはぜひ本文をお読みいただきたいが、以下では読者の理解を助けるために、重要だと思われる論点についていくつか解説を加えることとしたい。本書の豊かな内容を汲み尽くすものとはならないだろうし、解説者の問題関心から見たものにならざるを得ないが、それでも浩瀚で多様な内容を含む本書を読む上で一つの道案内となれば幸いである。

1．修辞《レトリック》としての『精神現象学』

バトラーがヘーゲリアンであることはよく知られている。『ジェンダー・トラブル』以降いくつかの著作・論文でバトラーはヘーゲルを扱っており、それらについてはすでに翻訳もある〔3〕。単にヘーゲルに影響を受けた、というにとどまらずペーパーバック版序文でも言われているように彼女は、学生時代ドイツに留学し、当時もっとも著名なドイツのヘーゲル研究者、ガダマー、ヘンリッヒらに学んでもいる。

しかし『ジェンダー・トラブル』で、デリダ、フーコー、ラカン等に依拠しながら主体批判を展開したバトラーがヘーゲル主義者であるということは、戸惑いを持って受け止められるだろう。なぜなら、主体批判を行う際に彼女が依拠した上記の、ポスト構造主義に属するとされる哲学者たちが批判の対象としたものこそヘーゲルであったからである。まさに、ヘーゲルは主体の哲学者であり、ヘーゲル的主体を彼女は解体、脱構築、そして攪乱したはずではなかったのだろうか。

こうした疑問が生じるときに、理解されているヘーゲルはおそらくはステレオタイプのそれでしかない。本書で提示されているバトラーによるヘーゲル『精神現象学』の解釈は、そうしたステレオタイプの理解とは全く異なるものである。とはいっても、彼女はここでテキストを離れて荒唐無稽な改釈を行っているわけではない。むしろ、バトラーはテキストについての深い読解に基づき、二次文献をも広汎に

〔3〕 特にヘーゲルを扱ったものとして『権力の心的な生』(佐藤嘉幸・清水知子訳、月曜社、二〇一二年〔原著一九九七年〕)、『アンティゴネーの主張』(竹村和子訳、青土社、二〇〇二年〔原著二〇〇〇年〕)。またジジェク、ラクラウとの共著『偶発性・ヘゲモニー・普遍性』(竹村和子・村上敏勝訳、青土社、二〇〇二年〔原著二〇〇〇年〕)でもヘーゲルは重要な論点の一つである。また、未訳だがカトリーヌ・マラブーとの共著『汝、我が肉体たれ』(Judith Butler/Catherine Malabou, *Sois mon corps. Une lecture contemporaine de la domination et de la servitude chez Hegel*, Paris: Bayard, 2010) は、本書との関係においてたいへん重要である。

参照しながら、説得力のある読みを展開している。

バトラーはヘーゲル『精神現象学』の難解さを、修辞的《レトリカル》なものとして理解する。『精神現象学』は修辞《レトリック》の駆使されたテクストなのである。そこでは一つの文が、それによって意味されるべき内容をそのまま指し示すことはない。このことは哲学的テクストに対する私たちの通常の期待を裏切るものである。しかしバトラーによればこの文体は、まさに意味を固定的に捉える「悟性」を批判し乗り越えることを課題とする彼の哲学が要請するものである。そこでは「主語〔＝主体〕の意味はその運動においてはじめて理解されうる」（七二頁）だろう。とはいっても論理が修辞で飾られるのではない。そこでは論理そのものの修辞的性格が開示されるのである（七三－七四頁）。

『精神現象学』でヘーゲルが描く主体は仮構《フィクション》の主体であり、その遍歴の物語は戯曲《ドラマ》の形態をとった虚構《フィクション》である。バトラーによればこの『精神現象学』という戯曲《ドラマ》は悲劇でなく喜劇である。ヘーゲルが「絶望の道」と呼んだその道のりを歩む主体も、バトラーに言わせれば、近視眼ゆえにいつもトラブルに巻き込まれながらも、いつの間にかそれをくぐり抜け、またすぐにトラブルへ巻き込まれていくということを繰り返す米国のテレビ・アニメの主人公（ミスターマグー）である（七八頁）。しかし私たちは、ときには主人公が死に直面しさえするこの喜劇を安全な場所から笑って眺めることは出来ない。この物語は読者の参加を要求し、私たちはそこに私たち自身の欲望を見出す。『精神現象学』という物語は、そこに登場する〈意識〉自身が紡ぎ出す虚構の物語であると同時に、読者である私たちの物語でもある。それは、まさにそうした意味で「実演される」ことを求め、私たちを虚構の創作者とするのである（七四－七五頁）。したがって、バトラーによる『精神現象学』の修辞的読解は、私たちに実演を求めるパフォーマティヴなテキストとしてヘーゲルのテクスト自体を浮かび上がらせるとともに、その読解そのものが『精神現象学』を演じられるべき戯曲《ドラマ》として成立させる行為となっている。

とはいっても、バトラーは本書で『精神現象学』における意識の遍歴を全て辿るわけではない。ヘーゲルを主題的に取り上げる第一章でバトラーが扱うのは、上記のように自己意識章の導入部であり、それに続く主人と奴隷の弁証法である。まさにそこで論じられる欲望の概念をめぐって二〇世紀フランスにおけるポスト・ヘーゲル主義は展開されたのである。いや、本書の第二章以下が描くヘーゲル受容の二〇世紀フランスにおける遍歴そのものが、ヘーゲルの描いた欲望の主体の物語の続編であるといえよう。

2. 二〇世紀フランスにおける欲望の主体の変奏

バトラー自身が「ペーパーバック版への序文」で記しているように、提出された博士論文には、ヘーゲルについて書かれた第一章、コジェーヴ、イポリットを扱った第二章、サルトルを扱った第三章までしか含まれておらず、デリダ、ラカン、ドゥルーズ、フーコー、クリステヴァ等ポスト構造主義について扱った第四章はその後に加筆されたものである。このことは、バトラーが『ジェンダー・トラブル』以来、ラカン、デリダ、フーコーらポスト構造主義に棹さす理論家として受容されていることを考えると興味深い。バトラーがこれらの哲学に取り組んだのは比較的新しいことになるからである（バトラー自身そのように述懐している（二二一‐二二二頁））。

しかしこのことは、本書におけるバトラーがのちとはその立場を全く異にしていたことを意味するわけではない。むしろ、今日の議論に通ずる発想はここで示されたヘーゲル解釈の中に見られる。ヘーゲルを読むことによってバトラーは、ポスト構造主義を受け入れる準備を調えていたのだと言ってもいいだろう。彼女がラカン、デリダ、フーコー等に見出したものは、むしろヘーゲル的主題の変奏であったということがまさに本書で明らかになる。

二〇世紀フランスにおけるヘーゲル受容において、コジェーヴが一九三三年から三九年まで高等研究院で行った『精神現象学』についての講義が大きな役割を果たしたことはよく知られている。それはコイレが一九三一年に「フランスにヘーゲル研究は事実上存在しない」と述べていた（一四七頁）フランスの状況を一変させた。このコジェーヴの講義は戦後一九四七年にレモン・クノーの編集によって出版されることになるが（『ヘーゲル読解入門』（国文社、一九八七年）はその抄訳である）、この講義自体に出席したメルロ＝ポンティ、バタイユ、ラカンといった著名な哲学者たちに大きな影響を与え、フランスにおけるヘーゲル受容の方向性を決定づけることになった。

もうひとり、フランスにおけるヘーゲル受容に大きな役割を果たしたのが同じコジェーヴの講義を受講していたイポリットである。イポリットは『精神現象学』の仏訳者でもあるが、とりわけ『「精神現象学」の生成と構造』は、現在でも他に例のない包括的な『精神現象学』の注釈書であり、現在も参照される価値のある著作である。またイポリットは、コレージュ・ド・フランスにおけるフーコーの前任者であり、デリダ、ドゥルーズもその教えを受けた。本書の第四章でバトラーは、まさにデリダとフーコーがイポリットに捧げた論文から論じはじめているが、二〇世紀最後の三分の一のフランス哲学はイポリットの影響下に成立したと言っても過言ではない。

一般にコジェーヴは主人と奴隷の弁証法を全面化した『精神現象学』解釈で知られるが、バトラーが注目するのは彼の欲望の理解である。コジェーヴにとって、ヘーゲルが生から出発し、他者の欲望へと向かう欲望へと論を移行させていくのは、欲望が動物的な人間に反省的意識を獲得させ、人間に自我を獲得させるものと見なされているからである。コジェーヴの無神論的、人間学的な解釈において、この欲望概念は彼独自の歴史意識、未来性を指向する時間性と結合させられ、目的論なきまま歴史的個人を行為へと駆り立てるものとなる。しかしそうした英雄的自律性にきわまるとされる欲望は、ヘーゲルが欲望において見出していた条件付け、身体性を欠いたものとなってしまうとバトラーは批判する。

イポリットもまた、歴史における目的論を否定しながらも、コジェーヴの人間中心主義を相対化する。コジェーヴにとって欲望の主体は歴史と時間を創造する主体であったが、イポリットにとって人間主体は時間という絶対者に対して制約された存在者でしかない。そうした制約の下、「欲望の主体」は自立的主体であるどころか、寄る辺のない、不安な存在である。自己意識は生死を賭けた闘争を通じて自分の生が死によって限界づけられていること、他者を超えることが出来ないこと、そして自らの身体のうちに死をとどめながら生きていかなければならないことを知る。欲望の主体は自分自身を否定し、自己を超えながら、自分自身にとどまるものとなる。

以上のようにイポリットに実存主義的ヘーゲル解釈を見出すことで、バトラーは第三章のサルトル論を準備してもいる。この章は第一章と並んで本書においてもっとも注目すべき章である。バトラーは初期の現象学的著作から、『存在と無』を経て、『聖ジュネ』、『家の馬鹿息子』といった後期の伝記的著作に至るまでを取り上げながら、サルトルにおけるヘーゲルの「欲望の主体」の帰趨を辿ってゆく。もちろんここで扱われている著作も、扱われている箇所も選択的であり、この叙述は網羅的なサルトル像を提示するものではない。しかし、それはサルトルのキャリア全体を「欲望の主体」という問題系から理解するすぐれた再構成となっている。

バトラーがサルトルにおいて注目するのは「想像的なもの」である。想像力は、像《イメージ》という実在しない特殊なノエマを持つ特殊な志向性として、「想像力」、『想像力の問題』といった初期からのサルトルの関心の対象であった。他方、志向性は欲望と「外延を同じくする」ともいわれている。つまり、何かを目指すはたらきとして認識のはたらきもまた欲望なのである。『存在と無』でサルトルは、イポリットに抵抗しながら、存在への欲望を前反省的な意識として位置づけ、また主人と奴隷の弁証法をサドマゾヒズムにおける性的関係として変奏しながら、その性的欲望のなかに原初的な存在への欲望を見出す。しかし、こうした全ての人間について当てはまるとされる原初的レベル（「原初的選択」（二五二頁））の記述は、具体的に状況づけられた主体の欲望と承認を明らかにするには不十分である。バトラーによれば、サルトルはそうした具体的な「個人の実存的精神分析」を、ジュネとフローベールを扱った自らの伝記的著作で試みるのである。そしてジュネもフローベールも、ヘーゲルが提起した欲望と承認の問題をこの「想像的なもの」を通じて解決しようとした個人として描かれる。それは世界から拒絶された主体が、みずからの承認を、想像力を用いて獲得する魔術的な試みである。

第四章で扱われる哲学者たちにおいてポスト・ヘーゲル主義は文字通りヘーゲル後を目指すものとな

る。しかしバトラーが描くのは、彼らがヘーゲルを逃れようとしながらいかにヘーゲルに囚われているのかである。「拒否しようとしても、たいていその行為は拒否されるべきものの延命を必要とする」（三四四頁）。この世代がヘーゲルから離れようとしたのには、第二章で扱われる、彼らが影響を受けた世代のヘーゲル主義があった。その意味では、彼・彼女らはかならずしも直接ヘーゲルにあたってヘーゲルを批判したのではなかった。ところがバトラーはさらなるねじれがここにあることを指摘する。彼・彼女らがヘーゲルとして批判しているのは、まさに「コジェーヴ、イポリットがヘーゲルは決してそのようなものではない」と論じていたヘーゲル像そのものだというのである（三四五頁）。

デリダ、ラカン、ドゥルーズ、フーコーのヘーゲルへのスタンスはそれぞれ異なっている。否定性一つを取り上げてみても、否定性をヘーゲル的意味からずらしながら活用しようとする前二者に対して、後二者は肯定性を標榜する。ここではバトラーによるそれぞれの議論の再構成を辿ることはしないが、いずれにせよバトラーが関心を持っているのは、彼らのヘーゲル批判が依然としてヘーゲルに囚われていないか、彼らの批判がそれ自体「ヘーゲル自身があらかじめ用意していた形式」にとどまっていないか（三四六頁）なのである。

3．脱自的主体

さてこうしたポスト構造主義の哲学者たちがヘーゲルにおいて見落としていたのは何か。それは、ヘーゲル自身に「自己同一的主体の内在的批判」が含まれていることである。ここで順番が前後したがあらためてバトラーが第一章でヘーゲルの欲望論をどのように理解しているのかを簡単にみておこう。

バトラーは欲望の成立の条件を、ヘーゲルが欲望の概念を明示的に扱う自己意識章に先立つ悟性章に見出す。そこで悟性が対象のうちに見出す「力」において見出される「内的差異」（八八頁）は対象のうちに見出されるだけではない。それは意識と対象の間の関係をも説明するものである。「内的差異」とは、自分自身の中に否定性の切れ目を入れることである。いや常にすでにそうした切れ目は入れられている。力は自分自身を否定し、自分自身を力の効果として発現させることによってしか、つまり力であることを否定することによってしか自分自身ではない。逆に言えば、そうしたものは自分自身と相対しているものに常に巻き込まれてしまっている。意識は自らの探求の対象と向き合っているが、そこにあるのは外的差異ではなく、「内的差異」なのである。自己意識はまさに意識がこうした内的差異を自覚的に経験するところに欲望として生じる。欲望は内的差異を感覚的世界との関係において経験するのである。

しかしヘーゲルは、この欲望の満足は、感覚的世界ではなく、他の自己意識を対象とするときに可能であるという。ここに、自己意識が自分を否定し自分を超え出て行くという「脱自」と自分自身を自律的に統制するという「自己規定」という両義性を持った存在として欲望が捉えなおされることになる。

したがって主人と奴隷とはこの自己意識に内在する二つの矛盾し合った側面の形象化である。主人を成立させるのは、自分自身の完全なる否定であり、死を引き受けるという意味での自分自身の脱身体化である。しかし、結局主人が自殺することはないため、「自分の否認を身体化」（一三五頁）し、身体を持った他者を自分自身の身体として支配しなければならない。主人は純粋な満足を達成し、自己の身体性を否定するために、もう一つの自己意識たる主体を自らの身体とする。

他方、奴隷は満足を断念し徹底して否定されることによって自分ではなく主人の身体となる。しかし、まさに奴隷は主人の身体として労働することによって主人が持つことの出来ない自己規定と承認を獲得する。こうして奴隷が勝利を得るとしても、どちらの主体も結局は身体性と自由との綜合を成し遂げることは出来ず、おびえながら生きざるをえない。主人と奴隷の弁証法はそうした死につきまとわれた生を描く「生における死の比喩」(二三九頁) なのである。

以上のバトラーの『精神現象学』解釈の帰結として重要なのは、このバトラーの解釈に従うならば、ヘーゲルは欲望において決して自己同一的な主体を前提としてはいないということである。主体は欲望の主体であることによって、むしろはじめから否定性によって切れ目を入れられており、常にすでに自己を否定されている。欲望としてヘーゲルの主体は志向的 (対他的) でありながらも、この主体が同一性を獲得するのは、他の主体による承認を通じてであることを欲望の経験は教える。こうした志向性と反省性の統一としてこの主体は常に自己を超え出て行く脱自的 (ek-static) なものである。

また、欲望がこのように内的差異を通じて条件付けられたものとして、一種の解釈学的循環の中で理解されているということにおいて、のちの『自分自身を説明すること』(二〇〇五年/邦訳二〇〇八年) に連なる問題意識が現れている。そこで後期フーコーの仕事の影響下で扱われていたのは、こうした解釈学的状況の下でいかにして主権的でない主体の形成が可能となるのかという問いであった。『自分自身を説明すること』で展開された「倫理」は、後期フーコーの問題意識にこのヘーゲル的道具立てを応用することで成立したものと言うことができる。

同一的な主体（行為者）は行為に先立って存在するわけではない。むしろアイデンティティとその存続は他者の承認を必要とするがゆえに、欲望は他者の欲望を欲望し行為する。そしてそれは必然的に承認をめぐる闘争ないしは「トラブル」を引き起こすに至るだろう。そこで欲望の主体が、満足を獲得すること、確固とした同一性を獲得することはない。

4. 身体の行方

このようにバトラーは本書でヘーゲルが欲望をいかに条件付けられた、脆いものとして理解していたのかを明らかにしており、そこから欲望の本質主義であるというバトラーにのちに向けられた批判がいかに的をはずしたものであるかがわかる。もう一つ重要なのは、バトラーがここで主人と奴隷の弁証法を「身体をめぐるパラドックス」として理解していることである。こうした論点はカトリーヌ・マラブーとの共著『汝、我が肉体たれ』[4]でも繰り返されているが、すでにヘーゲルを解釈しながらバトラーが身体を問題としていたということは、『ジェンダー・トラブル』にもっとも多く向けられた批判、つまり身体を無視しているという批判があたらないことを意味していよう。むしろバトラーにとっては最初から「身体が問題」であったのだ[5]。

この身体への関心は、断続的に第三章、第四章にも引き継がれている。サルトルが『存在と無』で展開するサドマゾヒズム論はまさに性的欲望という形をとった主人と奴隷の欲望の弁証法の変奏であり、そこで中心的に主題になるのもサディスト、マゾヒスト相互の身体である（二七八頁以下）。主人が自分を脱身体化し、他者を自分の身体とすることに最終的に失敗せざるをえないように、サディストは自分の身体を消し、マゾヒストを純粋な身体として支配することに失敗せざるをえない。

付け加えられた第四章が最後にクリステヴァについて手短に扱っているのは、まさにこの身体の問題について補足するためだろう。ここではむしろクリステヴァは「身体化され、ジェンダー化された個人という観点からのヘーゲル批判」（四三五頁）を行い、「欲望と主体についての言説から身体を第一に検証する言説への転倒」（四三八頁）を提起したことによって、肯定的に導入されているように見える。そしてそこからバトラーはさらに、このクリステヴァの転倒にフーコーによる身体の歴史の記述を接続する。たしかにフーコー自身は「フェミニズム的問いにそれほど関心を持って」（四三九頁）いないかもしれないが、しかし身体の歴史の記述は、欲望の主体に対して「概念的方向転換」（四四〇頁）たりうることをバトラーは示唆するのである。

ヘーゲルからフーコーに至るまで、欲望の主体というテーマに並行して論じられているこの身体論は、しばしばバトラーの身体論がそう誤解されてきたように、決して身体を言語の観念的な構築物とみなしているわけではない。むしろヘーゲルの主人が自分の欲望の充足に失敗するのは、自分の身体性を完全に支配し、否定することが出来ず、また奴隷を自らの身体性の担い手として我有化することが不可能で

［4］　註3参照。
［5］　『問題なのは身体だ Bodies that Matter』は、一九九三年に出版されたバトラーの著書であり、身体を無視しているという『ジェンダー・トラブル』に向けられた批判に応答した論考を含む。Judith Butler, *Bodies That Matter: On the Discursive Limits of 'Sex.'* New York: Routledge, 1993.

あるからである。バトラーがヘーゲルの「主人と奴隷の弁証法」に見出す「身体をめぐる逆説」はこうして、ぎりぎりのところで観念の支配を逃れる身体の我有化不可能性をあらわにする。したがって上記のミスターマグーを用いた比喩からヘーゲルの欲望の主体を、あたかも物質的身体を持たないかのような、いかなる痛みも感じずにトラブルをくぐり抜けていく主体の比喩として理解してはならない。そしてさらに、バトラーが、サルトルを論じる際にその伝記的著作に着目し、さらに最後にクリステヴァ、そしてフーコーに言及せざるをえなかったのは、具体的個別的身体をはじめから問題として見据えていたからである。

たしかにフーコーの身体の歴史を導入する箇所で、バトラーは「ヘーゲルの欲望の物語の決定的な閉幕」(四四〇頁)に言及している。では、欲望の主体はもはや探求されるべき対象ではなく、欲望の主体から身体の歴史への方向転換が次なる道として示されているのだろうか。バトラーが本書で示唆しているのは、フーコー的な身体の歴史をヘーゲルの弁証法によって補完することである。「フーコーは私たちに、どのように〈主体〉が生み出されるのかということについての説明を与えるかもしれないが、どんな主体が彼の記述する仕方で生み出されるのか、また誰の犠牲のもとでそれは生み出されるのかを教えることができない」(四四五頁)。この文章は重要な示唆を含んでいるように思われるが、バトラーはこれ以上は説明してくれていない。それはおそらくサルトルが『聖ジュネ』や『家の馬鹿息子』で展開したような、具体的な状況において制約された欲望の成就を、そこでみられたように想像的なものに訴えるのではなく、現実的世界の変革をともなうような仕方で論じるものとなるはずだったろう。何よりも『ジェンダー・トラブル』は依然として欲望の主体を問題とし、そしてフーコーをヘーゲルで補完するというよりは、むしろヘーゲル的主体の形成理論の中にフーコーの権力論を直接組み込んでいた［6］。そしてそのヒントはすでに本書の第一章の中にあったのである。まさに『ジェンダー・トラブル』は、ジェンダー化され制約された欲望を抱える主体が生きることのできる世界を作り出すために書かれたものではなかっただろうか［7］。

本書はジェンダーを主題として論じているわけではない。しかし、本書でもところどころでバトラーはジェンダー／セクシュアリティに関わる論点に触れており、本書の背後にもそうした問題関心があることがうかがわれる。その限りで『ジェンダー・トラブル』によって私たちの知ることになったジュディス・バトラーをより適切に理解するためにも本書は読まれなければならないだろう。まず私たちはもう一度バトラーとともにヘーゲルを、そして二〇世紀のポスト・ヘーゲル主義を読み直すことからはじめよう。

［6］拙論「規範という暴力に対する倫理的な態度 バトラーにおける批判と倫理」（『現代思想』第三四巻一二号、二〇〇六年一〇月、一四〇―一五七頁）参照。『自分自身を説明すること』もこうした文脈で読まれるべきだろう。

［7］バトラーは『ジェンダー・トラブル』第二版への序文でこのことを明確に述べている。（Judith Butler, Preface 1999, *Gender Trouble. Feminism and the Subversion of Identity*, New York / London: Routledge, 1999, p. xxvi.）

あとがき

本書はJudith Butler, *Subjects of Desire. Hegelian Reflections in Twentieth-Century France*, Columbia University Press, 2012の翻訳である。解説で述べたように第二版以降に付されているフィリップ・サボによる序文は本訳書では割愛した。また、著者よりよせられた日本語版序文を付している。

翻訳にあたってはまず、「ペーパーバック版への序文」・序文・序章を野尻、第一章・第二章を岡崎佑香・岡崎龍、第三章・第四章・日本語版序文を大河内が分担して訳出し、その後相互にチェックし合った上で、最後に大河内が全体の文体を調整した。また、一橋大学大学院言語社会研究科博士後期課程の小林成彬氏、同社会学研究科博士後期課程の上田尚徳氏には訳稿についてアドバイスをいただいた。ここに記して感謝したい。

この翻訳プロジェクトのきっかけは、大河内が勤務先で行っていた読書会のテキストとして本書を取り上げたことであった。岡崎龍と岡崎佑香はこの読書会の参加者であった。当初は翻訳を目的とするものではなかったが、読書会を通じて翻訳への意欲が芽生え、しばらくして堀之内出版にご相談したところ出版を快く引き受けてくださった。それと前後して野尻が参加することとなり、プロジェクトがスタートした。

本書の訳者は全員がヘーゲルをメインの専門とする研究者であるが、そうしたヘーゲル研究者である私たちが本書を日本語で読者に届けたいと思ったのは、広く共有されているヘーゲルについての理解には歪められているものが多く、それに対して本書の著者であるバトラーがヘーゲル哲学についての深い理解にもとづいて、ヘーゲルの思考法を取り入れながら、そのアクチュアリティを明らかにしていると考えているからである。本書が、この国での哲学研究・ジェンダー研究に少しでも貢献するものとなることを期待したい。

訳者一同

二〇一九年五月二〇日

Spinoza, Benedict de. *On the Improvement of the Understanding, The Ethics, Correspondence*. R. H. M. Elwes, tr. New York: Dover, 1955.〔スピノザ『エチカ――倫理学』畠中尚志訳、岩波書店、1951年〕
Steegmuller, Francis, ed. *The Letters of Gustave Flaubert, 1830–1857*. Cambridge, Mass.: Belknap Press, 1979.
Stevens, Wallace. *The Palm at the End of the Mind*. New York: Vintage, 1971.
Strasser, Stephen. *Phenomenology of Feeling: An Essay on the Phenomenology of the Heart*. Pittsburgh: Duquesne University Press, 1977.
Strauss, Leo. *The Political Philosophy of Hobbes: Its Basis and Genesis*. Oxford: Clarendon Press, 1936.〔シュトラウス『ホッブズの政治学』添谷育志ほか訳、みすず書房、1990年〕
Unger, Roberto. *Knowledge and Politics*. New York: Free Press, 1975.

Kierkegaard, Søren. *Repetition: An Essay in Experimental Psychology*. Howard and Edna Hong, trs. Princeton: Princeton University Press, 1983.〔キルケゴール「反復」(「キルケゴール著作集」第5巻）前田敬作訳、白水社、一九六二年〕
Kristeva, Julia. *Desire in Language*. Leon Roudiez, ed.; Thomas Gora, Alice Jardine, and Leon S. Roudiez, trs. New York: Columbia University Press, 1980.
Kristeva, Julia. *La Révolution du langage poétique*. Paris: Éditions du Seuil, 1974. *Revolution in Poetic Language*. Margaret Walker, tr. New York: Columbia University Press, 1984.〔クリステヴァ『詩的言語の革命〈第一部〉理論的前提』原田邦夫訳、勁草書房、一九九一年〕
Kristeva, Julia. *Polylogue*. Paris: Éditions du Seuil, 1977〔クリステヴァ『ポリローグ』赤羽研三ほか訳、白水社、一九八六年〕; and *Sèméiôtikè: Recherches pour une sémanalyse*.〔クリステヴァ『セメオイチケ』「1：記号の解体学」、原田邦夫訳、せりか書房、一九八三年、「2：記号の生成論」、中沢新一訳、せりか書房、一九八四年〕Both partially translated in *Desire in Language: A Semiotic Approach to Literature and Art*. Leon S. Roudiez, ed.; Thomas Gora, Alice Jardine, and Leon S. Roudiez, trs. New York: Columbia University Press, 1980.
Lyotard, Jean-François. *Économie libidinale*. Paris: Éditions de Minuit, 1974.〔リオタール『リビドー経済』杉山吉弘ほか訳、法政大学出版局、一九九七年〕
Lyotard, Jean-François. *La Phénoménologie*. Paris: Presses Universitaires de France, 1954.〔リオタール『現象学』高橋允昭訳、白水社、一九六四年〕
Merleau-Ponry, Maurice. *Le Visible et l'invisible*. Claude Lefort, éd. Paris: Gallimard, 1964. *The Visible and the Invisible*. Alphonso Lingis, tr. Evanston: Northwestern University Press, 1968.〔メルロ=ポンティ『見えるものと見えないもの』滝浦静雄ほか訳、みすず書房、1989年〕
Nietzsche, Friedrich. *The Will to Power*. Walter Kaufmann and R. J. Hollingdale, trs. New York: Vintage Books, 1968.〔ニーチェ『権力への意志』(「ニーチェ全集」第12巻）原佑訳、新潮社、1963年〕
Nietzsche, Friedrich. *On the Genealogy of Morals*. Walter Kaufmann, tr. New York: Vintage Books, 1967.〔ニーチェ『善悪の彼岸・道徳の系譜』(『ニーチェ全集』第一一巻）信太正三訳、筑摩書房、一九九三年〕
Owen, Wendy. "A Riddle in Nine Syllables: Female Creativity in the Poetry of Sylvia Plath." Ph. D. dissertation, Yale University, 1985.
Rella, Franco. *Il mito dell' altro: Lacan, Deleuze, Foucault*. Milano: Feltrinelli, 1978.
Rilke, Rainer Maria. *Duino Elegies*. J. B. Leishman, tr. New York: Norton, 1963.〔リルケ『ドゥイノの悲歌』手塚富雄訳、岩波書店、2010年〕
Rorty, Amelia Oksenberg, ed. *Explaining Emotions*. Berkeley and Los Angeles: University of California Press, 1980.
Solomon, Robert. *The Passions*. Garden City, N.Y.: Anchor Books, 1976.

Genet, Jean. *Haute Surveillance*. Paris: Gallimard, 1965.
Genet, Jean. *Journal du Voleur*. Paris: Gallimard, 1949. *The Thief's Journal*. Bernard Frechtman, tr. New York: Bantam, 1965.〔ジュネ「泥棒日記」(『ジャン・ジュネ全集』第1巻）朝吹三吉訳、新潮社、1967年〕
Genet, Jean. *Les Nègres*. Paris: Barbezat, 1959.〔ジュネ「黒んぼたち」(『ジャン・ジュネ全集』第4巻）白井浩二訳、新潮社、1968年〕
Genet, Jean. *Notre-dame-des-fleurs*. Paris: Gallimard, 1975. *Our Lady of the Flowers*. Bernard Frechtman, tr. New York: Grove Press, 1963.〔ジュネ「花のノートルダム」(『ジャン・ジュネ全集』第4巻）堀口大學訳、新潮社、1968年〕
Goethe's Faust. Philip Wayne, tr. London: Penguin, 1972.〔ゲーテ『ファウスト〈第1部〉』相良守峯訳、岩波書店、1958年〕
Gurwitsch, Aron. "On the Intentionality of Consciousness." In Joseph Kockelmans, ed., *Phenomenology: The Philosophy of Edmund Husserl and its Interpretation*. Garden City, N.Y.: Doubleday, 1967.
Heller, Agnes. *A Theory of Feelings*. Assen: Van Gorcum, 1979.
Hobbes, Thomas. *Leviathan*. W. G. Pogson Smith, ed. Oxford: Clarendon Press, 1929.〔ホッブズ『リヴァイアサン』水田洋訳、岩波書店、1991年〕
Hölderlin, Friedrich, "Bread and Wine".〔ヘルダーリン「パンと葡萄酒」『ヘルダーリン詩集』川村二郎訳、岩波文庫、2002年〕
Husserl, Edmund. *The Crisis of European Sciences and Transcendental Phenomenology: An Introduction to Phenomenological Philosophy*. David Carr, tr. Evanston: Northwestern University Press, 1970.〔フッサール『ヨーロッパ諸学の危機と超越論的現象学 』細谷恒夫ほか訳、中央公論社、1995年〕
Husserl, Edmund. *Experience and Judgment: Investigations in a Genealogy of Logic*. Ludwig Landgrebe, ed. James S. Churchill and Karl Ameriks, trs. Evanston: Northwestern University Press, 1973.〔フッサール『経験と判断』長谷川宏訳、河出書房新社、1975年〕
Husserl, Edmund. *The Phenomenology of Internal Time Consciousness*. Martin Heidegger, ed.; James S. Churchill, tr. Bloomington: Indiana University Press, 1964.〔フッサール『内的時間意識の現象学』立松弘孝訳、みすず書房、1967年〕
Kant, Immanuel. *Critique of Practical Reason*. Lewis White Beck, tr. Indianapolis: Bobbs-Merrill, 1977.〔カント『実践理性批判；倫理の形而上学の基礎づけ』熊野純彦訳、作品社、2013年〕
Kierkegaard, Søren. *Philosophical Fragments*. Howard Hong, tr. Princeton: Princeton University Press, 1962.〔キルケゴール『哲学的断片・危機および一女優の生涯における一つの危機』(「キルケゴール著作集」第6巻）大谷愛人訳、白水社、1995年〕

Library, 1947.〔アリストテレス「魂について」中畑正志訳（『アリストテレス全集　第七巻』）、岩波書店、二〇一四年〕
Aron, Raymond. *Marxism and the Existentialists*. New York: Harper and Row, 1965.
Bataille, Georges. *L'Érotisme*. Paris: Éditions de Minuit, 1965.〔バタイユ『エロティシズム』（『バタイユ著作集』第7巻）渋澤龍彦訳、二見書房、1973年〕
Bataille, Georges. *Sur Nietzsche*. Paris: Éditions de Minuit, 1945.〔バタイユ『ニーチェについて：好運への意志 』酒井健訳、現代思潮社、1992年〕
Beauvoir, Simone de. *Force of Circumstance*. Richard Howard, tr. New York: Putnam, 1965.〔ボーヴォワール『或る戦後〈上〉』朝吹登水子ほか訳、紀伊国屋書店、1965年〕
Brooks, Peter and Joseph Halpern, eds. Genet: *A Collection of Critical Essays*. Englewood Cliffs, N.J.: Prentice-Hall, 1979.
Culler, Jonathan. *Flaubert: The Uses of Uncertainty*. Ithaca: Cornell University Press, 1974.
Derrida, Jacques. *Glas: Que reste-t-il du savoir absolu?* Paris: Denoël Gauthier, 1982.
Derrida, Jacques. *L'Écriture et la différence*. Paris: Éditions du Seuil, 1967. *Writing and Difference*. Alan Bass, tr. Chicago: Chicago University Press, 1978.〔デリダ『エクリチュールと差異』合田正人ほか訳、法政大学出版局、2013年〕
Derrida, Jacques. *Marges de la Philosophie*. Paris: Éditions du Seuil, 1972. *Margins of Philosophy*. Alan Bass, tr. Chicago: University of Chicago Press, 1982.〔デリダ『哲学の余白〈上〉』高橋允昭ほか訳、法政大学出版局、2007年〕
Descombes, Vincent. *Modern French Philosophy*. Cambridge: Cambridge University Press, 1980.〔デコンブ『知の最前線——現代フランス哲学』高橋允昭訳、TBSブリタニカ、1983年〕
Diderot, Denis. *Jacques the Fatalist and His Master*. J' Robert Loy, tr. New York: Norton, 1959.〔ディドロ『運命論者ジャックとその主人』王子賢太ほか訳、白水社、2006年〕
Flaubert, Gustave. *Madame Bovary*. Edouard Maynial, éd. Paris: Garnier, 1961. *Madame Bovary*. Lowell Bair, tr. New York: Bantam, 1981.〔フローベール『ボヴァリー夫人』生島遼一訳、新潮社、1997年〕
Flaubert, Gustave. *Trois Contes*. Paris: Garnier, 1965.〔フローベール『三つの物語』山田九朗訳、岩波書店、1940年〕
Freud, Sigmund. *Civilization and Its Discontents*. James Strachey, tr. London: Hogarth Press, 1950.〔フロイト「文化への不満」（『フロイト著作集　第3巻——文化・芸術』）高橋義孝訳、人文書院、1969年〕
Freud, Sigmund. *General Psychological Theory*. Philip Rieff, ed. New York: Macmillan, 1976.
Freud, Sigmund. *New Introductory Lectures*. James Strachey, tr. London: Hogarth Press, 1948.
Genet, Jean. *Les Bonnes*. Paris: l'Arbalète, 1976.〔ジュネ「女中たち」（『ジャン・ジュネ全集』第4巻）水田晴康訳、新潮社、1968年〕

Language, Counter-Memory, Practice: Selected Essays and Interviews. Donald F. Bouchard, ed. Donald F. Bouchard and Sherry Simon, trs. Ithaca: Cornell University Press, 1977.〔西谷修訳「侵犯への序言」『フーコー思考集成』第I巻、筑摩書房、1998年、304–325頁、伊藤晃訳「ニーチェ、系譜学、歴史」『フーコー思想集成』第IV巻、筑摩書房、1999年、11–39頁〕
Les Mots et les choses. Paris: Gallimard, 1966: *The Order of Things: An Archaeology of the Human Sciences*. New York: Vintage, 1973.〔渡辺一民ほか訳『言葉と物』、新潮社、1974年〕
Power/Knowledge: Selected Interviews and Other Writings, 1972–77. Colin Gordon, ed. and tr. New York: Pantheon, 1980.〔増田一夫訳「ミシェル・フーコーのゲーム」『フーコー思考集成』第VI巻、筑摩書房、2000年、409–452頁〕

ミシェル・フーコーについての著作

Baudrillard, Jean. *Oublier Foucault*. Paris: Éditions Galilée, 1977.〔ボードリヤール『誘惑論序説――フーコーを忘れよう』塚原史訳、国文社、1984年〕
Dreyfus, Hubert L. and Paul Rabinow. *Michel Foucault: Beyond Structuralism and Hermeneutics*. Chicago: Chicago University Press, 1983.〔ドレイファス/ラビノウ『ミシェル・フーコー：構造主義と解釈学を超えて』山形頼洋ほか訳、筑摩書房、1996年〕
Guédez, Annie: *Foucault*. Paris: Éditions universitaires, 1972.
Lemert, Charles C. and Garth Gillan. *Michel Foucault: Social Theory as Transgression*. New York: Columbia University Press, 1982.
Megill, Allan. *Prophets of Extremity: Nietzsche, Heidegger, Foucault, Derrida*. Berkeley: University of California Press, 1985.
Minson, Jeffrey. *Genealogies of Morals: Nietzsche, Foucault, Donzelot, and the Eccentricity of Ethics*. London: Macmillan, 1985.
Rajchman, John. *Michel Foucault: The Freedom of Philosophy*. New York: Columbia University Press, 1985.
Sheridan, Alan. *Michel Foucault: The Will to Truth*. London and New York: Tavistock, 1980.

関連文献

Abrams, M. H. *Natural Supernaturalism: Tradition and Revolution in Romantic Literature*. New York: Norton, 1971.
Archard, David. *Marxism and Existentialism*. Ulster: Blackstaff Press, 1980.
Aristotle. *Nicomachean Ethics*. Martin Ostwald, tr. Indianapolis: Bobbs-Merrill, 1962.〔アリストテレス『ニコマコス倫理学』神崎繁訳（『アリストテレス全集　第一五巻』）、岩波書店、2014年〕
Aristotle. "De Anima." In *Introduction to Aristotle*. Richard McKeon, ed. New York: Modern

む』富山太佳夫ほか訳、岩波書店、2000年〕
Mannoni, Maud. *La Théorie comme fiction: Freud, Groddeck, Winnicott, Lacan*. Paris: Éditions du Seuil, 1979.
Smith, Joseph H. and William Kerrigan, eds. *Interpreting Lacan*. New Haven: Yale University Press, 1983.
Turkle, Sherry. *Psychoanalytic Politics: Freud's French Revolution*. New York: Basic Books, 1978.

ジル・ドゥルーズによる著作

Différence et répétition. Paris: Presses universitaires de France, 1972.〔財津理訳『差異と反復 上・下』、河出書房新社、2007年〕
L'anti-Oedipe (with Felix Guattari). Paris: Éditions de Minuit, 1972. *Anti-Oedipus: Capitalism and Schizophrenia*. Robert Hurley, Mark Seem, and Helen R. Lane, trs. New York: Viking Press, 1977.〔ドゥルーズ／ガタリ『アンチオイディプス　上・下　資本主義と分裂病』宇野邦一訳、河出書房新社、2006年〕
L'Idée d'expression dans la philosophie de Spinoza. Paris: Éditions de Minuit, 1968.〔工藤喜作ほか訳『スピノザと表現の問題』、法政大学出版局、一九九一年)
Nietzsche et la philosophie. Paris: Presses universitaires de France, 1973. *Nietzsche and Philosophy*. Hugh Tomlinson, tr. New York: Columbia University Press, 1983.〔江川隆男訳『ニーチェと哲学』河出書房新書、2008年〕
Présentation de Sacher-Masoch, le froid et le cruel. Paris: Éditions de Minuit, 1967. *Masochism: An Interpretation of Coldness and Cruelty*. New York: Braziller, 1971.〔蓮實重彦訳『マゾッホとサド』、晶文社、1973年〕

ミシェル・フーコーによる著作

Herculine Barbin dite Alexina B., presenté par Michel Foucault. Paris: Gallimard, 1978. *Herculine Barbin, Being the Recently Discovered Memoirs of a Nineteenth Century French Hermaphrodite*. Richard McDougall, tr. New York: Pantheon, 1980.
Histoire de la sexualité. 1: *La Volonté de savoir*. Paris: Gallimard, 1976. *The History of Sexuality*. Vol. 1: *An Introduction*. New York: Vintage, 1980.〔『性の歴史〈I〉知への意志』、新潮社、1986年〕
Histoire de la sexualité. 2: *L'Usage des plaisirs*. Paris: Gallimard, 1984. *The History of Sexuality*. Vol 2: *The Use of Pleasure*. Robert Hurley, tr. New York: Pantheon, 1985.〔田村俶訳『性の歴史〈II〉快楽の活用』、新潮社、1986年〕
Histoire de la sexualité. 3: *Le Souci de soi*. Paris: Gallimard, 1984.〔田村俶訳『性の歴史〈III〉自己への配慮』、新潮社、1987年〕

Theunissen, Michael. *Der Andere: Studien zur Sozialontologie der Gegenwart*. Berlin: de Gruyter, 1965.
Thody, Philip. *Jean-Paul Sartre: A Literary and Political Study*. London: Hamilton, 1960.
Verstraeten, Pierre. *Violence et éthique: Ésquisse d'une critique de la morale dialectique à partir du théâtre politique de Sartre*. Paris: Gallimard, 1972.
Warnock, Mary, ed. *Sartre: A Collection of Critical Essays*. Garden City, N.Y.: Anchor, 1971.

ジャック・ラカンによる著作

Écrits. Paris: Éditions du Seuil, 1970–72. *Écrits: A Selection*. Alan Sheridan, tr. New York: Norton, 1977.〔宮本忠雄ほか訳『エクリ 1』、弘文堂、1972年、佐々木孝次ほか訳『エクリ 2』、弘文堂、1977年、佐々木孝次ほか訳『エクリ 3』、弘文堂、1981年〕
Feminine Sexuality: Jacques Lacan and the École Freudienne. Juliet Mitchell and Jacqueline Rose, eds.; Jacqueline Rose, tr. New York: Norton, 1985.
The Language of the Self. Anthony Wilden, tr. Baltimore: Johns Hopkins University Press, 1968. Originally published as " Fonction et champ de la parole et du langage en psychanalyse" in *La Psychanalyse*, vol. 1, Paris, 1956,『エクリ』のオリジナルテキスト（*Écrits 1966*）にも収録されている。〔竹内迪也訳「精神分析における言葉と言語活動の機能と領野」『エクリ 1』、弘文堂、1972年〕
"Of Structure as an Inmixing of an Otherness Prerequisite to Any Subject Whatever." In Richard Macksey and Eugenio Donato, eds., *The Structuralist Controversy: The Languages of Criticism and the Sciences of Man*. Baltimore: Johns Hopkins University Press, 1975.
Les Quatre concepts fondamentaux de la psychanalyse. Originally published as vol. 2 of the author's *Le Séminaire de Jacques Lacan*. Translated by Alan Sheridan as *The Four Fundamental Concepts of Psychoanalysis*. London: Hogarth Press, 1977.〔小出浩之ほか訳『精神分析の四基本概念』(「セミネール」第11巻)、岩波書店、2000年〕
Le Séminaire de Jacques Lacan. Vols. 1, 2, 11, 20. Jacques-Alain Miller, éd. Paris: Éditions du Seuil, 1973.〔小出浩之ほか訳『フロイトの技法論』(「セミネール」第1巻)、岩波書店、1991年、小出浩之ほか訳『フロイト理論と精神分析技法における自我』(「セミネール」第2巻)、岩波書店、1998年、小出浩之ほか訳『精神分析の四基本概念』(「セミネール」第11巻）岩波書店、2000年〕

ジャック・ラカンについての著作

Clément, Catherine. *Vies et légendes de Jacques Lacan*. Paris: Grasset, 1981. *The Lives and Legends of Jacques Lacan*, Arthur Goldhammer, tr. New York: Columbia University Press, 1983.
Gallop, Jane. *Reading Lacan*. Ithaca: Cornell University Press, 1985.〔ギャロップ『ラカンを読

Dempsey, Peter J. *The Psychology of Sartre*. Cork: Cork University Press, 1965.

Desan, Wilfrid. *The Tragic Finale*. New York: Harper and Row, 1960.

Fell, Joseph P. *Emotion in the Thought of Sartre*. New York: Columbia University Press, 1965.

Fell, Joseph P. *Heidegger and Sartre: An Essay on Being and Place*. New York: Columbia University Press, 1979.

Grene, Marjorie. *Sartre*. New York: Harper and Row, 1973.

Jeanson, Francis. *Le Problème moral et la pensée de Sartre*. Paris: Éditions du Seuil, 1965. *Sartre and the Problem of Morality*. Robert Stone, tr. Bloomington: Indiana University Press, 1980.

Maier, Willi. *Das Problem der Leiblichkeit bei Jean-Paul Sartre und Maurice Merleau-Ponty*. Tübingen: Niemayer, 1964.

Marcuse, Herbert. "Existentialism: Remarks on Jean-Paul Sartre's L'Être et le néant". *Philosophy and Phenomenological Research*, vol. 8, no. 3.

Martin-Deslias, Noël. *Jean-Paul Sartre, ou la conscience ambiguë*. Paris: Éditions Nagel, 1972.

Merleau-Ponty, Maurice. *The Phenomenology of Perception*. Colin Smith, tr. London: Routledge, Kegan Paul, 1962. 〔メルロ=ポンティ『知覚の現象学』中島盛夫訳、法政大学出版局、1982年〕

Merleau-Ponty, Maurice. *Sense and Non-Sense*. Hubert and Patricia Dreyfus, trs. Evanston: Northwestern University Press, 1964. 〔メルロ=ポンティ『意味と無意味』滝浦静雄ほか訳、みすず書房、1983年〕

Merleau-Ponty, Maurice. *The Visible and the Invisible*. Alphonso Lingis, tr. Evanston: Northwestern University Press, 1967. 〔メルロ=ポンティ『見えるものと見えないもの』滝浦静雄ほか訳、みすず書房、1989年〕

Natanson, Maurice. *A Critique of Jean-Paul Sartre's Ontology*. The Hague: Martinus Nijhoff, 1973 (reprint).

Natanson, Maurice. "Phenomenology and Existentialism: Husserl and Sartre on Intentionality." In Joseph Kockelmans, eds., *Phenomenology: The Philosophy of Edmund Husserl and its Interpretation*. Garden City, N.Y.: Doubleday, 1967.

Natanson, Maurice. "The Sleep of Bad Faith." *New Literary History* (Autumn 1980), 12: 97–106.

Niel, André. *Jean-Paul Sartre, héros et victime de la conscience malheureuse: Essai sur le drame et la pensée occidentale*. Paris: Éditions Courier du Livre, 1966.

Schilpp, Paul A. *The Philosophy of Jean-Paul Sartre*. Library of Living Philosophers Series, vol. 16. Open Court, 1981.

Stern, Alfred. *Sartre: His Philosophy and Existential Psychoanalysis*. New York: Delacorte Press, 1967.

"Intentionality: A Fundamental Idea in Husserl's Phenomenology", Joseph Fell, tr. *Journal of the British Society for Phenomenology* (May 1970), 1 (2): 4–5.〔白井健三郎訳「フッサールの現象学の根本理念」『シチュアシオン１――評論集』(「サルトル全集」第12巻)、人文書院、1965年〕＝「志向性」
"Itinerary of a Thought." *New Left Review* (November–December 1969).
Les Mots. Paris: Gallimard, 1964. *The Words*. Bernard Frechtman, tr. New York: Vintage, 1981.〔澤田直訳『言葉』、人文書院、2006年〕
Saint Genet, comédien et martyr. Paris: Gallimard, 1952, *Saint Genet: Actor and Martyr*. Bernard Frechtman, tr. New York: Braziller, 1963.〔白井浩司ほか訳『聖ジュネ：演技者と殉教者』(「サルトル全集」第34巻、第35巻)、人文書院、1966年〕
Sartre par lui-même, texte du film réalisé par Alexandre Astruc et Michel Contat. Paris: Gallimard, 1977. *Sartre by Himself*. Richard Weaver, tr. New York: Urizen, 1978.
Situations 2. Paris: Gallimard, 1948: *What is Literature?* Bernard Frechtman, tr. New York: Philosophical Library, 1949.（英訳は部分訳）〔加藤周一ほか訳『文学とは何か：シチュアシオン 2』(「サルトル全集」第9巻)、人文書院、1952年〕
Situations 3. Paris: Gallimard, 1949. *Literary and Philosophical Essays*. Annette Michelson and Wade Baskin, trs. New York: Criterion, 1955.〔伊吹武彦ほか訳『唯物論と革命：シチュアシオン 3』(「サルトル全集」第10巻)、人文書院、1953年〕
Situations 10. Paris: Gallimard, 1976. *Life/Situations: Essays Written and Spoken*. Paul Auster and Lydia Davis, trs. New York: Pantheon, 1977.〔海老坂武ほか訳『シチュアシオン 10』(「サルトル全集」第38巻)、人文書院、1980年〕
La Transcendance de l'ego: Esquisse d'une description phénoménologique. Paris: Librairie Philosophique J. Vrin, 1965. *The Transcendence of the Ego*. Forrest Williams and Robert Kirkpatrick, trs. New York: Noonday Press, 1957.〔竹内芳郎訳「自我の超越」『自我の超越――情動論粗描』、人文書院、2000年〕

ジャン=ポール・サルトルについての著作――註釈・論文

Barnes, Hazel E. *Sartre and Flaubert*. Chicago: University of Chicago Press, 1981.
Beauvoir, Simone de. "Merleau-Ponty et le Pseudo-Sartrisme." *Les Temps modernes* (1955), vol. 10, no. 2.
Busch, Thomas. "Beyond the Cogito: The Question of Continuity in Sartre's Thought." *The Modern Schoolman* (March 1983), vol. 60.
Caws, Peter. Sartre: *Arguments of the Philosophers*. London: Routledge, Kegan Paul, 1979.
Collins, Douglas. *Sartre as Biographer*. Cambridge: Harvard University Press, 1980.
Corvez, Maurice. *L'Être et la conscience morale*. Paris: Nauwelaerts, 1968.
Danto, Arthur. *Jean-Paul Sartre*. New York: Viking Press, 1975.

New York: Basic Books, 1969.〔宇津木正ほか訳『マルクスとヘーゲル』、法政大学出版局、1970年〕

Figures de la pensée philosophique, *I* and *II*. Paris: Presses Universitaires de France, 1971.〔*Figures*〕

Genèse et structure de la phénoménologie de l'esprit de Hegel. Paris: Aubier, 1946. *Genesis and Structure of Hegel's "Phenomenology of Spirit."* Samuel Cherniak and John Heckman, tr. Evanston: Northwestern University Press, 1974.〔市倉宏祐訳『ヘーゲル精神現象学の生成と構造　〈上・下〉』、岩波書店、1972–1973年〕

Logique et existence: Essai sur la logique de Hegel. Paris: Presses Universitaires de France, 1953.〔渡辺義雄訳『論理と実存——ヘーゲル論理学試論』、朝日出版社、1975年〕

ジャン=ポール・サルトルによる著作

Baudelaire. Paris: Gallimard, 1947. *Baudelaire*. Martin Turnell, tr. New York: New Directions, 1967.〔佐藤朔訳『ボードレール』(「サルトル全集」第16巻)、人文書院、1961年〕

Cahiers pour une morale. Paris: Gallimard, 1983.

Critique de la raison dialectique. Vol. 1: *Théorie des ensembles pratiques*. Paris: Gallimard, 1960. *Critique of Dialectical Reason*. Alan Sheridan Smith, tr. Atlantic Highlands, N. J.: Humanities Press, 1976.〔竹内芳郎ほか訳『弁証法的理性批判——実践的総体の理論』(「サルトル全集」第26巻)、1962–1973年〕

Esquisse d'une théorie des émotions. Paris: Hermann, 1939. *The Emotions: Outline of a Theory*. Bernard Frechtman, tr. New York: Philosophical Library, 1949.〔竹内芳郎訳「情動論粗描」『自我の超越——情動論粗描』、人文書院、2000年〕

L'Être et le néant: Essai d'ontologie phénoménologique. Paris: Gallimard, 1943. *Being and Nothingness: An Essay in Phenomenological Ontology*. Hazel E. Barnes, tr. New York: Philosophical Library, 1956.〔松浪信三郎訳『存在と無〈I・II・III〉』、筑摩書房、2007年〕

L'Idiot de la famille: Gustave Flaubert de 1821 à 1857. 3 vols. Paris: Gallimard, 1971. *The Family Idiot*, vol. 1 Carol Cosman, tr. Chicago: University of Chicago Press, 1981.〔平井啓之ほか訳『家の馬鹿息子：ギュスターヴ・フローベール論：1821年より1857年まで　第一巻』、人文書院、1982年〕

L'Imaginaire: Psychologie phénoménologique de l'imagination. Paris: Gallimard, 1971. *The Psychology of Imagination*. New York: Philosophical Library, 1948.〔平井啓之訳『想像力の問題』(「サルトル全集」第12巻)、人文書院、1975年〕

L'Imagination. Paris: Presses universitaires de France, 1963. *Imagination*: *A Psychological Critique*. Forest Williams, tr. Ann Arbor: University of Michigan Press, 1963.〔平井啓之訳「想像力」『哲学論文集』(「サルトル全集」第23巻) 人文書院、1957年〕

Siep, Ludwig. “Zur Dialektik der Anerkennung bei Hegel”. In *Hegel-Jahrbuch 1975*. Köln: Pahl-Rugenstein Verlag.
Siep, Ludwig. “Zum Freiheitsbegriff der praktischen Philosophie Hegels in Jena”. *Hegel-Studien Beiheft* 20. Bonn: Bouvier, 1980.
Siep, Ludwig. “Der Kampf um Anerkennung. Zur Auseinandersetzung Hegels mit Hobbes in den Jenaer Schriften”. *Hegel-Studien*, Band 9. Bonn: Bouvier, 1974.〔ジープ「承認をめぐる闘争（上）――イエナ期著作におけるヘーゲルのホッブズとの対決」山内廣隆ほか訳、政治哲学研究会編『政治哲学』第4号、2006年、27–54頁／「承認をめぐる闘争（下）――イエナ期著作におけるヘーゲルのホッブズとの対決」山内廣隆ほか訳、政治哲学研究会編『政治哲学』第5号、2007年、25–49頁〕
Smith, Colon. *Contemporary French Philosophy*. New York: Cambridge, 1979.
Solomon, Robert. *In the Spirit of Hegel: A Study of G. W. F. Hegel's “Phenomenology of Spirit.”* New York: Oxford University Press, 1983.
Taylor, Charles. *Hegel*. Cambridge: Cambridge University Press, 1975.
Taylor, Charles. *Hegel and Modern Society*. Cambridge: Cambridge University Press, 1978.〔テイラー『ヘーゲルと近代社会』渡辺義雄訳、岩波書店、2000年〕
Wahl, Jean. *Le Malheur de la conscience dans la philosophie de Hegel*. Paris: Presses Universitaires de France, 1951.
Weiss, P. “Existenz und Hegel.” *Philosophy and Phenomenological Research* (1948), 8: 206–16.

アレクサンドル・コジェーヴによる著作
Études d'histoire de la pensée philosophique. Paris: Presses Universitaires de France, 1971.
“Hegel, Marx et le christianisme.” *Critique*, Décembre 19, 1946.
Introduction à la lecture de Hegel. Paris: Presses Universitaires de France, 1941. *Introduction to the Reading of Hegel*. James H. Nichols, tr., Allan Bloom, ed. Ithaca: Cornell University Press, 1980.〔上妻精ほか訳『ヘーゲル読解入門――『精神現象学』を読む』、国文社、1987年=『入門』〕
Tyrannie et Sagesse. Paris: Gallimard, 1954. “Tyranny and Wisdom.” Michael Gold, tr. In Leo Strauss, ed., *On Tyranny*. Ithaca: Cornell University Press, 1963.〔レオ・シュトラウス『僭主政治について〈下〉』石崎嘉彦ほか訳、現代思潮新社、2007年〕

ジャン・イポリットによる著作
“The Concept of Existence in the Hegelian Phenomenology.” In *Studies on Hegel and Marx*. John O'Neill, tr. New York: Basic Books, 1969.〔宇津木正ほか訳「ヘーゲルの『現象学』における実存」『マルクスとヘーゲル』、法政大学出版局、1970年〕
Études sur Marx et Hegel. Paris: Rivière, 1955. *Studies on Marx and Hegel*. John O'Neill, tr.

Kimmerle, Heinz. *Das Problem der Abgeschlossenheit des Denkens*. Bonn: Bouvier Verlag, 1970.

Koyré, Alexandre. *Études d'histoire de la pensée philosophique*. Paris: Armand Colin, 1961.

Koyré, Alexandre. "Rapports sur l'état des études hégéliennes en France". *Revue d'histoire de la philosophie* (April–June 1931), vol. 5, no. 2.〔コイレ「フランスにおけるヘーゲル研究の状況報告」、小原拓磨・宮﨑裕助訳、『知のトポス』第13号、2018年〕

Lichtheim, George. *Marxism in Modern France*. New York: Columbia University Press, 1966.

Lyotard, Jean-François. *La Phénoménologie*. Séries *Que sais-je?* Paris, 1954.〔リオタール『現象学』高橋允昭訳、白水社、1964年〕

MacIntyre, Alasdair, ed. *Hegel: A Collection of Critical Essays*. New York: Notre Dame, 1972.

Marx, Werner. *Hegel's Phenomenology of Spirit: Its Point and Purpose. A Commentary on the Preface and Introduction*. Peter Heath, tr. New York: Harper and Row, 1975.〔マルクス『ヘーゲルの『精神現象学』――「序文」および「緒論」における『精神現象学』の理念の規定』上妻精訳、理想社、1981年〕

Niel, Henri. *De la médiation dans la philosophie de Hegel*. Paris: Aubier, 1945.

Niel, Henri. "L'interprétation de Hegel." *Critique* (1947), No.3.

Patri, Aimé. "Dialectique du Maître et de l'Esclave." *Le contrat social* (1961), 5: 231–35.

Pelczynski, Z. A. *Hegel's Political Philosophy: Problems and Perspectives*. Cambridge: Cambridge University Press, 1971.〔ペルチンスキー『ヘーゲルの政治哲学：課題と展望』藤原保信ほか訳、御茶の水書房、1989年〕

Pitkethley, Lawrence. "Hegel in Modern France (1900–1950)." Ph.D. dissertation, University of London, 1978.

Pöggeler, Otto. "Hegel und die Griechische Tragödie". In *Hegel-Studien, Beiheft* 1. Bonn: Bouvier, 1961.

Poster, Mark. *Existential Marxism in Postwar France*. Princeton: Princeton University Press, 1975.

Riedel, Manfred. *Theorie und Praxis im Denken Hegels*. Stuttgart: Kohlhammer, 1965.

Rosen, Stanley. *G. W. F. Hegel: An Introduction to the Science of Wisdom*. New Haven: Yale University Press, 1974.

Rotenstreich, Nathan. "On the Ecstatic Sources of the Concept of Alienation." *Review of Metaphysics* (March 1963), vol. 16.

Rotenstreich, Nathan. *From Substance to Subject: Studies in Hegel*. The Hague: Martinus Nijhoff, 1979.

Roth, Michael S. "A Note on Kojève's Phenomenology of Right." *Political Theory*. (1983), 2: 447–50.

Schmidt, Friedrich W. *Zum Begriff der Negativität bei Schelling und Hegel*. Stuttgart: Metzler Verlag, 1971.

Haven, c. 1966. Microfilm.
Dufrenne, Mikel. "L'actualité de Hegel." *Esprit* (September 1948), no. 16.
Findlay, John N. *Hegel. A Reexamination*. New York: Macmillan, 1958.
Fink, Eugen. *Phänomenologische Interpretationen der "Phänomenologie des Geistes."* Frankfurt: Klostermann, 1977.〔フィンク『ヘーゲル——精神現象学の現象学的解釈』加藤精司訳、国文社、1987年〕
Gadamer, Hans-Georg. *Hegel's Dialectic: Five Hermeneutical Studies*. P. Christopher Smith, tr. New Haven: Yale University Press, 1976.〔ガダマー『ヘーゲルの弁証法——六篇の解釈学的研究』山口誠一ほか訳、未來社、1990年〕
Garaudy, Roger. *Dieu et mort: Étude sur Hegel*. Paris: Bordas, 1966.
Garaudy, Roger. *La Pensée de Hegel*. Paris: Bordas, 1966.
Gauvin, Joseph, ed. *Hegel-Studien Beiheft 14, Wortindex zur Phänomenologie des Geistes*. Bonn. Bouvier, 1977.
Goldfarb, Denis J. "Kojève's Reading of Hegel." *International Philosophical Quarterly* (1982), 22: 275–94.
Gorland, Ingraud. *Die konkrete Freiheit des Individuums bei Hegel und Sartre*. Frankfurt: Klostermann, 1978.
Guinday, Guillaume. *Le Drame de la pensée dialectique: Hegel, Marx, Sartre*. Paris: Vrin, 1976.
Habermas, Jürgen. „Arbeit und Interaktion." In *Technik und Wissenschaft als Ideologie*. Frankfurt: Suhrkamp Verlag, 1969.〔ハーバマス『イデオロギーとしての技術と科学』長谷川宏訳、平凡社、2000年〕
Harris, Henry. "The Concept of Recognition in Hegel's Jena Manuscripts." In *Hegel-Studien Beiheft 20: Hegel in Jena*. Bonn: Bouvier, 1980.
Hartmann, Klaus. *Grundzüge der Ontologie Sartres in ihrem Verhältnis zu Hegels Logik: eine Untersuchung zu "L'être et Le néant"*. Berlin: de Gruyter, 1963; *Sartre's Ontology*. Evanston: Northwestern University Press, 1966.
Heidegger, Martin. *Hegel's Concept of Experience*. New York: Harper and Row, 1970.〔ハイデッガー『ニーチェの言葉「神は死せり」・ヘーゲルの経験概念』(「ハイデッガー選集」第2巻) 細谷貞雄訳、理想社、1954年〕
Henrich, Dieter and Fulda, Hans. *Materialien zu Hegels "Phänomenologie des Geistes."* Frankfurt: Suhrkamp Verlag, 1973.
Hondt, Jacques D', éd. *Hegel et la pensée moderne, séminaire sur Hegel dirigé par Jean Hyppolite au Collège de France (1967–68)*. Paris: Presses Universitaires de France, 1970.
Ilting, K. H. "Anerkennung. Zur Rechtfertigung praktischer Sätze". In *Probleme der Ethik: Zur Diskussion gestellt*. G. G. Grau, ed. Freiburg: K. Alber, 1972.
Kaufmann, Walter, ed. *Hegel: Texts and Commentary*. Garden City, N. Y.: Anchor, 1966.

Phänomenologie des Geistes. Frankfurt: Suhrkamp Verlag, 1970. *Hegel's Phenomenology of Spirit*. A. V. Miller, tr.; J. N. Findlay, ed. Oxford: Clarendon Press, 1977. 〔金子武蔵訳『精神の現象学〈上〉〈下〉』(「ヘーゲル全集」第4巻)、岩波書店、1971年〕

Politische Schriften, Nachwort von Jürgen Habermas. Frankfurt: Suhrkamp Verlag, 1966. *Political Writings*. T. N. Knox, tr. Oxford: Clarendon Press, 1964.

Schriften zur Politik und Rechtsphilosophie. G. Lasson, ed. Leipzig, 1913.

System der Sittlichkeit. Hamburg: Felix Meiner Verlag, 1970. 〔上妻精訳『人倫の体系』、以文社、1996年〕

Theologische Jugendschriften. H. Nohl, ed. Tübingen, 1907. *Early Theological Writings*. T. M. Knox, tr. Philadelphia: University of Pennsylvania Press, 1971. 〔伴博訳『キリスト教の精神とその運命』、平凡社、1997年〕

Vorlesungen über die Philosophie der Weltgeschichte. G. Lasson, ed. Hamburg: Felix Meiner Verlag, 1968; *Hegel's Philosophy of History*. J. Sibtree, tr. New York: Dover, 1962. 〔長谷川宏訳『歴史哲学講義』、岩波書店、1994年〕

Wissenschaft der Logik. G. Lasson, ed. Hamburg: Felix Meiner Verlag, 1966–67. *Hegel's Science of Logic*. A. V. Miller, tr. Oxford: Clarendon Press, 1969. 〔武市健人訳『大論理学』(「ヘーゲル全集」第6a巻、第6b巻、第7巻、第8巻)、1956–1961年〕

G. W. F. ヘーゲルについての著作――フランスにおける受容・註釈・論文

Adorno, Theodor. *Zur Metakritik der Erkenntnistheorie: Drei Studien zu Hegel*. Frankfurt: Suhrkamp Verlag, 1963. 〔アドルノ『三つのヘーゲル研究』渡辺祐邦訳、河出書房新社、1986年〕

Bieml, Walter. "Das Wesen der Dialektik bei Hegel und Sartre". *Tijdschrift voor Philosophie* (1958), vol. 20.

Bloch, Ernst. *Subjekt-Objekt: Erläuterungen zu Hegel*. Berlin: Aufbau, 1951.

Boey, Conrad. *L'Aliénation dans "La Phénoménologie de l'esprit."* Paris: Desclec de Brouwer, 1973.

Borel, Alain. *Hegel et le problème de la finitude*. Paris: La Pensée Universelle, 1972.

Brockard, Hans. *Subjekt: Versuch zur Ontologie bei Hegel*. München: Pustet, 1970.

Brunschvicg, Léon. *Le Progrès de la conscience dans la philosophie occidentale*. 2d éd. Paris: Presses Universitaires de France, 1953. 2 vols.

Cooper, Barry. *The End of History: An Essay on Modern Hegelianism*. Toronto: University of Toronto Press, 1984.

Darbon, Michel. "Hégélianisme, marxisme, existentialisme." *Les études philosophiques* (1949), 4: 346–70.

Dove, Kenley Royce. "Toward an Interpretation of Hegel's *Phänomenologie des Geistes*." New

参考文献一覧

以下の参考文献は、本研究の準備の際に用いた著作に限られており、決して網羅的ではない。主に、ヘーゲルの『精神現象学』について明示的に論じる著作、アレクサンドル・コジェーヴおよびジャン・イポリットの著作、ジャン=ポール・サルトル、ジャック・ラカン、ジル・ドゥルーズ、およびミシェル・フーコーのいくつかの著作を取り上げている。ヘーゲル、サルトル、コジェーヴについてのより網羅的な参考文献一覧としては以下を見よ。

Contat, Michel and Michel Rybalka. *Les Écrits de Sartre*. Paris: Gallimard, 1970.

Lapointe, François. *Jean-Paul Sartre and His Critics: An International Bibliography, 1938–1980*. Bowling Green, Ohio: Philosophy Documentation Center, 1981.

Roth, Michael S. "A Bibliography of Alexandre Kojève." in *Revue de Métaphysique et de Morale*.

Steinhauer, S. J. Kurt. *Hegel: An International Bibliography*. München: Verlag Dokumentation, 1978.

【訳者註】 原著のリストでは、本書中で扱われた主要な哲学者名のアルファベット順に、それぞれ一次文献と二次文献が並べられ、最後にそれ以外の関連文献がアルファベット順に掲載されているが、ここでは本書で扱われる順番に沿って並べ替えた。バトラーはこの文献表にない文献も文中で用いているが、とくに加筆することはしなかった。

G. W. F. ヘーゲルによる著作

註：ラッソンとホフマイスター版（1928）およびグロックナー版（Jubiläumsausgabe, 1927）のヘーゲル全集を用いている。

Enzyklopädie der philosophischen Wissenschaften, Erster Teil, Die Wissenschaft der Logik. Frankfurt: Suhrkamp Verlag, 1970. Hegel's Logic. Oxford: Clarendon Press, 1975.〔真下信一ほか訳『小論理学』(「ヘーゲル全集」第1巻)、岩波書店、1996年〕

Geschichte der Philosophie. G. Lasson, ed. Leipzig, 1940. *Hegel's Lectures on the History of Philosophy*. E. S. Haldane F. H. Simson, trs. New York: Humanities Press, 1968.〔長谷川宏訳『哲学史講義〈下〉』、河出書房新社、1993年〕

Grundlinien der Philosophie des Rechts. Frankfurt, Suhrkamp, 1983. *Philosophy of Right*. T. M. Knox, tr. Oxford: Clarendon Press, 1942.〔上妻精ほか訳『法の哲学〈上〉〈下〉』(「ヘーゲル全集」第9a巻・第9b巻)、岩波書店、2000–2001年〕

Jenaer Realphilosophie 1: Die Vorlesungen von 1803/4. J. Hoffmeister, ed. Leipzig, 1932; *Jenaer Realphilosophie 2: Die Vorlesungen von 1805/6*. J. Hoffmeister, ed. Leipzig, 1932. これらは以下のタイトルで再版されている。*Jenaer Realphilosophie*. Hamburg: Felix Meiner Verlag, 1967.〔加藤尚武監訳『イェーナ体系構想——精神哲学草稿I・II』、法政大学出版局、1999年〕

と時間（and time), 165–170; 欲望と労働（and work (or labor)), 142, 152–163;「否定」、「他者」、「現前」、「承認」の項も参照

ラカン，ジャック（Lacan, Jacques), 7, 10, 12, 13, 18, 19, 52, 343, 360, 361–392;「欠如としての欲望」について（on "desire as a lack"), 370–371; ラカンと「差異」(and "difference"), 366; ラカンとフロイト（and Freud), 370, 383, 387; ラカンとヘーゲル（and Hegel), 366, 377–378, 384–385; ラカンとイポリット（and Hyppolite), 363–365, 371, 381; ラカンと享楽（on jouissance), 375, 390; ラカンとコジェーヴ（and Kojève), 371, 381;「ドゥルーズ」、「フーコー」、「サルトル」の項も参照
ラクー=ラバルト，フィリップ（Lacoue-Labarthe, Philippe), 13n5
ランガー，モニカ（Langer, Monika), 280
リオタール，ジャン=フランソワ（Lyotard, Jean-Fransçois), 345n1
リクール，ポール（Ricoeur, Paul), 345n1
リルケ，ライナー・マリア（Rilke, Rainer Maria), 309
レヴィ=ストロース，クロード（Lévi-Strauss, Claude), 345n1, 387
レヴィナス，エマニュエル（Levinas, Emmanuel), 345n1
ローゼン，スタンレー（Rosen, Stanley), 85, 120, 121
ローテンストライヒ，ナータン（Rotenstreich, Nathan), 121n14

ポスト・ヘーゲル主義 (Post-Hegelianism)：「全体化」としてのヘーゲル体系の批判 (critique of Hegel's system as "totalizing"), 65–66; ドゥルーズとポスト・ヘーゲル主義 (Deleuze and), 404–416; ポスト・ヘーゲル主義の歴史 (history of), 343–349, 411–412; イポリットとポスト・ヘーゲル主義 (Hyppolite and), 178–180; コジェーヴとポスト・ヘーゲル主義 (Kojève and), 159–163, 432; ポスト・ヘーゲル主義と「主人と奴隷」の再読 (and rereading "Lordship and Bondage"), 432–434; サルトルとポスト・ヘーゲル主義 (Sartre and), 200–213
ホッブズ，トマス (Hobbes, Thomas), 127–129n18

魔術 (Magic), 237–238, 243–244, 293–294, 299–302
「まなざし」(the "Look"),「サルトル」の項を参照
マラブー，カトリーヌ (Malabou, Catherine), 20
マルクーゼ，ヘルベルト (Marcuse, Herbert), 280, 406–413, 428
マルクス，ヴェルナー (Marx, Werner), 63, 125n16
マルクス，カール (Marx, Karl), 8, 10, 145, 152, 153; マルクスとフーコー (and Foucault), 436; マルクスとクリステヴァ (and Kristeva), 436; マルクスとサルトル (and Sartre), 311
無意識 (the Unconscious)：フーコーの無意識批判 (Foucault's critique of), 416–418; ラカンにおける無意識 (in Lacan), 361–370; サルトルの無意識批判 (Sartre's critique of), 258–259;「クリステヴァ」の項も参照
メルロ=ポンティ，モーリス (Merleau-Ponty, Maurice), 147, 294–295, 345n1

抑圧 (Repression), 48, 49n7
欲望 (Desire)：動物的欲望 (animal), 156–157; 恣意的なものとしての欲望 (as arbitrary), 44; 欲望と信念 (and belief), 302–303; 欲望と「意識」(and "consciousness"), 84–116; 欲望と死 (and death), 138, 139n21, 197–206; 欲望と錯覚 (欺瞞) (and deception), 81–82, 195, 240, 257–258; 欲望と支配 (and domination), 134–142, 174, 278–282, 289–293, 430–431, 433; 欲望と〈説明〉(and Explanation), 90–93; 欲望と外化 (and externalization), 87–92, 360; 欲望と〈力〉(and Force), 88–90; 欲望と自由 (and freedom), 138–142, 198; 生成する歴史としての欲望 (as generating history), 118–121; 欲望と想像的なもの (and the imaginary), 205–209, 215–247, 362, 365n6; 欲望と言語 (and language), 71–83, 309–341, 346–358, 381–392, 413–422, 445–446; 欲望と〈生命〉(and Life), 138–139, 185–189, 200–201; 欲望と欲求 (and need), 142; 欲望と否定的なもの (and the negative), 57, 58, 59n10, 113, 139n21, 151–152, 181, 197, 206, 235, 335–339, 384–387, 395, 411n23;『精神現象学』における欲望 (in *Phenomenology*), 52, 71–146, 127–129n18; 実践的なものとしての欲望 (as practical), 47; 理性的なものとしての欲望 (as rational), 45; 欲望と満足 (and satisfaction), 103, 194, 204–206, 330–333;『精神現象学』における欲望と「自己意識」(and "self-consciousness" in *Phenomenology*), 97–116; 欲望と自己喪失 (and self-loss), 124–132; 欲望

フィヒテ、J・G (Fichte, J. G.)：憧憬としての欲望 (desire as Sehnsucht), 65, 105, ヘーゲルのフィヒテ批判 (Hegel's criticism of), 267
フーコー，ミシェル (Foucault, Michel), 7–10, 52, 345n1, 346–348; フーコーと身体 (and the body), 442–446; 弁証法からの離反 (departure from dialectics), 351–361; フーコーと力 (and forces), 352–356; フーコーとフロイト (and Freud), 413–414, 428; フーコーとラカン (and Lacan), 409–412, 418; フーコーと主人と奴隷 (and master-slave), 351, 442–446; ドゥルーズとの関係 (relation to Deleuze), 409–412, 416–420; フーコーとサドマゾヒズム (and sado-masochism), 430, 433; フーコーと「性」(and "sex"), 439–440
プーレ，ジョルジュ (Poulet, Georges), 345n1
フェミニズム (Feminism), ジェンダーの項を参照
不幸な意識 (Unhappy consciousness), 147
フッサール，エトムント (Husserl, Edmund)：フッサールのヒューム批判 (critique of Hume), 225–226; フッサールとヘーゲル (and Hegel), 228;『イデーン』(*Ideas*), 217; 志向性について (on intentionality), 217–236, 242–244; フッサールと対象 (and the object), 255; サルトルのフッサール批判 (Sartre's critique of), 221–224, 259
プラトン、エロスについて (Plato, on eros), 47
フロイト，ジークムント (Freud, Sigmund), 337n37;「ドゥルーズ」、「フーコー」、「ラカン」、「ニーチェ」、「サルトル」の項も参照
フローベール，ギュスターヴ (Flaubert, Gustave),「サルトル」を見よ
ヘーゲル，ゲオルク・ヴィルヘルム・フリードリヒ (Hegel, Georg Wilhelm Friedrich)：『初期神学論集』(*Early Theological Writings*), 178, 180, 186;『大論理学』(*Logic*), 59, 178, 180, 187, 191;『哲学史講義』(*History of Philosophy*), 59;『歴史哲学講義』(*Philosophy of History*), 59;『実在哲学』と『イエナ体系草稿』(*Realphilosophie* and *Jena Manuscripts*), 127–129n18;「〈欲望〉」の項も参照
ヘーゲル『精神現象学』(*Phenomenology of Spirit*)：教養小説としての『精神現象学』(as a Bildungsroman), 71, 77, 271, 400; 誤謬の喜劇としての『精神現象学』(as a comedy of errors), 81–82, 446;『精神現象学』における「〈力〉」("Force" in), 87–92;『精神現象学』における「〈生命〉」("Life" in), 104–111;『精神現象学』における「生死を賭けた闘争」("Life and Death Struggle" in), 132–137;『精神現象学』における「主人と奴隷」("Lordship and Bondage" in), 116–137; 物語構造と論証 (narrative structure and argument), 71–75, 125n15;『精神現象学』と修辞《レトリック》(and rhetoric), 74, 78, 94–96;『精神現象学』のスタイル (style), 74–75;「自己確信の真理」("The Truth of Self-Certainty"), 84–116
ヘルダーリン，F. (Hölderlin, F.), 71
ボーヴォワール，シモーヌ・ド (Beauvoir, Simone de), 148, 345n1, 437
ボードレール，シャルル (サルトルによる) (Baudelaire, Charles, Sartre on), 311
ポスター，マーク (Poster, Mark), 149n2

191–192; 他者とコジェーヴ (and Kojève), 158, 160, 170, 174–175; 他者とクリステヴァ (and Kristeva), 436; 他者とラカン (and Lacan), 370–380, 385, 386; 他者とサルトル (and Sartre), 199, 247, 275n17, 276, 287–293, 299–303, 304–307, 318, 329–340; 他者と自己 (and self), 86, 96, 112
力 (Force)：力と外化 (and externalization), 87; 力と運動 (and movement), 89, 100;「ドゥルーズ」、「欲望」、「フーコー」の項も参照
ディキンスン，エミリー (Dickenson, Emily), 105–106
ディドロ，ドゥニ (Diderot, Denis), 77n3
テイラー，チャールズ (Taylor, Charles), 88
デカルト，ルネ (Descartes, Rene), 61–62; デカルト的思考 (Cartesian thought), 61, 68, 281n21, 297, 344, 366, 379
デュフレンヌ，ミケル (Dufrenne, Mikel), 149n2, 154
デリダ，ジャック (Derrida, Jacques), 10–13, 67, 345n1, 346–350, 357–358;「主体」の虚構的地位について (on fictive status of the "subject"), 350–351; デリダとアイロニー (and irony), 349–350; 支配について (on mastery), 348–352; ヘーゲルとの関係 (relation to Hegel), 75n2, 358–359
ドゥルーズ，ジル (Deleuze, Gilles), 52, 67, 392, 393, 411n23; ドゥルーズと力 (and forces), 411; ドゥルーズとフーコー (and Foucault), 409–413, 416–420; ドゥルーズとラカン (and Lacan), 406–409; ドゥルーズとニーチェ (and Nietzsche), 395–413; ドゥルーズとスピノザ (and Spinoza), 404–406
ド・マン，ポール (De Man, Paul), 345n1

ナンシー，ジャン=リュック (Nancy, Jean-Luc), 20
ニーチェ，フリードリヒ (Nietzsche, Friedrich), 8, 67, 82, 346, 351–354; ドゥルーズとニーチェ (Deleuze and), 395–411; フーコーとニーチェ (Foucault and), 351–361, 416, 419, 427, 442; サルトルとニーチェ (Sartre and), 83n6, 275n17
ニール，アンリ (Niel, Henri), 149n2, 167n10, 345n1

バーンズ，ヘイゼル (Barnes, Hazel), 309
ハイデガー，マルティン (Heidegger, Martin), 165
バタイユ，ジョルジュ (Bataille, Georges), 10, 15–17, 345n1
バルバン，エルキュリーヌ (Barbin, Herculine), 439
否定 (Negation), 57, 112, 152, 181, 198, 206, 235, 349, 365n6
否認 (Verneinung), 363, 364, 365n6, 385, 387n12
ヒューム，デイヴィッド (Hume, David), 225, 227
ファノン，フランツ (Fanon, Frantz), 20

自己意識（Self-consciousness), 118–137, 143–146;「欲望」の項も参照
主人と奴隷（支配と隷属）(Lordship and bondage)：ドゥルーズにおける主人と奴隷（Deleuze on), 396–402; フーコーにおける主人と奴隷（Foucault on), 347, 352; コジェーヴにおける主人と奴隷（Kojève on), 174; ラカンにおける主人と奴隷（Lacan on), 384–387; 主人と奴隷とポスト・ヘーゲル主義（and post-Hegelianism), 444;「ヘーゲル」の項も参照
シュトラウス，レオ（Strauss, Leo), 127n18
ジュネ，ジャン（Genet, Jean)：ジュネと〈他者〉の「まなざし」(and the "look" of the Other), 321–328; ジュネと奴隷道徳（and slave morality), 397;「サルトル」の項も参照
止揚（Aufhebung), 113, 357, 363
承認（Recognition)：『家の馬鹿息子』における承認（in *The Family Idiot*), 320–321, 321n36, 324–325; コジェーヴにおける承認（Kojève on), 159, 174–175;『聖ジュネ』における承認（in *Saint Genet*), 314–318; 承認をめぐる闘争（struggle for), 127–129n18, 131–146
女性の欲望（Female desire),「ジェンダー」の項を参照
スティーヴンス，ウォレス（Stevens, Wallace), 43, 247
スピノザ，バルーフ・デ（Spinoza, Benedict de)：欲望（cupiditas), 47, 60; ドゥルーズとスピノザ（Deleuze and), 393, 405; スピノザにおける欲望と現実化（desire and actualization in), 113;『エチカ』(*Ethics*), 47; スピノザにおける人間的生の最終目標について（on the final end of human life), 113; スピノザと否定的なもの（and the negative), 60; サルトルにおけるスピノザ（Sartre on), 250, 254; 思弁的形而上学（speculative metaphysics), 50
生命、生命の概念（Life, concept of), 104–105, 108, 110–111, 183, 188
生死を賭けた闘争（Life and death struggle), 132–136, 427
精神（Geist), 120, 163, 192, 198
性的欲望（Sexual desire),「欲望」の項を参照
セクシュアリティ（Sexuality), 249n12, 277–308
絶対者（the Absolute), 78–83, 86, 89, 378–379, 390–391
説明（Explanation), 92–93, 96, 100–101
選択（Choice)：選択と悪しき信仰（自己欺瞞）(and bad faith), 263; サルトルにおける原初的選択と基底的選択（original and fundamental, in Sartre), 252–259; 前反省的な選択（prereflective), 248–277
前反省的意識（Prereflective consciousness), 260–262, 266–268, 278
ソフォクレス（Sophocles), 19
ソロモン，ロバート（Solomon, Robert), 244

タオ，チャン・デュク（Thao, Tran Duc), 345n1
他者（the Other), 64, 77; 他者と欲望（and desire), 43, 86, 114; 他者とジュネ（and Genet), 314; 他者とヘーゲル（and Hegel), 121–136, 143–146; 他者とイポリット（and Hyppolite),

現前（Presence）：デリダにおける現前（Derrida on），346, 380; フーコーにおける現前（Foucault on），419; 現前の形而上学（metaphysics of），67, 346; サルトルにおける現前（Sartre on），239–241, 301, 306
原抑圧（Urverdrängung），392
コイレ，アレクサンドル（Koyré, Alexandre），14, 147–148, 345n1
コジェーヴ，アレクサンドル（Kojève, Alexandre），51, 66, 147–177; 動物的欲望について（on animal desires），156–157; ヘーゲル形而上学からの離脱（departure from Hegel's metaphysics），145, 151, 160–163, 166–169, 173; コジェーヴとホッブズ（and Hobbes），176; コジェーヴとイポリット（and Hyppolite），178–181, 200–213; 言語と欲望について（on language and desire），159–160, 171; コジェーヴと哲学的人間学（and philosophical anthropology），153, 171, 182; コジェーヴとポスト歴史的時間（and posthistorical time），153–154; 相互承認について（on reciprocal recognition），159, 174–176; コジェーヴとサルトル（and Sartre），171, 200–213, 247, 300–301; 講義受講者（seminar participants），345n1
悟性（Understanding），72, 74, 89–92
コリンズ，ダグラス（Collins, Douglas），317n35

サディズム（Sadism），「フーコー」、「サルトル」の項を参照
サルトル，ジャン=ポール（Sartre, Jean-Paul），17, 18;『ボードレール』(*Baudelaire*)，311; サルトルと身体（and the body），274–277, 319;「酬いなき情念」としての欲望について（on desire as a "vain passion"），67, 105; 感情について（on emotion），59n10, 242–247, 301n27; サルトルにおけるフローベール（on Flaubert），248–251, 263, 309–341; サルトルとフロイト（and Freud），259, 318, 336, 337n37; サルトルとヘーゲル（and Hegel），200–213, 246, 261, 265, 268–274, 282, 290, 293, 300, 305, 308, 324, 335; サルトルとイポリット（and Hyppolite），266–273, 300–301; 想像力について（on the imagination），216–247; サルトルとコジェーヴ（and Kojève），172, 200–213, 247, 300–301;「まなざし」について（on the "look"），281, 283n24, 286, 314, 328; サルトルとニーチェ（and Nietzsche）; 275n17; ポスト・ヘーゲル主義者としてのサルトル（as post-Hegelian），66, 200–213, 254, 265; サディズムとマゾヒズムについて（on sadism and masochism），278–282, 286–293;『聖ジュネ』(*Saint Genet*)，309–341;『方法の問題』(*Search for a Method*)，306; サルトルと構造主義（and structuralism），360–361;『自我の超越』(*Transcendence of the Ego*)，219, 222, 230; 書くことについて（on writing），338–340;「欲望」、「フッサール」、「ポスト・ヘーゲル主義」の項も参照
ジープ，ルードヴィヒ（Siep, Ludwig），127–129n18
ジェンダー（Gender）：ジェンダーとボーヴォワール（and Beauvoir），437–439; ジェンダーと欲望（and desire），76, 389–392, 444; ジェンダーと支配（and domination），429; ジェンダーと同性愛（and homosexuality），429, 433; ジェンダーとクリステヴァ（and Kristeva），435–438; ジェンダーと「主体」(and the "subject")，76, 435

索引

【訳者註】 この索引は原著の索引に示されている箇所に対応するページを示している。必ずしもその事項や人名が登場するすべての箇所を網羅しているわけではない。日本語版序文については、人名のみについて訳者が加筆した。

アリストテレス (Aristotle)：欲望と道徳哲学について (on desire and moral philosophy), 48;『魂について』における欲望 (desire in *de Anima*), 60
アルチュセール, ルイ (Althusser, Louis), 345n1
アロン, レイモン (Aron, Raymond), 345n1
怒り (Anger), 125, 126
イポリット, ジャン (Hyppolite, Jean), 7, 8, 14, 40, 51, 57, 187n12, 387n12; ヘーゲル形而上学からの離脱 (departure from Hegel's metaphysics), 178, 180, 190–191; イポリットのコジェーヴとの差異 (differences with Kojeve), 178–179, 200–213; イポリットとサルトル (and Sartre), 190, 200–213, 266–272, 300–301; イポリット講義の受講者 (seminar participants), 345n1;「概念」、「欲望」、「ドゥルーズ」、「フーコー」、「ラカン」の項も参照
ヴァール, ジャン (Wahl, Jean), 14, 147, 149n2, 187n12, 344, 345n1
ヴェイユ, エリック (Weil, Eric), 345n1
ウッディ, メルビン・J (Woody, Melvin J.), 377n10
エイブラムズ・M・H (Abrams, M. H.), 73n1
エロス (Eros), 364, 377, 387n12, 407, 412, 413, 428, 430

ガーウィッチ, アロン (Gurwitsch, Aron), 219n2, 225
概念、ヘーゲルにおける (Concept (Begriff), in Hegel), 87, 165, 171, 187, 193, 348
快楽 (Pleasure), 290, 301, 398
カウフマン, ヴァルター (Kaufmann, Walter), 139n21
ガダマー, ハンス=ゲオルク (Gadamer, Hans-Georg), 133n19
神 (God)：神の死 (death of), 431; 神であろうとする欲望 (desire to be), 254–257
感情 (Emotions), 242–247, 293
カント, イマヌエル (Kant, Immanuel)：カントと意志 (and the will), 47
享楽 (Jouissance), 406, 411, 412, 423
キルケゴール, ゼーレン (Kierkegaard, Søren), 18, 139n21; キルケゴールのヘーゲル批判 (criticism of Hegel), 81, 185; イポリットにおけるキルケゴール (Hyppolite on), 187n12; キルケゴールとサルトル (and Sartre), 311, 380
クリステヴァ, ジュリア (Kristeva, Julia), 435–438
クロソウスキー, ピエール (Klossowski, Pierre), 345n1
ケーシー, エドワード (Casey, Edward), 377n10
ゲーテ, ヨハン・フォン (Goethe, Johann von), 105n10

ジュディス・バトラー（Judith P. Butler）

カリフォルニア大学バークレー校修辞学・比較文学教授。

一九九〇年の『ジェンダー・トラブル――フェミニズムとアイデンティティの攪乱』（竹村和子訳、青土社）はクィア理論の成立に重要な役割を果たし、哲学、文化理論、フェミニズム理論に大きな影響を与える。

他の訳書に
『アンティゴネーの主張――問い直される親族関係』（竹村和子訳、青土社）、

『権力の心的な生――主体化＝服従化に関する諸理論』、

『自分自身を説明すること――倫理的暴力の批判』（以上、佐藤嘉幸、清水知子訳、月曜社）、

『触発する言葉――言語・権力・行為体』（竹村和子訳、岩波書店）、

『偶発性・ヘゲモニー・普遍性――新しい対抗政治への対話』

（エルネスト・ラクラウ、スラヴォイ・ジジェクとの共著、竹村和子・村山敏勝訳、青土社）、

『アセンブリ――行為遂行性・複数性・政治』（佐藤嘉幸、清水知子訳、青土社）などがある。

大河内泰樹（おおこうち・たいじゅ）
一橋大学大学院社会学研究科教授。一九七三年生まれ。
専門は哲学、ドイツ観念論、批判理論。
著書に、*Ontologie und Reflexionsbestimmungen. Zur Genealogie der Wesenslogik Hegels*, Würzburg, 2008.
共著に、*Logik und Realität. Wie systematisch ist Hegels System?* München, 2012、
『個人的なことと政治的なこと——ジェンダーとアイデンティティの力学』（彩流社、二〇一七年）など。

岡崎佑香（おかざき・ゆか）
ヴッパタール大学博士課程。一九八二年生まれ。
共著に『ヘーゲルと現代社会』（晃洋書房、二〇一八年）。

岡崎　龍（おかざき・りゅう）
フンボルト大学ベルリン博士課程。一九八七年生まれ。
共著に『ヘーゲルと現代社会』（晃洋書房、二〇一八年）。

野尻英一（のじり・えいいち）
大阪大学人間科学研究科准教授。一九七〇年生まれ。
専門は哲学、社会理論、精神分析、表象文化論。
主著に『意識と生命——ヘーゲル『精神現象学』における有機体と「地」のエレメントをめぐる考察』（社会評論社、二〇一〇年）、共著に『哲学の戦場』（行人社、二〇一八年）など。

Νύξ叢書 04

欲望の主体

――ヘーゲルと二〇世紀フランスにおけるポスト・ヘーゲル主義

二〇一九年六月二〇日 第一刷発行

著 者 ジュディス・バトラー
訳 者 大河内泰樹／岡崎佑香／岡崎龍／野尻英一
発行所 株式会社 堀之内出版
〒一九二―〇三五五
東京都八王子市堀之内三―一〇―一二
フォーリア二十三 二〇六号室
TEL 〇四二―六八二―四三五〇
印刷製本 株式会社シナノパブリッシングプレス
造本設計 大崎善治（SakiSaki）

 ISBN978-4-909237-38-5